PHILOSOPHIE IN SELBSTDARSTELLUNGEN

Herausgegeben von

Ludwig J. Pongratz

Band I

mit Beiträgen von

Ernst Bloch, Joseph M. Bochenski, Alois Dempf,
Hermann Glockner, Hans-Eduard Hengstenberg,
Pascual Jordan, Werner Marx, Josef Pieper,
Helmuth Plessner

FELIX MEINER VERLAG
HAMBURG

Abbildungsnachweis: Ernst Bloch — Foto Peter Zollna; Alois Dempf — Foto Ruth Schramm; Hans-Eduard Hengstenberg — Foto Felix de Selliers; Werner Marx — Photo-Stober, Freiburg; Josef Pieper — Foto Hilde Schürk-Frisch; im übrigen Privataufnahmen.

INHALT

VORWORT

»Etwa 1920 entwickelte Dr. Raymund Schmidt, der damalige philosophische Berater des Verlages, den Gedanken eines Überblickes über die Philosophie der Gegenwart in authentischer Form, d. h. eines Lexikons der Philosophen. In Gesprächen insbesondere mit Paul Barth, Hans Driesch, der kurz vorher nach Leipzig berufen worden war, und Hans Vaihinger vertiefte sich der Gedanke weiter. Das Angestrebte sollte eine Psychogenese der eigenen Leistung (Driesch) sein und die Verbindungsglieder zwischen den einzelnen Büchern und sonstigen Betätigungen klarlegen.« Mit diesen Worten schildert *Felix Meiner* das Entstehen der Sammlung »Die Wissenschaft der Gegenwart in Selbstdarstellungen«, die 1922 mit der Reihe »Die Philosophie in Selbstdarstellungen«, herausgegeben von Raymund Schmidt, begann. Nach ersten Erfolgen wurden weitere Wissensgebiete bearbeitet: Medizin, Rechtswissenschaft, Kunstwissenschaft, Volkswirtschaftslehre, Geschichtswissenschaft, Religionswissenschaft, Pädagogik und Buchhandel. 1929 war die Sammlung auf insgesamt 32 Bände angewachsen, mußte aber dann aus wirtschaftlichen Gründen eingestellt werden. Heute kommt ihr ein großer wissenschaftsgeschichtlicher Wert zu. Sigmund Freud, Georg Kerschensteiner, Graf Hermann Keyserling, Albert Schweitzer sind hier neben anderen berühmten Namen zu finden.

Erst 1972 wurde der alte Gedanke vom Verlag Hans Huber, Bern, mit »Psychologie in Selbstdarstellungen« als erstem Band wieder aufgenommen. Ein Jahr später folgte »Psychotherapie in Selbstdarstellungen«, 1975 geht als dritter Band »Psychiatrie in Selbstdarstellungen« in Druck. Da der Huber Verlag jedoch seinen Schwerpunkt in Psychologie und Medizin hat, lag es nahe, sich wegen der Wiederaufnahme der geisteswissenschaftlichen Reihen an den ursprünglichen Verlag der »Selbstdarstellungen« zu wenden, der sich für die Wiederbelebung der alten Tradition aufgeschlossen zeigte. Drei eng zusammenhän-

gende Wissenschaften: Philosophie, Pädagogik und Soziologie
sollen zunächst behandelt werden. Den Anfang macht wiederum die »Philosophie in Selbstdarstellungen«. Sie wird in mehreren Bänden erscheinen.

Die neue Reihe soll durch einige Gedanken über den Wert
und die Besonderheit wissenschaftlicher Selbstdarstellungen
eingeleitet werden:

»Erlebtes und Erkanntes« — so hat Wilhelm Wundt seine
Autobiographie (1920) überschrieben. Wie er im Vorwort aus-
führt, verstand er sein Leben als ein Ganzes, das sich in das
Erlebte und Erkannte ausgliedert. Das Erlebte, schreibt er, sei
»das nächste, was ihm die Götter beschieden, das Erkannte
das Bessere, was sie ihm gegönnt haben«. In der *Verbindung
von Erlebtem und Erkanntem* kann eine Selbstdarstellung die
»Psychogenese« der Gedanken eines Gelehrten aufzeigen, die
in einer lebendigen Schilderung nachzuerleben für den Leser
von besonderem Reiz sein dürfte. Eine solche Form der Vermittlung wissenschaftlicher Erkenntnisse wird vor allem der
an wissenschaftlichen Fragen interessierte Laie begrüßen. Aber
auch für den Fachmann wird mancher Gedanke, manche These,
manches Werk eines Autors erst dann durchsichtig, wenn er
weiß, wer da gedacht und geschrieben hat und wie er dazu
gekommen ist.

Gerade durch die Verbindung von Erlebtem und Erkanntem
eignen sich Selbstdarstellungen auch als *Einführung in ein
Wissensgebiet,* die sich durch ihre Originalität von anderen
aus zweiter und dritter Hand stammenden Einführungen, Leit-
fäden und Lehrbüchern unterscheidet. Ihr besonderer Vorteil
dürfte darin liegen, daß die Beiträge dieser Sammlung nicht
nach Richtungen, Schulen oder sonstigen systematischen Gesichtspunkten, sondern nach äußeren Gegebenheiten zusammengestellt sind. Dadurch findet sich der Studierende mit verschiedenen Lehrmeinungen, Interpretationen, Positionen konfrontiert und zum Vergleich, zur Auseinandersetzung und zu
kritischer Urteilsbildung angeregt. Auch wird ihm durch diese
Form der Einführung nicht das Bild einer einen und heilen
Wissenschaft vorgetäuscht. Er kann vielmehr das Suchen und

Finden, das Verwerfen und Neuansetzen eindrucksvoll erfahren und erkennen, daß Wissenschaft kein Zustand, sondern ein immerwährender Prozeß — auf die Philosophie bezogen, eine »philosophia perennis« — ist.

Selbstdarstellungen liefern ferner wertvolle Bausteine zur *Wissenschaftsgeschichte;* denn die Autoren berichten auch über Persönlichkeiten, denen sie begegnet sind und von denen sie entscheidende Impulse erhalten haben. So kann der einzelne Autor zu einem Multiplikator wissenschaftsgeschichtlicher Daten werden.

Wissenschaftliche Selbstdarstellungen leisten schließlich auch Beiträge zur *Zeitgeschichte.* Wundt sieht (in der erwähnten Autobiographie) im politischen Motiv, in der »Teilnahme an den Interessen von Staat und Gesellschaft«, das wirksamste Motiv in seinem Leben. Er erkennt den übergreifenden Zusammenhang zwischen dem Gelehrten und seiner Zeit, zwischen Wissenschaftsgeschichte und Zeitgeschichte. Jeder Forscher und Denker ist Glied der herrschenden soziokulturellen Struktur, ist in die aktuellen politischen Ereignisse verwoben. Auch diese finden daher hier ihren Niederschlag. Von der Warte der Wissenschaft aus erhält das Zeitgeschehen einen besonderen Aspekt. So können Selbstdarstellungen für die Geschichtsforschung einen eigenen dokumentarischen Beitrag liefern.

Der vorliegende Band handelt nun speziell von der *Philosophie.* Philosophie, Wissenschaft der Wissenschaften — ist sie es heute noch? Wir leben in keiner Epoche der Philosophie, wie z. B. die Denker des deutschen Idealismus. Physik, Biologie, Psychologie, Soziologie prägen das Bild der Wissenschaft der Gegenwart. Wissenschaftstheorie tritt weithin an die Stelle philosophischer Grundlegung. Dafür gibt es Gründe. Die Einzelwissenschaften sind überwiegend am neopositivistischen Wissenschaftsideal orientiert. Wo nicht gemessen und gerechnet, wo nicht kontrolliert wird, wo keine Vorhersagen gemacht werden können, da ist keine Wissenschaft. Dieses Wissenschaftsideal macht sich die Philosophie als Philosophie nicht zu eigen. Deshalb erscheint sie manchen Wissenschaften als Außenseiterin.

Die Entfremdung zwischen Philosophie und Einzelwissenschaften verschärft sich noch dadurch, daß der einzelne Philosoph die wachsenden Massen fachwissenschaftlicher Ergebnisse
nicht mehr zu beherrschen vermag. Müßte er aber das Fach-
wissen nicht als Basis seines Denkens zur Verfügung haben,
um mit den Wissenschaften die Grundlagendiskussion aufnehmen zu können? Jedoch: Muß ein Philosoph in den Einzelwissenschaften zu Hause sein, um philosophieren zu können?
Genügt es nicht, daß er »die Stellung des Menschen im Kosmos« reflektiert, indem er sie von Grund auf bedenkt? In dieser Bedrängnis der Philosophie scheint es an der Zeit zu sein,
daß die Philosophie sich selbst darstellt, daß namhafte Philosophen das Wort ergreifen und Antwort auf die Frage suchen:
Was hat die Philosophie dem Forscher, dem Menschen von
heute zu sagen? —

An diesem Band haben viele mitgewirkt, denen ich an dieser Stelle danken möchte. Ich denke zuerst an die Autoren, die
meiner Einladung zur Mitarbeit gefolgt sind. Mancher hat mir
versichert, er habe sich der Mühe dieser Selbstkonfrontation
gerne unterzogen, da er auf diese Weise mit sanfter Gewalt zu
einer Revue seines Lebens und Werkes gebracht worden sei,
die sonst wohl unterblieben wäre.

Besonders zu danken habe ich dem Verleger Richard Meiner,
mit dem mich eine gute Zusammenarbeit verbindet. Er hat
trotz mancher Bedenken den Neubeginn der »Selbstdarstellungen« gewagt und am Zustandekommen dieses Bandes durch
Rat und Tat mitgewirkt.

Frau Dorit Horn hat viel Zeit und Mühe für die Organisation und die umfangreiche Korrespondenz aufgewandt. Frau
Annemarie Sauer hat manches schwierige Manuskript neu geschrieben und die Fertigstellung zum Druck übernommen.

Würzburg, Januar 1975   L. J. Pongratz

Ernst Bloch

Curriculum vitae

Am besten krümmt man sich nicht beizeiten. Auch auf die Gefahr hin, kein Häkchen zu werden. Die Hauptsache ist, man bleibt gesund und darin nicht bloß munter.

Wie manches steht um unser Leben nur herum. Das Gute, das man hatte, hebt sich dann ganz eigen heraus. Man ist ihm dankbar, so wie man von einer Speise, die etwas hergibt, ebenfalls sagt, sie sei dankbar. Ich hatte auf der Schule alle Kameraden, aber keine Lehrer als Freunde. Bei vielen ist das oder Verwandtes ähnlich; zweite Hauptsache: Druck nicht ertragen zu lernen. In der Arbeiterstadt Ludwigshafen begann man früh politische Schriften zu lesen. Dann nach dem 16. Jahr erste Kenntnis von *Kants* kleineren Schriften und *Hegels* ästhetischen Vorlesungen. Mit 17 Jahren Aufsatz: »Über die Kraft und ihr Wesen«, worin dies Wesen (»Ding an sich«) in Natur und Geschichte als »objektive Phantasie« zu bestimmen versucht wurde. Danach (Abklang der Pubertät) psychologistische, antimetaphysische Phase (Beziehung zu *Berkley,* Briefwechsel mit *Mach*). Studium 1905/06 bei *Theodor Lipps* in München, doch auch erste Berührung mit *Scheler,* »dadurch« *Husserl.* 1907, mit 22 Jahren, kam der Durchbruch: Manuskript »Über die Kategorie Noch-Nicht«. Das bezog sich vorerst, psychologisch, auf das subjektiv Noch-Nicht-Bewußte, aber das Korrelat des objektiv Noch-Nicht-Gewordenen stand, konkret utopisch, bereits dahinter. Die Würzburger Dissertation bei *Külpe,* 1908, über *Rickert,* nahm einiges davon erkenntnistheoretisch auf. Deren Schluß bezog sich deutlich auf die »schweren Vorgänge des Heraufkommens«.

1908–11 Berlin, Freundschaft mit *Simmel,* Erziehung zum (keineswegs impressionistisch bleibenden) Blick auf kleine Realitäten. Außer dem immer mehr wachsenden und verpflichtenden Blick auf den offenen Zusammenhang. 1911 in Heidelberg Beginn der Freundschaft und zehn Jahre währenden geistigen Symbiose mit *Lukács*. Das im Zeichen *Hegels*, eines totalen Systemwillens, freilich eines stets dialektisch-paradox unterbrochenen, und — bei mir vor allem — futurisch, ja »eschatologisch« offenen. Selber marxistisch, verwandt den Gedanken in *Lukács'* Buch von 1923 »Geschichte und Klassenbewußtsein«: erst die spätere Orthodoxie bei *Lukács* machte dieser Freundschaft vorübergehend ein rein sachliches Ende.

1915, in Garmisch vorbereitet, mit viel *Beethoven* außer *Hegel* im Kopf, nicht ohne Berührung mit dem Expressionismus des Blauen Reiters, erfolgte in junger Ehe die Niederschrift des »Geist der Utopie«, beendet 1917 in Grünwald im Isartal. Ebenso in Garmisch vorbereitet (dem noch gänzlich lärmfrei gewesenen) die einleitenden »Spuren«, erst 1930 erschienen. Im München der immer finstereren Reaktion 1921 »Thomas Münzer« geschrieben. Dann, nach langer schöpferischer Pause, im Berlin der sogenannten goldenen zwanziger Jahre »Erbschaft dieser Zeit« zusammengestellt (dies könnte selber den ironischen Untertitel »The Golden Twenties« tragen). Dann aber, in der Prager Emigration, Vorbereitung des Buchs »Geschichte und Gehalt des Begriffs Materie«, vermehrt erschienen 1972 unter dem Titel »Das Materialismusproblem, seine Geschichte und Substanz«: der Bogen Utopie—Materie wird hier gespannt. Und nun die amerikanische Emigration, mit treuer Hilfe meiner Frau überstanden und in fruchtbar unbeachteter Ruhe mit der Abfassung der Bücher »Das Prinzip Hoffnung«, »Naturrecht und menschliche Würde«, »Subjekt—Objekt, Erläuterungen zu Hegel« ausgefüllt.

1949—1956 philosophisches Ordinariat in Leipzig, bei wachsender Unzufriedenheit der Funktionäre. 1961 Übersiedlung in die BRD, an die Universität Tübingen, in die unterscheidende Tradition *Hölderlin—Schelling—Hegel*, zu alten und neuen Freunden, Beginn einer Gesamtausgabe im Suhrkamp Verlag. In Tübingen »Tübinger Einleitung in die Philosophie« geschrieben, »Atheismus im Christentum«, »Zur Ontologie des Noch-Nicht-Seins«. In diesem Jahr, 1974, beendete ich das Buch »Experimentum mundi, kategoriale Grundzüge«.

Das Arbeitsproblem heißt docta spes, das ist negativ wie

positiv durchleuchtete Hoffnung. Mit dem nicht nur jungen *Marx* möchte dergleichen verpflichtend in allem curriculum philosophiae experimentalis stehen.

Die Welt als Frage, das heißt selber als Experiment

Wir fangen wieder mit dem Bin an, das sich so dunkel ist. Das darin gärt, das sich unsichtig ist vor lauter Nähe und aus ihr als dem pur Unmittelbaren heraus will. Das so lauter Frage ist und überall zunächst nach sich, nach seinem sich fassenden Daß, das an sich völlig ungefaßt ist. Die Frage kommt aus unserem Verwundern, unserem Staunen, aus dem *Urstaunen,* daß überhaupt etwas ist, und daß eben dieses Daß sich doch über sich selber drehen kann, um eben durch Abstand von sich versuchend zu erscheinen. In der Drehung aber bleibt das Staunen darin, nicht nur anfangend, sondern es geht als ungelöstes, ungelöschtes Fragen überall mit. Betrifft den Nullpunkt in allem, das Nicht, das es nicht bei sich aushält, den Hunger, das Dunkel des gerade gelebten Augenblicks im Jetzt und Hier alles Erscheinenden. Gewiß, das sind viele und zugleich vage Worte, um das mit dem Nullpunkt Gemeinte zu bedeuten, welches aber selber vage, weithin unvermittelt ist.

Denn das Rätsel steckt ja nicht oben, sondern vielmehr gerade in der Nähe und die *Frage,* die es darstellt, hat noch nirgends eine adäquat-präzisierende Antwort erhalten, so daß das Vage dem noch allzu Unmittelbaren gegenüber der präziseste, exaktest einschlagende, der auch sachlich genaueste Ergriff ist, um zu fassen. Und doch wäre die Nähe der Ort, wo Deutlichkeit am wichtigsten vorkäme, wenn er aus dem Dunkel herausgetreten wäre. Das noch so sehr Geheime des Nullpunkts als Alpha hat hierbei nicht das Mindeste mit dem üblichen Topos eines geheimen Mysterischen gemein; ganz im Gegenteil, es ist ja gerade die Nähe, das Allernächste des Unmittelbaren, welches das Rätsel hier ausmacht, genau als eines der genetischen Immanenz und keineswegs der hypostasierten Transzendenz. Woraus sich ergibt, daß gerade das Eingedenken des in der nächsten Nähe Verhüllten nicht, noch nicht in ausgemacht klaren Begriffen vor sich gehen kann und ebensowenig in bereits deutlichen. Klarheit hieße nämlich empirisch bestimmbare Verschiedenheit von anderem, so jedoch, daß etwas nicht in sich selber durchsichtig wird. Deutlichkeit hinwiederum wäre erreicht, wenn sich etwas nicht nur von anderem abhebt, sondern in sich selbst entwickelt unmittelbar einleuchtet. Der Hunger des Daß treibt wohl nach klarer und deutlicher Aufdeckung seiner, das Klare, wie erst recht Distincte, finden aber in diesem Innersten der Immanenz noch keine Deckung und Erfüllung. Darin ist die Prozeßspannung angelegt von der quodditas zu quidditas, die im Weltprozeß drängt und ihn inerviert, bis hin zur ultimativen Realisierung des nicht mehr an sich bleibenden Daß. Item, in methodisch reflektierter Reihe, vielmehr Schichtung, das heißt wissenstheoretischer Fassung, öffnet sich derart der Welterkennungsprozeß der Identifizierung in der Aktschichtung eines Prädizierenden, Dimensionierenden, Objektivierenden, Manifestierenden, zuletzt dem Realisieren des Realisierenden selber in der Welt. In welcher Reihe überall die Grundfrage anklingt nach dem Was des Daß, zu dessen Lichtung die schwierige Welt als Experiment unterwegs ist. Die Lösung selber ist dabei noch voller Entfremdung; und doch gibt es nur den einen Weg, daß nämlich der Maler in dem von ihm gemalten Bild noch nicht darin ist. Nicht nur wir fragen hier, sondern das Gefragte kann sich selber darin vernehmen. Wieso verhält sich etwas so?, warum nicht anders?, was ist in seinem Erscheinen selber ungeklärt?, was ist ihm selber ungeklärt, noch nicht klar darüber, wo ihm der Kopf steht?, woher es kommt, wohin es sich bewegt? Dieses Fragen geht weiter über unser staunendes Verwundern an etwas hinaus, macht sich so als *wissenschaftliche Fragebildung* bemerkbar, mit versuchenden fortschreitenden Wegen zu einer Lösung. Das Fragen verbindet sich hier mit der *Annahme,* die noch keine entschiedene Antwort aussagt, aber die Frage gezielt macht. Darin werden die Möglichkeiten des *Erweises* entwickelt, indem das Wie eingreifender, experimenteller Bestätigungen ermittelt und Modelle gebildet werden.

Experiment und *Modell* darf man dabei keineswegs positivistisch eng verstehen; der sogenannte positivistische Beweis durch Tatsachen ist überall nicht imstande, über Modellbildungen und ihre Annahmen zu entscheiden. Denn nicht nur für das Leben und seine immer sich umwälzende Geschichte, sondern auch für die Natur kann in Hinblick auf Tatsachenbeweis der Satz gelten: Desto schlimmer für die Tatsachen. Darum, weil in Geschichte wie Natur die Fakten als verdinglichte Prozeßmomente nicht aus dem Prozeß herausfallen, indem die Erscheinungen zu ihrem historisch und naturhaft noch in einem Spannungsverhältnis stehen. Dieses Spannungsverhältnis folgt aus der Unfertigkeit des Wesens; jede noch so gewordene Erscheinung seiner ist demnach nicht auch eine gelungene, und das desto weniger, wenn sie sich statisch gibt. Item: Widerspruch und Spannung zwischen erforschtem Sosein der Erscheinungen und der Unherausgebrachtheit des immer noch verborgenen Wesens bleiben; die Natur trägt sie nur auf eigene Art in sich. Also ganz anders als positivistisch verstanden gehören Experiment — wie Modellbeschaffenheit in das noch so sehr laborierende Laboratorium possibilis salutis — in den schwierigen Weg der Substanz. Das alles ist eben nicht als Methodenprüfung, Instrumentenkontrolle einer bloßen, ja nur formalen Erkenntnistechnik mißzuverstehen, sondern es stellt eine Beschreibung und Ergründung des objektiv-realen Identifizierungsgangs als Weltprozesses selber dar. A limine angegeben in den Abkürzungen intimer logischer Linien, die zu kategorialer Konzentriertheit sich zusammenfassen. Erkennen soll nicht bloßes idealistisch-methodisches Zurechtlegen sein, sondern informierende Mitwissenheit mit dem Gang der objektiven Realität, ist dann eben weder passives *Abbilden* allein, noch aktives *Erzeugen* allein, sondern vereinigt beide kognitiven Akte zum objektiv-realen *Fortbilden* in Einklang und Vermittlung mit der jeweils faßbaren *Tendenz* und *Latenz* der Weltgestalten. So steht fortbildendes Erkennen über das methodisch-experimentelle hinaus im *Weltexperiment* selber, das gerade den bewußt erkennenden, an der Front des Weltprozesses stehenden Menschen als Informierenden und Fortbilden-

den braucht. *Kategorialbildungen* sind also bei aller historisch-
gesellschaftlichen Bedingtheit nicht auf sie ausschließlich redu-
zierbar, sondern sie sind noch ungelungene, offen fortlaufende
Versuche, die Daseinsweisen und Daseinsformen objektiv-real
herauszubringen, heraufzubringen. Solcher Art schichten sie
sich eben als logische Prädizierungen, Dimensionierungen in
Zeit und Raum, transmittierende Objektivierungen, Manifestie-
rungen in Gestalten und Auszugsgestalten, zuletzt schließlich
mit Realisierungsversuch des Daß im Was, als Realisierung des
Realisierenden selber. Geschehend im Zug und dialektischen
Auszug aller unerledigten Gestaltkategorien aus ihrem Erreichten, so weiter Bestimmenden und Bestimmten zu wachsender
Identifizierung der tendenzhaft-latenzhaft anhängigen Sache. Es
ist derart von einem *materiellen Logikon* zu sprechen, das
ganz besonders sichtbar wird in dem Zusammenhang der logischen Grundsätze mit den Realkategorien des Prozesses. Der
Satz vom Widerspruch formuliert das Nichtzugleichseinkön-
nende von Widersprechendem und fordert damit die Bewegung der Dialektik. Der Satz vom Grund formuliert die Trans-
mission durch Kausalität und Finalität, wobei der Grund sich
hauptsächlich zeigt in dem Bedingenden von Tendenzen und
Latenzen. Letztere eben befreien den Grund aus seiner Ver-
stricktheit mit Notwendigkeit und Determiniertheit, stellen ihn
in einen Zusammenhang, in dem nicht der Modus des vorhandenen Wirklichen und Gegebenen den Primat hat, sondern der
Modus des alles gewordenen Wirklichen ungleich größer um-
gebenden Möglichen. Dieses *Mögliche* ist dem Wirklichen keineswegs fremd als das ganz Andere, vielmehr ist es mit dem
Wirklichen vermittelte objektiv-reale Möglichkeit. Als der spezifische Seinsgrad der *Substanz*, id est der sich unabgeschlossen
herausbringenden Materie des Prozesses. Darum schließlich
formuliert der Satz der Identität die Identifizierungsversuche in
den Kategorialgestalten als Auszugsgestalten, nota bene mit
dem Horizont möglicher letzthinniger Identifizierung, die
real-utopische Herausbringung der Daß-Was-Relation wäre,
hin zum letzten kategorialen Was des intensiven Daß. Wichtig
aber ist bei all dem, daß das noch unnachläßliche Fragen und

darin das Welträtsel überhaupt, nicht durch fixe Antworten aus dem bereits Gegebenen entspannt, auf diese Antwort hinkonstruiert und dadurch vergessen gemacht werden darf; es droht sonst eine fraglose Verkarstung auch des Antwortens als Resultat des Zurechtkonstruierten, also Abgedankten, empirisch Vergessenen *Problems des Problems* selber, als des in Gang setzenden nervus cognitionis wie rerum zugleich. Daher ist das wichtigste Kennzeichen des echt durchgehaltenen Rätselgewissens im Staunen, Sichverwundern und seiner Urfrage schlechthin, sich gerade am *Unscheinbaren* entzünden zu können und in Schwebe zu halten. An diesem noch nicht einrangierten, eingemeindeten nur scheinbar völlig vereinzelter, gar abwegiger Art, allein schon aufgehend an der Frage des Mädchens in *Hamsuns* Pan: Denken Sie nur, es regnet. Nicht aber als wäre der kognitive Einschlag an und im Kleinsten eines Nebenbei auf dieses beschränkt, im Gegenteil. Überall dort, wo im Staunen der Lichtblick einer Ankunft und eben nicht einer bekannten, gar abgemachten geschieht, kann umgekehrt gerade das *Fortissimo,* wie es zum Einschlag schließlich gehört, der letzten Tiefe des Fragens, der letzten Tiefe des Staunens, der Frage des Fragens also unabgelenkt entsprechen. Kann das im Aufblitzen Erhabene senkrecht in den Augenblick als hochgelösten einschlagen, wie das Trompetensignal der Rettung im Fidelio, das ein ungeheures nunc der Lösung ist, genau in der Jähe seines Novum. Mythisch gedacht ist das auch in der Apokalypse, wo die Ankunft des letzten Augenblicks mit der Dimension des Ungeheuren an sich, das All selber unendlich überbietend, vorscheint, ganz ohne alles übersehen Unscheinbare, konträr zu allem noch so geladen Kleinen. Und doch tritt auch hier, in diesem gewaltigsten Spektakulum, in dem Aufbrechenden selber konzentriert Kleines als Omega wieder hervor; zusammengelegt tritt hervor das neue Jerusalem als hineinspringendes Antidotum zur Kosmosunendlichkeit insgesamt als wirklich zentriertes Universum, als goldraumhaftes Alles, nicht inflationäres All. All diese nicht zu vorhandenen Lösungsformen hin zurechtkonstruierten, eschatologischen Lösungs-Deutungen noch mythischer, also auf die Füße zu stel-

lender Art pointieren, finalisieren nur die Frage der Welt nach
sich selber, letzthin eben die *Weltfrage nach sich selber* und
setzen sie als durchgehende noch anhaltende voraus. Daher
stehen die noch nicht zu Ende gelungenen Antwortversuche,
also die offenen Kategorien bisher immer noch in der Spannung zwischen konstruiertem und unkonstruierbarem Fragen,
das heißt, sie sind noch keine des Anlangens in der Substanz.
Der erkennende Mensch darin hat dabei gerade mit der Selbst-
erkenntnis als der Realfrage der Welt nach sich selber genau
die Funktion, daß er, eben an der Front des Weltprozesses
stehend, dessen Realfrage immer qualitativer verstärkt, die in
toto noch ausstehende Antwort mit wachsender Präsenz ihrer
präzisierend, prädizierend genau in ihrem Novum identifizie-
rend. Die Verstärkung der Weltfrage und ihres Inhalts durch
den Menschen eröffnet erst den Übergang der Weltdinge aus
einer noch stockenden, verkrustenden Dinghaftigkeit zum Gä-
renden wie Fragenden wie Überwölbenden eben der Substanz,
das ist *Prozeß-substanz*. Als solche ist sie keine Transmissions-
kategorie, auch keine Gestaltkategorie, sie hat ja noch keine
herausgebrachte Gestalt erlangt, sondern sie ist Keim und
utopisches Totum der Seinsmaterie im Laboratorium Welt. Bei
alldem ist zwischen Substanz und Substanzialität zu unterscheiden, indem die Substanz als noch ausstehendes Totum keine
Grade hat, wohl aber der logische Grundsatz der Identität, als
der Präformierung von Substanz. Dieser logische Grundsatz
der Identität formuliert eben den einzig haltbaren Zustand der
Substanz, die Identität nicht als bloß tautologisch leere, auch
nicht als bloß methodisch bei der Stange haltende, vielmehr als
zentral durchgehende und umfassende Kategorie des Bewe-
gungs- und Zielinhalts im Prozeß. Die derart utopische Substanz hat Wesen nicht als fertige Gewesenheit, sondern als
noch nicht Gewordenes, das freilich das Vergangene nicht erledigt, sondern als Zukunft in der Vergangenheit mit sich führt.
Doch gerade solcherart ist sie als *materia ultima* in allem Mani-
festgewordenen von Materie noch am wenigsten manifest. Hat
die erlangte Essenz des Noch-Nichthabens erst in ultimativer
Realisierung des nicht mehr an sich bleibenden Daß, hat in die-

sem Ultimatum erst den erlangbar höchsten Seinsgrad. Als Sein wie erlangte Utopie, nämlich ohne immer weiter treibendes »Worauf« der Hoffnung, aber auch ohne metaphysische Pensionsruhe eines bloßen Am-Ende-Seins. Die Substanz der Welt als Selbstfrage der Welt nach sich ist also noch unvorhanden und kann logisch bisher nur formuliert werden in dem ›S ist noch nicht P‹. Darin ist ausgedrückt, daß der substantielle Tragekern der Welt im Zeitmodus der Zukunft steht, die ebenso der Zeitmodus der objektiv realen Möglichkeit ist. Wenn aber der Tragekern der Welt das noch unherausgebrachte Daß ist, dann gibt sich das Dunkel der Zukunft als das suo modo verlängerte Dunkel des gerade gelebten Augenblicks. Ebenso jedoch gibt Zukunft der noch nicht erfüllten objektiv-realen Möglichkeit den Topos der Offenheit, worin das Dunkel umschlägt zur schöpferischen Unfertigkeit, Unverstelltheit des Novum, als noch dirigierbares Ultimatum des Prozesses. Der zwar nicht wäre, wenn es nicht etwas gäbe, das so nicht sein sollte, der aber immer noch die menschliche Hoffnung als exterritorial zum Kern des noch nicht Erschienenen, also auch zum individuellen Umsonst des Tods, zum historisch-kosmischen Umsonst der Entropie garantiert. Denn was noch nicht erschienen ist, kann nicht so vergehen wie Erschienenes; auf dieses zum unerschienenen Kern Exterritoriale bezieht sich der Satz: non omnis confundar auch und gerade kosmologisch, mit fortgeltender Latenz im Kern. So steht Substanz als letzhin immanentester Resultatinhalt noch erst in objektiv-realer Möglichkeit, die allerdings auch *Vereitelbarkeit* miteinschließt. Dann erschiene am Ende des Prozesses statt des aufgedeckten Angesichts von uns und allem ein gesichtsloses Nihil höchstens als Abfallhaufen der Vereitelung, als negatives Ultimatum des Umsonst von uns und allem. Der Prozeß auf die Endsubstanz hin hat in seiner noch so schwierigen menschlichen Intension, auf die noch nicht gelungene, doch ebenso noch nicht vereitelte objektive Tendenz den Seinsstand von Aurora im Kontrazug des Aufgangs. In ihm steht als Perspektive der Perspektiven fest: Die Welt ist eine einzige noch unablässige Frage nach ihrem herauszuschaffenden Sinn, worin allein der Hunger zu

stellen ist, mit offenem Plus und noch ausstehendem Ultimum
in objektiv-realer Möglichkeit. Darum geschieht die große
Drehung aus dem Dunkel des Unmittelbaren heraus, die Welt-
prozeß heißt: Mit tätiger Antizipation im Subjekt gerichtet auf
Glück, in der Sozietät auf klassenlose Solidarität, id est auf
Freiheit und Würde, im Objekt auf Heimat.

Die Werke des Autors

Ernst Bloch, Gesamtausgabe in 16 Bänden, Suhrkamp Verlag

Joseph M. Bochenski　　　　　　* 1902

I

Ich bin am 30. August 1902 in Czuszów (damals Russisch-Polen, aber nahe Krakau) geboren. Mein Vater, *Adolf Bochenski,* war Großgrundbesitzer. Er hatte in Göttingen mit einer — wie man mir sagte — bedeutenden Dissertation in National-ökonomie promoviert. Meine Mutter, *Maria* geb. *Dunin-Bor-kowska,* war eine nahe Verwandte des bekannten Spinoza-Forschers *P. St. Dunin-Borkowski,* S. J.; sie war selbst auch schriftstellerisch tätig und veröffentlichte u. a. ein zweibändiges Werk über *Teresa von Avila.* Ich hatte eine Schwester und zwei (jüngere) Brüder, Alexander und Adolf; beide gehören, wie ich glaube, zu den führenden Schriftstellern meiner Gene-ration in Polen. Meine Mutter war streng religiöser Gesinnung; mein Vater — der auf mich einen großen Einfluß ausgeübt hat — war ein ziemlich skeptisch gesinnter Weltmann.

Zuhause erhielt ich eine gründliche Sprachbildung: als Kind sprach ich außer der polnischen, die französische und englische Sprache flüssig. Meine Gymnasialstudien fielen auf eine un-ruhige Zeit: Wir reisten während des 1. Weltkrieges nach Ru-mänien, Rußland, Schweden, und lebten eine zeitlang an der Front, usw. Auch nach dem Kriege wanderte meine Familie öfters. So kam es dazu, daß ich in nicht weniger als vier ver-schiedenen Gymnasien Schüler war. Die letzten zwei Jahre blieben wir aber in Lemberg. Dort bestand ich 1920 das klassische Abitur, mit Latein, Griechisch, Deutsch und einer Menge Mathematik. Das Gymnasium (Adam Mickiewicz-Gym-nasium) hatte vorzügliche Lehrer; nicht weniger als drei unter ihnen wurden Universitätsprofessoren. Mein Mathematik-Leh-rer war z. B. *Z. Zawirski,* der später bekannte Krakauer analy-tische Philosoph. Während dieser Zeit galt ich als ein klassi-scher Stumpfkopf in Literatur, dagegen war ich immer der erste in Mathematik und Physik. Ich lernte Mathematik weit über

die Grenzen des Vorgeschriebenen, z. B. war ich im Kalkulus
sehr wohl zuhause.

Wegen dieser Vorliebe für Mathematik wollte ich mich
(nach einem kurzen Frontdienst im polnisch-russischen Kriege
1920) an der Technischen Hochschule einschreiben. Mein Vater
wollte das aber nicht erlauben: »sie werden dich dort zum
Fachidioten ohne Kultur machen«. Halb durch Überredung,
halb durch Zwang gelang es ihm, mich an der Juristischen Fakultät einschreiben zu lassen. So habe ich zwei Jahre Jura in
Lemberg studiert. Heute sehe ich diese Studien als nützlich an;
ich hatte sehr gute Lehrer und der Geist der Juristerei ist, trotz
allem was man über sie sagen kann, doch unter allen huma-
nistischen Disziplinen der wissenschaftlichen Exaktheit am
nächsten.

Nach zwei Jahren hatte ich aber von diesen Studien genug.
Ich siedelte nach Posen und schrieb mich in der National-
Oekonomischen Sektion der dortigen Juristischen Fakultät ein.
Dort blieb ich vier Jahre, und arbeitete — leider nicht fleißig
genug — unter erstklassigen Meistern. Unter ihnen möchte ich
nur *F. Znaniecki,* den Soziologen — den späteren Vorsitzenden
der Amerikanischen Soziologischen Gesellschaft — und *C. Znamierowski,* den Rechtsphilosophen, der damals vielleicht der
einzige in der Welt war, der diese Philosophie in streng »ana-
lytischem« Sinne trieb, erwähnen. Ich interessierte mich damals zum ersten Mal für Philosophie, und zwar waren meine
ersten Lektüren in *Kant.* Am Ende dieser Periode war ich ein
begeisterter Anhänger, nicht etwa der ersten, aber der zweiten
Kritik. Die Nationalökonomie schien mir aber sehr unwissen-
schaftlich zu sein, mit Ausnahme der Statistik (ich arbeitete
ziemlich viel in ihr) und der Soziologie, wo *Znaniecki* auf
mich, wie auf uns alle, gerade faszinierend wirkte.

Wenn ich eine Bilanz meiner sechsjährigen juristisch-natio-
nalökonomischen Studien mache, so fällt sie ziemlich bescheiden aus. Ich habe leider nicht viel gelernt. Es haben sich aber
doch zwei Sachen daraus ergeben. Die eine ist die Vorliebe zur
exakten Formulierung, die ich bei den Juristen und auch bei
Znamierowski gelernt habe. Die andere ist ein Verständnis für

die Geschichte, vor allem für die Geschichte der Ideen. Denn mein Studium an beiden Universitäten war sehr stark historisch ausgerichtet. Wenn ich also zum Historiker geworden bin und zwar zu einem der immer versuchte zu analysieren, so verdanke ich es wahrscheinlich diesen Studien.

Wie gesagt, studierte ich nicht vollzeitig: ich trieb nämlich viel Politik. Die Studenten waren damals in Polen eine ziemlich aufrührerische Gruppe. Dinge, wie Besetzungen der Universität, Straßenkrawalle, usw. hat die heutige Generation nicht erfunden — und wenn sich die Alten beklagen, daß die »heutige Jugend« so widerspenstig sei, so denke ich mir immer, daß nicht die Jungen, sondern die Alten sich geändert haben, denn meine »Alten« hatten Willenskraft und Charakter, während gerade diese Züge vielen heutigen zu fehlen scheinen. Nicht die Jugend, sondern dies ist m. E. die Hauptursache vieler Übel.

Was nun die theoretische Grundlage meiner damaligen politischen Tätigkeit betrifft, so bestand sie im wesentlichen in einer kategorischen Ablehnung von *Rousseau* und einer ebenso scharfen Gesellschaftskritik. Auch diese hat die heutige Jugend nicht erfunden. Uns schien damals alles in der Gesellschaft schief, verdorben, ungerecht. Wir waren echte Revolutionäre. In einem anderen Lande würden wir wahrscheinlich zu Kommunisten. Wir hatten aber den russischen Kommunismus am Leibe erlebt und hörten ständig was hinter der Grenze vorging. Der Kommunismus war ein ungeheurer Unsinn und ein grausames Verbrechen für uns.

Dieses politisch-soziale Engagement ging nicht ohne philosophieren. Bei *E. Taylor* habe ich *Rousseau* ziemlich gründlich durchgearbeitet — freilich ohne mich für ihn zu begeistern. Einen viel größeren Einfluß hat auf mich, wie schon gesagt, *Kant* gehabt, und zwar vor allem seine zweite Kritik. Ich kann mich noch erinnern, daß ich eine Zeitlang dieses Werk immer bei mir trug. Jedenfalls war mein Philosophieren damals ganz auf ethische und soziale Fragen ausgerichtet. Und zwar darf ich sagen, daß ich damals ein ziemlich überzeugter Kantianer gewesen bin.

1926 kam es in dieser Hinsicht zu einer Wende und zwar

in folgender Weise: In diesem Jahr fand der Staatsstreich von *Pilsudski* statt. Wir waren alle dagegen. Die sozial-politische Lage schien uns ganz verzweifelt zu sein. In unseren Augen mußte die Gesellschaft zugrunde gehen. Nun war ich damals ein bewußter Agnostiker. Ich hatte ausdrücklich und konsequent mit dem Glauben meiner Mutter gebrochen. Und doch imponierte mir — genau wie den Agnostikern aus der Action Française — die Katholische Kirche als die einzige große Institution, die sich nicht der Rousseau-Jakobinischen Ideologie verkauft hatte. Sie war vielleicht die einzige, die noch etwas für unsere kranke Gesellschaft tun konnte.

So kam es dazu, daß ich mich, obwohl Agnostiker, zum Kleriker machte. Dabei wirkten auch andere, mehr persönliche und für das Thema unwichtige Motive mit. Jedenfalls kam ich ins Priesterseminar und sagte dem Rektor, daß ich »mich in den Dienst der Kirche stellen will«.

Dank einem alten Freund (wahrscheinlich der weiseste Mann, dem ich im Leben begegnet bin), Pater *Jacek Woroniecki,* O. P., konnte ich trotz dieser merkwürdigen geistigen Haltung in das Priesterseminar in Posen eintreten. Dort fand ich ein religiös und intellektuell hochstehendes Milieu. Ich hatte unter meinen Lehrern den besten polnischen Theologen jener Zeit, *A. Zychlinski,* den späteren Bischof *K. Kowalski* und mehrere andere erstklassige Denker. Im Priesterseminar habe ich den Glauben wiedergefunden. Gleichzeitig kam die Einsicht, daß für einen denkenden Katholiken die einzig logisch mögliche Philosophie nicht jene von Kant, sondern die des *Thomas* ist. Ich wurde zum noch sehr naiven, aber begeisterten Thomisten — vor allem dank *Kowalski,* der ein guter Kenner von *Kant* war und mich durch seine Argumentation überzeugte.

Und ein Thomist bin ich geblieben. Freilich war ich auch damals kein gehorsamer Anhänger der »Schule«. Ich habe beim Apostel Paulus gelernt, daß der Buchstabe tötet und der Geist allein lebendig macht. Ich wollte ein Thomist im Geist, in der Grundhaltung, *nicht* im Buchstaben sein. Auch in dieser Hinsicht bin ich der damaligen Überzeugung treu geblieben.

Es ist vielleicht hier der Ort, um meine Ansichten über die Entwicklung der Philosophie zu skizzieren — das deshalb, weil man mich fragen könnte, wie es möglich ist, sich an einen Denker des XIII. Jahrhunderts heute zu wenden. Diese Ansicht habe ich später formuliert und auch veröffentlicht, aber sie stammt schon aus dieser Zeit. Sie ist die folgende: philosophische Grundhaltungen sind relativ »unsterblich«. Es kommt regelmäßig vor, daß die eine oder die andere ihren Einfluß verliert, dann aber, wenn es sich um eine wirklich fundamentale, »große« Sicht handelt, kommt sie wieder zur Geltung. Eine *philosophia perennis* — pace Leibniz — gibt es freilich nicht, aber es gibt eine Anzahl von *philosophiae perennes*. Der Fortschritt in der Philosophie besteht nicht etwa darin, daß man von einer solchen Haltung auf eine andere überspringt, sondern in der immanenten Entwicklung der grundlegenden Einsichten. Den verschiedenen großen Richtungen gemeinsam ist erstens, das Fachtechnische (wie die formale Logik); zweitens, was an die Einzelwissenschaften grenzt; und drittens, die Problematik. Denn es gibt neue Probleme. So ist m. E. das Kantische Grundproblem neu. So hat vielleicht der Existentialismus eine neue Problematik gebracht. So ist das Problem der Beziehungen zwischen Mathematik und Logik auch neu. Jede Grundhaltung muß sie behandeln; sie behandelt sie aber von *ihrem* Standpunkt aus. Aus diesem Grunde halte ich jenen für einen Ignorant in Sachen der Geschichte der Philosophie, der z. B. einen Neu-Platoniker als »rückständig« betrachtet, nur deshalb weil er ein Neu-Platoniker ist. Es gibt schon Rückständigkeit in Philosophie zur Genüge — aber die besteht nicht in der Wahl der Grundhaltung, sondern in der Technik und Problematik des Denkens.

Die Bekehrung und die Annahme des Thomismus zog eine Absage meiner früheren Ansichten nach sich. Vor allem habe ich seitdem die sozialpolitischen Fragen als sekundär und relativ unwichtig angesehen. Das Wesentliche lag anderswo. Ich entschloß mich, auf jedes politische Wirken zu verzichten und mich dem Denken zu widmen. Dann aber verwarf ich auch die Anschauungen, denen ich bis jetzt huldigte: der Streit zwischen *Rousseau* und uns müßte auf einer ganz anderen Ebene entschieden werden. In einem gewissen Sinne bin ich viel skeptischer geworden als ich es vorher war.

Da dieser Aufsatz nicht meine religiöse Entwicklung betrifft, werde ich hier meine Schicksale von diesem Gesichtspunkt aus nicht weiter verfolgen. Ich möchte nur sagen, daß ich mich unmittelbar nach meiner Bekehrung zum katholischen Glauben auch entschlossen habe, in einen Orden einzutreten, einfach um die radikalen Konsequenzen aus meinem neuen Glauben zu ziehen. Ich hatte nämlich immer, auch damals, einen Hang zur Logik. Nach einem mehrmonatigen Studium wählte ich den Dominikanerorden. Heute, nach fast 50 Jahren glaube ich sagen zu dürfen, daß dies für mein Philosophieren eine gute Entscheidung gewesen ist. Der Orden hat mir nämlich sehr viel gegeben. Zuerst hat er aus mir einen Arbeiter gemacht; mich zu arbeiten gelehrt. Er hat mir seine besten Lehrer gegeben. Er schuf um mich, während langen Jahren, eine Atmosphäre des intensiven Denkens. Das Wenige, das ich bin und vielleicht geleistet habe, verdanke ich zu einem sehr großen Teil dem Orden.

Nach einem Jahr (1927/28) sehr hartem und vollständig unintellektuellem Noviziat (wir hatten einen heiligmäßigen, aber ganz ungelehrten und intellektuell primitiven Meister), wurde ich nach Freiburg in der Schweiz geschickt, für philosophische Studien. Ich studierte dort drei Jahre Philosophie, Geschichte der Philosophie und Pädagogik. Meine wichtigsten Professoren waren *G. Manser* (Scholastische Philosophie, Ontologie), *M. De Munnynck* (Kosmologie und Philosophie) und *A. Rohner* (Geschichte der neueren Philosophie) — dabei hörte ich auch gelegentlich *P. J. Ramirez,* wahrscheinlich einer der bedeutendsten Thomisten seiner Zeit. 1931 promovierte ich mit einer Dissertation über »Die Lehre vom Ding an sich bei Straszewski« — mein Doktorvater *(De Munnynck)* hatte mich gezwungen, über diesen unbedeutenden Philosophen zu schreiben. Vielleicht stammt davon meine fast unüberwindliche Abneigung zur Erkenntnistheorie.

In Freiburg habe ich auch als Autodidakt die neue Logik gelehrt. Wie viele Logiker meiner Generation — ich darf z. B. *Church* und *Curry* nennen — hatte ich nie einen Lehrer in diesem Fach. Es sei u. a. bemerkt, daß ich nie eine einzige Vorlesung irgend eines polnischen Logikers gehört habe — wenn ich also zu dieser Schule manchmal gezählt werde, so gilt das nur in dem Sinne, daß ich ihren »Stil« des Denkens und Schreibens, soweit ich es konnte, übernahm.

Die Entdeckung der neuen Logik — und zwar durch die *Principia* und *Ajdukiewicz's* Schriften — bildet einen Wendepunkt in meiner Entwicklung. Hier fand ich genau wie meine polnischen Vorgänger, eine *exakte,* wissenschaftliche Art und Weise zu philosophieren. Wie turmhoch stand diese Logik über den Reden der Nationalökonomen, ohne von den Philosophen zu sprechen: Ich war gefesselt. Nach dem Tode von *Bertrand Russell* habe ich im Schweizerischen Fernsehen gesagt, daß meine Generation im Schatten der *Principia* erwachsen ist. Das ist jedenfalls für mich wahr. Man beachte, daß dies viel mehr bedeutet, als die bloße Anerkennung der mathematischen Logik als einzige legitime Gestalt der Logik heute. Es bedeutet eine Zuwendung zur sog. analytischen Philosophie. Ich bin also zum Analytiker — und zwar der »harten« Art — geworden.

Nach der Promotion in Philosophie (mit Pädagogik als Nebenfach) ging ich nach Rom um Theologie zu studieren. Dort hatte ich als Meister *R. Garrigou Lagrange,* einen Denker, der merkwürdigerweise, ohne es zu wissen, Hegel nahe stand; und für das »Positive« vor allem *J. Vosté.* Theologie ist aber eine andere umfangreiche Wissenschaft; und um ihr ABC zu erlernen, mußte ich meine philosophischen Studien weitgehend unterbrechen. Ich promovierte bei *Garrigou* (der sich aber kaum um mich kümmerte), tatsächlich aber unter der Leitung von *Vosté* — mit einer rein positiven, umfangreichen Dissertation über den Glaubenscharakter des Satzes »Gott kann als Ursache der Welt durch die Vernunft erkannt werden«.

Unmittelbar nach dem Abschluß meiner Studien wurde ich zum Dozenten der Logik im Angelicum ernannt und betreute dieses Fach während 6 Jahren, von 1934/35 bis 1939/40. Damals machte ich eine unangenehme Erfahrung: Es war zu jener Zeit einfach viel zu gefährlich in Rom persönlich und selbständig zu denken. Nicht etwa, daß die Kirche, oder der Orden einen daran hindern wollten, wohl aber die Kollegen, eine jedem analytischen Gedanken feindliche Gruppe. Systematische Logik zu betreiben war sehr riskant: Ich hätte wahrscheinlich sehr schnell meine wissenschaftliche Laufbahn beendet, um etwa Missionar in Pentagonien zu werden. Ich glaubte aber — vielleicht zu unrecht — daß ich doch versuchen sollte, etwas in der Philosophie zu leisten und, einem Ratschlag von einem meiner besten Lehrer, *H. D. Simonin* (der unterdessen zum Trapisten wurde) folgend, wandte ich mich der Geschichte zu.

In diese Zeit fällt ein reger Verkehr mit den Vertretern der polnischen analytischen Schule. Ich habe sie damals praktisch alle kennengelernt, u. a. *St. Lasniewski, J. Lukasiewicz, L. Chwistek, K. Ajdukiewicz, T. Kotarbinski, A. Tarski.* Mit *Lukasiewicz* entwickelte sich eine wahre Freundschaft. Besonders eng verbunden war ich mit einer Gruppe von katholischen Analytikern, vor allem mit *Jan Salamucha* (der 1944 als Kaplan in einem Spital in Warschau durch die Okupanten ermordet wurde) und *J. F. Drewnowski.* Mit diesen beiden und einigen anderen bildeten wir etwas, das wir eher pompös den »Krakauer Kreis« nannten. Das Anliegen war die katholische Philosophie und Theologie im Sinne der analytischen Schule umzubilden, ohne die grundsätzlichen Annahmen preiszugeben. Auf meine Entwicklung zurückschauend darf ich, so glaube ich, sagen, daß ich auch von diesem Zeitpunkt an ein Anhänger dieses »Kreises« wurde. Seine Mitglieder — und darüber hinaus die polnische analytische Schule als Ganzes — haben wahrscheinlich den größten Einfluß auf mich gehabt.

Auf dieselbe Zeit fallen auch meine ersten Forschungen in der Geschichte der Logik. Wir waren damals unter der Führung von *Lukasiewicz* im Begriff, eine ganz neue Geschichte der Logik aufzubauen. Denn die Geschichte der Logik kann nur einer schreiben, der selber an der Logik interessiert ist. So kam es, daß das XVIII. und XIX. Jahrhundert die Logik der

Vergangenheit vollständig mißverstanden und verachtet hat. Sie hatte nach *Kant* und *Prantl* überhaupt keine Geschichte — es gab höchstens eine Geschichte des Verderbens der aristotelischen Lehren. Wir haben ihre Geschichte entdeckt; die Schätze, die in *Aristoteles* selbst, bei den Stoikern, den Scholastikern, den Indiern, lagen, ans Licht gebracht. Und ich glaube, daran einige Beiträge geleistet zu haben.

Ich schrieb zu jener Zeit eine kleine Sammlung von griechischen Texten; gab den *Petrus Hispanus* heraus; verfaßte eine Monographie über die Logik des *Theopharastus* und eine allgemeine Darstellung der Geschichte der Modallogik bis auf Ockham. Dazu schrieb ich einen für mich wichtigen Aufsatz über die *consequentiae* im XIII. und XIV. Jahrhundert und eine Studie über *Thomas'* Modallogik, ohne von kleineren Beiträgen zu sprechen. Es war wahrscheinlich die fruchtbarste Zeit für mich, während welcher ich die Grundlagen für meine weitere Arbeit schuf.

Dann kam aber der Weltkrieg. Er ist für sehr viele Menschen eine Katastrophe gewesen. Für mich war er jedenfalls schlimm. Physisch habe ich freilich — außer einigen leichten Wunden und vielen Strapazen — wenig gelitten. Ich kann sogar sagen, daß ich während meines Dienstes in der polnischen Armee manches gelernt habe. Unter anderem gab er mir die Gelegenheit, einige Jahre in Großbritannien zu verbringen — und ich gebrauchte diese, um die neuere englische Philosophie ziemlich gründlich zu studieren. Damals begegnete ich — dank *A. Taylor — Whitehead,* der auf mich einen dauernden Einfluß ausübte.

Aber, erstens, mußte ich meine Forschungstätigkeit unterbrechen, was für einen jungen Forscher sehr schlecht ist. Und, zweitens, als ich entlassen wurde, fand ich meinen Lehrstuhl besetzt. Ich mußte mich um etwas anderes umsehen. Die Universität Freiburg (Schweiz) hatte damals einen neuen Lehrstuhl für die Geschichte der Philosophie des XX. Jahrhunderts eröffnet. Ich bewarb mich und erhielt den Ruf. Das Ergebnis war, daß ich dann 27 Jahre lang nicht mehr Logik, sondern die Ideen der Philosophen vortragen mußte. Logik zu dozieren war mir verboten; der Inhaber des Lehrstuhles für Logik erlaubte mir, höchstens eine einstündige Vorlesung zur Einführung der »modernen« Logistik zu halten: er dozierte seine Barbara-Celarent weiter. Nun habe ich das Dozieren und vor allem die Führung der jungen Forscher ernst genommen, und so mußte ich aus der Logik in die Geschichte der Philosophie umsiedeln.

Das verlangte viel Arbeit. Im Laufe meiner Studien entdeckte ich, daß die Russen eine ganz besondere, und vielleicht interessante, Philosophie entwickeln. Ich lernte deshalb russisch, eignete mir nach und nach Kenntnisse über die einschlägige Literatur an und veröffentlichte einiges darüber. Das Ergebnis war ganz unerwartet: Zu meinem Erstaunen entdeckte ich, daß man mich für einen bedeutenden Sachverständigen in Sachen der kommunistischen Ideologie hielt. Ich habe dann das Ost-Europa-Institut in Freiburg gegründet, eine Zeitschrift und eine Reihe von Schriften.

Das Schiefe dabei blieb, daß ich mit dem Herzen gar nicht dabei war; ich bin der Intention nach ein Logiker geblieben. Nun haben mir die Umstände verunmöglicht, das in der Logik zu leisten, zu welchem ich vielleicht fähig gewesen bin. Unsere Generation — nicht die jüngere — ist in diesem Sinne eine *beat generation* gewesen; jedenfalls wurde meine Laufbahn durch den Krieg zerschlagen.

Daß ich nicht ganz in der Geschichte untergegangen bin, verdanke ich Amerika. Seit 1955 hatte ich regelmäßig Einladungen von amerikanischen Universitäten. In 18 Jahren habe ich 19 Mal den Ozean überquert. In Amerika konnte ich viele führende Denker kennenlernen und mit ihnen diskutieren. So dozierte ich eine Zeitlang an der University of California in Los Angeles, wo *R. Carnap, E. Moody, R. Montague,* und viele andere Logiker waren. So hatte ich das Privileg, ein Semester an der University of Pittsburgh, mit *A. R. Anderson, N. Rescher. A. Grünbaum, W. Sellars,* usw. zu dozieren. So lieb ich meine zweite Heimat, den Kanton Freiburg, habe, war meine geistige Umwelt die amerikanische.

In Amerika habe ich meine Geschichte der Formalen Logik

redigiert. Ich konnte auch an großen Auseinandersetzungen um logisch-philosophische Fragen teilnehmen, wie jene von 1956 über die Universalien (Notre Dame) oder die letztens stattgefundene über westliche und indische Logik (University of Hawai). Für die University of New York habe ich meine »Logik der Religion« verfaßt — und die meisten unter meinen systematischen Aufsätzen stammen aus Vorlesungen und Diskussionen, die in diesem, in der Philosophie jetzt führenden Land, gehalten worden sind.

II

Wenn ich mich frage, was ich in der Philosophie geleistet habe, so scheint mir die Bilanz eher bescheiden zu sein. Vor allem habe ich kein System aufgebaut. Freilich würde ich ein solches auch dann nicht aufstellen, wenn ich dessen fähig wäre: denn als Analytiker glaube ich nicht an die Möglichkeit, so etwas heute zu konstruieren. Die Zeit der *Summa* ist vorbei — wir leben im Zeitalter der Enzyklopädie.

Ich darf aber vielleicht sagen, daß ich gewisse Beiträge geboten habe und das alles, was ich geleistet habe, von einem zentralen philosophischen Standpunkt geschaffen worden ist. Was nun die Beiträge betrifft, so gehören sie mehrheitlich zum Gebiet der Geschichte der Philosophie, vor allem der Geschichte der Logik. Ich glaube sagen zu dürfen, daß ich einer unter jenen Wenigen gewesen bin, die die zeitgenössische Geschichte der Logik aufgebaut haben. Meine Einzelstudien kulminieren hier in der »Formalen Logik« (1955). Dieses Werk enthält nicht nur Berichte über einzelne Logiker und Perioden (unter anderem auch über die indischen Schulen), sondern auch eine Gesamtansicht der Entwicklung der Logik.

Meine Forschung in diesem Feld habe ich mit Annahme der Sicht angefangen, die man »linear-evolutionistisch« nennen dürfte. Die gesamte Geschichte könnte durch eine gerade Linie dargestellt werden, die von den Anfängen, im großen und ganzen, ständig zum heutigen Höchstpunkt strebt — nämlich zur zeitgenössischen mathematischen Logik. Ich wurde aber durch das Material gezwungen, diese Theorie zugunsten einer zyklischen Sicht zu verlassen. Die Geschichte der Logik scheint mir jetzt eher in Form von Wellen zu verlaufen: die Spitzen — die Hochperioden, wie die altgriechische, die scholastische, die mathematische, beide Nyaya's in Indien — sind durch tiefe Täler logischer Barbarei voneinander getrennt, während welcher das meiste vorher Erarbeitete vergessen wird. Und wenn eine neue Logik aufsteht, ist es gerade eine *neue* Logik, wenigstens der Sprache und Methode nach.

Neben der Geschichte der Logik habe ich auch viel allgemeine Geschichte der Philosophie getrieben — mich z. B. jahrelang mit der Renaissance, *Hume, Kant, Hegel* und *Whitehead* beschäftigt. Praktisch alle Ergebnisse der diesbezüglichen Forschungen blieben jedoch unveröffentlicht. In diesem Gebiet habe ich alle meine Kräfte den Studenten gewidmet — und was aus meiner Arbeit hier bleibt, wird, so hoffe ich, in ihrem Werk vorliegen. Selbst gab ich fast ausschließlich rein didaktische Hilfsmittel heraus: so die Reihe der »Bibliographischen Einführungen« (1948 ff), die »Europäische Philosophie der Gegenwart« (1947), »Die Zeitgenössischen Denkmethoden« (1954), »Der sowjetrussische Dialektische Materialismus« (1950) und zwei Handbücher der formalen Logik. Eine eher amüsante Einzelheit: die »Europäische Philosophie der Gegenwart« enthält den Text meiner Vorträge in einer Sommerschule für amerikanische GI's im Jahre 1946. Zu meinem Erstaunen mußte ich feststellen, daß dieses Buch, dessen Intention es war, den Anfängern einige Namen, Daten und Titel beizubringen — zusammen mit der Einsicht, daß die Dinge in Philosophie vielleicht nicht so einfach sind, wie man es meistens meint — zu einem wahren »Klassiker« wurde, woraus man fleißig in dutzenden von Ländern lernte. So scheint es mir, daß man in der Sowjetunion während wenigstens 15 Jahren über die Europäische Philosophie des XX. Jahrhunderts nur soviel wußte, wie in der russischen Übersetzung dieses Buches stand.

Etwas ähnliches kann von meiner Tätigkeit im Gebiet der sowjetischen Philosophie gesagt werden. Auch über sie habe ich, neben einer Reihe von Forschungsberichten, nur zwei Bücher für Anfänger veröffentlicht. Ich habe aber das (damals) einzige »westliche« Studienzentrum — das Freiburger Ost-Europa-Institut — gegründet und aufgebaut. Aus ihm sind mehrere Dutzend Forscher hervorgegangen. Ich glaube nicht zu übertreiben, wenn ich sage, daß sie jetzt die Mehrheit der Spezialisten in der sowjetischen Philosophie im »Westen« bilden. Ich gründete und leitete jahrelang allein die einzige wissenschaftliche Zeitschrift für diese Philosophie (»Studies in Soviet Thought«) und in meiner Schriftenreihe (»Sovietica«) sind bis jetzt 31 Werke erschienen. Unter anderem haben wir die einzige Bibliographie der sowjetischen Philosophie — bis jetzt 7 Bände — herausgegeben, dies vor allem dank *J. T. Blakeley,* der jetzt ein anderes, ähnliches Zentrum, leitet.

In dieser Arbeit habe ich mich immer bemüht, die Haltung des Forschers aufrecht zu halten — der ja wissen möchte und nichts anderes. Dabei kann ich nicht leugnen, daß ich an das Phänomen mit viel Sympathie ging — dies trotz des radikalen Gegensatzes im Ideologischen. Ich habe z. B. ständig die Meinung vertreten, daß die sowjetische Philosophie ja Philosophie ist, daß es unter den sowjetischen Philosophen ernste Denker gibt, die mit echten Problemen ernst ringen. Die Anerkennung dieser Bemühungen ist freilich ausgeblieben, ebensowohl auf der sowjetischen wie auf der »westlichen« Seite. Außer meiner Schule gibt es nur vereinzelte Philosophen bei uns, welche der Arbeit ihrer sowjetischen Kollegen irgendeine Bedeutung zuschreiben — und diese haben mich immer als einen Agenten dunkler »Kapitalistischer Mächte« angesehen. Es scheint mir aber, daß ich wenigstens eine Gruppe von echten Kennern des Gebietes ausgebildet habe; und die anderen, die die sowjetische Philosophie kennenlernen möchten, in ihren Schriften alles notwendige jetzt haben. Dies ist vielleicht neben meiner Geschichte der Logik die zweitwichtigste unter meinen Leistungen.

An systematischen Gedanken habe ich sehr wenig veröffentlicht. Die Umstände, die oben geschildert worden sind, erklären dies weitgehend. Ich darf jedoch die folgenden Schriften nennen: eine mathematisch-logische Analyse des Begriffs der Analogie (ich glaube als Erster in der Geschichte dem Wort einen klaren Sinn gegeben zu haben); ein Buch über die Logik der Religion, eine Art von Prolegomena zu jeder zukünftigen Logik der Religion; eine sehr einfache und populäre Darstellung meiner Grundgedanken in Philosophie; die schon erwähnte Theorie der Entwicklung der Logik; endlich einige Thesen zur allgemeinen Methodologie des Denkens, zur Einteilung der Logik, ihrem Verhältnis zur Ontologie und ähnliches.

III

Um jetzt zu meinen Grundüberzeugungen zu kommen, möchte ich wiederholen, daß ich als *Analytiker* bezeichnet werden darf. Die Philosophie, die ich getrieben habe, wollte immer analytische Philosophie sein. Da aber meine Gesinnungsgenossen in der kontinentalen europäischen Philosophie *rari nantes in gurgito vasto* sind, muß der Terminus einigermaßen erklärt werden.

Die Analysis ist zuerst keine *Schule* in dem Sinne, in welchem es eine Kantische, Positivistische oder Thomistische Schule gibt. Sie ist vielmehr ein *Lager,* wie ich zu sagen pflege. Man findet in der Analysis ausgesprochene Platoniker (die meisten großen Logiker der Neuzeit waren und sind ja Platoniker), Positivisten, Pragmatisten, Metaphysiker und anderes mehr. Wenn wir, Analytiker, auf einen außenstehenden Philosophen stoßen, bilden wir freilich gleich eine gemeinsame Front — aber unter uns streiten wir uns praktisch um alle fundamentalen Probleme.

Das Gemeinsame ist zuerst die *Methode,* die logische Sprachanalyse. Darin bildet die Analysis eine glänzende Weiterführung der Scholastik, und darüber hinaus des *maestro di coloro che sanno, Aristoteles.* Gemeinsam ist auch die objektivistische Haltung: nicht psychische Vorgänge und Bilder — etwa subjektive Begriffe, Urteile und ähnliches — sondern Inhalte werden analysiert. Damit hängt auch eine Abneigung zur klassischen Erkenntnistheorie zusammen; sie wird wohl getrieben, aber sie nimmt die Gestalt der Methodologie an, wie etwa in den Auseinandersetzungen zwischen *Carnap* und *Popper* oder um die Kuhn-Feyerabendsche Theorie. Nicht zu leugnen ist die grundsätzlich *naturalistische* Haltung, das Sich-orientieren auf die Naturwissenschaften, gewöhnlich mit der kategorischen Verwerfung des Diltheyanismus verbunden: es gibt grundsätzlich nur Erklären. Endlich sind alle Analytiker ja *Analytiker* und treiben Einzelforschungen anstatt große Systeme aufzubauen.

Das scheint allen Analytikern gemeinsam zu sein. Darüberhinaus gibt es Differenzen. Eine sehr wichtige betrifft die Methode: während die einen der »harten«, mathematisch-logischen Analyse huldigen, glauben die anderen (die Oxford'sche Schule vor allem), sich der Alltagssprache bedienen zu sollen; die »Harten« nennen diese zweite Art etwas boshaft »weiche« (»soft«) — oder sogar »soft-shoe« (im Gegensatz zur »horseshoe« — »Hufeisen«, d. h. Implikationssymbol) Analyse. Ich bin ein sehr harter »harter Analytiker«. Bei aller Anerkennung der Leistungen von Männern wie der späte *Wittgenstein* und *Austin,* glaube ich, daß diese im Grunde eine anti-galileische Gegenrevolution im Denken vornehmen wollen. Das Große bei *Galilei* besteht ja nicht darin, daß er eine neue physikalische Theorie aufgestellt hat — das haben viele getan — sondern darin, daß er sie in einer künstlichen Sprache formuliert hat, die erlaubte sehr abstrakte Begriffe zu manipulieren. Das hat für die Philosophie die mathematische Logik geleistet. Sie zu verwerfen heißt — so scheint es mir — in eine Vorzeit zu sinken. Ich bin ein »harter« mathematisch-logischer Analytiker.

Weiter glaube ich, daß man mich als »Rationalisten« bezeichnen könnte. Das Wort hat selbstverständlich viele Bedeutungen — wie die meisten philosophischen Fachausdrücke — und es ist notwendig jene zu präzisieren, in welcher ich sie hier gebrauche. Mein Rationalismus besteht zuerst darin, daß ich die Wirklichkeit immer als ein Kosmos, nicht als ein Chaos angesehen habe. Lange bevor ich den *Tractatus* las, war ich tief überzeugt, daß es kein Rätsel gibt, nur Probleme. Das bedeutet, wenn man will, das νοῦς βασιλεύς. Darin sind freilich viele mit mir einig; der Haken besteht aber bei mir in einer besonderen Deutung des »νοῦς«. Ich übersetze es nämlich nicht durch »Vernunft«, sondern durch »Verstand«. Und Verstand ist, objektiv gesehen, dasselbe wie formale Logik.

Daraus ergibt sich etwa die folgende Sicht der Welt: sie ist eine kolossale und höchst komplizierte Masse von Dingen, Eigenschaften und Ereignissen. So undurchsichtig sie zuerst zu sein scheint, weist sie doch eine ganz bestimmte (statische und dynamische) *Struktur* auf. Nun ist aber »Struktur« ein anderes Wort für »ein Netz von Beziehungen«. Die formale Logik ist aber nichts anderes als die allgemeinste Theorie der Beziehungen. Das heißt, daß die Welt eine logische Struktur hat. Mir scheint sogar, daß der Ausdruck »unlogische Struktur« einen Widerspruch bedeutet.

Vielen wird diese Behauptung als ungeheuerlich erscheinen und man kann mir legitim zwei Fragen stellen. Die eine wäre: Wie können wir so etwas wissen? Und die zweite lautet: Ist dies nicht mit der Leugnung von allem »Metaphysischen«, »Mysteriösen«, »Existenziellen«, ja »Religiösen« aequivalent?

Diese Fragen habe ich mir auch gestellt und beantworte sie wie folgt. Wie können wir wissen, daß die Welt ein logischer Kosmos ist? Die Antwort ist einfach: Die gesamte menschliche Erfahrung, vor allem jene der Naturwissenschaften, setzt die These voraus und wir haben sie immer bestätigt gefunden. Angesichts dieser Tatsache scheint es mir einfach unvernünftig, an der logischen Struktur der Welt zu zweifeln. Desto schlimmer ist die Lage eines Philosophen, der nicht nur an ihr zweifelt, sondern auch dogmatisch behauptet, es gebe in der Welt A-logisches. Denn es gibt überhaupt *nichts,* wodurch er seine Behauptung belegen könnte. Mir scheint es, daß Leute, die eine solche Haltung einnehmen, einfach gegen die gesamte Erfahrung der Menschheit sprechen, also gegen die Vernunft, wenn man große Worte gebrauchen will.

Ist aber damit alles Irrationale nicht ausgeschaltet? Im gewissen Sinne sicher ja. Es ist ziemlich leicht zu zeigen, daß das, was die Dialektiker, Existenzialisten und viele Theologen über solches Irrationales erzählen, einfach nichtssagend ist; daß sie durch ihre Worte keinen *Sinn* mitteilen, obwohl sie selbstverständlich zahlreiche und oft angenehme Gefühle bei ihren Lesern hervorzurufen im Stande sind. Was sich sagen läßt, also mitteilen, ist immer und ohne Ausnahmen, innerhalb der Grenzen der Logik. Das A-logische ist einfach nicht sagbar — und wovon man nicht sprechen kann, darüber sollte man, nach dem Ratschlag *Wittgensteins,* schweigen.

In einem anderen Sinne wird aber durch die rationalistische These, wie ich sie vertrete, Verschiedenes nicht behauptet, das andere Rationalisten behauptet haben.

Es wird z. B. nicht behauptet, daß es eine und *nur* eine Methode des Erkennens gibt. Zum Beispiel scheint es mir ganz illegitim, die Methode der Physik als die allein gültige anzusehen. Daß die Physik in ihrem Gebiet mit dieser Methode vieles erreicht hat, ist nicht zu bezweifeln; ob man aber ebenso erfolgreich mit ihr überall operieren kann, ist nicht bewiesen und scheint, im Gegenteil, nicht wahr zu sein. Nicht einmal die sog. empirische Methode der Naturwissenschaften ist die einzige, die wir kennen. Da die Naturwissenschaftler viel Mathematik gebrauchen, hat man sich gewöhnt, diese als eine Art Naturwissenschaft anzusehen. Und doch ist es evident nicht so. Die Mathematik gebraucht eine ganz andere Methode. Man kann a priori nicht einsehen, warum es nicht noch eine dritte und vierte geben sollte. Somit ist mein Rationalismus nicht einer, der auf die Naturwissenschaften schwört.

Es wird auch nicht behauptet, daß es uns nicht erlaubt wäre, die Autorität in der Erkenntnis zu gebrauchen. Ein ungeheures Unheil wurde dadurch gestiftet, daß man im 18. Jahrhundert und wieder z. B. bei *Jaspers,* die Autorität der sog. »Vernunft« gegenübergestellt hat. Tatsächlich gibt es einen unvernünftigen, also unlogischen Gebrauch der Autorität — aber es gibt auch einen ganz vernünftigen. Wir leben ja heute alle aus solchen vernünftigen Autoritäten und das moderne Leben, mit seiner hohen Spezialisierung wäre ohne sie unmöglich.

Endlich wird es nicht behauptet, daß wir alles vollständig wissen können. Es kann sehr wohl sein, daß es Gegenstände gibt, die nur äußerlich, isomorphisch, wie wir in der Logik zu sagen pflegen, erkennbar sind. Gott ist sicher ein solcher Ge-

genstand und vielleicht gibt es auch andere. Was mein Rationalismus aber behauptet, ist daß das *was* wir von diesen
Gegenständen wissen können, wir immer innerhalb — nicht
außerhalb — der Logik durch logische Mittel wissen. Die
»negativen Theologen« und die Theoretiker des »metaphysischen Zitterns« scheinen mir immer Unsinn zu erzählen.

Der genannte Rationalismus ist auch eine Art von erkenntnistheoretischem, obwohl eher gedämpften, *Optimismus*. Darin
glaube ich mit vielen älteren Rationalisten einig zu sein. Dieser
Optimismus besteht in einem gewissen Vertrauen an den
menschlichen Verstand, also in einer anti-skeptischen und anti-
relativistischen Haltung. Er besteht in der Annahme, daß wir,
obwohl immer mit Schwierigkeiten und unvollständig, gewisse
Sachverhalte so erkennen können wie sie sind und zwar nicht
durch irgendwelche Ausübung der Angst und des Ekels, sondern durch schlichte Erfahrung und Schlußfolgerung.

Paradoxer Weise stammt bei mir die anti-skeptische Haltung
aus der Überzeugung, daß die Welt ungeheuer kompliziert ist,
und daß wir aus ihr nur sehr wenig erkennen können. Denn
wenn es so ist, dann ist der Mensch — ein am meisten kom-
plizierter Teil der Welt — auch schwer verständlich; und damit
ist die menschliche Erkenntnis etwas sehr, sehr schwieriges und
kompliziertes. Daraus habe ich die folgende philosophische —
oder wenn man will metaphilosophische — These abgeleitet:
jede einfache Theorie ist falsch. Nun ist der Skeptizismus eine
solche höchst einfache Theorie. Wir können nichts wissen und
alles ist OK. Leider ist es nicht OK. Allem Anschein nach
wissen wir sehr vieles gar nicht, vieles nur sehr oberflächlich,
aber einiges ganz genau und sicher. Dafür spricht, wie beim
Rationalismus, die gesamte menschliche Erfahrung und dagegen spricht gar nichts.

Daraus folgt nicht etwa, daß ich mir irgendwann tiefe Gedanken über das sog. Erkenntnisproblem gemacht hätte. Ich
bin durch *Kant* durchgegangen und wurde aus dieser Krankheit kuriert. Das bedeutet nicht, daß ich methodologische Studien, solche die letztens in Gang waren, mißachten würde.
Ganz im Gegenteil: das ist Logik und oft sehr gute Logik.

Aber die allgemeine Erkenntnistheorie, so wie sie seit *Descartes* in klassischer Philosophie getrieben wurde, scheint mir ein Mißverständnis zu sein. Es ist nicht einmal bewiesen, daß ein solcher allgemeiner Erkenntnistheoretiker krasse Widersprüche vermeiden kann, denn er handelt ja von *allen* Aussagen und das ist, wie jeder Beginner in der Logik weiß, unzulässig.

Ich habe gesagt, daß mein Optimismus gedämpft ist. Er ist es nämlich durch die Einsicht der (den meisten Menschen vor dem Aufkommen der Französischen Schule der Wissenschaftskritik unbekannten) Tatsache, daß das meiste, das wir wissen, weder durch die direkte Erfahrung noch deduktiv, sondern induktiv, oder korrekterweise (nach der Jevons-Lukasiewiczschen Terminologie) reduktiv erhalten ist. Nun ist aber jede Reduktion fehlbar. Gewißheit gibt es schon, aber sie ist selten. In den meisten Fällen machen wir uns nur erklärende Hypothesen, die durch andere vielleicht ersetzbar wären. Eine wahrlich schamhafte Tatsache muß man darin sehen, daß so viele Philosophen dieses ABC der modernen angewandten Logik nicht zu kennen scheinen. Sie sprechen so, als ob sie die absolute Wahrheit direkt erfaßt hätten, obwohl auch eine elementare Analyse immer zeigt, daß sie nur erklärende mehr oder weniger (sehr oft eher weniger) plausible Hypothesen aufgestellt haben.

Dies habe ich seit langem auch bei mir selbst angewandt. Das meiste, das ich glaube, wurde reduktiv erschlossen. Auch alle hier referierten Aussagen haben diesen Charakter. Damit ist gesagt, daß es an und für sich auch anders sein könnte; daß ich nicht absolut sicher sein kann, daß ich mich nicht irre.

Nun ist aber eine absolute Gewißheit, jene des Cartesianischen Typus, nicht dasselbe wie das Vernünftige. Wir schließen nämlich immer aus einem gewissen Stand des Wissens. Gegeben diesen Stand des Wissens, kann der Schluß so gut begründet sein, daß man daran nicht zweifeln darf. Als Beispiel möchte ich meine rationalistische These anführen: es *könnte* auch anders sein; aber alles was *wir* wissen, scheint davon zu zeugen, daß es nicht anders ist. Somit ist es vernünftig, ein Rationalist zu sein. Oder man nehme die bekannte astronomische These, daß die Erde sich um die Sonne dreht. Diese These wurde nie direkt begründet (auch durch die Kosmonauten nicht) und doch ist die Menge der aus ihr gezogenen und verifizierten Folgerungen so gewaltig, daß ein Mann, der an ihr zweifelt, wie ich glaube, zum Psychiater geschickt werden sollte. Er hat »seine Vernunft« verloren.

Nach dem Rationalismus möchte ich an dritter Stelle meinen *Platonismus* nennen. Damit ist freilich nicht viel gesagt, weil, wie es mir scheint, *Lavelle* recht hatte wenn er den Satz schrieb: *on philosophe en tant qu'on platonise.* Fast alle großen Philosophen sind bei uns Platoniker gewesen: *Aristoteles, Plotinus, Augustinus, Thomas, Kant, Hegel, Whitehead.* Die meisten führenden modernen Logiker sind Platoniker: *Frege,* der junge *Russell, Lukasiewicz, Gödel.* So verschieden auch ihre Auslegungen *Platos* gewesen sind, sind sie doch alle echte Anhänger des Gründers, wenigstens in *einer* Beziehung: in der Annahme, daß es außer dem Realen noch eine ganz andere Art des Seienden gibt, nämlich das Ideale. Freilich haben die wenigen, und wie ich glaube, weniger bedeutende Anti-Platoniker durch ihre Propaganda den Eindruck hervorgerufen, daß sie, nicht die Jünger *Platos,* die Philosophie beherrschen. Das ist aber sicher nur ein Schein. Die westliche Philosophie, wie ich sie sehe, war und ist — nach *Whiteheads* Wort — eine Reihe von Fußnoten zu *Plato.*

Daraus folgt, daß ich kein Positivist bin, obwohl diese Etikette mir mehrmals angehängt worden ist. Ein Positivist ist nämlich eher ein Negativist, wie *N. Hartmann* es einmal schön sagte: er leugnet — verbal — daß es Ideales gibt. Ich habe es aber immer behauptet. Freilich gibt es im deutschen Raum auch einen Gebrauch des Wortes »Positivist« in welchem es auf mich passen würde: nämlich insofern als ich mit den Positivisten nicht bereit bin, Wertaussagen mit Tatsachenaussagen zu verquicken und an die Möglichkeit des reinen Erkennens glaube. Auch in dem Sinne kann man mich einen Positivisten nennen, daß ich das Reden in Bildern für Poesie und für keine Wissenschaft, also für keine Philosophie halte. Von meinen positivistischen Freunden trennt mich aber mein Platonismus, die Annahme, daß es Ideales und nicht nur Reales gibt und, mit *Whitehead,* daß es keine Erklärung des Realen gibt, ohne Bezug auf das Ideale. Ich wenigstens habe bis jetzt keine solche Erklärung, die in irgendeiner Weise stimmen würde, gesehen. Gewöhnlich wird das Ideale verbal geleugnet, dann aber hineingeschmuggelt.

Worin besteht der Platonismus? Man kann, wie es mir scheint, eine ontologische und eine anthropologische Seite der Lehre unterscheiden. Ontologisch gesehen behauptet mein Platonismus, daß es ideale *Gegenstände,* Inhalte, usw. gibt. Freilich bin ich nicht der Meinung, daß solche Inhalte irgendwo »in der Welt« herumschweben und bin eher geneigt, anzunehmen, daß sie erst durch den Menschen werden. Aber der Mensch erkennt solche Gegenstände. Sie sind nicht bloß seine Gedanken — die psychischen Vorgänge sind ja real, nicht ideal — sondern Inhalte der Gedanken. Sie sind gegenständlich, objektiv gegeben. Wie es mit dem Verhältnis zwischen diesen Inhalten und dem Realen steht, wage ich nicht zu sagen. Nur als Neigung darf ich die Aristotelisch-Kantische Sicht nennen: daß das Ideale die Form des Wirklichen bildet und durch unseren Verstand in irgend einer Weise daraus hervorgeholt und aktualisiert werden kann. Das Problem ist aber sehr, sehr schwierig und eine feste Überzeugung habe ich in dieser Hinsicht nicht.

Was nun die anthropologische Seite des Platonismus betrifft, so besteht sie in der Annahme, daß der Mensch des Idealen fähig ist, daß er es erkennen und wollen kann. Darin gehe ich so weit, daß ich den Menschen gerade so und nicht durch seine vermeinte »Existenz«, durch die Fähigkeit Werkzeuge zu konstruieren, sich zu ängstigen, oder gar durch die Religion, definieren würde. »Ζῷον λογον ἐχον«, sondern schlicht als des Idealen fähiges Tier. Alles andere scheint mir aus dieser Grundverfassung zu folgen.

Als vierte Grundannahme würde ich meinen *Kosmozentrismus* nennen. Dieser, von *Kolakowski* stammende Ausdruck meint eine Haltung, die der anthropozentrischen entgegengesetzt ist, und meint etwa das folgende. Zuerst, daß der Mensch wohl ein sehr »erhabenes« und sehr komplexes Wesen ist, aber doch ein Teil der Wirklichkeit, der Welt und zwar so sehr, daß praktisch alles, was wir in ihm finden, auch anderswo in abgeschwächtem Maß vorkommt. Anders gesagt bin ich der Meinung, daß der Mensch zwar ein viel reicheres Wesen besitzt als andere Dinge, daß er aber, erstens, nur die höchste Stufe in einer Leiter bildet und zweitens, daß er genau in derselben Weise existiert, wie andere Teile der Welt. Daraus ergibt sich, methodologisch, daß man immer mit der Welt, mit ihren »niedrigeren« Teilen und nicht mit dem Menschen anfangen soll, wenn man überhaupt Chancen haben soll, dieses merkwürdige und so komplizierte Wesen zu verstehen.

Das bedeutet, daß ich mich mit der Denkerfamilie des *Aristoteles, Thomas, Spinoza, Leibniz, Hegel* — gegen jene des *Augustinus, Kant* und *Heidegger* solidarisiere.

Eine Konsequenz dieser Haltung ist, daß ich immer ziemlich naturalistisch gedacht hatte. Nicht in dem Sinne, daß ich ein Reduktionist gewesen wäre, der per fas et nefas, alles im Menschen etwa auf mechanische Zusammenhänge zurückführen möchte — aber doch in dem, daß ich viel mehr Wert in den Methoden und Ergebnissen der Naturwissenschaften als den sog. Geisteswissenschaften sehe.

Eine andere Konsequenz ist, daß ich zu jenen halte, die keinen wesentlichen Unterschied zwischen den beiden Gruppen der Wissenschaften sehen. Selbstverständlich behaupte ich nicht, daß jede Wissenschaft genau dieselbe Methode anwenden sollte, noch daß es möglich wäre in jeder denselben Grad der Sicherheit und Allgemeingültigkeit zu erreichen; aber den Diltheyschen Unterschied zwischen dem Verstehen und Erklären habe ich immer verworfen. Jedes wissenschaftliche Erkennen ist für mich Erklären. In diesem Punkt bin ich also wieder mit den Positivisten — obwohl mit einer ganz anderen Grundhaltung — einverstanden.

Als eine weitere Grundhaltung möchte ich meinen *Aristotelismus* nennen. Das hat verschiedene Aspekte. Der eine ist erkenntnistheoretisch und besteht darin, daß ich an kein Apriori im Sinne des von der Erfahrung Unabhängigen (in weitestem Sinne des Wortes »Erfahrung«) glaube. Darin fühle ich mich dem führenden amerikanischen Denker, *Quine,* sehr nahe. Ich gehe darin so weit, daß ich auch die formale Logik als eine grundsätzlich aposteriorische Disziplin sehe. Es scheint mir, daß auch der vermeintlich »klassische« Unterschied der analytischen und synthetischen Aussagen schief ist. Anders gesagt, bin ich ein Empirist. Freilich nicht im Humeschen Sinne, wo die Erfahrung auf die *sinnliche* Erfahrung eingeengt ist; denn als Platoniker nehme ich auch direktes Erfassen des Idealen an. Auch dieses ist eine Erfahrung. Wenn man will, besteht in dieser Hinsicht bei mir eine vollständige Abkehr von *Kant,* der — leider — so vieles in unserem, auch extrem positivistischen, Denken beherrscht.

Ein anderer Aspekt meines Aristotelismus ist die Anerkennung einer prote filosofia, der Ontologie. Bei den Positivisten war es geläufig seit *Ockham,* alle ontologischen Aussagen als Aussagen über Worte nicht über das Gemeinte zu deuten. Ich konnte nie verstehen, warum es so sein sollte. Warum sagt »der Hund ist ein Tier« etwas über den Hund, aber »der Hund ist ein Ding« nur etwas über das Wort »Hund«? Es gibt dazu überhaupt keine Begründung. Die Ontologie ist einfach die am meisten abstrakte Theorie des Gegenstandes überhaupt. Hier habe ich eine ganz persönliche Meinung: Für mich ist nämlich diese allgemeinste Gegenstandstheorie, oder Ontologie, nichts anderes als formale Logik. Oder genauer ist die Ontologie, wie sie gewöhnlich getrieben wird, nur eine Prolegomenon zur axiomatischen Behandlung derselben Gegenstände in der Logik.

Ich bin ein Aristoteliker noch in dem Sinne, daß ich seine besondere Ontologie als im wesentlichen richtig halte. Ganz kurz und oberflächlich gesagt, besteht dies in der Annahme, daß die Welt primär aus Individuen (Substanzen) besteht, die durch gewisse reale Eigenschaften bestimmt und durch gewisse, oft auch reale, Beziehungen untereinander verbunden sind.

Endlich besteht mein Aristotelismus — obwohl ich gestehen muß, daß ich in dieser Beziehung nicht ganz im klaren bin — in der Annahme der Priorität des Realen über das Ideale. In der Luft schwebendes Ideales gibt es nicht. So sind z. B. Begriffe einfach Bedeutungen von Worten. Damit hängt vielleicht auch die Annahme des tragenden Charakters des Materialen im Hinblick auf den Geist zusammen.

Wenn von meinem Aristotelismus die Rede ist, kann ich nicht umhin, *Hegel* zu nennen. Es ist nicht nur so, daß wir in einer Zeit leben, die durch und durch von ihm beherrscht zu sein scheint. Man könnte fast, den oben zitierten Spruch von *Whitehead* paraphrasierend, sagen, daß das meiste in der Philosophie des XX. Jahrhunderts aus (meistens schlechten) Fußnoten zu *Hegel* besteht. Darüber hinaus bin ich auch der Meinung, daß es keine andere ernste Alternative für einen Philosophen gibt, als zwischen *Aristoteles* und ihm. Seitdem ich *Hegel* kennengelernt habe, halte ich ihn für den bei weitem größten Denker der modernen Zeit. Deshalb habe ich ein paar begeisterte Hegelianer erzogen.

Ich selbst habe mich aber, wie gesagt, für *Aristoteles* und gegen *Hegel* entschieden. Nicht ohne ein schweres Ringen, gerade auf der ontologischen Ebene. Noch heute pflege ich zu sagen, wenn *Hegel* etwas Falsches sagt, es immer noch besser ist, als wenn *Kant* eine wahre Aussage formuliert, denn er bewegt sich fast durchgehend auf einer höheren Ebene. Es ist mir unerklärlich, wie so viele nach *Hegel* noch Kantianer sein zu müssen glauben — als ob das nach *Hegel* möglich wäre. Ich muß auch gestehen, daß *Hegel* wenigstens in einem Punkt den Vorrang über den Altmeister hat: er ist der Evolutionist, der Denker der Entwicklung — während diese für einen Aristoteliker immer Schwierigkeiten bietet.

Wenn ich jetzt darüber nachdenke, warum ich *Aristoteles* und nicht *Hegel* gefolgt bin, so scheinen mir die folgenden Gründe ausschlaggebend gewesen zu sein. Zuerst die formale Logik. Sie ist nur bei *Aristoteles,* nicht bei *Hegel,* möglich. Die sog. dialektische Logik ist nur ein Inbegriff von einigen sehr wenigen und rudimentären methodologischen Ratschlägen — der formalen Logik kann sie nicht gleichgestellt werden. Dann aber muß es sich bei mir um eine sehr tiefe Überzeugung vom Primat des Individuums handeln, welches bei *Hegel* notwendig

»Schall geworden ist«. Und endlich scheint es mir, daß *N. Hart-mann* recht hat, wenn er *Hegel* den größten Gotteslästerer der Geschichte nennt — und jene Christen als lächerlich ansieht, die ihm nachlaufen. Ich sehe jedenfalls nicht, wie diese Philosophie mit dem christlichen Glauben vereinbar sein könnte.

Damit ist eine Regel berührt, die ich als für mich zentral ansehe und die sich aus meinem Rationalismus ergibt. Sie lautet: Ein denkender Mensch soll es versuchen *alles* was er für wahr hält in einem einzigen, widerspruchsfreien Rahmen unterzubringen. Ob die betreffenden Aussagen religiös, philosophisch oder wissenschaftlich sind, macht hier keinen Unterschied. An so etwas, wie die doppelte Wahrheit und, weniger noch, an die Möglichkeit das logische Denken durch Gefühle und poetische Bilder zu ersetzen, glaube ich nicht.

Und so darf ich mich auch als *Thomisten* bezeichnen. Denn die genannte Regel wurde durch *Thomas* vertreten und war auch für ihn zentral. Freilich stimme ich mit den meisten Vertretern der Schule — und auch mit dem Meister selbst — in Vielem nicht überein. Es scheint mir aber, daß meine Grundhaltung dieselbe ist, wie jene des großen mittelalterlichen Denkers: es ist die Haltung eines Analytikers, Rationalisten im oben umschriebenen Sinne, eines kosmozentrischen Platonikers aristotelischer Prägung — der sich darüber hinaus für die logische Einheit des Denkens einsetzt.[1]

---

[1] Bibliographie bis 1962 in: A.-T. Tymieniecka (ed.): Contributions to Logic and Methodology in Honor of J. M. Bochenski. Amsterdam, North-Holland Publishing Company, 1965, SS. IX-XVI.

Vom Autor getroffene Auswahl seiner Veröffentlichungen

Elementa logicae Graecae, 1935. — Z historji logiki zdan modalnych (Aus der Geschichte der modalen Aussagen), 1938. — Nove lezioni di logica simbolica (Neun Vorträge über die symbolische Logik), 1938. — Petri Hispani Summulae Logicales (Hrsg.), 1947. — La logique de Théophraste, 1947. — Précis de logique mathématique, 1949. — Ancient Formal Logic, 1951. — Die zeitgenössischen Denkmethoden, 1954. — Formale Logik, 1956. — Logisch-philosophische Studien (hrsg. von A. Menne), 1959. — The Logic of Religion, 1965. — Was ist Autorität? 1974.

Die Lehre vom Ding an sich bei M. v. Straszewski, (Diss.) 1931. — De cognitione existentiae Dei per viam causalitatis relate ad fidem catholicam, (Diss.) 1936. — Europäische Philosophie der Gegenwart, 1947. — Der sowjetrussische dialektische Materialismus, 1950. — Wege zum philosophischen Denken, 1959. — Die dogmatischen Grundlagen der sowjetischen Philosophie, 1959. — Die Autonomie der Universität (Rektorrede), 1964. — Marxismus-Leninismus, 1973.

Alois Dempf

Ich bin 1891 in Altomünster geboren, einem Marktflecken zwischen München und Augsburg. Mein Vater war dort Posthalter mit dem dazugehörenden Ökonomieanwesen. Er schickte mich auf das Gymnasium in Schäftlarn und dann in Freising in der Erwartung, daß ich wie sein Bruder »geistlicher Herr« würde. Der Studienfreund meines Onkels, Regens des Priesterseminars in Dillingen, *Joseph Funk*, hatte mich mit *Hermann Schell* bekannt gemacht, der der größte Theologe Deutschlands gewesen sei, allerdings zu Unrecht als Modernist verurteilt wurde, weil er mehr vom deutschen Idealismus als von der Neuscholastik hielt. *Funk* lieh mir *Schells* Werk »Gott und Geist« obwohl ich, wie er meinte, es kaum verstehen würde. Man müßte dafür zuerst Philosophie studiert haben. Im Ringen mit *Schell* entstand in mir der Wunsch dazu. *Funk* machte mir allerdings klar, daß Philosophie als Lebensberuf ein höchst waghalsiges Unternehmen sei, da es in Deutschland nur sechs sogenannte Konkordatslehrstühle für katholische Philosophie gab. Er riet mir, an der theologischen Fakultät der Universität Innsbruck Philosophie zu studieren. Dort lernte ich die Neuscholastik kennen, hatte aber schon so viel von *Schell* mitbekommen, daß mir klar wurde, daß man ohne deutschen Idealismus nicht mehr philosophieren könne. Ich gab das Theologiestudium auf und entschloß mich auf Drängen meines Vaters Medizin zu studieren. Beim Ausbruch des 1. Weltkrieges hatte ich gerade jene sieben Semester, die für einen Feldunterarzt ausreichten. Vernünftigerweise wurde ich einem sächsischen Armierungsbataillon zugewiesen, hatte meist nur eine halbe Stunde Dienst, weil ich alle ernsten Fälle ins Lazarett schicken mußte. In den langen Tagen und Nächten an der Ostfront studierte ich alle in der Meinerschen Philosophenausgabe zugänglichen Werke *Platons, Kants* und *Hegels*. 1918 entwarf ich den Plan eines umfassenden Philosophiestudiums für andere Einzelgänger. Heimgekehrt studierte ich allerdings in München

ordnungsgemäß Philosophie und doktorierte 1922. Ohne akademischen Beruf lebte ich als Landwirt auf dem väterlichen
Anwesen in Altomünster bis zu meiner Habilitation 1925.

Das erste Werk, mit dem ich mich als idealistisch beeinfluß-
ter Einzelgänger der Scholastikforschung ausgewiesen habe,
hieß: »Die Hauptform der mittelalterlichen Weltanschauung«.
Im letzten Drittel des vorigen Jahrhunderts schufen die Ordensschulen die kritischen Ausgaben ihrer Großmeister, aber auch
Laien begannen die in die theologischen Summen eingebauten
Philosophien als vernachlässigtes Gebiet der Philosophie zu
untersuchen. Um 1920 war schon die 2. Generation dieser Forscher am Werk. Da ich von den Idealisten Systemkonstruktion
und Philosophiegeschichte gelernt hatte, versuchte ich eine Entwicklungsgeschichte der Scholastik, die ich in dem genannten
Buch 1925 veröffentlichte. Der Durchführung dieses Planes war
großzügig der Abt des Klosters Scheyern zu Hilfe gekommen,
der Assyriologe *Simon Landersdorfer,* der mir erlaubte von
den sonst »residenzpflichtigen« vierhundert Bänden der Kir-
chenväterausgabe *Mignes* Dutzende von Bänden von Scheyern
nach Altomünster zu schleppen. Ich konnte mich vier Jahre lang
in die unentbehrlichen Texte einarbeiten. Das Ergebnis der
Arbeit war, daß die Frühphase der Scholastik die altchristliche
Theologie und Philosophie übernahm und damit bis 1100 zu
tun hatte. Ich nannte sie Rezeptionsphase, Verarbeitung des
geistigen Überlieferungsstoffes. Nach 1100 stellten selbständige
Denker fest, daß die aufgehäuften Lehren in vielen Fragen
widersprüchlich seien, daß es sogar zwei Richtungen der Logik
gäbe. *Abaelard* entschied sich für die nominalistische statt der
realistischen. Die heterodoxe Folgerung für die Dreieinigkeits-
lehre zwang ihn, neben dem bischöflichen Theologenstudium
um 1120 eine philosophische Fakultät zu begründen. Die Konkordanz der theologischen Lehrsätze leistete um 1140 *Petrus
Lombardus* mit dem Lehrbuch für die theologische Fakultät.
Gleichzeitig wurden in Bologna die Widersprüche in der Jurisprudenz in einer Summa Codicis ausgeglichen; und trat neben
die juristische eine kanonistische Fakultät mit dem Lehrbuch
Gratians. Die freien *universitates magistrorum et studentium*

kennzeichnen die Konkordanzphase der Scholastik bis 1230. Mit der Übernahme aller Werke des *Aristoteles* und ihrer Kommentierung in den Universitäten mußten dieser bald als einzig gültigen Wissenschaft und Philosophie geltenden Lehre christliche Systeme entgegengestellt werden, die großen Summen. Dies in der Endphase dieser Entwicklung.

Damit war mir ohne die Methode der Wissenschaftssoziologie eine Periodisierung der Scholastik geglückt, die freilich nur die Äußerlichkeiten des Verfahrens betraf, und über den Inhalt der großen Systeme nichts Näheres aussagen konnte. Daß die Scholastikforscher diesen Versuch für verfrüht hielten, war zu erwarten. Wenn ich von ihnen anerkannt werden wollte, mußte ich über das philosophiegeschichtliche hinaus den Umriß eines Metaphysiksystems vorlegen. Dem diente meine Habilitationsschrift in Bonn, wohin ich gleichzeitig, 1925, übersiedelte: »Das Unendliche in der mittelalterlichen Metaphysik und in der kantischen Dialektik«. Mein Ausgangspunkt war die überraschende Übereinstimmung von *Thomas* und *Kant* in der kosmologischen Antinomienlehre. Die Frage der Ewigkeit oder Zeitlichkeit, der Abhängigkeit oder Unabhängigkeit der Welt von Gott, kann nach beiden Seiten nicht durch die theoretische Vernunft gelöst werden. Für beide führt der kritische transzendentale Entwurf der Weltbilder nicht zum Ziel, beide behaupten, daß die Antinomien nicht aufgelöst werden können. Die augustinische Richtung jedoch sah, im Gegensatz gegen die christlich-aristotelische, die Entscheidung der Frage im Unterschied der echten, intensiven Unendlichkeit der Allmacht und Allwissenheit, zu der schlechten extensiven, immer nur potentiellen Unendlichkeit. Die notwendige Abhängigkeit der endlichen Welt schloß für sie die Zeitlichkeit ein.

Leider kannte ich damals die naturphilosophische Entscheidung der Frage durch *Ockhams* Naturphilosophie noch nicht. Seine radikale Kritik des aristotelischen absoluten Raum- und Zeitbegriffs statuiert die Korrelativität von Massenbewegung, Raum und Zeit, und damit die notwendige Zeitlichkeit der Welt.

Die beiden genannten opuscula brachten mir jungem Privatdozenten den ehrenvollen Auftrag ein, die Metaphysik und Ethik des Mittelalters neben erprobten Meistern im Münchner Handbuch der Philosophie zu bearbeiten. »Metaphysik des Mittelalters« erschien 1934. Ich hatte inzwischen schon meine »Kulturphilosophie« geschrieben und gliederte darum die Metaphysik als Gottes-, Menschen- und Weltlehre in das Zeitbewußtsein ein, je nach der Lage der Lebensmächte. Ich zeigte ihre Abhängigkeit von der theologischen Überweltlehre und der politischen Umwelt. Die Typologie der Weltanschauungen war auch damals maßgeblich.

Augustins theozentrische Metaphysik wurde mit vielen Dutzenden von Zitaten ausführlich dargestellt, auch sein Entwicklungsgang beachtet. Heute müßte ich seine Prädestinationslehre, erwachsen im Kampf mit den Donatisten, ernster betonen. Den Naturalismus des *Johannes Eriugena* und *Johannes von Jandun* glaube ich richtig getroffen zu haben. Der Dialog der Schulen des 12. Jahrhunderts sucht die Konkordanz der diskordanten Überlieferung. Die Schulunterschiede der christlichen Aristoteliker kommen noch zu kurz, *Duns Scotus* fehlt leider und *Ockham* ist verzeichnet. Die neuere Forschung entlastet ihn vom Nominalismus. Daß die Spätscholastik kein Verfall ist, habe ich besonders durch *Meister Eckharts* Dialektik begründet.

In meiner »Ethik des Mittelalters« von 1931 habe ich wenigstens mit einer bescheidenen Darstellung der Ethik des Evangeliums begonnen. Die Unterscheidung der altchristlichen Schulen ist noch zu dürftig, ich kann jetzt auf das verweisen, was ich dreißig Jahre später in meiner »Geistesgeschichte der altchristlichen Kultur« sagen konnte, das gilt auch für die Justinianische Kirchen- und Reichsordnung. Erst der Kampf der führenden Lebensmächte seit dem Investiturstreit bestimmte eine neue ethische Systembildung. Statt der Gnaden- und Freiheitsspannung wurde die von Disziplin und Freiheit das Dialogthema, es ging um die Freiheit im Gesetz. In der Auseinandersetzung mit der aristotelischen Ethik beginnt die anthropologische Ausbreitung der richtigen Verhaltensweisen, ein viel größerer Reichtum der Einzelbestimmungen für alle Lebensfragen.

Die Spätscholastik hat statt der Sozialethik wieder mehr den Personalismus betont.

Nach vierzig Jahren sind die beiden genannten Bücher in photomechanischem Neudruck erschienen, so daß ich die gebotenen Korrekturen im Text nicht unterbringen konnte und hier nur auf die wichtigsten aufmerksam machen konnte.

Nach meiner Habilitation im Herbst 1925 vermittelte mir der Kreis der Laienschüler *Hermann Schells* die Redaktion der Zeitschrift »Abendland«. Während ihres Studiums in Straßburg hatten sie sich in Erkenntnis der hohen Bedeutung *Schells* für einen weltoffenen Katholizismus zu einem bleibenden Freundschaftsbund zusammengeschlossen. Der Schwabe *Theo Abele* war Althistoriker, schließlich Rektor des Gymnasiums in Werl und nach dem 2. Weltkrieg Begründer der Zeitschrift »Das Wort in der Zeit«. Der Elsässer *Robert Schuman* war Altphilologe und später zeitweise Außenminister Frankreichs. Auch *Heinrich Brüning* begann als Altphilologe, kam aber über das Studium der Nationalökonomie und die Kenntnis Englands zur Idee eines Jungkonservatismus, dessen Verwirklichung 1932 mit zu seinem Sturz als Reichskanzler beitrug. *Hermann Platz,* Romanist der Bonner Universität verfolgte die Geistesgeschichte Frankreichs im 19. Jahrhundert besonders unter dem Gesichtspunkt des Gegensatzes von Nationalismus und Demokratie bis zum Verbot der christlichen Demokratie *Marc Sangniers* zugunsten der Action Française. Der Gefahr des aufsteigenden Faschismus bei uns sollte die staatsphilosophische und sozialpolitische Vertiefung der Abendlandidee entgegengestellt werden. *Hermann Schell* hatte den Katholizismus als Fortschrittsprinzip verstanden, weil die Idee des Gottesreichs immer als Zukunftsforderung über der Kirche steht. Daß der Zerfall der abendländischen Christenheit durch die nationalistische Ideologie seit dem Absolutismus der tiefere Grund des Weltkriegs gewesen war, forderte die Einigung der christlichen Demokraten Europas. Tatsächlich gelang Ende 25 ein Treffen in Köln unter der Führung des bereits nach dem Siege des Faschismus nach London verbannten Don *Luigi Sturzo*. Er hatte nach 1918 die christlich-soziale Partei Italiens aufgebaut. Ich übersetzte sein Werk »Italien und der Faschismus« und gewann durch die Mitteilung meines Planes, die Tausend Jahre christlicher Staats- und Kirchenlehre von *Augustinus* bis zum *Cusaner* zu erforschen, seine bleibende Freundschaft bis zu seinem Tod, als großer alter Mann der Populari nach seiner Rückkehr aus der Verbannung. Unvergeßlich ist mir von seinem Besuch in Bonn seine Sorge um den Abschluß des italienischen Konkordats, das erst dem Faschismus sozusagen seine völkerrechtliche Anerkennung verleihen mußte. Vor dem Abschluß des von *Franz von Papen* betriebenen deutschen Konkordats anno 34 fuhr ich mit dem engsten Freunde *Brünings, Hermann Joseph Schmidt* nach Rom, um dem Sekretär des Kardinalstaatssekretärs *Pacelli,* Professor *Leiber,* die Warnung von uns deutschen Antinazisten gründlich darzulegen. Drei Tage lang lief *Leiber* als Kurier von der Gregoriana in den Vatikan, leider erfolglos. Selbstverständlich wurde die Zeitschrift »Abendland« 1934 verboten. *Hermann Joseph Schmidt* ist um ein Haar im Konzentrationslager Dachau beim Abtransport der Gefangenen mit dem Leben davon gekommen.

Jene zwei Leitmotive, die ich dem deutschen Idealismus verdanke, Verständnis der Systemkonstruktion und Geschichtsphilosophie, veranlaßten mich, die Staats- und Geschichtsphilosophie des MA. bei den zahlreichen einzelnen Denkern zu verfolgen in der Hoffnung, ihre Entwicklungsgeschichte zu durchschauen. Voraussetzung dafür war der freie Zugang zur Bonner Universitätsbibliothek mit allen erforderlichen Texten für vier Jahre Stoffsammlung. Um einen Überblick über diese vielen Versuche zu gewinnen, in der man zum Selbstverständnis der eigenen Stellung in der Heils- und Weltgeschichte gelangte, mußte die Zeitlage beachtet werden. Die Begriffe Zeitbewußtsein und Reichsbewußtsein, öffentliches Recht und Beeinflussung der Öffentlichkeit, waren Voraussetzung dafür. Das Buch erschien unter dem Titel »Sacrum Imperium« 1929.

Weil ich die ostkirchlichen Geschichtslehren noch nicht genügend kannte, fing ich, zu spät, mit der augustinischen Geschichtstheologie an, statt mit der des *Origenes* oder allererst der des Evangeliums. Auch die Abhängigkeit des carolingischen Reichsbewußtseins von dem byzantinischen ist noch nicht scharf genug betont. Immerhin erkannte ich die im Krönungsritus verborgene Idee der Einheit von Kirche und Reich, im Gegensatz zum päpstlichen Primat über das Reich nach der Idee der Freiheit der Kirche vom Weltreich. Der Gegensatz von römischem Reichsbewußtsein und germanischem Volksbewußtsein kam zweifach zur Sprache, in den Abstammungslegenden der germanischen Stämme, gleichfalls von Troja, wie die des römischen Volks, und in den Missionslegenden der Volkskirchen, durch apostolische Stifter gegründet, wie Rom durch *Petrus*. Der Rang des eigenen Volkes wurde symbolisch verklärt.

Der Primat der Volkskirchen gegenüber Rom war nur feudalrechtlich gesichert durch das vom Kaiser oder König abhängige Fürstentum der Bischöfe. Das Papsttum bestand auf dem Kirchenstaat und sicherte sich ab gegen die Einmischung auf die Papstwahl durch weltliche Herrscher schon um 1050 durch eine neue Wahlordnung allein durch die Kardinäle, 100 Jahre später durch ein neues Kirchenrecht gegen das erneuerte römische Recht, beide vertreten an der Universität Bologna. Die neutrale Position in diesem Kampf wollte die Philosophie sein, so daß der philosophischen Fakultät eine theologische antworten mußte. Daß ich diese Entstehung der Universität in Zusammenhang mit dem Investiturstreit bringen konnte, rechne ich mir als Verdienst an. Den Heilsgeschichtslehren der Bibelausleger bin ich von *Bernhard von Clairvaux* bis *Joachim von Flores* nachgegangen, der um 1200 die Idee einer kommenden Kirche des Heiligen Geistes nach der des Vaters und des Sohnes verkündete.

Dank der neuen Lebensmacht Schule, der Universität, kam auch das Stadtbürgertum zu neuem Selbstbewußtsein mit der unvermeidlichen Folge des Kampfes zwischen Bürgertum und Arbeitertum. Den Ausgleich konnten nur arme Prediger versuchen, die Bettelorden der Franziskaner und Dominikaner. *Franz von Assisi* wurde bald als der gottgesandte Prophet der joachitischen Zukunftskirche gefeiert. Es galt, die höchst verwickelten Zusammenhänge nun schon aller vier Lebensmächte als Grund der Differenzierung der Geschichtsanschauungen zu erfassen. *Kaiser Friedrich II.* wollte die juristische Vormacht des Reiches über die Kirche rechtsphilosophisch durch die Erneuerung des heidnischen Aristotelismus begründen. Die großen Theologen *Bonaventura* und *Thomas* erneuerten metaphysisch die Hierarchie des göttlichen, ewigen, natürlichen und positiven Gesetzes und entwarfen eine konstitutionelle Kirchenverfassung. Die kultursoziologische Verflechtung wenigstens der führenden Kirchen- und Staatslehren aufzuzeigen, war eine sehr mühsame Aufgabe.

Meinen ersten Vorstoß gegen die Legende der Neuscholastiker von der Spätscholastik als Verfallszeit hatte ich bereits in meiner »Metaphysik« unternommen. Jetzt ging es darum, ihn auszudehnen auf die Kirchen- und Staatslehren der »moderni«. Wegen der Wirkung der obligatorisch kommentierten aristotelischen Politik auf alle Neuerungen, nannte ich diese Zeit politische Renaissance. Die typologische Kontroverse der Legalisten und Legitimisten und der Konservativen mit den Fortschrittlichen charakterisiert die einzelnen Denker. Die französischen Juristen bekämpften die durch sie nach Avignon exulierten Päpste und ihre Finanzpolitik auch mit Hilfe der aristotelischen Metaphysik im Dienste des Nationalstaats. Die astrologische Determination der Propheten zum Dienst der positiven Religion und der Philosophen im Dienste des Naturrechts ist das Geheimnis der Kirchen- und Staatengeschichte nach dem defensor pacis des *Marsilius von Padua* von 1320. Die päpstlichen Legitimisten sind Neuerer durch die Aufstellung eines voluntaristischen Absolutismus der päpstlichen Vollgewalt über alle Machthaber.

Leider habe ich die Vertreter der rein geistlichen Gewalt des Papsttums wie *Olivi, Dante* und *Ockham* nicht als die maßgeblich Fortschrittlichen bezeichnet. *Ockham* habe ich insofern verzeichnet, als ich nicht genau genug sein konstitutionelles Staats- und Kirchenideal herausgearbeitet habe. Sein erster großer Nachfolger, der Kardinal *Petrus Alliacus,* hat auf dem Konzil von Konstanz das Schisma der drei Päpste durch die Jurisdiktion des Generalkonzils beseitigt und der Kardinal

Nikolaus von Cues die ökumenische Konkordanz der streitenden Schulen und Parteien versucht.

Für die Unterbringung meiner Bücher habe ich Professor *Manfred Schröter* das meiste zu verdanken. Der Kulturphilosoph und Freund *Oswald Spenglers,* Historiker und Philosoph der Technik beriet lange Jahre den Technikverlag *Oldenbourg* in München. *Schröter* hat 1924 den Plan des Handbuchs der Philosophie in diesem Verlag entworfen und sehr viel Arbeit zu seiner Durchführung aufgewendet. Er hat mein erstes philosophiegeschichtliches Buch, die Hauptform der mittelalterlichen Weltanschauung, *Oldenbourg* empfohlen und meine Ethik und Metaphysik des Mittelalters in das Handbuch aufgenommen. Es hat vieler Überredungskunst bedurft, außerhalb dieses Rahmens für mein umfängliches Werk über die Geschichts- und Staatsphilosophie des Mittelalters *Oldenbourg* zu gewinnen, der wenigstens einen zügigen Titel für das abwegige Werk wünschte, »Drittes Reich« oder »Sacrum Imperium«. Auch der zweite Titel war zu pompös, wenn auch nicht so blamabel! *Schröter* habe ich auch die Empfehlung meiner »Kritik der historischen Vernunft« und 1972 meine fünfzig Jahre verspätete »Religionssoziologie der Christenheit« an *Oldenbourg* zu danken.

Mein anderer Verleger, *Jakob Hegner,* war der künstlerische Berater eines großen Verlages in Leipzig. Diese glänzende Stellung gestattete ihm als Liebhaber ausgewählten Schrifttums auf eigene Kosten seinen eigenen Verlag für Dichter wie *Claudel* und *Bernanos* zu schaffen. Da die Monographien *Etienne Gilsons* über *Bonaventura* und *Thomas* auch Kunstwerke hohen Ranges sind, hat *Hegner* sie als prächtige Bücher deutsch herausgebracht. Für das Interesse von Nichtkatholiken an *Thomas* schien ihm eine Übersetzung der »Summe gegen die Heidnischen« geboten, mit deren Vorwort er mich betraute. Gerne übernahm er als Antinazist wie ich meine *Meister Eckhart* Monographie, die den heiligmäßigen Dominikaner von allen scheinbar pantheistischen Thesen entlastete und damit seine Preisung als Nordist durch *Rosenberg* lächerlich machte. Er brachte auch mein kritisches Buch über *Sören Kierkegaard* heraus und 1937 meine Religionsphilosophie; nur vierhundert Exemplare wurden verkauft, die übrigen 800 verbrannten bei einem Luftangriff. In Wien, als *Hegner* endlich auf einen Bestseller mit *Schuschniggs* »Dreimal Österreich« hoffte, vertrieb die Machtübernahme ihn und den Kreis um ihn ins Exil. Durch *Hegner* hatte ich *Werfel* und *Kokoschka* kennengelernt.

Es hätte nach diesem Buch Sacrum Imperium nahe gelegen, die Dialektik der Lebensmächte, Kirche, Schule und Staat bis zur Gegenwart weiter zu verfolgen. Jedoch der offensichtlich unaufhaltsame Aufstieg des Nationalsozialismus neben dem Bolschewismus und Faschismus verlangte die offene, zeitgemäß-unzeitgemäße Darlegung einer normativen Kulturordnung, eine systematische »Kulturphilosophie«, die 1930 erschien.

Was ich rechtsphilosophisch über die Rangordnung der Lebensmächte und der Gesetze in Byzanz und im Mittelalter festgestellt hatte, erfuhr in den zwanziger Jahren eine doppelte Bestätigung durch die Wertethik *Max Schelers* und seine Wissenssoziologie des Heils-, Bildungs-, Herrschafts- und Leistungswissens und durch die Religionssoziologie *Max Webers*. Das war sachlich nicht viel anderes als die Rangordnung der Schleiermacherschen Vernunftformen, der symbolisierenden, theoretischen und praktischen Vernunft, die die Lebensmächte bestimmt. Die Konvergenz der verschiedenen Methoden in der Beantwortung gleicher Fragen nach der normativen Kulturethik ist offensichtlich typologisch. Dies galt es nachzuweisen. Die Feststellung des idealistischen Kulturbegriffs ist die Antwort auf die Gesellschaftslehre der französischen Enzyklopädisten, nach denen auf Kirche und Staat die Zivilisation des praktischen Verstandes folgt. Ich hatte lange genug, besonders im »Sacrum Imperium«, den Spannungszustand der Lebensmächte untersucht, um die Dringlichkeit einer bleibenden Normierung ihrer Rangordnung als Hauptproblem unserer eigenen Zeitlage zu erkennen. Sie ist bestimmt durch die Absolutsetzung der Wirtschaft, den Ökonomismus, der Politik als Etatismus und Imperialismus und das Ethos der Totalstaaten. Metaphysik ist durch die Herrschaftsideologie, die Rechtfertigung des Herrschaftswillens ersetzt. Wissensoziologisch war längst genug für die Ideologiekritik getan, mich betraf sehr bald persönlich der totalitäre Monopolanspruch der Doktrin, Indoktrination und Publizistik.

Ich versuchte eine Ökonomiekritik durch den Nachweis, daß der Monopolanspruch der Planwirtschaftler für die Besitz-, Erwerbs- und Verteilungsordnung in der Industriegesellschaft im Gegensatz steht zur Marktwirtschaft der konservativen, liberalen und demokratischen Sozialisten. Das kritische Leistungswissen stellt der auctoritas die ratio gegenüber, Besitzrechte, Produktionsgesetzlichkeit und Bedürfnisdeckung feststellend. Der Staatsprimat wird fälschlich gerechtfertigt durch das Monopol des Herrschaftswissens der herrschenden Klassen, die nach dem ersten Weltkrieg souverän geworden sind. Den kämpfenden Nationalstaaten stellte *Kant* die Idee eines Völkerbunds republikanisch verfaßter Staaten gegenüber, den kämpfenden Imperialismen ideologischen Charakters muß die Anerkennung des Selbstbestimmungsrechts der Völker entgegengestellt werden. Ich habe nacheinander die staatstheoretischen Kulturanschauungen des liberalen frühen und sozialistischen späten 19. Jahrhunderts untersucht und dann die totalitären der Gegenwart. Die staatsphilosophische Typologie unterscheidet Rechts-, Macht-, Volks- und Kulturstaaten, die die Staatsmomente zu integrieren suchen.

Ich versuchte das Recht für den Primatanspruch der Geisteskultur, des Scientismus und Rationalismus durch die unablässige Folge der Geschichtsphilosophien zu belegen. Kulturwandlung durch geistigen Fortschritt ist ihr Hauptthema von *Platon* an. Heute ist allerdings durch die imperialistische Kulturkrisis die Verfallslehre im Schwang, die ein Absinken des Gemeinschaftswillens vom Mythos über die Metaphysik bis zum Rationalismus feststellen möchte. Ich muß zugeben, daß die Abhängigkeit der Geschichtsphilosophien von den Kulturspannungen, denen sie abhelfen wollen, sie zu bloßen Geschichtsanschauungen mit verschiedenen Methoden macht. Die ratio status philosophiae ist ein so umfassendes Thema, daß

ich ihr zwei weitere Werke widmen mußte, meine »Selbstkritik der Philosophie« durch eine vergleichende Philosophiegeschichte und eine »Kritik der historischen Vernunft« durch
die theoretische und praktische.

Der Primatanspruch der Glaubensmacht in der Kulturbe-
stimmung hat verschiedene Namen, Fideismus, Biblizismus,
Fundamentalismus und erzeugt typische Geschichtstheologien.
Ich unterschied universale und nationale, Untergangs- und
Heilsprophetien, ethische, legitimistische und apokalyptische
Zeitperspektiven. Das hat die Religionssoziologie zu unter-
suchen, bevor die Religionsphilosophie die Frage nach der
unbedingten Wahrheit der Religion an sich und bestimmter
Religionen stellen kann.

Nach der Kritik der Monokulturen, um diesen Begriff der
Ökonomik zu entnehmen, des Führungsanspruchs einer Lebensmacht für das Kulturganze folgt die Frage nach der
Kultureinheit. Der deutsche Idealismus hat sich mit den Begriffen objektiver Geist und Weltgeist geholfen. Heute müssen
zur ethischen Überwindung des Historismus die neuen Logos-
wissenschaften aufgeboten werden.

Meinen beiden Büchern, der Kulturphilosophie und dem
Sacrum Imperium verdanke ich meine Bekanntschaft mit
italienischen und spanischen Philosophen. *Benedetto Croce*
regte die Übersetzung meines Sacrum Imperium durch den
Geschichtsphilosophen *Carlo Antoni* an, die 1933 erschien.
Gelegenheit zur Aussprache waren immer wieder die Tagungen der Rosminigesellschaft. Ich habe in einigen Artikeln die
Abhängigkeit *Rosminis* vom Deutschen Idealismus dargelegt,
durch die besonders seine Rechts- und Staatsphilosophie bestimmt wurde.

Meine Verbindung mit meinen spanischen Freunden war
veranlaßt durch die Übersetzung meiner Kulturphilosophie
auf Anregung gleichfalls eines Liberalen, *Ortega y Gasset*. Sie
erschien 1934. Schon 1935 lud mich der Führer der katholischen
Aktion Spaniens, der Madrider Literarhistoriker *Angel Herrera*
zu der Sommerhochschule in Santander für eine Studenten-
elite ein. Ich las über deutsche Soziologie und wiederholte die

Vorlesung für eine andere Gruppe in San Sebastian. Aus dem
Kreise hervorragender Denker auf dieser Tagung verband
mich bald eine bleibende Freundschaft mit dem Madrider
Philosophen Don *Zaraguetta,* der den Neovitalismus in
Deutschland studiert hatte. Er machte mich bekannt mit dem
Großmeister der arabischen Philosophiegeschichte *Asin y
Palacios,* der mir den Einfluß der arabischen Eschatologie auf
Dante vermittelte. Am Schluß der Vorlesungen in San
Sebastian lud mich *Herrera* ein, für das Jahr 36 eine Vorlesung
über die christliche Staatsphilosophie in Spanien von dem
Völkerrechtslehrer *Vitoria* an bis zu *Donoso Cortez* vorzubereiten. Dessen Auseinandersetzung mit dem Liberalismus
und Sozialismus dank einer christlich sozialen Monarchie
sollte vor dem drohenden Bürgerkrieg christliche Staatsphilosophie als spanisches Erbgut belegen. Ich konnte die Vorlesung
36 nicht halten, da wie *Herrera* vorausgesehen, der Bürgerkrieg
begonnen hatte. Sie erschien aber 37 im Druck und wurde
alsbald ins Spanische übersetzt. Beim Abschied teilte mir
Herrera mit, daß er zum Theologiestudium nach Fribourg in
der Schweiz gehen werde, er ist nun Erzbischof von Malaga
und Kardinal. Der Nachfolger *Zaraguettas* auf einem philosophischen Lehrstuhl von Madrid, *Rafael Calvo Serer* sorgte seit
1957 für die Übersetzung meiner Ethik, Metaphysik und Kunst-
philosophie ins Spanische und für meine Berufung zu einer
Metaphysikvorlesung an der Universität Pamplona. Wir trafen
uns immer wieder bei den Tagungen der Universitaires
D'Europe, einer internationalen Bemühung um die rechts- und
staatsphilosophische Begründung der Europaidee.

Meine Stellung unter den Philosophen Bonns in den 20er und
30er Jahren war trotz meines Einzelgängertums nicht isoliert.
Ein anderer Ordinarius für Philosophie neben meinem Pro-
tektor *Adolf Dyroff, Erich Rothacker,* sah mich wegen unserer
gemeinsamen Gefolgschaft *Diltheys* als gegebenen fortschrittlichen Nachfolger *Dyroffs* an und setzte zweimal meine Nennung für den Konkordatslehrstuhl an 1. Stelle durch, die
freilich wegen des Einspruchs *Rosenbergs* nicht zur Berufung
führte. Bei der Beratung hatte es einen Einspruch von Scho-

lastikforschern alten Stils gegeben, weil ich keine Editionen vor-
zuweisen hatte, der aber überstimmt wurde. Die Eckhartedi-
toren *Bernhard Geyer* und *Joseph Koch* billigten meine syn-
thetische Methode. Zwei katholische Privatdozenten, *Alois
Müller* und *Johannes Hessen*, hielten als begeisterte Phänomenologen meine Scholastikforschung für überholt. Drüben im
nahen Köln lehrte bis 1928 *Max Scheler*, dessen Vorlesungen
ich gelegentlich anhörte. Zwei seiner besten Schüler, *Waldemar
Gurian* und *Paul Landsberg* machten *Schelers* antichristliche
Wende seit 23 nicht mit und näherten sich meiner Position,
ebenso der Vorzugsschüler des Juristen *Carl Schmitt*, *Werner
Becker*, der schließlich Oratorianer wurde. Er war enttäuscht
darüber, daß *Schmitt* die politische Theologie des dritten
Reichs anerkannte.

So sehr wir jüngeren Denker in Bonn alle von *Karl Barths*
dialektischer Theologie ergriffen waren und ihn als geistiges
Haupt der bekennenden Kirche bewunderten, so konnten wir
doch als Philosophen nicht auf unsere Dialektik neben der
theologischen verzichten. Darum schrieb ich mein Buch
»Kierkegaards Folgen«, den ich als Vorläufer des neuen anti-
liberalen Protestantismus darstellte, der keine Philosophie in
theologicis mehr gelten ließ.

Neben *Karl Barths* Kampf gegen die neuheidnische Weltanschauung gab es in aller Stille die prinzipielle Verwerfung
des nationalsozialistischen Totalitarismus mit dem Anspruch
auf die staatsrechtliche Bestimmung der Weltanschauung. Wir
dankten dies dem andern damals bedeutsamsten Theologen in
Bonn, *Eric Peterson*, dem Exegeten des neuen Testaments. Er
sah, daß *Barths* Erneuerung der altlutherischen Offenbarungs-
und Gnadenlehre noch nicht das volle Evangelium umfaßte,
daß die priesterliche Gnadenvermittlung, die gesamte Kult-
ordnung der alten Kirche zu deren Vollbegriff gehöre. Eine
kleine Schrift »Von der Kirche« ließ die Kirche erst mit der
Weihe der Apostel zur Sündenvergebung vor der Himmelfahrt
und mit der Sendung des heiligen Geistes beginnen. Zu den
Sakramenten der Taufe, der Buße und des Abendmahls gehöre
auch die Priesterweihe. Die aktuelle politische Forderung aus

dieser positiven Theologie des göttlichen Gesetzes Christi für die Kirche war die Überordnung der Kirche als autarke Lebensmacht über die autonome Geisteswelt des ewigen und natürlichen Gesetzes und erst recht über den Totalstaat. Wenn er sich als oberste Lebensmacht erklärt, wiederholt er die verwerfliche politische Theologie der alten Hochkulturen mit Nationalismus und Rassismus. Ich danke der bleibenden Freundschaft mit *Eric Peterson* das existentielle Verständnis der Unterscheidung der positiven und natürlichen, der politischen und mythologischen Theologie gerade in der akuten Situation.

Durch *Barth* und *Peterson* befestigte sich in uns jüngeren Denkern die grundsätzliche Ablehnung der neuen politischen Theologie mit der offenen Kirchenbekämpfung, mit der Abspaltung deutscher Christen und Deutschgläubiger vom Evangelium samt der Spottfigur eines Reichsbischofs. Wir entschlossen uns, gegen *Alfred Rosenbergs* Machwerk »Der Mythos des 20. Jahrhunderts« und seine Proklamation einer nordischen Weltanschauung eine Gegenschrift zu verfassen. Der Kirchenhistoriker *Wilhelm Neuß* half uns bei der schwierigen und gefährlichen Drucklegung unserer Kampfschrift im Verlag Bachem, die in einer Nacht über die Walzen rollte und als erstes Büchlein seit der Reformation mit 200 000 Auflage sämtliche evangelischen und katholischen Pfarrer erreichte. *Neuß* hat bei der Neuauflage des Büchleins 1945 offengelegt, wie er den Kardinal *von Galen* gewann, daß die Schrift gerade noch als »Kirchenanzeiger« erscheinen konnte. Das Glanzstück dieser Schrift, die Feststellung, daß die Protokolle der Weisen von Zion eine Fälschung der zaristischen Ochrana zur Rechtfertigung von Judenpogromen waren, verdankten wir *Levison,* dem lange unentbehrlichen Herausgeber der Merowingerschriften der Monumenta Germaniae. Es liegt ihnen eine Kampfschrift *Maurice Joly's* gegen die totalitäre Politik *Napoleons III.* zugrunde, die 1948 *Hans Leisegang* ins Deutsche übersetzt hat. Da ich erwarten mußte, daß mir die Abfassung des Abschnitts über *Meister Eckhart* angelastet würde, übertrug ich ihn meinem Schüler *Lakebrink.*

Die fast einmütige Ablehnung des Nationalsozialismus der Bonner Universität kam immer wieder in freimütigen Aussprachen im Professorenzimmer zutage. Wir konnten uns in unseren Vorlesungen darauf verlassen, daß Anspielungen auf das Unrecht des Totalitarismus verstanden wurden und verschwiegen blieben.

Ich tat noch ein übriges außer meiner Mitwirkung an der Kampfschrift gegen *Rosenberg* mit einer pseudonymen Schrift: »Die Glaubensnot der deutschen Katholiken«. Sie machte auf die Schwäche der deutschen Bischöfe in der Abwehr der neuheidnischen Schulung auf allen Stufen aufmerksam. Das Manuskript ging mit dem Umzugsgut *Karl Barths* unbeachtet in die Schweiz und wurde dort von meinen Freunden zum Druck befördert.

Bevor ich die weiteren Bemühungen um meine Geistphilosophie erörtere, muß ich ein Wort über mein Berufsschicksal im Nationalsozialismus einfügen. Opfer des Monopolanspruchs seiner Weltanschauung wurde ich schon durch mein Buch über *Meister Eckhart,* das den Zorn *Alfred Rosenbergs* erregte. Er verhinderte meine Berufung auf den Lehrstuhl für Philosophie in Bonn 1934 und 1935 und auf den in Breslau 1936. Glücklicherweise wurde ich 1937 nach Wien berufen, nicht zuletzt dank der Initiative des Ethnologen Professor Pater *Wilhelm Schmitt.* Der Historiker *Srbik* betrachtete mich wegen meines Buches »Sacrum Imperium« als einen Großdeutschen. Sofort nach der dortigen Machtübernahme wurde ich als politisch unzuverlässig für sieben Jahre pensioniert. Wieder wollte mir *Wilhelm Schmitt* helfen: dank seines weltweiten Ansehens — er war Mitglied von 14 Akademien — vermittelte er mir Rufe nach Madrid und Zeba auf den Philippinen. Ein Brief an Pater *Schmitt,* der mein Pseudonym *Michael Schäffler* für meine kleine, in der Schweiz erschienene Schrift »Von der Glaubensnot deutscher Katholiken« aufdeckte, geriet zwar in die Hände der Gestapo, wurde aber unter den 10 000 anderen Briefen *Schmitts* nicht gefunden. In der, wie sich schließlich zeigte, berechtigten Erwartung auf das Scheitern des Dritten Reiches, verzichtete ich darauf, eine Berufung ins

Ausland anzunehmen, eine sogar mit Staatsbürgerbrief für Nordamerika. Ich benutzte die unfreiwillige Muße für meine langwierigste Forschungsarbeit, eine vergleichende Philosophiegeschichte. Von 1945—49 belasteten mich die Ordinariatspflichten in Wien so sehr, daß ich einen Ruf nach München annahm.

Das genannte Buch erschien unter dem Titel »Selbstkritik der Philosophie« 1947 in Wien. Die Mühsal der Einarbeitung in einige Hundert führende Denker, vor allem der Schulhäupter, habe ich in der Hoffnung unternommen, die anthropologische Grundlage werde die Typologie der ganzen Philosophiegeschichte erklären. Die seit *Kant* übliche Klassifikation der Weltanschauungen, Idealismus, Naturalismus, Materialismus mußte nach dem Neovitalismus durch den kritischen Realismus ergänzt werden. Es gibt aber auch die Gliederung des betont voluntativen, emotionalen und intellektuellen, d. h. ethischen, mystischen und metaphysischen Realismus. Sieben Richtungen waren zu verfolgen. Bald sah ich, daß überall die Geschichtsanschauungen den Welt- und Menschenanschauungen vorhergehen, daß sie der Anfang aller philosophischen Neuerungen sind. Durch die Unterscheidung von zwei antiken Perioden, vier indischen, zwei chinesischen, der arabischen und vier christlichen kam ich auf dreizehn zu vergleichende Epochen. Die Abfolge der Historiologien, Kosmologien und Anthropologien habe ich chronologisch in Vergleichstafeln vorgelegt. Die typologische Durchsicht der Philosophiegeschichte ist auf den 2. Teil des Werkes verwiesen und kann natürlich nur als erster Versuch der Verifizierung der Typologie betrachtet werden.

Für die wissenssoziologische Einordnung der Geschichtsphilosophie nach ihrer Abhängigkeit von den Lebensmächten Reich, Schule und Kirche wagte ich eine chronologische Tabelle. Parallel zu den Reichs- und Volksgeschichten verlaufen die ökonomischen, juristischen und theologischen Philosophien und die Glaubensanschauungen der drei genannten Richtungen, der ethischen, mystischen und metaphysischen.

Die Philosophie des Geistesreichs als eigener Lebensmacht

fordert eine Kritik der historischen Vernunft, um die Typologie der Geschichtsbilder erklären zu können. Nach ihrer Objektivierung lassen sich einseitige Heiligkeitsideale, so des Erlösungswissens, einseitige Reichsideale und Werkgerechtigkeitsideale unterscheiden, wie Standesehre, Standesstellung und Berufsordnung.

Philosophie als Weltanschauung und Wissenschaft fordert eine Kritik der konstruierenden Vernunft. Kosmologie entsteht aus dem Versuch, ein Entwicklungsgesetz der Menschheitsordnung aus der Naturgesetzlichkeit zu begründen. Die naturgesetzliche Weltorientierung und Selbstbehauptung in der Welt spaltet sich in die geistige, herrschaftliche, medizinische und technische Weltanschauung, da sie sich auf dem Bezugssystem der Rangordnung der Vermögen zu den korrelativen Seinsbereichen aufbaut. Der Konflikt der Monismen führt über den Skeptizismus und Relativismus zur Anthropologie.

Die Philosophie als Menschenlehre fordert eine Kritik der allgemein menschlichen Vernunft. Der ethische Realismus kreist um die Lebensfrage, warum es trotz der ethischen Gewißheit das Böse gibt, der mystische, warum es trotz der emotionalen Gewißheit von der Unsterblichkeit Leiden und Tod gibt, und der metaphysische, warum es trotz der greifbaren logischen Wahrheit soviele Irrtümer gibt.

Die Vergleichstafel der typischen Ethiken gibt einen Überblick über Dutzende von ethischen Kategorien, die trotz der inneren Logik ihrer Übereinstimmung erstaunlich mannigfaltig sind.

Die typischen Mystiken ergeben sich aus den Affektgegensätzen, dem Leidensgrund und Herzensgrund im Ringen um die Wiederherstellung des Heils und die Rechtfertigung Gottes. Die Überwelten des Menschen erklären sich in ihrer Mannigfaltigkeit aus diesen Grundspannungen.

Das Grundgesetz der typischen Metaphysiken ist die Konnaturalität der Vermögen und Gegenstände und die Konregionalität der Erkenntnisstufen und Seinsbereiche. Die Irrtumsgründe, Unerfahrenheit und Einseitigkeit, verfehlen der Schichten und vorschnelle Systemlösungen sind gleichfalls typisch.

Als philosophischen Ertrag dieser geschichtlichen Forschungsarbeit betrachte ich die Korrelativität der Menschennatur, der
Charakterologie der Welt- und Überweltbilder. Auf der drei-
fachen allgemeingültigen Organisation des Menschen beruht
eine dreifache Charakterologie, die konstitutionelle, psycholo-
gische und noologische, die zu einer außerordentlichen Differenzierung der Welt- und Überweltbilder führt. *Kant* hat das
scheinbar unversöhnliche Nebeneinander der Philosophien den
Skandal der menschlichen Vernunft genannt, ihre Typologie
zeigt ihre Dialektik und damit die Logik der Geisteswelt des
Menschen.

Diese siebenjährige Fleißarbeit enthielt drei weitere For-
schungsaufgaben, für die ich 10 weitere Jahre brauchte, eine
eigene Anthropologie, eine kleine Enzyklopädie und eine Kritik der historischen Vernunft.

Der Titel meines Buches »Theoretische Anthropologie« von
1950 verrät, daß ich die theoretische Biologie *Jakob von
Uexkülls* fortsetzen wollte. *Uexkülls* eigener Fortschritt über
Kants dreifache Organisationslehre hinaus ist die Verbindung
der Werkzeuge mit den Merkzeichen und den Lebenszeichen in
der Entsprechung zu Stoffen, Erscheinungen und Lebens-
medien. Die innere Handlungseinheit der Artseele als Leibseele
ist kennen, wirken und erleben, ist durch das Artinteresse an
eine artgemäße Umwelt gebunden. Die menschliche Geistseele
des Erkennens, Wollens und Fühlens ermöglicht ein freies In-
der-Welt-sein und Welthaben über der instinktiven Umwelt-
gebundenheit. Der Aufbau der Menschennatur als Organismus,
Leibseele und Geistseele, schon nach *Aristoteles,* ist von den
christlichen Denkern durch den Personbegriff ergänzt worden.
Das Selbstsein hat seine Vorstufe in der tierischen Individualität durch die Partnerschaft mit Artgenossen und Abwehr der
Feinde, durch das Aug' in Auge sehen, Gegenüberstehen und
Bewegungen verfolgen. Der Schematismus dieser Partnerschaft
nach oben und unten, rechts und links, an und ab, hin und her
wird logisch ausgedrückt in der Sprache des selbstbewußten
Menschen. Die Termini der Philosophen haben mit der Sub-
stantivierung des Stehens, Substanz als Selbstand, des Unter-

liegens, Subsistenz, Substrat und Subjekt, Gegenwurf als Objekt und vielen ähnlichen begonnen.

Die selbstbewußte Persönlichkeit ist Mitmenschenbezug mit logischen Pronomina. Die intelligente Existenz hat als zureichenden Grund die intelligible, die in mitmenschlicher Verbundenheit ethisch durch das Gewissen, im Gottbezug mystisch durch die Heilssorge erlebt wird. Zum Beweis hierfür konnte ich auf die Ergebnisse meiner vergleichenden Philosophiegeschichte verweisen, auf die Korrespondenz der Vermögen und geistigen Charaktere und der ihnen entsprechenden Gemeinschaftsbildungen.

Die Integration der theoretischen, praktischen und symbolisierenden Vernunft und ihrer Schöpfung der Überwelt des Menschen hatte ich bereits in einer Religionsphilosophie dargelegt, von der später die Rede sein wird. Das kleine Werk ist nur ein Auszug der Ergebnisse meiner Forschungen zur Geschichte der abendländischen Menschenlehre; der Aufbau der Menschennatur wird später gründlicher dargestellt werden.

Ich habe die üblichen Vorlesungen über die verschiedenen Disziplinen der Philosophie gehalten und meinen systematischen Standpunkt, je nach meinen Forschungsergebnissen, in einer neuen verbesserten Einführung in die Philosophie offengelegt. Die Vorlesung hierüber von 1955 ist unter dem Titel: »Die Einheit der Wissenschaft« veröffentlicht, ein Ersatz für den alten Namen Enzyklopädie, deren große Vorbilder die Aristotelische und die Hegelsche sind. Die des *Aristoteles* ist eingebaut in die christliche und arabische Theologie bis 1600. Ihre morphologisch begründeten Lehrbücher führen von der Logik über die Astronomie und Physik bis zur Zoologie und Psychologie und weiter über Ökonomik, Ethik und Politik zur Metaphysik als Theologie. *Hegel* beginnt gleichfalls mit der Logik, mit sorgfältiger Unterscheidung der Seins-, Wesens- und Geistesgesetzlichkeit, um dann von der Mechanik an über Organik, Psychologie und Zoologie zu den Disziplinen des objektiven Geistes vorzudringen. Ein neuer Versuch, nach den gesichert erscheinenden Ergebnissen der Reihe der Natur- und Geisteswissenschaften ein System zu gewinnen, mußte sich

streng an den Stand der Wissenschaft halten. Für die Naturwissenschaftler sind heute maßgeblich die Resultate der nach-
klassischen Physik, der neuen theoretischen Biologie und die
drei allgemein gültigen Organisationen des Menschen als
Möglichkeit einer artgemäßen freien Menschenwelt. Für die
Systematik der Geisteswissenschaften scheint mir grundlegend
die den Historismus überwindende geschichtliche Kultursoziologie und die Rangordnung der Werte, Wissensformen und
Lebensmächte nach *Max Scheler.*

Die Axiomatik der Menschenlehre ist durch das Grundgesetz
der Konnaturalität und Konregionalität der Erkenntnis bestimmt. Die vier Erkenntnisstufen der Sinnlichkeit, Vorstellung, des Verstandes und der Vernunft sind korrelativ zu den
Naturen des Körperlichen, Lebendigen und Geistigen und zu
den Urgründen der Seinsbereiche. Aus der Semantik entspringen die Semata, die Zeichenwelt der aisthemata et mathemata,
phantasmata, noemata, axiomata. Die Zeichengebung aus der
praktischen Vernunft leistet dogmata, paideumata, poemata.
Die Semata für die Werkwelt werden ausgedrückt durch
nomina agentium, actionis et rei actae.

Ich bedaure, daß ich die naturgegebene Entstehung der
Überwelt« der Menschen trotz meiner schon vorliegenden
Religionsphilosophie in diesem Buch nicht dargestellt habe.

Für die Feststellung der Geschichtswelt des Menschen half
mir meine vergleichende Philosophiegeschichte mit der typolo-
gischen Abfolge der Geschichts-, Welt- und Menschenlehre und
meine Kulturphilosophie mit der Lehre von der Konstellation
und Rangordnung der Lebensmächte.

Ich bin nicht sehr zufrieden mit diesem opusculum, weil es
ausnahmsweise der Kürze wegen nicht meine Vorarbeiten in
einer Geschichte der Anthropologie berücksichtigen konnte,
und weil ich in späteren Forschungen die Systematik des Men-
schenaufbaus genauer kennenlernte.

Nach vielen Forschungsarbeiten zur Geschichtsphilosophie
schien mir endlich eine systematische »Kritik der historischen
Vernunft« geboten, die 1957 erschien. Sie hätte den verständ-
licheren Titel: »Zeitgeist, Zeitgesetz und Menschenreich« tra-

gen sollen. Es ging mir um die Gegenüberstellung der der historischen Vernunft entspringenden Geistes- und Rechtswelten durch die allgemein menschliche Vernunft in ihren drei Formen, der theoretischen, praktischen und poetischen. Der neue Zeitgeist ist die durch eine Krisis der Lebensmächte herausgeforderte neue Kulturkonstellation. Durch ihn sind auch die Geisteswelten charakterisiert, die dann von der Geschichtsphilosophie über die Kosmologie zur neuen Menschen- und Gemeinschaftslehre führen. Trotz der Antithese gegen die alte Rechtsordnung, die zur Vorherrschaft einer neuen Lebensmacht führt, ist doch die Vernunft der neuen Synthese durchschaubar.

Ich habe eben erwähnt, was ich der Überwindung des Historismus durch die Typologien *Max Webers* und *Max Schelers* verdanke und muß dies jetzt ergänzen durch das, was die Weltanschauungskritik *Diltheys* und *Troeltschs* geleistet hat. Wollte ich über die Typologie und Soziologie hinauskommen, so mußte ich vom objektivierten Geist her der Lehre vom ewigen Gesetz die reine Welt-, Menschen- und Gottesidee zuordnen. In unserer eigenen Kulturlage ist die Führung der Wissenssoziologie eindeutig und zeigt die wie überall überraschende Tatsache, daß bestimmte führende Geister einer Lebensmacht auch den Fortschritt in andern Lebensmächten bestimmt haben. Statt des Nachweises der Wiederkehr der historiologischen, kosmologischen und anthropologischen Typik in 13 Philosophieperioden schien mir die Beschränkung auf die 6 abendländischen Zeitalter und ihre Geisteswelten mit der Nennung der führenden Geister verschiedener Richtung und ihrem Dialog geboten. Ich halte auch für das Studium der Philosophiegeschichte die Reduzierung der vom Historismus höchst dankenswert untersuchten tausend Einzeldenker auf ein paar Dutzend vorteilhaft für den Anfänger auf diesem Riesengebiet.

Im 2. Teil dieses Werks habe ich die abendländischen Zeitalter nach ihrem kultursoziologischen Stil zu bestimmen versucht. Die Vorherrschaft der theoretischen Philosophie im Griechentum ist herausgefordert von den Kämpfen der bürger-

lichen Welt in den griechischen Stadtstaaten, die der Rechtsphilosophie im Hellenismus war die nötige Antwort auf
den Imperialismus der Diadochenstaaten und Roms. Daß die
Vorsokratiker von ihrer geschichtsphilosophischen These von
der Wiederkehr des Gleichen in der Gesellschaft zu der
Natur veranlaßt wurden, verdanke ich *Kelsen* und *Rüstow*.
Das Bewußtsein der Überlegenheit des bürgerlichen Geistes
über die vorübergehende Bedrückung durch die Perser um 540
und die Hoffnung auf den Sieg einer wohlgeordneten Demokratie legte diesen Gedanken nahe. Der Streit der Physiologen
konnte nur durch die naturgesetzliche Theologie *Platons* und
die Begriffssystematik des *Aristoteles* samt dem Ideal einer
konstitutionellen Verfassung behoben werden. Die hellenisti-
sche Geisteswelt beginnt um 80 mit der Übernahme des Platonismus und Aristotelismus, des ewigen Gesetzgebers und des
Naturgesetzes zur Rettung der Freiheit des Menschen gegen
die seit 300 im Gang befindliche Volksherrschaft der Diadochen. Die typische Wiederkehr der mythischen, politischen
und natürlichen Theologie führt zum Kampf gegen die Macht-
geschichte. — Die endlich wieder erschlossene Naturphilosophie des großen *Poseidonios* differenziert sich kosmologisch in
den Idealismus der Gnostiker, den Naturalismus der Mittel-
stoiker und den Materialismus der Demokriteer, um in die anthropologische Metaphysik der Neuplatoniker zu münden.

Damals habe ich die zwei christlichen Geisteswelten unter
dem paradoxen Titel Zeitalter der gläubigen Vernunft zusammengefaßt. Sie sollte die Vielseitigkeit der emotionalen Vernunft als Urteilskraft, poetische, symbolisierende und integrie-
rende zusammenfassen. Zum Verständnis des Forschungsstan-
des der mittelalterlichen und patristischen Philosophie muß
ich ein Wort vorausschicken. Die Scholastik ist ausreichend
untersucht, die Väterzeit wegen des mangelhaften Interesses der
Theologiehistoriker für die Philosophie weit im Rückstand.
Durch vorwiegend wissenssoziologische Erforschung der Väterzeit ist es mir endlich gelungen, in zwei späteren Werken die
Ordensschulen der Patristik festzustellen, davon später.

Die neue Glaubenswelt der Christenheit, als selbständige

Lebensmacht Kirche, mußte sich mit feindlichen Geisteswelten, dem Judentum, dem Kaiserreich und der antiken Philosophie auseinandersetzen. Das Leitmotiv war eine Geschichtstheologie der Abfolge des natürlichen, mosaischen und evangelischen Gesetzes. Die Auslegung des neuen Testaments führte zu verschiedenen Sekten, die erst durch eine neue Geistphilosophie der Persönlichkeit und Person integriert werden konnten. Diese Entscheidung wurde auf dem ersten Konzil allgemein anerkannt.

Die innere Krisis der persönlichen Aneignung des Christentums führte zur Konfessionsbildung, die rechtlich durch die Anerkennung der Volkskirchen ausgeglichen und dann durch eine metaphysische Anthropologie philosophisch begründet wurde.

Die neue Kulturlage des Mittelalters war schon um 800 bestimmt durch die Spannung zwischen den germanischen und romanischen Völkern, die sich rechtssymbolisch durch Herkunftslegenden ihre kirchliche und profane Selbständigkeit sichern wollten. Im Kampf zwischen den Kaisern und Königen einerseits und den Päpsten und Primaten der Völker andererseits, wurde kirchen- und staatsrechtlich der Ausgleich versucht. Ein philosophischer Einigungsversuch führte zur ersten Anerkennung der Schule als Lebensmacht mit den vier Fakultäten der Universität.

Eine neue Kulturlage wurde geschaffen durch das profane Reichsrecht *Friedrichs II.,* und seine Rechtfertigung durch die aristotelische Metaphysik und eine neuheidnische Schule. Sie forderte die Antwort der Hochscholastik heraus, die geschichtstheologisch und rechtsphilosophisch ein normatives und konstitutionelles Kirchen- und Staatsideal aufstellte. Es spaltete sich freilich nach den Frömmigkeits- und Ordensidealen der Dominikaner und Franziskaner in mehrere Schulen, neben denen vor allem die fortschrittliche Schule der Erwartung einer kommenden geistigen und armen Kirche eine jurisdiktionelle Notstandstheorie entwarf und die Krisis des päpstlichen Schisma von 1378–1414 auf dem Konstanzer Konzil bereinigen konnte. Dies war freilich nur eine Regelung der äußeren besonders finanziellen Beziehungen der Landeskirchen zum Papsttum. Die inneren Spannungen waren nicht behoben.

Sie konnten nur charismatisch durch eine innere Reformation glaubensmäßig überwunden werden. Die neue Geistigkeit war primär biblizistisch und führte wieder durch verschiedene Deutungen vom Wesen des Christentums zu vier Konfessionen der verschiedenen Völker. Die neuen Bekenntnisse benötigten für ihre Glaubenseinheit der Staatsgarantie nach dem Prinzip »cuius regio eius religio«. Die Kämpfe um seine Durchsetzung dauerten ein ganzes Jahrhundert. Gerade die Krisis der Religionskriege forderte den Staatsprimat heraus und die Idee der Staatsräson mit einer enormen Stärkung des Nationalstaats im Absolutismus. Ein rechts- und geistesphilosophischer Humanismus suchte alle persönlichen Freiheitsrechte und die der übrigen Lebensmächte neben dem Staat zu sichern.

Die Krisis der Nationalkriege sollte überwunden werden durch die Idee einer rationalen Wirtschaftsgesellschaft, die auf Kirche und Staat folgen müßte. Die entsprechende Weltanschauung forderte freilich eine systematische Gottes-, Menschen- und Weltlehre heraus, die allerdings wieder die Ohnmacht der Geistigen und der Schule erleben mußte und von den Ideologiekämpfen bis heute überlagert wird.

Die Dialektik der historischen Vernunft und ihrer Gemeinschaftsbildungen läßt sich so fassen: einer Kulturkrisis wird die Antithese gegenübergestellt, These ist die philosophische Begründung der Neuerung und Synthese die anthropologische fundierte Rechtsphilosophie. Dies ist nicht neu, aber der Versuch, die höchst vielfältigen Vorgänge und Lösungsversuche nach dieser Typologie anzuordnen, lohnt sich. Die Idee des Gottes- und Menschenreichs forderte immer wieder ihre systematische Begründung durch die theoretische Vernunft gegenüber den einseitigen Weltanschauungen und eine normative Menschenlehre. Ich gehe nicht näher auf die Entwicklung der epochalen Geisteswelten ein, wenigstens hier in der Wiedergabe, weil ich später über zweimalige Fortschritte berichten muß.

Die durchsichtige Typologie könnte verleiten, die gesamte

Geistesgeschichte ohne Namen nur nach Positionen darzustel-
len. Es empfiehlt sich aber, statt eines kollektiven Volksgeists
die intersubjektive symbolische Vernunft festzuhalten, sofern
nämlich immer einem Charismatiker und Schulhaupt die Jün-
gerschaft, Gefolgschaft und Institution folgt.

Von *Hegel* habe ich gelernt, daß die Entwicklungslinien der
Macht- und Rechtsgeschichte, der Glaubens- und Geistesgeschichte in einer umfassenden Geschichtsphilosophie ergänzt
werden müssen durch eine Philosophie der Kunstgeschichte.
So habe ich als Kontrollversuch zu meiner Kritik der historischen Vernunft hinzu eine allgemeine Kritik der symbolisierenden Vernunft versucht, die unter dem objektiven Titel »Die
unsichtbare Bilderwelt« 1959 erschien.

Der Versuch einer Theorie der Kunst und einer Soziologie
der Kunstentwicklung war nach *Hegels* Vorbild kein allzu-
großes Wagnis. Die formale Ästhetik als Lehre von der Kunst-
werkgestaltung und vom Kunsterleben ist sekundär gegenüber
den Weltanschauungsstilen. Schon die Enzyklopädisten suchten
sie durch den Mythos, die Metaphysik und Wissenschaft zu
kennzeichnen, ja stellten das berühmte Dreistadiengesetz dieses
Aufstiegs als notwendigen Ablauf hin. Dabei war alle Religion
als bloße Mythologie betrachtet. War weiterhin nach *Kant* die
Religion nur volkstümliche Einkleidung der Sittenlehre mit
Personifikationen des Gottes-, Gottmenschen- und Weltbildes,
dann war Kunst nur die Darstellung dieser Ideen in Bildern.
Die Analyse der Darstellung ergab die Theorie der Kunstfor-
men, Architektur, Plastik, Malerei, Epos, Lyrik, Drama, Roman
und Musik. Der Inhalt des Dargestellten sollte nach *Hegel* aus
dem Volksgeist stammen, den Abwandlungen des Weltgeists.
Den Bilderkreis, die Bilderwelt einer Zeit nach ihrer Regel-
mäßigkeit zu erforschen nannte ich Ikonologie in Erweiterung
des von den Kunsthistorikern gebrauchten Begriffs der Erfassung des Sinns der Kunstwerke etwa einer Kathedrale. Früh-
idealisten, wie *Schelling* und *Görres*, haben eine Philosophie
des Mythos versucht, aber durch die vertiefte Kenntnis der
mittelalterlichen Kunst war die Bedeutung des Christentums
für die Ikonologie nicht mehr zu übersehen. *Hegel* ersetzte

das Dreistadiengesetz der Weltanschauungsentwicklung durch das der drei Stile, des Symbolischen, Klassischen und Romantischen als des Christlichen bis zur Neuzeit.

Es ist jedoch die Frage nach den Trägern eines unmittelbaren Heils-, Herrschafts- und Bildungswissens nicht zu übergehen. Ihr Horizont ist religions-, machts- und bildungssoziologisch wie es vorbildlich *Max Weber* für Israel, Indien und China geleistet hat, zu untersuchen. Unter dem Erlöser- oder Helfergott steht die Priestergemeinschaft, unter dem Gesetzgeber- und Richtergott die Richtergemeinschaft und unter dem Schöpfergott und der Weltordnung die der Denker. Der Dialog der führenden Stände und der Status ihrer Institutionen führt zum Kulturstil. Die historiologische Frage ist ja die nach der zeitlichen Spannung der Lebensmächte, inwiefern die symbolisierende oder praktische oder theoretische Vernunft in der Antithese zu einer Kulturkrisis eine neue Stileinheit geschaffen hat, von deren Vorrang aus die andern bestimmt werden. So leistet die praktische Vernunft als Herrschaftswissen den Sprung von der Stammesgeschichte zur Hochkultur, die theoretische die philosophische Vollkultur und die symbolisierende die Stifterreligionen.

Die Integrationsleistung der führenden Vernunft hat *Eric Vögelin* unter dem Titel Historiogenesis behandelt, gemeint ist die Ursprungsberechnung nach Generationen für die Göttergeschichte, für die Herrscherfolge und für die Weltentstehung, die jährlich kultisch gefeiert wird. Ich behandle die antithetische Stilbildung unter dem Titel Erneuerung der Ikonologie, weil es mir auf den kontinuierlichen Fortschritt der Geistesgeschichte der Kunst ankommt.

Die frühgeschichtliche Kunst habe ich nicht für sich dargestellt, weil die Antithese am Anfang der Hochkulturen datierbare Dokumente bietet. Das Vater- und Muttergottesbild und der Geistgottglaube der Handwerkerstämme ist von der Wirtschaftsform der Stämme abhängig. Bei der Reichsgründung werden die Stämme durch das Reichsrecht geeint und ihre Gottes-, Jenseits- und Seelenbilder henotheistisch dem des Bundesgottes unterstellt. Die Pantheonbildung ist schon symbolische politische Theologie, sofern um den Königsgott die Götter der Bundesgenossen angeordnet werden, schon im 3. ägyptischen Reich, in Mykene und 218, historisch greifbar, in Rom.

Die Verbindung der Reichsentstehung mit der Weltentstehung als Werk des Königsgottes wird symbolisiert durch den Sonnengott im Sonnenwagen. Der verstorbene Herrscher erhält ein gewaltiges Königsgrab, eine Pyramide oder ein Kuppelgrab von *Agamemnon* bis *Diokletian*. Darin wird ihm als Gottkönig Kult dargebracht. Die Priesterschaften des alten Geistgotts deuten die Weltentstehung aus dem Zusammenspiel der personifizierten göttlichen Elemente unter dem unsichtbaren Sonnengott, der mit Sonnenaufgang auf der Spitze des Obelisken aufleuchtet, seinem Symbol. Der Königsgott wird Reichsgott als der wahre Gesetzgeber, ja Weltgott als Herr des Völkerrechts.

In der griechischen Kultur der nüchternen Seefahrer wird Ernst gemacht mit der Entgöttlichung der Elemente und Gestirne, der reine Monotheismus erreicht, sowie das geistige unsterbliche Menschenbild, ja eine ewige Weltordnung und Gemeinschaftsordnung erschaut. Der Geistgott bleibt bildlos, es gibt nur Persönlichkeitsbilder der führenden Denker und Künstler. So wie der Weltgott in Ägypten und Babylon sich nicht gegenüber dem traditionellen Reichsgott behaupten konnte, wird auch der griechische Weltgott der neuen Lebensmacht, Geistesreich, förmlich in den Untergrund gedrängt durch die Vorherrschaft der Volksgötter der Diadochen und den Reichsgott Roms, dessen riesige Monumente, Jupitertempel, als Ruinen in der ganzen Ökumene erhalten sind.

Die erste Stifterrelegion ist die Israels als Antithese gegen die politische Theologie Ägyptens und Babylons, sie beginnt mit der Theopolitie des unsichtbaren und bildlosen Bundesgottes. Erst neuerdings ist das Nachwirken der alten Königsliturgie seit *Salomon* in bestimmten Psalmen festgestellt worden. Ihr tritt die Schöpfungstheologie des Priestertums entgegen, der Anfang einer bewußten Geschichtstheologie. Auch hier gibt es die Berechnung der Patriarchen, Richter und Köni-

ge vom ersten Menschen an nach Generationen. Parallele des
göttlichen Reichsrechts ist die Sozialethik der Propheten, aber
in der babylonischen Gefangenschaft entsteht, ähnlich einer
Unterdrücktenideologie, der Glaube an das Gottkönigtum
Jachwes, und seine immer wiederkehrende Macht zu erneuter
Befreiung des auserwählten Volkes, der Messianismus. Das
Ende ist die Theopolitie eines Priesterstaats mit der unaus-
bleiblichen Spaltung der Befreiungsvorstellungen in Religions-
parteien. Da die Bilderfeindschaft durchgehalten wird, ist man
auf die Schriftdokumente des Alten Testaments angewiesen.

Soweit mein erster Versuch einer allgemeinen Religionssoziologie; die der Christenheit habe ich zum ersten Mal in der
Deutung der ost- und westkirchlichen Kunst unternommen. Die
Schwierigkeit, die formgeschichtlich geklärte Denkmälerfolge
inhaltlich zu verstehen, liegt an unserer allzu persönlichen
Frömmigkeit, statt der liturgischen, und an der individualisti-
schen Rechtslehre, statt der kirchen- und reichsrechtlichen. Nur
durch langjähriges Studium der Philosophie der Väterzeit und
den Besuch ihrer Monumente in Rom, Konstantinopel, Ephe-
sus, Antiochien, Jerusalem und Alexandrien, glaube ich zu
tragbaren Ergebnissen gekommen zu sein.

Seit Christus ist neben der Gottesherrschaft, die Gotteskind-
schaft und Gemeinschaft maßgeblich, neben dem ewigen Gesetzgeber der göttliche des neuen Bundes über dem zeitlichen
Gesetzgeber des Reichsrechts. Die Anerkennung ihrer Rangordnung ist *Konstantins* weltgeschichtliche Tat. In der Ver-
folgungszeit herrschte Arkandisziplin, Tarnung der Glaubens-
inhalte durch Symbole der Erlösung und der abgeschiedenen
Seelen in der Katakombenkunst. Durch *Konstantin* wird die
Basilika, das alte Gerichtsgebäude, umgestaltet zum Gemeinde-
raum zwischen den Säulen, den die Triumphbogen über dem
Altar des unsichtbar gegenwärtigen Erlösers und die Apsis als
Sitz des Bischofs, abschließen. Das leitende rechtssymbolische
Bild ist der Logos-Christus als ewiger Richter am Triumph-
bogen, das Leitmotiv des positiven göttlichen Gesetzes ist seine
Übergabe an *Petrus* und *Paulus* in der Apsis.

Der Arianismus, die Leugnung des göttlichen Gesetzes und

des Gottmenschen, fordert, gestützt von cäsaropapistischen Kaisern, von 340—380, die Antwort der verschiedenen Konfessionen heraus. Die Nestorianer unterscheiden die göttliche und die menschliche Person in Christus, die Monophysiten kennen nur eine göttliche Person und Natur. Ihr Leitsymbol ist die Gottesgebärerin. Erst die Vollendung der ökumenischen Theologie unter *Justinian* hat jenen Symbolkreis geschaffen, der für die Ostkirche bis heute maßgeblich blieb. Der ewige Gesetzgeber und Richter, der Pantokrator zwischen den Cherubim ist in der Kuppel dargestellt. Christus, der göttliche Gesetzgeber und Erlöser ist nach dem Credo des Corpus iuris: unus ex trinitate passus est carne, mit offenen Augen und der Krone am Kreuz wiedergegeben. Für seine Apostelkirche hat *Justinian* mit *Eulalios* den Meister gefunden, der die Bilderfolge des irdischen Lebens des Gottessohnes von der Verkündigung bis zur Himmelfahrt maßgeblich prägte. Symbolik des Völkerrechts ist die Ausgießung des heiligen Geistes auf die 12 Apostel als Lehrer der 12 Völker des Reiches.

Die Erneuerung des Arianismus durch die syrischen Kaiser brachte den ersten Bildersturm der Christenheit und eine Renaissance des antiken Palastbaus. Die Antwort der Bilderfreunde war die Ikonologie des Marienlebens, mit dem Leitsymbol der Aufnahme Mariens in den Himmel durch Christus in Gegenwart der 12 Apostel. In der ganzen, auch der slavischen Orthodoxie, gibt es nur formale Schwankungen in der Wiedergabe der unveränderlichen Glaubensgeheimnisse.

Die Kultursoziologie der romanisch-germanischen Christenheit habe ich bereits in Kenntnis der führenden Rolle der Ordensgemeinschaften und Ordensschulen periodisiert. Die byzantinische Kunst bleibt maßgeblich für die karolingische und romanische. Die Benediktiner wiederholten das Leitsymbol der Übergabe des göttlichen Gesetzes an *Petrus* und *Paulus* und fördern die Wallfahrt zu den Begründern der Volkskirchen nach Rom, St. Denis, St. Jago, ja bis Jerusalem.

Im Kampf zwischen Kaiser und Papst wird nach der Codification des Kirchen- und Reichsrechts ein philosophischer Ausgleich durch *Abaelard* versucht und ein mystischer durch

Bernhard. Sein Geist der Freiheit der Gotteskinder bestimmt den Bilderkreis der gotischen Kathedrale. Die Marienkrönung wird das Symbol aller verklärten Seelen. Alle Heiligen des Himmels zeigen die Statuen und Glasmalereien des ganzen Gebäudes als des herabgeholten Himmels.

Die Spätgotik ist schon getragen von den Stadtstaaten, die mit riesigen Hallenkirchen ihre Stadt verherrlichen. *Franz von Assisi* ist der vorbildliche Heilige der heiligen Armut, die Franziskaner prägen das Gottesbild des leidenden Heilands, der andere Bettlerorden, die Dominikaner, feiern den ewigen Gesetzgeber der ethischen Vollendung bildlos. Nach der philosophischen und politischen Renaissance des Aristotelismus kommt die künstlerische freier Persönlichkeiten und Regenten in perspektivischer Landschaft, die Naturtreue wird auch in die kirchliche Kunst aufgenommen.

Mit *Luthers* grundsätzlicher Verinnerlichung des Christenlebens vollendet sich die Scheidung des Germanismus und Romanismus. Mit der Abschaffung der Messe, des Heiligenkults und des Ablasses für die Abgeschiedenen beginnt der zweite Bildersturm in gänzlich verschiedenem Geist biblischer Theologie statt des arianischen rationalistischen. Predigerkirchen dienen der Wortverkündigung, die geistliche Musik wird führende Kunst, wie schon *Hegel* sah. Die ignatianische Gegenreformation baut Barockkirchen mit Bildern und Statuen aller Heiligen, die Kuppel öffnet den Blick ins Himmelreich. Leitsymbol in Tausenden von Bildern wird die Himmelfahrt Mariens.

Mit den verfestigten Nationalstaaten beginnt die Verherrlichung des Königtums in riesigen Residenzen und das Vorwiegen des profanen Bilderkreises über dem religiösen. Die aufgeklärte Intelligenz der Zivilisationsgesellschaft möchte die ganze Glaubenswelt beseitigen. Es kommt zum dritten radikalen Bildersturm, das Gottesbild soll verschwinden und ersetzt werden durch Bilder führender Persönlichkeiten der ganzen Menschheitsgeschichte, der Dichter und Denker, die der Staatsmänner erst wieder mit der Restauration. Die gemäßigte arianische Bilderfeinschaft seit *Locke* und *Kant* beseitigt ethisch das Bild des Gottessohnes. Im Katholizismus wird nach der Säkularisation die Barockkirche ersetzt durch neugotische und neuromanische Kirchenbauten, als Leitsymbol für die Völkerfrömmigkeit ist das Bild des Herzens Jesu zu nennen, auch hier das Ende eines Zeitstils.

Die Betonung eines leitenden Symbols in diesem Rückblick auf meine Philosophie der Kunstgeschichte hebt die führende Rolle der symbolisierenden Vernunft von den Stammesgöttern an über die politische Theologie der Hochkulturen, die natürliche Theologie der philosophischen, die Theopolitie Israels und des Islams und den Heilsplan Gottes in der Christenheit hervor, die Theonomik des Heilsplans Gottes. Das Leitsymbol dieser Kultursoziologie der Kunst repräsentiert wie in meiner Kritik der historischen Vernunft die Krisenüberwindungen durch epochenbestimmende und epochengliedernde Neuerungen. Die Epochenbestimmung gliedert die Abfolge der Kulturstile. Dahinter steht rechtsphilosophisch zu sehen der Fortschritt des Gemeinschaftsbewußtseins vom Stamm an über Bund und Reich zur Menschheit. Die Kritik der symbolisierenden Vernunft zeigt den darzustellenden Höchstwert nach Leistungs-, Rechts-, Bildungs- und Heilswissen.

Ich bin mir klar, daß die unvermeidliche Verflechtung von Soziologie, Rechts-, Wissens- und Religionsphilosophie in diesem Buch sein Verständnis und seine Wirkung sehr erschwert. Es ist fast unbeachtet geblieben und wird schon verramscht.

Als der Monopolanspruch der nationalsozialistischen Weltanschauung und Ideologie die deutsche Universität und Intelligenz bedrängte, schien mir eine »Religionsphilosophie« geboten. Erstaunlicherweise konnte sie 1937 noch in Leipzig gedruckt werden. Man kennt ja die christlichen Religionsphilosophien der großen deutschen Idealisten. Ich habe sie durch Aufsätze über katholische Idealisten wie *Schlegel, Görres, Günther* und *Rosmini* ergänzt, die zusammengefaßt in »Weltordnung und Heilsgeschichte« 1957 erschienen. Schließlich ist die Scholastik als Deutung der Offenbarung auch Religionsphilosophie. Um mein Werk als Wissenschaft auszuweisen, habe ich es mit 567 Zitaten abgesichert.

Meine Unterscheidung des metaphysischen, ethischen und emotionalen Realismus bestimmt den Gedankengang des Werks. Ermöglicht ist es durch den Fortschritt von der Religionsgeschichte zur Religionssoziologie und anthropologischen normativen Metaphysik. Ich bestimmte das Wesen der Religion zunächst logisch nach der Tatsache der menschengemäßen Gotteserkenntnis und ontologisch als religatio, Rückverbundenheit mit dem Schöpfer, Richter und Erlöser. Dem entspricht Heilssuche und Heilserleben und die Hoffnung auf ein Leben in der Überwelt. Ausdrucksformen der Gottverbundenheit sind persönliches und liturgisches Gebet, Askese, Opfer und Kult.

Der Beitrag der Metaphysik zur Gotteslehre kann nur geleistet werden, wenn der Widerstreit der Weltbilder anthropologisch aufgeklärt ist. Das Verhältnis von Gott und Welt zeigt die Analogie des einen unendlichen Seins und des notwendig gespaltenen endlichen Seins. Das ist zu ergänzen durch die Auflösung des Widerstreits der Menschenbilder nach der Charaktertypologie und durch die Konstante der Menschenkonstitution von Person und Geistseele, Leibseele und Organismus.

Der Beitrag der Ethik zur Gotteslehre ist auch erst korrekt nach der Auflösung des Widerstreits der Ethiken der Pneumatiker, Psychiker und Somatiker, der Geist-, Trieb- und Suchtmenschen möglich. Die Konstanz der notwendigen Deckung aller Bedürfnisse fordert die innerweltliche persönliche und soziale Gerechtigkeit der wissentlichen und willentlichen Bewältigung der Triebe und Süchte. Im Bezug zur Überwelt sind Glaube, Hoffnung und Liebe gefordert, die nicht aus eigener Kraft geleistet werden können, nur durch Gnade.

Im Ärger über die Abwertung der Religion als Gefühlssache habe ich den Beitrag der emotionalen Vernunft zur Gotteslehre nicht genügend erörtert. Ich muß diese fatalste Lücke dieses Werks hier offen zugeben. Die emotionale Vernunft kommt erst zum Zug, wenn die Dialektik der Utopien, der Menschheitsglückslehren in der Differenz der leiblichen, seelischen und geistigen Bedürftigkeit durchschaut und die Integration der Nöte normativ verstanden wird. Die Rangordnung der Heilswerte ist dem »Vaterunser« zu entnehmen, den Bitten um die

Heilsgewißheit unter dem Vater, um die Verwirklichung seines Reichs und die allgemeine Heilsempfänglichkeit durch
Willenshingabe. Dem folgen die Bitten um das tägliche Brot,
die Sündenvergebung dank der eigenen Barmherzigkeit, um
die Befreiung von Versuchungen und der Herrschaft des Bösen.
Die Allerheiligenlitanei der Bittprozessionen über Land, er-
weitert die Bitten um die Nothilfe: libera nos Domine von
Pest, Hunger und Krieg, von Blitz und Ungewitter, von Erd-
beben und allem Übel und vom unvorhergesehenen unbuß-
fertigen Tod. Vielleicht stammen sie von Papst *Gregor dem
Großen.*

Die religiösen Gemeinschaftslehren habe ich schon auf die
geistigen Charaktertypen ihrer Schöpfer in meiner Kulturphilosophie zurückgeführt. Führer sind die Mystiker, Theologen,
Priester und Propheten. Die Mystiker als Meister der Gottes-
liebe sind in der Gefahr des Pantheismus und der Sektenbildung für Auserwählte. Theologen neigen zum Rationalismus
und zur Idee des Gottesreichs der Geistigen, als Amtsträger
des Kults sind sie in der Gefahr des Ritualismus und der These
des ausschließlichen Heils durch die Amtskirche, Propheten als
Charismatiker einer neuen Heilsordnung leiden unter der
Sprengung der Tradition und neigen zum ausschließlichen
Ideal der Gemeinschaft der Heiligen. Die Konstante der Gemeinschaftsordnung ist die Hierarchie der Lebensmächte.

Schließlich hat die Kritik der Geschichtsanschauungen deren
typologische Dialektik zu zeigen. Das habe ich ausführlich in
den späteren, schon erwähnten Werken gezeigt.

Es war 1937 nicht zu erwarten, daß eine religionsphiloso-
phische Kritik der herrschenden Weltanschauung viel Beachtung finden würde. Es gab zudem eine Kontroverse, ob überhaupt christliche Philosophie möglich sei, obwohl gerade der
Unterschied der buddhistischen und hinduistischen von *Max
Weber* festgestellt worden war. So kam mir die Aufforderung
der Bonner Buchgemeinde sehr gelegen für sie eine »Christliche
Philosophie« zu schreiben, versteht sich mit möglichster Ver-
meidung fremdsprachlicher Termini. Durch den gesicherten
Abnehmerkreis kamen über 20 000 Exemplare unter die Leute.

Mein erster Umriß einer Religionssoziologie der Christenheit in der »Unsichtbaren Bilderwelt« mußte dringend durch eine genauere Kenntnis der Philosophie der Väterzeit aufgefüllt werden. Neue Einsichten habe ich in meinem Buch »Geistesgeschichte der altchristlichen Kultur« von 1964 vorgelegt und in späteren Abhandlungen.

Sehr zur Hilfe kam mir dabei die Erschließung bedeutender Schlüsselfiguren wie die *Marius Victorinus* durch *Hadot,* des *Evagrios Ponticus* durch *Guillaumont,* des *Leontios* durch *Otto* und des *Philoponos* durch *Böhm.* Die grundsätzliche Fragestellung nach der Epocheneinheit, dem Stil dieser Zeit kann nur kultursoziologisch und rechtsphilosophisch beantwortet werden. Die Auseinandersetzung mit dem Judentum und dem römischen Reich forderte im 2. Jahrhundert syrische, römische, griechische und ägyptische Denker mit vorgeprägter hellenistischer Geistigkeit zu einseitigen Deutungen des Christentums ethischer, legaler, gnostischer und mystischer Art heraus. Dem entsprach die Sektenbildung.

Der Versuch sie zu integrieren durch *Origenes* muß in erster Linie rechtsphilosophisch verstanden werden, weil er das göttliche, ewige und natürliche Recht dem Reichsrecht überordnete. Den Beweis für die Gottheit des Christus-Logos hat er durch eine personale Dreiprinzipienlehre der einen göttlichen Natur geleistet. Der ewige unerschütterliche Heilsplan für alle menschlichen Persönlichkeiten muß durch die geistige, asketische und mystische Selbstvollendung frei ergänzt werden.

Eine gerechtere Würdigung des vielverkannten *Eusebios von Cäsarea* verdanke ich der kritischen Ausgabe »Präparatio evangelica« durch *Mras* mit dem Nachweis von 280 Platonzitaten, unserem ältesten Platontext. *Eusebios* hält *Platon* für einen Monotheisten der Dreieinigkeit und den Verkünder der Theokratie, die schon mit dem Naturgesetz begonnen habe und über das mosaische und evangelische Gesetz schließlich Reichsrecht wurde. Als Historiker der Glaubens-, Geistes- und Rechtsgeschichte ist er dem Geschichtstheologen *Augustin* überlegen. In Auswertung der hellenistischen Mythoskritik hat er uns unschätzbare Dokumente der Historiologie hinterlassen.

Meine Vermutung, daß die Konfessionsbildung von einem
Charismatiker ausgeht und durch Ordensschulen und Kirchen-
fürsten Institution wird, habe ich in der Darstellung des Kampfes gegen die Arianer viermal belegen können.

Die Freiheitsschule hat der Ethiker *Diodor* in Antiochien
begründet, sein Schüler *Theodor* hat sie zum Pelagianismus
und dessen Schüler *Nestorius* zum Nestorianismus weiterge-
bildet. Die Ordensschule läßt sich bis ins 9. Jahrhundert, noch
unter dem Islam, verfolgen.

Daß der geistphilosophische Begründer des Monophysitismus
Apollinarios war, ergibt sich aus seinen 30 Antithesen zu jenen
30 Thesen des *Porphyrios,* auf die sich die Arianer beriefen.
Die eine göttliche Natur Christi macht Maria zur Gottesgebärerin. Die alexandrinischen Patriarchen machten dies Dogma
zum Hauptsymbol ihrer Volkskirche. Die Ordensschule läßt
sich in Alexandrien und Antiochien verfolgen.

Die ökumenische Einigung dieser zwei Volkskirchen und der
Roms versuchte *Basileios der Große* und die Ordensschule der
Basilianer. Den Schlüssel für das Verständnis der von ihm begründeten Patriarchatsverfassung für alle Volkskirchen erhielt
ich durch *Joseph Wittigs* zehnjährige Erforschung seiner Briefe.
Von *Basileios* übernahm *Ambrosios* die neubegründete Orthodoxie für die Lateiner. *Augustin* versuchte eine Ordensschule
zu begründen.

Für die Vorbereitung des kirchen- und reichsrechtlichen Ab-
schlusses der griechischen Orthodoxie waren zwei weitere Ordensschulen aufzusuchen. Ich rechne es mir als Verdienst an,
daß ich die sehr ergiebigen Konzilsakten als Philosophiege-
schichtsquelle benutzt habe. Die Rolle der pelagianischen Akoi-
metenschule in Konstantinopel und ihrer Emissäre zur Bekehrung der Germanen kann gar nicht überschätzt werden.
Ihre orthodoxen Gegner waren die Skythenmönche, auch
Wanderprediger, mit dem Sitz in Konstantinopel, deren großer
Theologe jener Pseudodionysios *Areopagita* war, dessen opuscula eine außerordentliche Wirkung durch die Jahrhunderte
ausübten. Schon 1720 hat *Lequien* vermutet, daß dieser Pseu-
donimus *Petrus Fullo* gewesen sei, Patriarch von Antiochien.

Ich habe aus seiner Terminologie die Entwicklungsgeschichte eines Denkers in Konstantinopel um 470 erschlossen, der sich im Streit der Konfessionen mit Bibelstellen als apostolische Autorität tarnen mußte. In der Polemik gegen *Proclos* und seine Halbgötter hat er die Engelschöre systematisiert, im Gegensatz gegen die Gnosis des *Evagrios Ponticos* hat er die mystische docta ignorantia proklamiert. Die Versöhnungsformel zwischen den Nestorianern und Monophysiten enthält sein von den Skythenmönchen übernommenes Credo: »unus ex trinitate passus est carne«.

Der philosophische Berater *Justinians* war der Skythenmönch und Metaphysiker *Leontios von Byzanz*. Er hat die Religionsgespräche mit den Nestorianern und Monophysiten geleitet. Seine Schriften sind Protokolle seiner Auseinandersetzung mit ihnen, aufgrund einer kritisch-realistischen Anthropologie, der Konstitution des Menschen als Person und Geistseele, Leibseele und Organismus, die *Boethius* von ihm übernommen hat.

Als Abschluß meiner Erforschung der Väterphilosophie konnte ich eine chronologische Tabelle der Entwicklungslinien aller sieben Schulen aufstellen. Die Aufklärung dieser höchst verwickelten Verhältnisse hat jahrelang Textstudien gefordert.

Schließlich habe ich noch die philosophische Absicht meines waghalsigen Alterswerks »Religionssoziologie der Christenheit« von 1972 zu erklären. Es geht darum, den Diskordanzen in der Christenheit die systematischen Konkordanzversuche an die Seite zu stellen, die geistes- und rechtsphilosophisch sein müssen. Leider neigen die Kirchenhistoriker aller Konfessionen zur Verurteilung der zahllosen Häresien, so daß die ganze Christenheitsgeschichte zur Fehlentwicklung wird. In Wahrheit ist das unermüdliche Ringen um das echte Christsein in allen Neuerungen als ein Sieg der gläubigen und theoretischen Vernunft zu bewundern.

Schon die Entstehung des Christentums scheint ein hoffnungsloses, immer wieder umstrittenes Thema zu sein. Kultursoziologisch hat *Max Weber* das Problem mit der Deutung des Messianismus als Unterdrücktenideologie begonnen. Leider

fehlte damals zur genauen Kenntnis des Messiasglaubens seine
vierte Richtung neben den kriegerischen Zeloten, den legalisti-
schen Pharisäern und den sich mit der Fremdmacht abfindenden
Sadduzäern. Erst die Qumranfunde haben uns mit den Apoka-
lyptikern und den Essenern bekannt gemacht. Seitdem ist die
Antithese Jesu gegen sie durch Gemeinschaftsbegriffe reiner
Innerlichkeit und Geistigkeit ohne Blick auf die Fremdmacht
genau zu bestimmen: Gottesreich, Himmelsreich als Gemeinschaft der Heiligen und Kirche, sowie ihre Integration, der
Neue Bund. Ich übergehe, was ich über die altchristlichen
Kirchen schon immer wieder ausgeführt habe, und beginne mit
der Problematik der westlichen Volkskirchen im Gegensatz zu
Rom. In der Ostkirche hat die Autonomie der Volkskirchen
schon 381 auf dem 2. Konzil durch Herrschaftsdenker wie
Basileios, Ambrosius und *Theodosius den Großen* eine rechts-
philosophische und reichsrechtliche Anerkennung gefunden, die
durch *Justinians* Codification des Reichsrechts bestätigt wurde.
Im Westen wird der Primat der Volkskirchen von 800 bis
1050 rechtssymbolisch begründet durch kirchliche und völkische Ursprungslegenden charismatischer Theologen. Sie sind
Benediktiner und fördern die Wallfahrtsbewegungen einschließlich der Kreuzzüge. *Gregor VII.* erreicht für den Kirchenstaat ein von den Kaisern und Königen unabhängiges
Wahlrecht des Kardinalats.

Im Kampf zwischen Kaiser und Papst von 1070–1254 wird
ein neues Kirchenrecht neben dem Reichsrecht Universitäts-
wissenschaft wie die freie Philosophie. Die rechtsphiloso-
phische Begründung der Kirchenkonstitution und eines profanen Reichsrechts folgt der Renaissance der aristotelischen
Politik und Metaphysik. Sie wird durchgeführt durch die
führenden Denker der Bettelorden, der Franziskaner, Dominikaner, Augustiner und Karmeliter.

Erst durch neuere Forschungen über *Ockhams* Theologie
und Kirchenpolitik ist mir klar geworden, daß das joachitische
Zukunftsideal der armen und freien Kirche durch die dialektischen Ockhamisten die jurisdiktionelle Methode erhalten hat,
durch Konzilsentscheidungen Kirchenkrisen zu bewältigen, so

in Konstanz 1418. Es gab aber noch zwei andere Ockhamisten-schulen, die deterministische der Prädestinatianer wie *Brad-wardin, Wyclif* und *Huß* und die indeterministische der Freiheit der Kinder-Gottes von *Autrecourt* bis *Biel.* Beide Richtungen fanden in *Calvin* und *Zwingli* ihre Fortsetzung. So sind auch in der scholastischen Theologie und Philosophie sieben Schulen nebeneinander festzustellen, wie auf dem Höhepunkt der Väterzeit.

Erst die biblische Theologie *Luthers* brachte die grundsätz-lich innerliche Reformation. Die Entwicklung des Charisma-tikers zur Theologia crucis sola gratia ist oft genug dargestellt worden. Als Philosophiehistoriker sah ich keinen anderen Weg, den neuen Theologien nahe zu kommen als die Verfolgung der immer noch festen Glaubenssätze, sententiae certae in den verschiedenen Bekenntnissen. Schließlich sind bis heute gültig die 28 Glaubensartikel der Confessio Augustana, die 39 der Anglikaner und die Artikel der Institutio Calwins für die Gallicana, Belgica und Scotica.

Die Typologie der Heilswirkungs- und Heilsempfänglich-keitslehren wie in der Gnaden-Freiheitsdialektik der Väter-zeit hat der Historiker der Ethik *O. Dittrich* in den frühen Kontroversen des Luthertums unter neuen Begriffen festgestellt: Gottes- oder Menschenalleinwirksamkeit oder Mitwirken des Menschen mit Gott oder Gottes mit dem Menschen.

Völlig neu ist die Bestimmung der Gemeinschaftslehren nach der Kultdialektik, weil nun dem besonderen Priestertum das allgemeine, als allein maßgeblich gegenübertritt, und das Mit-wirken ordinierter Priester bei der Sakramentsspendung abge-lehnt wird. Nur die Anglikaner behalten das Bischofs- und Priesteramt bei und die alte Kirche macht im Tridentinum die Anerkennung der kirchlichen Hierarchie bei der Sakraments-spendung obligatorisch.

Neu ist auch die Verhältnisbestimmung von Kirche und Staat nach dem Vorbild der anglikanischen Kirche mit dem Summepiscopat des Königs oder Fürsten zur Sicherung der Glaubenseinheit nach dem landesrechtlichen Grundsatz: cuius regio eius religio. Es ergibt sich notwendig aus dem Gegensatz

gegen das katholisch gebliebene Reich. In einer Generation ist
das Reich in einen Staatenbund mit Landeskirchen zerfallen
und in Frankreich, den Niederlanden, in Deutschland und
England kommt es von 1560—1660 zu der Tragödie der Religionskriege.

Es ist mir klar, daß dieser kultursoziologische Versuch, die
Dialektik der Reformationszeit zu bestimmen, sicher nicht die
Billigung der Theologen finden wird. Die Engführung der
Problematik durch den Philosophiehistoriker ist allzu greifbar.

Im Absolutismus wird Herrschaftswissen und Staatsphilosophie, herausgefordert durch die Religionskrise, maßgeblich für
die Religionspolitik. *Jean Bodins* geschichtsphilosophische Begründung der Souveränitätslehre mit Dogmen- und Konfes-
sionenkritik ist zwei Jahrhunderte lang typisch für die Vertreter der ratio status. Obwohl sie kaum öffentlich Wirksamkeit erlangten, habe ich die Religionsphilosophien des neuen
Humanismus im Kampf gegen die Staatsomnipotenz umrissen,
die völkerrechtliche des *Grotius,* die demokratische *Miltons,*
die ökumenische von *Leibniz.* Ich glaube, daß die Rechtfertigung der anglikanischen Staatsomnipotenz durch *Hobbes* sogar
seine Naturphilosophie bestimmt, die der niederländischen
Demokratie durch *Spinoza* seine Ethik und Metaphysik und
die der englischen Konstitution durch *Locke* seine Toleranz-
forderung und seinen Nominalismus.

Die Christenheit wurde in der Zivilisationsgesellschaft vor
eine völlig neue Lage gestellt, weil sie es mit einer neuen sich
konstituierenden Lebensmacht der Wirtschaftsgesellschaft zu
tun bekam. Ihrer Theorie, der Soziologie und Ideologie der
Enzyklopädisten mit dem uns nur allzugut bekannten Monopolanspruch der herrschenden Intelligenz auf die Öffentlich-
keitsbestimmung, mußte religionsphilosophisch und soziolo-
gisch geantwortet werden. In Frankreich wurde noch in der
Revolution das unbedingte Recht der Offenbarungslehre und
des kirchlichen Legitimismus von Staatslehrern vertreten und
in Rom von den Kurialen bis zur Unfehlbarkeitsbestimmung
des Papstes im Vatikanum gesteigert.

Im deutschen Protestantismus trat neben die Orthodoxie die

Religionsphilosophie der deutschen Idealisten. Schon *Schleier-macher* sah, daß die einzelnen Denker die Positionen der Väterzeit wiederholten. Der Ethiker *Kant* lehnt zugunsten der Lehre von Jesus als Ideal der Sittlichkeit seine Personifikation als Gottmensch ab und damit das göttliche Gesetz der statutarischen Kirchen zugunsten des kommenden Gottesreichs. Er ist also Arianer. *Schelling* hat in seiner Philosophie der Offenbarung die orthodoxe Dreieinigkeit und Christus als Gottmenschen verständlich zu machen versucht und die Christenheitsentwicklung nach dem petrinischen Katholizismus, paulinischen Protestantismus und der johaneischen Zukunftskirche periodisiert. Auch *Hegel* gliedert sie nach dem Reich des Vaters, des Sohnes und des Geistes, aber da er den Logos vom Menschen Jesus trennt, ist er mit dieser Zweipersonenlehre wieder Nestorianer. Die Theologie der Zeit hat allein *Schleiermacher* weithin beeinflußt; da er die ganze Dogmatik aus der Rangordnung der symbolisierenden, theoretischen und praktischen Vernunft ableitet und daraus die Lebensmächte Kirche, Schule und Staat entstehen läßt, bleibt er Fideist und Subjektivist, ja notwendig nur Religionssoziologe.

Die zweite Phase der Industriegesellschaft brachte durch den Gegensatz von Bürgertum und Arbeitertum die sozialdemokratische, kommunistische und imperialistische Ideologie. Rom hat seit 1885 dem eine wissenschaftliche Sozialökonomik und eine konstitutionelle Rechtsstaatslehre entgegengestellt und durch das zweite Vaticanum ist die konstitutionelle Kirchenlehre allgemeinverbindlich geworden.

Liberale Protestanten haben vor dem drohenden Weltkrieg infolge der imperialistischen Phase der Industriegesellschaft die Freiheit aller Lebensmächte geistesgeschichtlich und kultursoziologisch zu sichern versucht. *Max Scheler* hat in seiner katholisierenden Phase die alte Rangordnung der Gesetze und Lebensmächte, sowie der Werte und Wissensformen phänomenologisch ergänzt, ja aus der Phänomenologie ist sogar eine Erneuerung des morphologischen Vitalismus erwachsen.

Diese Selbstdarstellung ist leider vorwiegend ein Forschungsbericht über meine philosophiegeschichtlichen Arbeiten geworden, obwohl es mir wesentlich auf metaphysische Systematik ankommt. Da ich nicht mit einer eigenen Geschichtsphilosophie begonnen habe, hat mich die Untersuchung der Typologie der Historiologien auf die objektiven Sachverhalte verwiesen, die ja auch die Kosmologien und Anthropologien bestimmen. Ich habe sehr bald den kritischen metaphysischen Realismus vertreten mit seiner ethischen und mystischen Ergänzung. In den Typologien ist eine überzeitliche Sachdialektik wirksam. Die geltenden Normen verfolgt die Rechtsphilosophie. Die Metaphysik erwächst aus der Erkenntnisgesetzlichkeit in objektiver Korrelation zu den Wesenheiten und Seinsbereichen. Das setzt die Morphologie der Menschenkonstitution voraus, deren endgültige Formulierung schon um 500 erreicht wurde. Die Problematik der symbolisierenden Vernunft fordert die Kritik der historischen Vernunft im Kulturstatus heraus und den Nachweis des Wahrheitsgehaltes der Neuerungen.

Mea doctrina non est mea, sondern der Versuch die perenne Wahrheit zu erreichen. Ich hoffe, daß die dankbare Anerkennung aller meiner Meister mein Einzelgängertum nicht als präpotent erscheinen läßt.

Daß ich in der Metaphysik und Kulturphilosophie nicht allein stehe, bestätigen die Beiträge in der Festschrift zu meinem 70. Geburtstag von hervorragenden Kollegen meiner Generation und von Schülern und jungen Freunden, die auch schon Professoren sind. Den kritischen Realismus vertreten ähnlich wie ich: *Hedwig Conrad Martius, Dietrich von Hildebrand, Helmuth Kuhn, Ulrich Schöndorfer, Rainer von Schubert-Soldern, Varga Alexander von Kibéd* und *Aloys Wenzl.* Ebenso die Scholastikforscher: *Johann Hirschberger, Johann Lotz, Hans Meyer, Max Müller* und *Joseph Pieper.* Meiner Kulturphilosophie stehen nahe die Abhandlungen: *Hans Urs von Balthasar, Joseph Bernhard, Götz Briefs, Christa Dulckeit-von Arnim, meine jetzige Frau, Jakob Hommes, Albert Mirgeler, Hans Sedlmayr, August Vetter* und *Eric Vögelin.* Meine jungen Freunde setzen meine Forschungsarbeiten fort: *Walter Böhm, Henry Deku, Fritz Heer, Hermann Krings, Bern-*

hard Lakebrink, Wolfgang Markus, Fritz Mordstein, Gustav Sieberth und *Rainer Specht.* Die Initiative für meine Festschrift, ihre Redaktion und eine vollständige Bibliographie meiner 2 Dutzend Bücher und an die 200 Aufsätze, verdanke ich *Fritz Mordstein.* Sie erschien 1960 als 68. Jahrgang des Philosophischen Jahrbuchs der Görresgesellschaft, das ich 10 Jahre redigiert hatte.

Vom Autor getroffene Auswahl seiner Veröffentlichungen

Die Hauptform mittelalterlicher Weltanschauung. Eine geisteswissenschaftliche Studie über die Summe. Oldenbourg Vlg., München-Berlin 1925.

Das Unendliche in der mittelalterlichen Metaphysik und in der Kantischen Dialektik. Aschendorff Vlg., Münster 1926.

Ethik des Mittelalters. Oldenbourg Vlg., München-Berlin 1927, 1973.

Sacrum Imperium. Geschichts- und Staatsphilosophie des Mittelalters und der politischen Renaissance. 1929. Oldenbourg Vlg., München-Berlin 4. Aufl. 1973.

Metaphysik des Mittelalters. 1930. Oldenbourg Vlg., München-Berlin, 2. Aufl. 1973.

Kulturphilosophie. Oldenbourg Vlg., München-Berlin 1932.

Religionsphilosophie. Hegner Vlg., Wien 1937.

Selbstkritik der Philosophie und vergleichende Philosophiegeschichte im Umriß. Herder Vlg., Wien 1947.

Theoretische Anthropologie. Francke Vlg., Bern 1950.

Die Einheit der Wissenschaft. Kohlhammer Vlg., Stuttgart 1955.

Kritik der historischen Vernunft. Oldenbourg Vlg., München-Berlin 1957.

Weltordnung und Heilsgeschichte. Johannes Vlg., Einsiedeln 1958.

Die unsichtbare Bilderwelt. Eine Geistesgeschichte der Kunst. Benziger Vlg., Einsiedeln 1959.

Geistesgeschichte der altchristlichen Kultur. Kohlhammer Vlg., Stuttgart 1964.

Religionssoziologie der Christenheit. Oldenbourg Vlg., München-Berlin 1972.

Hermann Glockner * 1896

Entwicklung meiner Fundamentalphilosophie

Als ich mich 1924 an der Universität Heidelberg habilitierte, widmete ich die zu diesem Zweck einzureichende Schrift[1] dem Andenken *Kuno Fischers,* was damals ein Bekenntnis zur »Heidelberger Tradition« bedeutete. In fast ununterbrochener Folge lehrten in Heidelberg nun schon ein Jahrhundert lang Philosophen, welche ihre eigene Bemühung um die Probleme grundsätzlich mit einer umfassenden Kenntnisnahme und kritischen Vergegenwärtigung der geschichtlichen Überlieferung verbanden. *Hegel* hatte damit begonnen; *Eduard Zeller, Kuno Fischer, Wilhelm Windelband, Paul Hensel, Ernst Hoffmann* folgten ihm, obwohl sie seine dialektisch-konstruierende Methode nicht übernahmen.[2]

Meine persönliche Neigung galt der *Ästhetik,* die mir in *Fr. Th. Vischers* enzyklopädisch gefügtem System vorlag: in der Nachfolge *Hegels* dialektisch ausgearbeitet, aber bald nach der Vollendung im Sinne der zweiten Hälfte des 19. Jahrhunderts vom Verfasser schonungslos kritisiert.[3]

Aber jener *Hegel* selbst, von dessen Panlogismus sich *Vischer* losgesagt hatte, schien mir nicht nur eine Abfertigung, sondern auch eine Erneuerung zu verdienen, seitdem *Dilthey* sein geniales Ringen mit dem Problemkomplex des Irrationalen entdeckt und wegweisend interpretiert, sowie die Veröffentlichung der so gut wie unbekannten Dokumente seiner Jugendent-

---

[1] Der Begriff in Hegels Philosophie. Versuch einer logischen Einleitung in das metalogische Grundproblem des Hegelianismus. Tübingen 1924.

[2] Heinrich Rickert, Die Heidelberger Tradition in der deutschen Philosophie. Tübingen 1931, Seite 6 f.

[3] Vgl. die in den III. Band meiner Gesammelten Schriften (Die Ästhetische Sphäre, Bonn 1966) eingegangenen Vischer-Studien, bes. Seite 439—453 (Fr. Vischers Selbstkritik) u. Seite 454—572 (Die Krisis der Geisteswissenschaften im letzten Drittel des 19. Jahrhunderts).

wicklung durch *H. Nohl* veranlaßt hatte. Auch hier galt es, ein Erbe anzutreten.

Dilthey hatte seine Darstellung nicht bis zur Phänomenologie des Geistes durchgeführt, sondern von neuen Aufgaben bedrängt, gerade an der entscheidenden Stelle abgebrochen: bei dem endgültigen Übergang des bisher theologisch und geschichtsphilosophisch meditierenden Frankfurter Hauslehrers zum Jenenser Privatdozenten der Logik und Metaphysik. Eine Fortsetzung zu versuchen, lockte mich im höchsten Grad, zumal ich mich schon in meiner Dissertation in Übereinstimmung mit *Fr. Vischer* für die *Phänomenologie des Geistes als die allein fruchtbare Ausgangsebene des Hegelschen Philosophierens* entschieden hatte.[4] Kein Ästhetiker, davon war ich überzeugt, wird sich in Zukunft an *Hegels* Enzyklopädie anschließen dürfen, wenn er nicht von vornherein den Problemen der sinnlichen Anschauung und der individualisierenden Gestaltung gegenüber versagen und in den Rationalismus des 18. Jahrhunderts zurückfallen will.

Während meiner ganzen Heidelberger Zeit (1920—1933) blieben die Neubegründung der Ästhetik und eine im Geiste Diltheys angelegte Hegel-Monographie meine beiden Hauptziele. Das Problem jedoch, das mich hier wie dort unablässig und mit zunehmender Klarheit als mein persönliches Anliegen beschäftigte, war von noch allgemeinerer Bedeutung. Es ging nicht nur um einen systematischen Neuansatz für die Ästhetik als Philosophie des Schönen und der künstlerisch wertvollen Kulturleistungen, sondern um das *Fundament des Philosophierens überhaupt,* das *Platon-Aristoteles* gelegt und *Leibniz-Kant* erneuert hatten — aber nicht so, daß sich ein vollendetes menschliches Bewußtsein, wie es in der hohen Zeit von *Kant* bis *Hegel* vor allem von *Goethe* beispielhaft repräsentiert wurde, auf dieser Grundlage — von ihr voll befriedigt — hätte entfalten mögen. *Schiller, Schelling* und *Hegel* wußten um die Jahrhundertwende, woran es der europäischen Philosophie

---

[4] Fr. Th. Vischers Ästhetik in ihrem Verhältnis zu Hegels Phänomenologie des Geistes. Leipzig 1920.

auch in ihrer letzten Verwirklichung als Transzendentalismus
immer noch fehlte. Aber weder *Schelling* noch *Hegel* gelang es,
die im Geiste geschaute und als notwendig geforderte fundamentale Erweiterung des Ansatzes konkret durchzuführen.[5]
Praktisch-politische Sorgen bereiteten dem klassisch-romanti-
schen Ideal ein frühes Ende. Das von *Goethe* in prophetischer
Vorahnung charakterisierte[6] Zeitalter der bloßen Talent-
männer und klugen Köpfe, der praktischen Erfolgsanbeter und
Fortschrittsphilister brach nun tatsächlich an.

Meine zweibändige *Hegel*-Monographie umfaßte eine Darstellung der Schwierigkeiten und Voraussetzungen, der Entwicklung und des Schicksals von *Hegels* Philosophie. Bei der
Entwicklungsgeschichte kam es mir besonders darauf an zu
zeigen, was *Hegel* ursprünglich wollte und auf Grund der von
ihm gelehrt beherrschten europäischen Tradition auch für
philosophisch »an der Zeit« halten mußte. *Dilthey* hatte in
den Frankfurter Meditationen (»Schicksal und Liebe«, »Der
Geist des Christentums und sein Schicksal«, »Jüdische Ge-
setzesreligiosität und christliche Gesinnungsreligiosität«, »Got-
teskindschaft«, »Volksreligion und positive Religion«, »Schuld
und Versöhnung«) den Durchbruch eines vor allem durch
Herder geweckten Sinnes für das Irrationale und Individuelle
in den geschichtlichen Geistesgestalten entdeckt und gewür-
digt. Ich war von der Richtigkeit seiner Auffassung überzeugt
und es schien mir wenig wahrscheinlich, daß dieser »romantische Einschlag« in der ursprünglich allerdings überwiegend
rational angelegten Mentalität *Hegels* kurz vor der Übersiedlung nach Jena — seinem Bekenntnis[7] zu einer wissenschaftlich
durchgeführten Systemform zufolge — radikal unterdrückt

---

[5] Schiller, von dem Hegel (wie ich nachwies) den für die
Phänomenologie des Geistes entscheidenden Gedanken übernahm,
hätte das Ziel erreichen können, wenn es ihn nach der Vollendung
des Wallenstein überhaupt noch gelockt hätte.

[6] Ich erinnere an den Brief an Zelter, 6. Juni 1825.

[7] Vgl. den Brief Hegels an Schelling, 2. November 1800. In Anbetracht der Spärlichkeit der Dokumente wurde der Hauptstelle
dieses Briefes stets besondere Beachtung geschenkt.

wurde, obwohl »das Ideal des Jünglingsalters« in den fortlaufend vorzubereitenden akademischen Vorlesungen begreiflicherweise weniger zum Ausdruck kommen konnte, als in den
Jahren der einsamen Privatstudien. Gewiß kam es *Hegel* nach
wie vor auf die geschichtsphilosophische Bewältigung der religiösen und geistigen Umbruchsepochen an, wobei es mit
Aporien fertig zu werden galt, für welche die transzendentale
Synthesis *Kants* nicht ausreichte. Auch von den Nachfolgern
Kants war es noch keinem gelungen, den überwiegend dem
rational-relationalen Denken verdankten Neuansatz der Vernunftkritik von der Sandbank der nur reflektierenden Aufklärung freizubekommen.

Aus dieser Einsicht heraus gründete *Hegel* in Gemeinschaft
mit *Schelling* das *Kritische Journal,* in welchem er sich weit
deutlicher über die an das gegenwärtige Philosophieren zu
stellenden Forderungen vernehmen ließ, als in seinen gleich-
zeitigen Vorlesungen, die zwischen äußerster Abstraktion und
ebenso wenig befriedigenden Vorstößen in ein vermeintlich
Konkretes abwechselten. Überzeugt, daß diese dem Katheder-
bedürfnis dienenden Ausarbeitungen nicht viel in die Zukunft
Weisendes enthalten, stellte ich eine möglichst eindringliche
Interpretation der Journal-Abhandlungen in den Vordergrund,
was wohl auch *Dilthey* getan haben würde, falls er seine
Untersuchungen bis zu dem entscheidenden Abfall von der
Phänomenologie zur Enzyklopädie (1817) fortgesetzt hätte.
Aber da es sich um bereits veröffentlichte und mithin »bekannte« Texte handelte, entschieden sich die Hegel»forscher«
meist anders — ohne zu bedenken, daß auch allgemein zugängliche Schriften so gut wie unediert sein können, so lange
ihr eigentlicher Sinn noch nicht verstanden ist. Zweck und Bedeutung jener Abhandlungen, die *Hegel* damals im Kritischen
Journal *fortlaufend* herausgab, erschöpften sich jedoch nicht
bloß in kritischen Informationen über Neuerscheinungen bzw.
in dem Tadel einzelner Fehler zeitgenössischer Philosophen
wie *Reinhold, Krug, Schulze, Jacobi, Fichte.* Die durchgehende
Hauptaufgabe war eine radikale Zurückweisung von Fundament und Methode des gesamten kantisch-nachkantischen

Philosophierens; die Allergie jedoch, welche *Hegel* gegen alle
Arten dieser sogenannten *Reflexionsphilosophie* generell an
den Tag legt, war in der versteckten Hintergründigkeit ihrer
Genese in der Tat erst hundert Jahre später aus der kongenia-
len Deutung der durch *Diltheys* Interpretation erst wahrhaft
entdeckten Privataufzeichnungen des Frankfurter Hauslehrers
zu verstehen.

Hugo Falkenheim, dessen erstaunlicher Hegelkennerschaft
ich viel verdanke, hatte seine eigene (von der Berliner Akademie als Preisaufgabe gestellte) Untersuchung und Würdigung
der noch vorhandenen Manuskripte des jungen *Hegel* augen-
blicklich beiseite gelegt, als ihm *Diltheys* glänzend geschrie-
bene, ebenso gedankentiefe wie originelle Akademie-Abhand-
lung bekannt geworden war. Er hielt diese »Entdeckung des
irrationalen *Hegel*« für so bedeutend, daß er den Beginn einer
neuen Epoche des Hegelianismus erwartete oder wenigstens für
möglich hielt.[8] Aber als ich 1930 bei der Gründung eines
Internationalen Hegel-Bundes im Haag mein Referat[9] über
den Stand und die Auffassung der Hegelschen Philosophie in
Deutschland in *Dilthey* gipfeln ließ, erregten meine Worte Ver-
wunderung. *Dilthey* war damals seit 19 Jahren tot; von den
anwesenden (meist holländischen) Hegel-Freunden hatte kaum
einer seine 1905 erschienene Jugendgeschichte Hegels gelesen.
Einzig und allein die Dialektik interessierte. Es lag auf der
Hand, daß jeder, falls er sich überhaupt mit den nicht in der
Gesamtausgabe von *Hegels* Werken enthaltenen Jugendauf-
zeichnungen beschäftigen würde, dies aus dem nämlichen
Grund und mit dem nämlichen Ziel tun würde wie seinerzeit
auch *Falkenheim:* er würde nach den ersten Spuren der Dialektik suchen und ihre Entwicklungsgeschichte bis zur Vollendung der Enzyklopädie verfolgen, um dadurch einen Beitrag

---

[8] Vgl. H. Glockner, Beiträge zum Verständnis und zur Kritik
Hegels sowie zur Umgestaltung seiner Geisteswelt. Bonn 1965.
Seite 455—537: Zur Vorgeschichte meiner Hegel-Monographie. Spe-
ziell S. 477—509: Hugo Falkenheim.

[9] Wiederabgedruckt in dem soeben angegebenen Sammelband,
S. 272—284.

zum Verständnis »des« Hegelianismus zu liefern.

Unter diesen Umständen mußte ich meine selbstgestellte Aufgabe auch im Alleingang durchführen: als Kritik des späteren *Hegels* zugunsten des jugendlichen Bekämpfers einer jeden reflektierenden Verstandesphilosophie, wozu ich aber den späteren enzyklopädisch-dialektischen Panlogismus selbst ebenso rechnete, wie *Hegel* seinerzeit in der Phänomenologie-Vorrede nicht nur die Wissenschaftslehre *Fichtes,* sondern auch noch die Identitätsphilosophie *Schellings* dazu gerechnet hatte. Begreiflicherweise konzentrierte ich mich dabei jedoch mehr und mehr auf den positiven Gehalt, der nach wie vor in dem Lebenswerk *Hegels* steckte, d. h. auf das Problem und die Forderung einer Fundamentalphilosophie, wie sie *Hegel* um 1803 vorschweben mochte, während sich *Schelling* nach seinem Fortgang von Jena wieder zur Theologie zurücksehnte.[10]

Dem meditierenden *Hegel* bin ich mein Leben lang treu geblieben; ebenso dem Platon- und Aristoteleskenner, der *Kant* mit *Leibniz* verband und im Geiste *Goethes* konkrete Gegenständlichkeit anstrebte. *Konkrete Gegenständlichkeit ist auch Anfang und Ziel aller Fundamentalphilosophie.*[11]

Das Problem der Fundamentalphilosophie hatte sich mir schon 1920 in meiner Abhandlung *Die ästhetische Sphäre* eröffnet.[12] Es ging mir damals um die vom Standpunkt der neukantischen Erkenntnistheorie aus unvermeidlichen Fragen: Wie ist es möglich, auf rationale Weise Kunstwerke philosophisch zu begreifen? Wie ist es möglich, etwas zu verstehen, dessen Sinn und Bedeutung eigentlich nicht rational ist, inso-

---

[10] Vgl. Aus Schellings Leben. In Briefen. 2. Band 1870, Seite 366: Schelling spricht seinem Bruder Karl gegenüber seinen Wunsch aus, wieder einen Lehrstuhl zu erhalten, aber einen theologischen.

[11] Daß und wie Hegel von seiner Mitwelt und Nachwelt mißverstanden wurde, habe ich in meiner Europäischen Philosophiegeschichte gezeigt. Reclam 1958, Seite 751–777.

[12] Logos, Bd. IX, Seite 83–120. Wiederabgedruckt im III. Band meiner Gesammelten Schriften: Ästhetische Sphäre. Studien zur systematischen Grundlegung und Ausgestaltung der philosophischen Ästhetik. Bonn 1966.

fern es sich unmittelbar an die leibhaftige Aisthesis wendet
und sich also zunächst nicht analytisch-synthetisch für die
Erkenntnis, sondern als Ganzes anschaulich-phänomenal erschließt?

Meine Antwort schloß sich damals noch weitgehend an die
Wertphilosophie *H. Rickerts* an, obwohl leicht zu merken
war, daß ich mehr an der »Schönschau« und an der Gestalt
des Kunstwerks interessiert war, als an dem »Wert« der
Schönheit. Bald stellte sich heraus, daß die »Ästhetische
Sphäre« nicht völlig zu isolieren war. Der Künstler schafft
stets *auch* als unterscheidend-feststellender Verstandesmensch,
und seine Werke tragen außerdem nicht nur ganzheitlichen,
sondern *auch* individuellen Charakter; eine Philosophie des
Dramas, auf die es mir besonders ankam und die ich mir wie
Hegel und *Fr. Vischer* als Abschluß und Krönung jeder philosophischen Ästhetik vorstellte, war ohne Einbeziehung von
Ethik, Psychologie, Geschichtsphilosophie und wohl auch
Religionsphilosophie gar nicht aufzubauen. Der Philosoph
muß das alles in seinem Selbstbewußtsein vereinigen; Fragestellung und Antwortgebung müssen prinzipiell bereits »mehr-
spurig« konzipiert werden.

Der bedeutendste Ästhetiker der Hegelschen Schule, dem
ich schon meine Dissertation gewidmet hatte, war nicht nur
theoretischer Betrachter und wissenschaftlicher Forscher, sondern selbst ein künstlerisch begabter Mensch gewesen: ein
Dichter-Philosoph, der außerdem in kritisch bewegter Zeit
auch seinen persönlichen Einsatz für geboten hielt. Im Jahre
1921 gab der mir freundschaftlich zugeneigte Sohn *Robert
Vischer* diese politischen Manifestationen seines streitbaren
Vaters neu heraus. Bei dieser Gelegenheit schrieb ich nicht nur
einen 1923 in der Historischen Zeitschrift[13] erschienenen Aufsatz *Fr. Th. Vischer als ethisch-politische Persönlichkeit*, sondern schon ein Jahr zuvor als allgemeine Einleitung ein analog
aufgebautes, aber begrifflich-abstrakt durchgeführtes Büchlein

---

[13]   128. Band (3. Folge, 32. Band) Seite 26—91. Eine Übersicht
des Aufbaus ist vorangestellt; die Gliederung entspricht genau der
Gliederung der prinzipiellen Untersuchung von 1922.

Hermann Glockner

Die ethisch-politische Persönlichkeit des Philosophen (Tübingen 1922). Diese im Untertitel als Programmschrift zur Umgestaltung der Hegelschen Gedankenwelt bezeichnete Studie war mein erster Lösungsversuch des Problems einer Fundamentalphilosophie, nämlich der *Entwurf eines philosophischen System-Ansatzes, welcher Rationalität mit Phänomenalität und Individualität sowohl praktisch-menschlich wie kosmisch-absolut in einer einzigen konkreten Synthese zusammenschloß.*

So schwerfällig dieser Entwurf[14] auch war, jedenfalls erstreckte er sich bereits auf Gegenständlichkeit und Freiheit. Im Geiste des nachkantischen Philosophierens versuchte ich die Probleme der theoretischen und der praktischen Vernunft in einer einzigen Gesamtkonzeption derartig zu bewältigen, daß nicht etwa zwei einander polar entgegenstehende Problemkomplexe — eine *Philosophische Anthropologie* mit dem leibhaftigen Menschen-Ich und seinem konkreten Selbstbewußtsein, und eine *Philosophie der* ebenso konkret zu vergegenständlichenden *Gegenständlichkeit* — getrennt in Angriff genommen werden, sondern von vornherein als eine und dieselbe philosophische Aufgabe zum Bewußtsein und zur Durchführung gelangten.

Als ich 16 Jahre später in dem Buch *Das Abenteuer des Geistes* (1938) dem schwer genießbaren einstigen Entwurf eine lesbare Gestalt zu geben unternahm, stellte ich die Freiheitsleistung des Selbstbewußtseins in den Vordergrund. Auf die schulmäßige Anknüpfung an die Transzendentalphilosophie verzichtete ich weitgehend.

Was ich bot, waren vier (noch nicht als solche bezeichnete) metaphysische Meditationen, von denen die zweite die Persönlichkeit des Philosophen in ihrer keineswegs auf die Rationalität beschränkten, sondern notwendig vollmenschlichen Universalität postulierte und gleichsam in einem Ideal-Modell nachbaute, ohne daß dabei auch schon das Problem einer ebenso allgemein-gegenstandstheoretischen Erweiterung des er-

---

[14] Er findet sich wiederabgedruckt in dem Sammelband: Beiträge zum Verständnis und zur Kritik Hegels sowie zur Umgestaltung seiner Geisteswelt, Bonn 1965, Seite 151—207.

kenntnistheoretischen Prinzips untersucht worden wäre. Alle
vier Betrachtungen gaben sich ausschließlich als Leistungen
einer gewissenhaften *Selbsterforschung* (Selbstbewußtsein =
Conscientia), bei denen es mir wie *Schiller* und *Nietzsche* darauf ankam, die Ethik von der Einseitigkeit des reflektierenden
Moralismus zu befreien und also auf sittlichem Gebiet ebenso
über *Kant* hinauszugehen wie bei der Charakteristik der
gegenständlich denkenden Philosophenpersönlichkeit, die sich
einer Problematik verpflichtet weiß, welche in den Gleisen
einer rational-relationalen Verstandeserkenntnis allein nicht be-
wältigt werden kann.

Der Erfolg des Buches zeigte, daß ich das Interesse und die
Fassungskraft des damals vor allem philosophisch-anthropologisch aufgeschlossenen Publikums richtig bemessen hatte. Auch
konnte ich »Das Abenteuer des Geistes« in den fünfziger
Jahren noch immer mit gutem Gewissen als »mein systematisches Hauptwerk« bezeichnen, von dem ich auch in einer
inzwischen sehr anders gewordenen Zeit nichts zurückzuneh-
men brauchte, obwohl ich mir freilich schon lange klar darüber
war, daß ich es in einem noch auszuarbeitenden zweiten Teil
durch eine nun auch allgemein um die Struktur von »Etwas
überhaupt« bemühte Gegenstandstheorie zu vervollständigen,
ja recht eigentlich »fundamental« zu unterkellern haben würde.

Was mir vorschwebte, kam bereits in den Vorträgen *Einführung in das Philosophieren* (1944) zum Ausdruck, die zwar
elementar gehalten waren, aber den an die schöpferische Freiheit des individuellen Ich appellierenden Ton des Abenteuer-
Buches nicht zum zweiten Male anschlugen, sondern eine
sachliche Ebene aufbauten.[15] Das wirkte auf einige durch das
Abenteuer-Buch (besonders durch die Betrachtungen »Frag-
loses Ethos« und »Glück«) gewonnene Freunde um so ent-
täuschender, als mittlerweile die Existentialphilosophie aufkam

---

[15] Die ursprüngliche Fassung dieser Vorträge wurde durch mein
jüngstes Büchlein »Einführung in das Philosophieren« (Bonn 1974)
ersetzt, das zum leichteren Verständnis meiner sämtlichen fundamentalphilosophischen Schriften beitragen möchte und am Ende
dieser Selbstdarstellung noch einmal erwähnt werden wird.

und die Erinnerung an den von *Kant* hinterlassenen »Problemknoten« und die Gefahr des reflexionsphilosophischen Rationalismus vollends in Vergessenheit geraten ließ.[16]

Aber in meinen Seminarübungen leistete die »Einführung in das Philosophieren« gute Dienste. Es gereichte mir dabei stets zur besonderen Genugtuung, wenn ich den Fortgeschritteneren zeigen konnte, daß alles gar nicht so einfach ist, und wie wenig ihnen von der Problematik einer konkreten Vergegenständlichung meistens noch aufgegangen war, während sie von dem »Ineinander des Rationalen und Irrationalen« schon längst überzeugt waren und es ganz und gar begriffen zu haben glaubten.

Ich arbeitete damals noch einige weitere Untersuchungen aus, die mehr an die allgemein-grundlegenden, als an die anthropologisch-orientierten Fundamentalfragen anknüpften. So vor allem eine geschichtsphilosophische Studie »Philosophische Einleitung in die Geschichte der Philosophie« (1949, Erstfassung schon 1941/42 in der Neuen Folge des Logos), die zugleich den Auftakt zu dem weitschichtigen Unternehmen einer ganz auf eigenes Quellenstudium gestützten *Gesamtdarstellung der Europäischen Philosophie bildete.*[17]

Im Herbst 1958 konnte dieses kleine dicke Reclam-Bändchen nach vierjähriger intensiver Arbeit endlich erscheinen. *Aristoteles, Augustin, Leibniz, Kant* und alle Kapitel, welche die über *Kant* hinausführenden Systematiker der deutschen Klassiker- und Romantikerzeit behandeln, geben der Gesamtauf-

---

[16] In der »Problemgeschichtlichen Einführung« des ersten Bandes von »Gegenständlichkeit und Freiheit« (1963) habe ich die Bedeutung dieses Problemknotens nicht nur für Hegel, sondern auch für das gegenwärtige und künftige Philosophieren zusammenfassend charakterisiert.

[17] Auch mein zweibändiges Philosophisches Lesebuch erschien 1950; leider blieb es bei einer einzigen Auflage dieses in einer noch bücherarmen Zeit von mir ohne Verlagsauftrag buchstäblich mit eigener Hand hergestellten Unterrichtsmittels. — Von der Bedeutung meiner (erst 1970 veröffentlichten) Jugendgeschichte, an der ich vor allem 1944–1950 schrieb, kann ich erst am Schluß dieses Rechenschaftsberichtes sprechen. Das Reifen der geschichtsphilosophischen Einsichten erscheint dann erst im rechten Licht.

fassung das charakteristische Gepräge und können dem Leser,
der das Ganze nicht nur als Nachschlage-Werk benutzt, sondern von der ersten bis zur letzten Seite durchliest, einen
Begriff von der Beschaffenheit des Problemerbes geben, vor
dem ich zu bestehen hatte, als ich mich nun (62jährig) zu einer
wie ich hoffte, das Rechte treffenden Gesamtbewältigung der
Fundamentalproblematik anschickte.

Es wurde kein zweiter Teil des Abenteuer-Buches, sondern
ich begann von neuem, nahm jedoch die vier philosophisch-
anthropologischen Meditationen, aus denen jener Vorläufer bestand, ungekürzt in die *Philosophische Anthropologie* auf, die
nun als zweiter Band des Gesamtwerks *Gegenständlichkeit
und Freiheit*[18] auf die an den Anfang gestellte eigentliche
Grundlegung folgt. Doch bedeutet diese Zweiteilung nicht
etwa eine Halbierung des Problems, das vielmehr in jedem
Band, ja strenggenommen in jeder einzelnen Meditation ganz
gegenwärtig sein und lebendig bleiben muß.

Das zu begreifen und durchweg festzuhalten, macht dem
Leser verständlicherweise große Schwierigkeiten. Ich erinnere
jedoch daran, daß *Hegel* eine ähnliche Forderung an sich und
sein System stellen mußte, insoferne bei ihm gleichfalls nicht
nur jeder Teil ein Ganzes ausmacht, sondern auch dem Ganzen
analog aufgebaut ist und insoferne das Ganze repräsentiert.

Dieser Aufbau kommt in *Hegels* Enzyklopädie prinzipiell
durch die dialektische Bewegung zustande; in der Fundamentalphilosophie dagegen entspricht er der Selbstvergegenständlichung des Selbstbewußtseins, welches »momentan« an sich
selbst das Modell für »Etwas« gewinnt: ein Muster für alle
Vergegenständlichungsleistungen, die trotz dieser notwendigen
Allgemeinheit auch jeweils als individuelle Freiheitsleistungen
entspringen. Daß hier kein Widerspruch besteht, darin unterscheidet sich die Fundamentalphilosophie als echte Freiheitslehre gewiß zu ihrem Vorteil von *Hegels* Panlogismus.

Aber das war bereits eine Randbemerkung zur Sache

---

[18] Als Band I und II meiner *Gesammelten Schriften* im Bouvier
Verlag, Herbert Grundmann, zu Bonn erschienen.

selbst. Wovon ich ausging und worauf es hier zunächst ankommt, ist der Umstand, daß beim Studium des Werkes
»Gegenständlichkeit und Freiheit« nie vergessen werden darf:
das Fundament, dessen Vergegenständlichung hier in Frage
steht, gelangt in jedem der beiden Bände ebenso ganz und gar
zur Darstellung, wie wir seine Existenz auch in jedem der
beiden Bände ganz und gar voraussetzen. Der Unterschied
besteht lediglich darin, daß im ersten Bande vorzüglich nach
Etwas, genauer nach dem *Wie von Etwas überhaupt* gefragt
wird, während im zweiten Bande vorzüglich die *Vergegenständlichungsleistungen* im Mittelpunkt stehen. Die fundamentalphilosophische Problematik bringt es mit sich: polar in
Erscheinung zu treten. Die Subjekt-Objekt-Korrelation ist die
rational zugespitzte pünktliche Feststellung des Beziehungszusammenhangs dieser »einen-und-anderen« Polseite des »Einzigen« und »Ganzen«.

In der »Umwelt« des *Animalischen Bewußtseins* und in der
als »Innenwelt und Außenwelt« aufeinander bezogenen Dop-
pelwelt des *Selbstbewußtseins* zeigt sich die behauptete Polarität in der nämlichen Weise. Auch in diesem Fall spielt die
unterscheidende Abgrenzung als rationale Feststellung der
Relation ihre in der Fundamentalphilosophie geflissentlich
immer wieder aufs neue zum Bewußtsein gebrachte Rolle.
Versuchen wir uns dagegen in momentan-reiner Betrachtung
(θεωρία) von der praktischen Sorge um das Lebensnotwendige
zu distanzieren, dann treten die Pole *in der Tat* auseinander
und das Letztmögliche kommt als Doppeltatsache zum Bewußtsein: *Inderweltbefindlichkeit* und *Geistesfreiheit.*

Vom Freiheitspol aus eröffnen sich die Momente der Vergegenständlichung: Theoria, Praxis, Poiesis. In der Weltbe-
findlichkeit dagegen läßt das menschliche Selbstbewußtsein
allemal nach *Etwas* fragen; denn wie träte Umwelt jemals
anders in einem Bewußtsein auf? Das Bewußtsein selbst macht
als Stätte notwendig verursachter Reaktionen keine Ausnahme: als Wirkend-Bewirktes gehört es mit zu jener natürlichen Inderweltbefindlichkeit, in der ein Mannigfaltiges empfunden, gefühlt, unterschieden, gehört und gesehen, gesucht

und geflohen, unternommen, zum Ausdruck gebracht und ins
Werk gesetzt werden kann — auch ohne alle Conscientia, ge-
plante Absicht oder bezweckten Sinn, ohne momentanes Auf-
reißen des Umweltschleiers, ohne freien Durchblick ins
Absolute, ohne kulturelle Vergegenständlichungsleistung wissenschaftlicher, künstlerischer, sittlicher oder sonstwelcher Art.

Was ich hier vortrage, ist bereits Fundamentalphilosophie,
insoferne der Zugang zu ihr vom Pole des Menschen und
seiner momentanen Freiheit aus gewonnen werden kann; aber
nur unter der Voraussetzung der Inderweltbefindlichkeit.

Auch vom Pole der Inderweltbefindlichkeit können wir ausgehen, um allgemein nach den offenbar notwendigen Struktur-
bedingungen von »Etwas überhaupt« zu forschen und zu
fragen; aber nur unter der Voraussetzung des menschlichen
Selbstbewußtseins, das sich selber sucht und findet — auch
wenn es sich nicht von vornherein und zu jeder Zeit Rechenschaft von sich und seiner Leistungsmöglichkeit zu geben vermag.

Um sich als lebendig zu erweisen, hat der Mensch nicht
nötig, seine geistigen Potenzen zu aktualisieren; distanziert er
sich jedoch von dem notwendigen Lebenserhaltungsbetrieb, so
gewinnt er mit der Betrachtung die Voraussetzung zur allgemein feststellenden Reflexion, zur bildgestaltenden Imagination
und zur persönlichen Individuation. Sein Leben verläuft fortan
nicht mehr bloß in den Gleisen eines natürlichen Verhaltens,
sondern er vermag seinem Dasein einen Wert zu verleihen:
in der Natur durch die richtige Feststellung des Wirklichen und
in der Kultur durch die besonnene Aufstellung des Rechten.

Der Mensch existiert schon lange, bevor er den Begriff des
Selbstbewußtseins zu bilden lernte. Auch aus diesem Grunde
versteht es sich von selbst, daß in beiden Bänden meiner
Fundamentalphilosophie *sowohl* von Gegenständlichkeit *wie*
von Freiheit die Rede sein muß. Die unsere Menschenwelt
prinzipiell und fundamental auszeichnende Qualität der Ver-
gegenständlichungsmöglichkeit konnte nicht erst in der Philosophischen Anthropologie zur Sprache kommen, wenn das in
dem Grundsatz »Ich bin Ich« zum Ausdruck gelangende

Selbstbewußtsein als Voraussetzung und Vorbild aller und jeder Gegenständlichkeit einleuchten soll. Was mit diesem »Satz des Selbstbewußtseins« nicht nur beurteilend ausgesagt wird, sondern als etwas Konkret-Behauptetes existiert, macht das Problem, das Thema und zugleich auch das Fundament meines ganzen Werkes aus. Die Untersuchung von »Etwas überhaupt« und die meditierende Selbsterforschung des »Ich« bedingen einander gegenseitig; sie haben den nämlichen Ursprung und führen zum nämlichen Resultat.

Etwas ähnliches meinte wohl auch *Hegel,* als er in der Vorrede zur Phänomenologie des Geistes aufs energischste erklärte, daß »das Wahre« *sowohl* »als Substanz« (d. h. als Etwas) *wie* »als Subjekt« (d. h. als Ich) »aufzufassen und auszudrücken« (d. h. notwendig frei zu vergegenständlichen) sei. Als Selbstbewußtseinsleistung bedeutet »Ich bin Ich« jedenfalls nicht nur die rational-relationale Erkenntnis der Identität des feststellenden und des festgestellten Ich, sondern konkrete Selbstvergegenständlichung. »Ich« tritt hier nicht nur in der für das analytisch-synthetische Verstandesurteil allgemein geltenden Weise als »Objekt« der *Beziehung* eines denkenden »Subjekts« auf, sondern »Ich« bin auch *leibhaftig* mit dabei und mir der *Erscheinung* meiner Gestalt ebenso-unmittelbar anschaulich gewiß, wie »Ich« nicht nur als Name oder Begriff, sondern auch als Erscheinung im Bewußtsein meiner nächsten Mitmenschen vorkomme.

Ebensowenig wie von diesem auch in der Erinnerung zu bewahrenden, abzubildenden und zu beschreibenden »phänomenalen Ich« abstrahiere ich jedoch auch von der eigentümlich-einmaligen Diesesheit meines »individuellen Ich«, wenn ich mich selbstbewußt auf ein Fragwürdiges konzentriere, das recht eigentlich in dieser Konzentrationsleistung als Etwas Bestand gewinnt. Abermals lautet also das Ergebnis: das menschliche Selbstbewußtsein besteht nicht nur in Selbst*erkenntnis,* sondern in Selbst*vergegenständlichung;* es gewinnt an sich selbst ein Modell von Gegenständlichkeit oder Etwas überhaupt. Mit der Behauptung »Ich bin Ich« befreit sich der Mensch, insofern er in der Welt des Notwendig-Gegenständlichen, wo sich allenthalben Etwas als durch Etwas determiniert erweist und verhält, als ein selbstbewußt nach dem Modell des Selbstbewußtseins Vergegenständlichender auftritt. Er wählt und richtet, er plant und entwirft, er handelt gewissenhaft und versucht der Existenz nicht nur Dauer, sondern auch Wert zu verleihen.

*

An dieser Stelle sei noch eine Bemerkung zu dem *Wort* »Fundamentalphilosophie« eingeflochten, ehe ich mich dem Aufbau und Inhalt des Werkes »Gegenständlichkeit und Freiheit« im einzelnen zuwende.

Diese Bezeichnung charakterisiert mein systematisches Gesamtwerk, und ich hätte die Untertitel auch als »I. Fundamentalphilosophische Meditationen zur Theorie von Etwas überhaupt« und »II. Fundamentalphilosophische Meditationen zur Selbstvergegenständlichung des Menschen« angeben können — doch wollte ich weder auf das alte Wort Metaphysik noch auf den neuen Begriff einer Philosophischen Anthropologie verzichten. Als ich die vier ersten Meditationen unter dem Titel »Das Abenteuer des Geistes« veröffentlichte, sprach ich bisweilen von Fundamentalanthropologie, ohne jedoch auf diesen damals gerade in Aufnahme kommenden Ausdruck besonderen Wert zu legen. Es störte mich, daß man die Fundamentalanthropologie einer Fundamentalontologie zuzuordnen begann. Das Wort Ontologie widerstrebte mir durchaus, weil es mir in seiner von *Kant* kritisierten mittelalterlich-realistischen Bedeutung auch für den vorchristlich-griechischen *Aristoteles* nicht recht zu passen schien.

Da entdeckte ich eines Tages, daß der mir als kritischer Aristoteles- und Hegelinterpret gleich ehrwürdige *Albert Schwegler* in seiner von *Karl Köstlin* aus dem Nachlaß herausgegebenen »Geschichte der Griechischen Philosophie« die von *Aristoteles* als Erste Philosophie von der Physik unterschiedenen (erst viel später unter dem »ungeschickten Titel« Metaphysik zusammengefaßten) Untersuchungen auf den Generalnenner *Fundamentalphilosophie* gebracht hatte.[19] Dem vieldeutigen Wort Ontologie war er dabei ebenso ausgewichen, wie er es mit guten Gründen ablehnte, die aristotelische Usia mit Substanz zu übersetzen. Mit beidem einverstanden, entschloß ich mich gleichfalls, den gesamten Problemkomplex der aristotelischen Metaphysik als Fundamentalphilosophie zu bezeichnen und mit meiner Frage nach »Etwas überhaupt« ebenso an *Aristoteles,* wie an *Kant* anzuknüpfen — keinesfalls jedoch an den Substanzbegriff der Spätscholastik und *Spinozas.* Bin ich doch seit langem der Überzeugung, daß es innerhalb der europäischen Philosophie keine wichtigere Aufgabe gibt, als die fundamentale Durchdringung der von *Kant* auf die Entwürfe des menschlichen Selbstbewußtseins gegründeten Freiheitswelt mit der konkreten Gegenständlichkeit der aristotelischen Erfahrungswelt.

Jeder der beiden Bände meines Hauptwerks umfaßt drei Teile, aber kein methodischer Dreischritt, sondern die Polarität von Etwas und Vergegenständlichung (Freiheit) bestimmt den Aufbau. In diesem Sinne mußte der *I. Band* eine (äußerlich nicht kenntlich gemachte) doppelte Grundlegung enthalten. Da ich mich entschlossen hatte im Ganzen das Problem der Gegenständlichkeit vorangehen zu lassen, begann ich im Ersten Teil *(Grundlegung,* Seite 1—316) mit der Frage nach den allgemeinen Bedingungen von *Etwas überhaupt.* Der Inhalt des zweiten Teiles *(Das leibhaftige Ich,* Seite 317—445) ist jedoch von ebenso grundlegender Art, insofern die Frage nach der menschlichen Leibhaftigkeit das konkrete *Fundament des Selbstbewußtseins* betrifft.

Eine »Problemgeschichtliche Einführung« (Seite 3—26) weist

---

[19] Vgl. A. Schwegler, Geschichte der Griechischen Philosophie. Hrsg. von K. Köstlin. 2. Auflage, Tübingen 1870, Seite 198 ff. — Im Sinne einer Allgemeinen Prinzipienlehre oder Grundwissenschaft wurde das Wort Fundamentalphilosophie im 19. Jahrhundert öfters gebraucht. So z. B. von W. T. Krug (1818), F. C. Biedermann (1838), J. Tafel (1848), H. M. Chalybaeus (1861), J. Bergmann (1880).

auf den bereits angedeuteten Problemknoten[20] hin, der sich im
17. und 18. Jahrhundert in der neueren Philosophie heraus-
bildete und durch *Kants* Transzendentalismus keineswegs aufgelöst wurde. Fünf ausführliche Kapitel hatte ich in meiner
Europäischen Philosophiegeschichte auf eine fünfmalige
Durchwanderung eines und desselben Zeitraumes verwendet,
um auf die mannigfaltigen Wege aufmerksam zu machen, auf
denen in der ersten Hälfte des 19. Jahrhunderts tatsächlich,
aber jedesmal in einseitig-bestimmter Weise der Versuch gemacht wurde mit den von *Kant* hinterlassenen Aporien fertig
zu werden. Der Zusammenhang dieser verschiedenen problemgeschichtlichen Entwicklungsreihen mit dem in »Gegenständlichkeit und Freiheit« versuchten einheitlich-fundamentalphilo-
sophischen Neuansatz ist augenfällig.

Eine weitere Vorbetrachtung »Anfang und Aufgabe des
Philosophierens« (Seite 27—49) gilt auch der Frage nach seiner
bisweilen geforderten Voraussetzungslosigkeit. Meine schon
im »Abenteuer des Geistes« getroffene Entscheidung läuft
darauf hinaus, daß von Voraussetzungslosigkeit nur die Rede
sein kann, insoferne prinzipiell »alles« als möglicher Problem-
»stoff« im Sinne der aristotelischen Hyle vorausgesetzt werden
muß, keinesfalls jedoch mit einem »fertigen« Vorurteil (z. B.
mit einem bestimmten Begriff von Wissenschaftlichkeit) an die
philosophische Fundamentalaufgabe herangegangen werden
darf.

In dem umfangreichen dritten Abschnitt (Seite 50—244), der
in seinem Titel »Gegenständlichkeit und Freiheit« das Thema
des Gesamtwerks wiederholt, wird die Grundfrage in dem angegebenen Sinne voraussetzungslos gestellt. *Etwas* heißt
»konkret«, wenn prinzipiell von keinem »Moment« abstra-
hiert, die Problematik von »Etwas in der Welt« also uneingeschränkt anerkannt wird. Was »uneingeschränkt« bedeutet,
läßt sich selbstverständlich erst an der »fertigen« Betrachtung
einsehen und feststellen. Die Frage nach dem *Warum* von
Etwas überhaupt entfällt; die Antwort könnte nur *Darum*

---

[20]   Vgl. Seite 89, Fußnote 16.

lauten; *daß* überhaupt Etwas existiert, gilt vor aller Untersuchung für absolut gewiß; wann und wo auch immer mit solcher Gewißheit behauptet wird, tritt die Feststellung als solche rational-relational determiniert auf. Die Frage nach dem *Wie* von »Etwas« darf also durch die Feststellung des absoluten Beziehungszusammenhangs zum ersten Mal grundsätzlich für beantwortet gelten — womit jedoch Alles und Jedes seine unmittelbare Anschauungsganzheit verlieren würde, wenn dieses »ganz andere« Moment nicht momentan ebenso fraglos-fertig in die Erscheinung träte.

In diesem kritischen Augenblick entscheidet sich der Fundamentalphilosoph gegen eine »Dialektik«, die ihm reine Wissenschaftlichkeit verspricht, dafür aber die Forderung stellt: die leibhaftige Gestalt und die eigentümliche Einzigkeit nur als allgemeine Begriffe gelten zu lassen — nicht aber so, wie sie allenthalben in der Welt unmittelbar im konkreten Synholon von Etwas vorkommen, insofern Etwas als Dieses ebenso schlechthin erscheint und individuell existiert, wie es rational-relational als determinierter Beziehungszusammenhang erkannt zu werden vermag.

»Moment«, »Sphäre«, »Modell« werden (Seite 130 ff) terminologisch insoweit geklärt, daß mit diesen wichtigen Begriffen gearbeitet werden kann, ohne auf Schritt und Tritt zu vergessen, daß es sich um Begriffe handelt, die zwar auch wieder als Etwas in der Welt auftreten, aber wesentlich »etwas für Etwas« bedeuten und solche Bedeutung gegenständlich-semiotisch vermitteln. Das Problem einer »Kategorienlehre«, das sich auf dem Fundament einer rational-phänomenal-individualen Gegenständlichkeit wesentlich anders gestaltet als bei *Aristoteles* oder *Kant,* wird (Seite 145 ff) umrissen. Dazu sei bemerkt, daß ich mich fast in jedem Jahrzehnt eine Zeitlang mit diesem Problem abgab, aber alle Entwürfe unveröffentlicht ließ, weil mir immer wieder Zweifel kamen, ob es für die Fundamentalphilosophie jemals so bedeutungsvoll werden kann wie für die Erkenntnistheorie. Die ästhetischen Kategorien, um deren Aufstellung ich mich schon früh bemühte, mochten sich in der Kunstwissenschaft brauchbar erweisen;

die Künstler jedoch fühlten sich durch die von mir erdachte »Unterscheidung des konstruktiven, illustrativen und dekorativen Schönschauens und Werkgestaltens in der Sphäre des Erscheinungsganzen« kaum gefördert.

Fundamentalphilosophisch fruchtbar wäre es aber jedenfalls: mit den Worten »Beziehungszusammenhang«, »Erscheinungsganzheit« und »Individualität« nicht nur die *Momente* des Gegenständlich-Konkreten selbst zu bezeichnen, sondern sie auch als Urkategorien, d. h. Grundaussagen über das Gegenständliche im Hinblick auf die momentan wesentliche Sphäre zu verstehen. Ohne Zweifel dienen sie ja doch *alle drei* zur Beantwortung der Frage nach dem *Wie* von »Etwas überhaupt« — und sie fallen *im Ganzen* mit dem Konkret-Gegenständlichen ebenso zusammen, wie das theoretisch-praktisch-poietische Selbstbewußtsein als Selbstvergegenständlichung von sich selbst als Gegenstand nicht verschieden ist und somit auch weiterhin als *Modell von Etwas überhaupt* für jede weitere Vergegenständlichungs*leistung* dienen kann.

Beachtung verdient die gegenständliche Auffassung von »Raum und Zeit« (Seite 154 ff.), mit welcher sich die Fundamentalphilosophie so entschieden von *Kant* abwendet, wie mit den Betrachtungen über die »Nützlichkeit der Naturwissenschaft« (Seite 229) von der sittlichen Fragwürdigkeit *Bacons*. Das ethisch-politisch besonders bedeutungsvolle Machtproblem kommt hier bereits im Rahmen der Grundlegung zur Sprache.

Gegen Ende des Ersten Teiles ging ich in dem »Rundblick« (Seite 245—316) nicht nur auf die Sprache, sondern auch auf die Dichtung ein, was eine Rückkehr zu dem Themenkreis meiner Jugend bedeutete. Wenn dabei die dramatische Poesie so gut wie unerwähnt blieb, so hing das keineswegs mit einem verminderten Interesse, sondern umgekehrt damit zusammen, daß ich gerade damals unter meinen auch heute noch unveröffentlichten Entwürfen die »Philosophie des Dramas« schon in der nächsten Zeit als ein in sich abgeschlossenes Buch herausgeben zu können hoffte.

Der als »Grundlegung« bezeichnete Erste Teil nimmt bereits

mehr als die Hälfte des ganzen I. Bandes in Anspruch. Der unter dem Titel »Das leibhaftige Ich« zusammengefaßte Zweite Teil beginnt mit der Meditation »Der eigene Leib« (Seite 319 bis 346), in welcher der Versuch gemacht wird, das menschliche Selbstbewußtsein von seiner sinnlichen Organisation nicht zu trennen, sondern das konkrete »Ineinander von feststellbarem Beziehungszusammenhang und jeweils diesem Erscheinungsganzen« als das auch zur Lösung des Leib-Seele-Problems günstigste Modell beizubehalten. Inwieweit mein mit *Aristoteles* und *Leibniz* wetteifernder Versuch gelungen ist, kann ich nicht selbst entscheiden; jedenfalls habe ich es an kontrollierenden und ergänzenden Variationen der Fragestellung in den folgenden zwei Jahrzehnten nicht fehlen lassen. Die vier »Leibniz-Meditationen« (S. 420—445), mit denen der Zweite Teil schließt, gehören in diesem Sinne wesentlich zu dem Problemzusammenhang der Fundamentalphilosophie; daneben bestätigen sie die in meiner Europäischen Philosophiegeschichte entwickelte Leibniz-Auffassung, die dem »größten christlichen Metaphysiker« auf der wenig beachteten Verbindungsstraße zwischen *Augustin* und *Goethe* auf einsamer Paßhöhe eine Schlüsselstellung anweisen möchte, während sie den von den Neukantianern in den Vordergrund gerückten Universal-Mathematiker wieder mehr in den Hintergrund treten läßt, ohne übrigens seine Bedeutung irgendwie zu verkleinern oder gar zu leugnen.[21]

Die wichtigste Meditation des Zweiten Teils steht an vorletzter Stelle: »Macht und Freiheit in der Maschinenwelt« (S. 388—419). Auf wenige Stücke meines Gesamtwerks lege ich einen solch hohen Wert, wie gerade auf diese Betrachtungen und ihre Konsequenzen für Ethik und Politik. Ihr aktueller Inhalt soll hier nicht referiert werden. Das Machtproblem

---

[21] In meiner jüngsten »Einführung in das Philosophieren« (1974) sind noch zwei neue Leibniz-Meditationen hinzugekommen: »Seelen-Substanz und Monaden-Ich« und »Kontinuität und Individualität«. Auch meine ausführlich erläuterte Neuübersetzung der Monadologie (Reclam) sei in diesem Zusammenhang als zum Thema gehörig erwähnt.

selbst war schon im Grundlegungsteil (S. 188 ff) zur Sprache
gekommen; dem Freiheitsproblem galt die leicht verständliche
Meditation »Selbstbewußtsein und Freiheit« (S. 367—387). Da
sich die Klärung der beiden Begriffe »Macht« und »Freiheit«
durch das ganze Werk hindurchzieht, empfiehlt es sich dringend, alle Hauptstellen mit Hilfe des von mir selbst und mit
großer Sorgfalt ausgearbeiteten Registers auch im Zusammenhang zu lesen und zu vergleichen.

   Nun enthält der I. Band noch einen Dritten Teil, der fast
noch mehr als der Zweite Teil schon speziell zur Grundlegung
der Philosophie des freien Menschengeistes und seiner konkret-
gegenständlichen Kulturleistungen gehört. Er trägt den Titel:
»Die geschichtliche Philosophie« (S. 447—522).

   Die drei Untersuchungen, aus denen er besteht, gehören zu
den ersten systematischen Niederschriften, die nach dem Erscheinen meines Buches »Das Abenteuer des Geistes« (1938)
entstanden. Obwohl ich sie später wiederholt neu durcharbei-
tete und dafür sorgte, daß das geschichtsphilosophisch entscheidende *Moment der Individualität* in der für die Fundamentalphilosophie charakteristischen Weise zur Darstellung
gelangte, wird dem aufmerksamen Leser vielleicht nicht entgehen, daß das Vorgetragene den methodologischen Theorien
Windelbands, Rickerts und *Diltheys* bisweilen noch enger verbunden bleibt, als für den Versuch einer eindeutig anti-
reflexionsphilosophischen konkreten Grundlegung gut sein
kann. Es ist mir zwar noch keine Kritik dieser Art begegnet,
aber ich gestehe, daß ich auf eine solche gefaßt bin und keine
andere Entschuldigung habe, als mein persönliches Bedürfnis:
die Verdienste der mir in der Auseinandersetzung mit *Hegels*
Geschichtsphilosophie zuerst wegweisend erschienenen Lehrer
nicht zu unterschlagen, *zumal sie auch zu den bedeutendsten
Vorkämpfern des Individualitätsmoments gehörten.* Übrigens
ließ ich es zuletzt (S. 520 ff) an einer deutlichen Herausarbei-
tung der fundamentalen Unterschiede nicht fehlen.

   Im »Abenteuer des Geistes« war dargelegt worden, daß und
inwieferne das Moment der Individualität die praktisch-sitt-
liche *Sphäre der liebenden Identifikation* begründet. Daß wir

auch in der *Sphäre der geschichtlichen Vergegenständlichung*
weder mit der Feststellung von objektiven Beziehungszusam-
menhängen noch mit der imaginierenden Vergegenwärtigung
von Erscheinungen auskommen, sondern fundamental der
liebenden Einfühlung in das Eigentümlich-Individuelle be-
dürfen, war aber gleichfalls schon von mir dargelegt worden:
philosophisch-anthropologisch in jenen (in den II. Band von
»Gegenständlichkeit und Freiheit« aufgenommenen) Erstlings-
meditationen und im I. Band in der bisher noch nicht erwähnten grundlegenden Studie »Identität und Individualität«
(S. 347–366), die für den überaus schwierigen Komplex gewissermaßen die logische Unterkellerung liefert. Aber das
fundamentale Zusammenfallen des herkömmlicherweise zu
den praktisch-sittlichen Fragen gezählten Problems der *liebenden* Identifikation mit den grundlegenden Problemen des individuellen Verstehens und Vergegenständlichens in der Welt
des *historischen* Bewußtseins ist doch so ungewöhnlich, daß
wenig Aussicht für eine befriedigende, den fundamentalen
Kern erfassende Fragestellung und Antwortgebung besteht,
solange es nicht gelingt, die Geschichtlichkeit des auch seine
eigene Vergangenheit in die *bewußte Selbstvergegenständlichung* einbeziehenden Menschen als das Zentralproblem aller
geistes- und kulturphilosophisch produktiven Fundamental-
forschung zu begreifen.

Ich darf wohl sagen, daß ich mir 1963 über die damit ausgesprochene Aufgabe ebenso im klaren war wie darüber, daß
der auf die Geschichtlichkeit des Philosophierenden eingehende
Dritte Teil des I. Bandes von einer Lösung noch weit entfernt
war. Vor dem Jahrzehnt, in dem ich die Europäische Philosophiegeschichte (1958) ausarbeitete, war ich aber bereits
unablässig bemüht, meiner *eigenen Jugendentwicklung* nach-
zuspüren. Es galt in der »ingens aula memoriae« *(Augustin)*
unter Anleitung der Mnemosyne die Spuren eigener Begegnung
mit den immer wieder aufs neue erregenden geheimnisvollen
Urfragen des menschlichen Natur- und Geisteslebens aufzusuchen und aus ihrer Betrachtung womöglich etwas Ganzes zu
gewinnen, dessen Aufbau über den Einzelmenschen hinaus-

weist. Nur so konnte mir klar werden, daß die individuelle
Selbstvergegenständlichung eine der Vergegenständlichung von
Welt analoge Werkleistung und zugleich die letzte und um-
fassendste Aufgabe darstellt, über welche sich der Philosoph
Rechenschaft zu geben hat.

Bald unterschied ich das mythische, das mythopoetische und
das historische Bewußtsein, womit die Leistungen des späten
Schelling für die Fundamentalphilosophie eine Bedeutung ge-
wannen, der sich *Hegel* notwendig um so mehr verschloß, je
ausschließlicher er das Prinzip der dialektischen Aufklärung in
sich walten ließ. Es war mir aber auch klar, daß meine anfänglichen, zunächst noch erkenntnistheoretisch-methodolo-
gischen Studien eine Reihe brauchbarer Begriffe enthielten,
deren praktische Handhabung außerordentlich schwierig geworden wäre, wenn ich sie im Zentrum der Fundamentalproblematik verankert hätte. Ich entschloß mich also diese
vorläufigen Betrachtungen in den I. Band aufzunehmen, aber
nicht eigentlich als eine fundamentale Grundlegung der geschichtlichen Welt, sondern mehr als eine prinzipielle Einführung in die mit der geschichtlichen »Überlieferung«
(S. 449—457) eines wie es scheint geschichtlichen »Entwick-
lungszusammenhangs der Philosophie« (S. 458—472) aufgegebenen Probleme.

In dem Titel der dritten und ausführlichsten Betrachtung
»Geschichtlichkeit und Geschichte der Philosophie« (S. 473
bis 522) treten beide Hauptfragen miteinander verbunden auf.
Da es kein Gesetz gibt, nach welchem sich der Fortgang des
Philosophierens vorherbestimmen ließe, versuchte ich wenigstens gewisse kontrastierende »Grundpositionen der Partner im
philosophischen Weltgespräch« zu unterscheiden.

Die Skizze »Vom rechten Dilettantismus in der Philosophie«
(S. 523—537), die ich als Anhang an den Schluß des I. Bandes
stellte, stammt aus dem Jahre 1948. Ich schrieb sie als Pro-
treptikos für die vermeintlich Unbegabten, aber auch Unver-
bildeten unter den Philosophiescheuen, um sie zu trösten und
auf die Fundamentalphilosophie aufmerksam zu machen.
Schon mancher Leser gestand mir, daß ihm dieser kleine Auf-

satz zuerst »die Augen geöffnet« habe. Ich empfehle ihn also
allen Anfängern. Als zweiter Text wären dann die acht Kurz-
vorträge vorzunehmen, welche heute die 1. Abteilung meiner
durchaus neu bearbeiteten »Einführung in das Philosophieren«
(Verlag Bouvier, Bonn 1974) bilden.

Der *II. Band* von »Gegenständlichkeit und Freiheit« (1966)
setzt mit einer Reihe von Betrachtungen ein, die das konkrete
Gegenstandsmodell und die konkrete Selbstbewußtseinsleistung
bereits voraussetzen. Auf dem Fundament der »Grundlegung«
des I. Bandes werden »Grundbegriffe der Philosophischen
Anthropologie« (S. 1—120) gebildet, die zum Aufbau einer
Metamorphosenlehre führen. Dieser ganze Erste Teil ist in
neun Abschnitte gegliedert, die aber alle zusammen nur etwa
ein Drittel des Umfangs beanspruchen, der sich im I. Bande
für die nur vier Betrachtungen der »Grundlegung« als notwendig herausstellte.

Der Zweite Teil handelt dann von der »Bestimmung des
Menschen« (S. 121—389), und hier erhalten die aus dem
»Abenteuer des Geistes« stammenden drei Meditationen »Per-
sönlichkeit und Aufgabe des Philosophen« (S. 123—205),
»Ethische Aporien« (S. 206—323) und »Vom Glück« (S. 324
bis 389) ihren Ort. Die vierte dieser in das 40. Lebensjahr des
Verfassers zurückreichenden und die Untersuchung mit der
Konfession verbindenden Selbstbetrachtungen hatte dem mit
Affekt geschriebenen Buch seinerzeit (1938) den Titel »Das
Abenteuer des Geistes« gegeben; sie findet sich jetzt als
Mittelstück des Dritten Teils, der den Abschluß und zugleich
den Gipfel meines ganzen Werkes bildet — und zwar gleich in
der ersten Meditation »Natur und Geist« (S. 393—428).

Diese Betrachtung *Natur und Geist* eignet sich unter Umständen auch zur ersten Einführung in das Gesamtwerk; sie ist
für einen empfänglichen Leser leichter zu verstehen, als die
»Grundlegung«; ein Besitzer des Gesamtwerks, dem die Bewältigung des I. Bandes schwer fällt und die Einzelunter-
suchungen am Anfang des II. Bandes infolgedessen zunächst
zusammenhanglos bleiben, sollte jedenfalls auch einmal den
Versuch machen, mit »Natur und Geist« zu beginnen. Diese

großzügig durchgeführte Meditation war ursprünglich als Einzelvortrag konzipiert, was die Bezugnahme auf anderwärts entwickelte Gedankengänge ausschloß. Die beiden Begriffe Natur und Geist erweisen sich als gleichbedeutend sowohl mit Gegenständlichkeit und Freiheit, wie auch mit Sich-als-Etwas-Verhalten und Sich-als-Ich-Vergegenständlichung. Die Polarität erscheint im Ganzen aufgehoben und das Auftreten des Geistes dem Abenteuer eines Helden vergleichbar. Der früh gewonnene, dem Panlogismus *Hegels* gegenübergestellte »Pantragismus« (S. 429—467) braucht also nicht zurückgenommen zu werden, sondern die weltanschauliche Grundstimmung des Abenteuer-Buches erweist sich in der Gipfelbetrachtung von »Gegenständlichkeit und Freiheit« als für den Idiokosmos der Philosophenpersönlichkeit überhaupt charakteristisch.

Die letzte Untersuchung des Dritten Teils konfrontiert »Fundamentalphilosophie und Ontologie« (S. 468—497). Im Hinblick auf *Kants* kritischen Transzendentalismus ergeben sich einige dezidierte Resultate, die aber in einer Form vorgetragen werden, die weitere Untersuchungen nicht ausschließt.

Diese Fortsetzung könnte in dem *III. Band* meiner Gesammelten Schriften *Die ästhetische Sphäre, Studien zur systematischen Grund- und Ausgestaltung der philosophischen Ästhetik* (1966) gesucht werden, der aber ebenso wie der Sammelband *Beiträge zum Verständnis und zur Kritik Hegels* (1965) nur Untersuchungen enthält, deren Ausarbeitung der Veröffentlichung meines Hauptwerkes um Jahrzehnte vorherging. In den Zusammenhang der gegenwärtigen Rückschau gehören diese Abhandlungen und Aufsätze im Grunde nur, insoweit es sich um *Probleme* handelt, deren Lösung ohne den Entwurf eines fundamentalen Neuansatzes unmöglich gewesen wäre. Diese Probleme ergaben sich mir allenthalben auf dem Boden des organisch Wachsenden und in seiner Ganzheit anschaulich Erscheinenden, des dichterisch Imaginierten und künstlerisch Gestalteten; sie bedrängten mich aber auch bei meinen Bemühungen um das Verstehen *Hegels,* dessen Kritik der sogenannten Reflexionsphilosophie auf ein unmittelbar schöpferisches und eigentümlich konkretes Leben und Weben im

Ästhetisch-Phänomenalen und im Schicksalhaft-Individuellen hinzudeuten schien — und der dann doch einer rationalistischen Methode zum Opfer fiel, die gerade in der künstlerisch-ästhetischen Sphäre ebenso versagen mußte wie im Gesamtbereich des Geschichtlichen und Individuellen.

Von alledem war bereits auf den ersten Seiten der vorliegenden Selbstdarstellung die Rede gewesen. Wenn ich hier noch einmal auf die beiden schon genannten Bände zurückkomme, deren teils der Ästhetik, teils dem Hegelianismus geltender Inhalt seinerzeit (1920—1940) begreiflicherweise jeweils vor allem solche Leser anzog, die an dem betreffenden Hauptgebiet besonders interessiert waren, so geschieht es um der beiden *Einführungen* willen, in denen ich 1965/66 als Interpret der Jugendstadien meiner Fundamentalphilosophie auftrat.

Ich stand damals kurz vor der Vollendung des 70. Lebensjahres; als Ästhetiker wie als Hegelforscher bekannt und anerkannt, hatte ich meinem Buch »Das Abenteuer des Geistes« auch einen Leserkreis verdankt, den ich, was das menschliche Verstehen anbelangt, sogar einen Freundeskreis nennen durfte. An meinem (früh erkannten und angesteuerten, aber freilich auf einer Mehrzahl von Wegen verfolgten und spät erreichten) fundamentalphilosophischen Hauptziel jedoch sah ich mich zuletzt so gut wie allein.

Nun hoffte ich, die geschlossene Veröffentlichung meiner im Erscheinen auf zwanzig Jahre verteilten und während des Krieges vergessenen 33 Studien aus der ästhetischen Sphäre und zum kritischen Verständnis *Hegels* würde endlich deutlich machen, daß sie in der Mehrzahl *neben* ihrem jeweils besonderen Forschungsziel *auch* als eine hintergründig zusammenhängende Folge von sich gegenseitig ergänzenden, stützenden und bestätigenden Bemühungen zu verstehen sind, in denen es einem Fundamentalphilosophen um die konkrete Vergegenständlichung von etwas Letztgültigem, Einzigem und Ganzem geht.

In der *Einführung*, welche die 16 Abhandlungen des III. Bandes meiner Gesammelten Schriften (S. 1—44) nicht nur einzeln, sondern auch im ganzen als »Beitrag zum philosophischen Fundamentaleinbau der Ästhetischen Sphäre« zu würdigen versucht, kommt diese meinem persönlichen Interesse an kunstphilosophischen Problemen übergeordnete, weil mehr und mehr als Hauptverpflichtung empfundene *Lebensaufgabe* zum Ausdruck. Es wird hier darauf hingewiesen, wie die in der Problemgeschichtlichen Abteilung dargestellte und kritisierte Ästhetik *Hegels* und *Vischers* (S. 369—453) einerseits zu der »Krisis der Geisteswissenschaften im letzten Drittel des 19. Jahrhunderts« (S. 454—572) führte, andererseits aber auch die verschiedenen Möglichkeiten der »Ästhetischen Problemstellung« (S. 206—233) zu überschauen und zu verstehen lehrte.

Für die 17 Hegelstudien hatte ich ein ähnlich einleitendes *Vorwort* geschrieben, das bei der Veröffentlichung des außerhalb meiner Gesammelten Schriften erscheinenden Bandes[22] unter dem Titel »Zur Vorgeschichte meiner Hegel-Monographie« an den Schluß (S. 455—537) zu stehen kam. Daß meine Absicht, die beiden Sammelbände als hinleitende Vorstudien zur Fundamentalphilosophie zu charakterisieren, durch die Publikation der Hegelstudien in einer speziell der Hegelforschung gewidmeten Reihe mehr verdunkelt als verdeutlicht würde, wußte ich wohl. Aber es war ja doch eine Tatsache, daß das erste Programm meiner Fundamentalphilosophie die »metalogische« Untersuchung »Der Begriff in Hegels Philosophie« (S. 71—150) fortsetzte und im Untertitel mit Recht als »Eine prinzipielle Untersuchung zur Umgestaltung der Hegelschen Geisteswelt« (S. 151—207) bezeichnet worden war, während der Haupttitel *Die ethisch-politische Persönlichkeit des Philosophen* (1922) lautete und in dieser Fassung (nur unwesentlich variiert) sowohl in das *Abenteuer des Geistes* (1938) wie in die *Philosophische Anthropologie* (1966) überging. Ich

---

[22] Der umfangreiche Band erschien als Beiheft 2 der in Verbindung mit der Hegel-Kommission der Deutschen Forschungsgemeinschaft von F. Nicolin und O. Pöggeler herausgegebenen »Hegel-Studien«.

darf also doch wohl hoffen, daß der cantus firmus meiner Fundamentalphilosophie aufgrund der beiden Sammelbände und mit Hilfe der ihnen mit auf den Weg gegebenen rückschauenden Einführungen als schon in früher Jugend aufklingend vernehmbar wird — was ein mitgehend-mitverstehendes Erfassen des Gesamtaufbaus erleichtern kann.

Als eine wirkliche Weiterführung des in meinem Hauptwerk vorgetragenen Ansatzes dürfen die im *IV. Bande* meiner Gesammelten Schriften enthaltenen neuen Meditationen zur *Sphäre der Individualität* bezeichnet werden. Das 1968 erschienene Buch erhielt den Titel: *Kulturphilosophische Perspektiven.*

Am liebsten hätte ich den inhaltsreichen Band einfach »Die Individuelle Sphäre« genannt. Dieser Titel wäre aber nur für den kleinen Kreis der mit meinen Bestrebungen vertrauten Leser verständlich gewesen — die dann freilich auch sofort begriffen hätten, daß und in welcher Hinsicht der III. und der IV. Band als Seitenstücke zu betrachten sind.

Ästhetik ist ein jedermann geläufiges Wort. Aus diesem Grunde wird der Titel »Die Ästhetische Sphäre« selbst dann einigermaßen richtig gedeutet, wenn der Leser nicht weiß, was die Begriffe »ästhetisch« bzw. »aisthetisch« und »Sphäre« speziell in der Fundamentalphilosophie bedeuten. Bei dem Begriff »individuell« ist das keineswegs der Fall; auch unter Fachphilosophen versteht es sich durchaus nicht von selbst, daß bei diesem Wort in erster Linie an jene Eigentümlichkeit und unersetzbare Einzigkeit gedacht wird, die sich nur dem liebenden Verstehen erschließt, das sich in »diesem« Falle mit der jeweiligen »Diesesheit« geradezu identifiziert.

Die *Individuelle Sphäre* könnte also in einem ähnlichen Sinne als »Sphäre der liebenden Identifikation« bezeichnet werden wie sich die *Ästhetische Sphäre* als »Sphäre des Anschauungsganzen oder der leibhaftigen Gestalt« charakterisieren läßt. Daß und inwieferne jedoch in der Fundamentalphilosophie die Sphäre der Individualität auch die »Sphäre der geschichtlichen Einmaligkeit« bedeutet, bedarf noch einer

umständlichen Klärung, bei welcher das gesamte bisher entwickelte Problemgefüge mit berücksichtigt werden muß. Dieser
Umstand war es vor allem, der mich in den vierziger Jahren
in Verlegenheit gesetzt hatte, als ich mich nach Veröffentlichung
des Abenteuer-Buches um die Vertiefung des fundamental-
anthropologischen Problemansatzes ins Geschichtsphilosophische bemühte.

In der ersten Meditation des Abenteuer-Buches (S. 5—50 der
Erstausgabe) waren Tradition und Revolution, Bewahrung des
Bestands und abenteuerliches Streben nach dem Nochnichtda-
gewesenen einander gegenübergestellt worden. Das gleich-
förmige Naturgeschehen repräsentiert die Tradition; der Geist
dagegen »repräsentiert« nicht nur, sondern »schafft« Neues.
Daß Individualität und Freiheit jener Notwendigkeit polar
gegenüberstehen, die ihren vollkommensten Ausdruck in der
unabänderlich-gleichen Geltung der Naturgesetzlichkeit findet,
leuchtet ohne weiteres ein. Aber diese Begriffe reichen zu einer
vollkommenen Deutung des historischen Selbstbewußtseins
nicht aus, insofern es der Geschichte doch auch wesentlich
darauf ankommt, Vergangenes zu vergegenwärtigen und Ge-
genwärtiges dem Strome des Geschehens auf eine Weise zu
entreißen, die der Feststellung durch wissenschaftliche Forschung oder der Verewigung durch künstlerische Gestaltung
entspricht.

Damit eröffnete sich mir eine große neue Aufgabe. Mit dem
»Gegenstandsmodell« allein, das die transzendentale Synthesis
Kants nur derartig erweiterte, daß sie etwas Konkretem *restlos*
entsprach (d. h. sich kein Ding an sich mehr dem Zugriff entzog), hätte ich das neue Problem nicht lösen können; die »Vergegenständlichung« mußte ebenso fundamental geklärt sein.
Dabei jedoch traten drei neue Momente auf: Betrachtung, Tun
und Machen.

Tun als solches ist dem selbstbewußten Menschen mit dem
Verhalten des Tieres gemeinsam, das im Licht einer wachsam-
wachen Sinnlichkeit in einer bloßen Umwelt sein Dasein
fristet. Schon in dieser Umwelt jedoch herrscht nicht nur der
Erscheinungen Flucht, sondern es existiert und funktioniert

bereits *Gedächtnis,* das in der Menschenwelt von Selbstbewußtsein durchgriffen und in *freie Erinnerung* verwandelt auftritt. Eine erstaunliche Folge dieser Verwandlung ist die
dimensionale Erstreckung des Bewußtseins in Vergangenheit
und Zukunft.

Mit diesem Problem beginnt der IV. Band meiner Gesammelten Schriften, der schließlich den Gesamttitel »Kulturphilosophische Perspektiven / Studien und Charakteristiken
aus der Sphäre der Individualität« erhielt. Ich war gerade
sechzig Jahre alt geworden, als ich die kürzeste aller meiner
Meditationen »Die Erstreckungen des Bewußtseins« (S. 3–7)
an einem einzigen Vormittag niederschrieb. Daß und inwiefern
Vergangenheit, Gegenwart und Zukunft auch am Satze des
Selbstbewußtseins (»Ich bin Ich«) nachweisbar sind, »entdeckte« ich erst mehrere Jahre später.[23]

Die zweite Meditation »Anzeichen eines neuen Zeitalters?«
(S. 8–18) stützte sich in der Hauptsache auf meine Europäische
Philosophiegeschichte, zu deren Grundüberzeugungen es gehört, daß mit Anbruch der Christlichen Epoche eine Metamor-
phose des Selbstbewußtseins stattfand: die Individualität ist
nun ebenso wie die »Freiheit zur Selbstberufung« nicht mehr
bloß eine Gegebenheit, sondern der Mensch vermag sich dieser
seiner eigentlichen Macht auch als einer Aufgabe bewußt zu
werden, deren Lösung über sein Schicksal entscheidet.

Damit wird es auch möglich, »Die Metamorphosen der europäischen Philosophie« (S. 19–85) auf eine Art und Weise dar-
zustellen, welche an *Goethes* Metamorphosenlehre anknüpft,
aber zugleich über sie hinaus zu einer echten Geisteswissen-
schaft führt, welche das Periodische mit dem Epochalen, das
Gleichförmig-Gerundete mit dem Absolut-Neuen verbindet.

In der vierten Untersuchung charakterisierte ich einen »Indi-
vidualtyp«, indem ich »Die Eigentümlichkeit der deutschen
Philosophie« (S. 86–121) herausarbeitete — und zwar aus

---

[23] Heute weiß ich, daß die Zurückführung der menschlichen
Hoffnungen und Erinnerungen auf ein waches, leibhaftiges und
geistig produktives Selbstbewußtsein schon Aristoteles (Metaphysik
XII, 1072b) geläufig war.

persönlichem Interesse an dem eigenen Philosophentyp und mithin als eine Art verallgemeinerter Selbstvergegenständlichung. Der Versuch fiel in das Jahrzehnt des Nationalsozialismus und wurde mir gelegentlich verübelt; aber daß die Problemstellung mit meinem lebenslänglichen Ringen um das »Moment der Individualität« zusammenhing, lag schon damals so klar zu Tage, daß ich die 1934 im Eröffnungsheft der damals von mir und *K. Larenz* herausgegebenen Zeitschrift für deutsche Kulturphilosophie (Neue Folge des »Logos«) erschienene Originalfassung fast unverändert in den großen Zusammenhang des 1968 der »Geschichtlichen Sphäre« gewidmeten Bandes aufnehmen konnte.

Dasselbe gilt von der fünften Betrachtung »Zum Kampf um den sogenannten Idealismus« (S. 122—140). Sie entstand fast zur gleichen Zeit und verleugnet ihre Aktualität beim ersten Erscheinen ebensowenig wie die individualisierende Charakteristik des eigentümlich-deutschen Philosophierens. Doch war die Tendenz dieses Mal *gegen* die herrschende Zeitströmung gerichtet, die den Idealismus der Kant-Nachfolger abschaffen und durch biologisch fundierte Rasse-Lehren ersetzen wollte. Es galt vor allem, die Vieldeutigkeit des Schlagwortes Idealismus herauszuarbeiten, dessen Sinn meistens von der Devise aus verstanden wird, welche der Gegner auf seine Fahnen geschrieben hat.

Von der Fundamentalphilosophie ist jedoch grundsätzlich zu sagen, daß sie über allen Antithesen und Alternativen steht. Diese den Dualismus von idealistisch und realistisch überwindende Position wünschte auch *Hegel* seiner Philosophie zu geben; der Kampf zwischen seinen (wie auch immer) einseitig gerichteten Nachfolgern fällt in das dem Absoluten verpflichtete Philosophieren des Meisters selbst hinein. Aber diesen schon von *Aristoteles* und *Leibniz* vertretenen Standpunkt vermochte *Hegel* in den wenigsten Paragraphen seiner Enzyklopädie überzeugend zu äußern. Es liegt im Wesen der Äußerung: äußerlich, d. h. einseitig aufzutreten. Schon *Platon* wußte das und *Hegel* war selbstverständlich theoretisch gleichfalls davon durchdrungen. Aber er war auch ein Mensch in des

Wortes praktisch-politischer Bedeutung und als solcher (an seinen tiefsten Einsichten gemessen) vielleicht besonders natur- gebunden. Sein berühmter Satz »Ich bin nicht einer der beiden Kämpfenden, sondern beide Kämpfende zugleich; ich bin der Kampf«, ist nur allzu wahr; dieser *pantragische* Kampf »wird« im Ganzen seines Systems panlogisch aufgehoben, aber eben *erst* im Ganzen und *nur* im Ganzen. Die Fundamentalphilo- sophie entgeht dem dialektischen Widerspruch allenthalben »momentan«; den Sinn des *Daß* der gegenständlich-konkreten Inderweltbefindlichkeit von »Etwas« mittels einer dialektischen Methode dogmatisch aufzuklären, gehört nicht zu ihrer mit selbstkritischer Besonnenheit *gewählten* Problemstellung.

Im gegenwärtigen Zusammenhang ist es von Interesse, dar- auf aufmerksam zu machen, daß im Rahmen eines der »Ge- schichtlichen Sphäre« gewidmeten Bandes zum ersten Mal auch solche Betrachtungen zu erwarten waren, bei welchen die »individuelle Situation des Verfassers« mit in Betracht zu ziehen ist. In gewisser Hinsicht gilt das auch für die sechste und siebente Meditation, in deren Mittelpunkt das *Problem des Technischen und der Technik* steht.

Daß ich mich überhaupt mit der »Maschinenwelt« befaßte, hing ohne Zweifel mit der geschichtlichen Lage zusammen, in der sich die Menschheit heute befindet; schwerlich aber hätte ich mich so intensiv mit diesen Fragen befaßt, wäre nicht mein persönlicher Auftrag als Philosophie-Professor an einer Tech- nischen Hochschule hinzugekommen. *Wie* ich jedoch diese mir ursprünglich fern liegende Problemgruppe in Angriff nahm, war von der »Situation« unabhängig und könnte wohl als Beispiel dienen, inwiefern die Bestimmung durch geschichtliche »Verhältnisse« ihre Grenzen hat.

Es war mir von vornherein klar, daß das Philosophische Problem des Technischen eine Deutung erfordert, die im Fun- damentalen verankert ist. Die Lösung gelang mit Hilfe des auf *Aristoteles* zurückgehenden »poietischen« Vergegenständ- lichungsmoments. Gewiß spielen die rational-relationalen Be- stimmungen im Technischen eine große Rolle, aber entschei- dend wesentlich ist das theoretische Moment hier ebenso wenig

wie das praktische. Selbstverständlich verhält sich der Tech-
niker auch tätig, d. h. praktisch; aber es kommt doch weniger
darauf an, daß eine *Handlung* gelingt, als daß eine in der
geplanten Weise *gebaute* Maschine auch tatsächlich »geht«. Es
galt also, die wichtige aristotelische Unterscheidung zwischen
Tun (bzw. menschlich-selbstbewußtem Handeln) und *Machen*
(worunter die geeignete Bearbeitung eines geeigneten Materials
zu verstehen ist, also ein Verfahren zur Herstellung von Etwas
aus Etwas) wieder aufzunehmen. Diese Unterscheidung des
Poietischen vom Praktischen war in Vergessenheit geraten;
schon die Zeitgenossen des *Aristoteles* scheinen ihre Bedeutung
nicht recht begriffen zu haben; die Dreiteilung Theoria, Praxis,
Poiesis setzte sich nicht durch; auch in der Folgezeit begnügte
man sich mit der Gegenüberstellung des Theoretischen und
Praktischen. Der trennend-erkennend-feststellende Verstand
liebt das Entweder/Oder; daher die Bevorzugung der Korre-
lata, von denen die Fundamentalphilosophie zwar auch Gebrauch macht, aber immer mit dem kritischen Vorbehalt, daß
das Rational-Relationale als *Erkenntnis*moment zur *Vergegenständlichung* von *Etwas* nicht ausreicht.

Die früheste Arbeit, in der ich den Fragenkomplex »Philosophie und Technik« ausführlich behandelt hatte, erschien
1953 als Festvortrag und soll später in einer schon vorberei-
teten erweiterten Fassung noch einmal gebracht werden. Über
»Die Stellung der Technik im System der Philosophie« sprach
ich 1955 in Dortmund, aber eine völlig befriedigende Zurückführung des Technischen auf das Moment des Poietischen entwickelte ich erst zehn Jahre später (1965) in meiner letzten
öffentlichen akademischen Rede »Begriff und Problem des
Technischen in der Philosophie«. Diese beiden Arbeiten enthalten fundamentalphilosophisch wesentliche Gedanken, doch
gehören sie auch zu den für die Persönlichkeit des Autors und
seine geschichtliche Situation charakteristischen Stücken, weshalb sie mit Recht in den der Sphäre der Individualität gewidmeten IV. Band eingingen (S. 141–171). Als besonderes
Büchlein, von jener ersten Festrede eingeleitet und mit der
schon einmal erwähnten Meditation »Macht und Freiheit in

der Maschinenwelt« vereinigt, würde ihnen vielleicht ein etwas größerer Erfolg beschieden gewesen sein, als im kostspieligen Rahmen meiner Gesammelten Schriften. *Kant* schrieb einmal: »Die größte Angelegenheit des Menschen ist, zu wissen, wie er seine Stelle in der Schöpfung gehörig erfülle, und recht verstehe, was man sein muß, um ein Mensch zu sein« und er erklärt in diesem Zusammenhang, daß er sich »viel unnützer finden würde, als die gemeinen Arbeiter, wenn er nicht glaubte, daß seine philosophischen Betrachtungen allen übrigen einen Wert geben könnten, die Rechte der Menschheit herzustellen«. Ich gestehe, daß ich in Anbetracht dieser kantischen Forderung, die auch ich an mich stelle, meinen Schriften zur Philosophie der Technik eine weitere Verbreitung wünschen muß, gerade weil sie mehr von der still-betrachtenden als von der grimmig-provozierenden Art sind.

Der Zweite und Dritte Teil des IV. Bandes meiner Gesammelten Schriften enthält philosophiegeschichtliche Studien im engeren Sinne; die Charakteristiken des Vierten Teiles erstrecken sich sogar teilweise auf Individualitäten, deren schöpferischer Beitrag zur menschlichen Kultur das im engeren Sinne Philosophische nur noch berührt. Der Fünfte Teil jedoch geht die Fundamentalphilosophie und speziell die Sphäre der Individualität noch einmal im höchsten Grad an, insofern es sich um die eigentümlich-mannigfaltigen Entwicklungslinien handelt, welche sämtlich im Ganzen der Fundamentalphilosophie zusammenlaufen: *Mein Beitrag zur Philosophie* (S. 675—735).

Schon bald nach dem Ende meiner Gießener Zeit machte ich mich an eine solche Selbstdarstellung[24]; damals war die Europäische Philosophiegeschichte noch nicht abgeschlossen und die Ausarbeitung meines fundamentalphilosophischen Hauptwerks noch nicht einmal begonnen. Dagegen gab ich auf den letzten Blättern der Hoffnung Ausdruck, daß in absehbarer Zeit zu dem Buch *Das Abenteuer des Geistes* ein Seitenstück

---

[24] Nachrichten der Gießener Hochschulgesellschaft 26 (1957), S. 75—120. — Zwischen dieser ersten und der im IV. Band meiner Schriften abgedruckten neuen Selbstdarstellung liegt ein volles Jahrzehnt.

vorliegen würde: *Das Schicksal der Abstraktion.* Von diesem
Werk waren im Frühjahr 1957 der Gesamtentwurf, die Einleitung und eine Reihe von Kapiteln geschrieben — doch legte
ich schließlich alles zugunsten von *Gegenständlichkeit und
Freiheit* beiseite.

Es war meine Absicht gewesen, an allen Kulturleistungen,
welche dem Menschen grundsätzlich, d. h. dem Bau seines
Selbstbewußtseins entsprechend, in einer der sogenannten
»Sphären« (wissenschaftlich, künstlerisch, religiös, praktisch-
politisch, wirtschaftlich-sittlich, geschichtlich usw.) möglich
sind, kritisch aufzuzeigen, daß und aus welchem Grunde sie
im Hinblick auf das *Ideal einer absolut konkreten Erfüllung*
allemal unvollkommen bleiben *müssen.* Was *Fichte* als das
»Material der Pflichterfüllung« bezeichnete, ist schlechterdings
niemals und in keinem Fall in seiner Problematik vollständig
aufzuarbeiten; allenthalben bleiben ungelöste Probleme zurück, mit denen der Mensch nicht »fertig« wird. Obwohl wir
unsere Grenzen kritisch erkennen, vermögen wir sie nicht zu
überschreiten. Was ist der Grund der Unvollendbarkeit unserer doch eigentlich als unsere Bestimmung erkannten Aufgabe?

Antwort: Weil jede Leistung, jeder Fortschritt, jede Tat
schon in der Zielsetzung, in der Fragestellung, in der Formulierung als Aufgabe das *Vermögen der Abstraktion* voraussetzt. Weil er abstrahieren *kann,* erhebt sich der Mensch über
das Tier. Aber weil er immer wieder aufs neue abstrahieren
muß, erreicht er nirgendwo und niemals das Vollkommene.
Es ist das *tragische Schicksal* des Menschen, daß er allenthalben Etwas unberücksichtigt liegen lassen muß, wenn er Etwas
leisten will.

Nun durchschaute ich aber jenes »Ideal einer absolut konkreten Erfüllung« im Laufe der Jahre mehr und mehr als eine
rationalistische Fiktion. Es wurde mir klar, daß bei der als
Erkenntnismoment unter allen Umständen notwendigen »ab-
strahierenden« Feststellung die *pünktliche* Unterscheidbarkeit
des als positiv-bestehend erkannten Beziehungszusammenhangs
momentan die jeweils absolute Erfüllung des momentan zu
Fordernden faktisch darstellt. Der »Restbestand«, den die ab-

strahierende Reflexion als ein »Sollen« auf ihr Schuldenkonto setzt, wird momentan durch die Anschauungsleistung *positiv* »gedeckt« — und zwar gleichfalls absolut. Wo der festgestellte Beziehungszusammenhang dem von mir so oft herangezogenen Bild eines Netzes oder Gitters entspricht, durch dessen Maschen oder Lücken das »Konkrete« fällt, da halten Anschauungsganzes und leibhaftige Erscheinung »Etwas« derartig zusammen, daß allemal ein »Gegenstand« konkret zum Bewußtsein gelangt — ganz einerlei, auf wie wenige oder wie viele exaktpünktliche Feststellungsleistungen der rational-relational-deutliche Beziehungszusammenhang tatsächlich zurückgeführt ist oder (um im Bilde zu bleiben) wie weit oder wie eng die Maschen des Netzes geknüpft sind.

Das »Schicksal der Abstraktion« ist also weit leichter zu ertragen als der Rationalist kritisch feststellen zu müssen sich einbildet.

*

Die biographische Skizze, mit welcher der IV. Band meiner Schriften schließt, gibt über die Mehrzahl meiner bis 1967 veröffentlichten philosophischen und geisteswissenschaftlichen Arbeiten einen authentischen Überblick.[25] Sie versucht in »Entwicklungslinien« deutlich zu machen, wie sich mir selbst mein Bildungsgang und mein Forscherleben darstellte. Ein in das Problem und die Entstehungsgeschichte der Fundamentalphilosophie eindringender Rechenschaftsbericht, wie er gegenwärtig vorgelegt wird, war damals nicht beabsichtigt. Noch weniger eine das Menschliche und Umweltliche schildernde, mehr aus Erinnerung als aus Dokumenten geschöpfte Vergegenwärtigung von Bildern, Szenen, Begebenheiten und Begegnungen »aus meinem Leben«.

Ein Werk der zuletzt genannten erzählenden Art hatte ich im Frühjahr 1944 in Gießen unter dem Titel »Bewußtes Le-

---

[25] Eine *Bibliographie* war der »Festgabe für Hermann und Marie Glockner« beigefügt worden, die Wolfgang Ritzel zu meinem 70. Geburtstag herausgab. Sie verzeichnet ausnahmslos alles, was ich seit 1920 veröffentlichte (bis Februar 1966: 276 Nummern; Ende 1974; 313 Nummern).

ben« zu diktieren begonnen und in der Nachkriegszeit mit
mancher Unterbrechung langsam zu Ende »gedichtet«. Veröffentlicht wurde es erst 1970 in zwei Bänden unter dem neuen
Titel *Bilderbuch meiner Jugend,* der einem 1969 erschienenen
Heidelberger Bilderbuch[26] entsprach.

Nichts, was mir zu »machen« vergönnt war, hat mich während seiner Entstehung so viel gelehrt wie diese drei der
»Selbstvergegenständlichung« gewidmeten Erinnerungsbücher.
Ich bin, seit ich von mir weiß, ein Träumer gewesen: daran
gewöhnt und darin geübt, diese Träume zu beobachten, festzuhalten und im Gedächtnis zu bewahren. Erinnernd erfuhr
ich, was es mit dem historischen Bewußtsein auf sich hat, das
sich gewiß aus mythopoetischen Ursprüngen entwickelte. Ich
lernte, daß alle Imagination der Mnemosyne verdankt wird,
aber auch — wie das Meditieren — gepflegt sein will. *Augustins* Einsichten in den fundamentalen Zusammenhang von
Gedächtnis, Zeit und Erinnerung kann ich aus eigener Er-
fahrungsgewißheit bestätigen.

An eine Publikation meiner von der frühesten Kindheit bis
zur Einberufung im zweiten Jahre des Weltkrieges (1915)
reichenden Jugendgeschichte dachte ich während der Bomben-
zeit und im Elend der ersten Jahre nach der Kapitulation
selbstverständlich nicht. Wohl aber beschäftigte mich die
Hauptleistung, die mir nach Überschreitung des 40. Lebensjahres auf der Höhe eines nun vielleicht rasch zu Ende gehen-

---

[26] Das *Heidelberger Bilderbuch* wurde 1958 ohne festen Plan
oder literarische Absicht begonnen; ich schrieb 10 Jahre an den
16 Kapiteln; drei davon veröffentlichte ich 1960, 1965 und 1966 bei
sich bietenden Gelegenheiten. Zum professionellen Schriftsteller
habe ich mich nie berufen gefühlt, doch bin ich es allerdings in dem
ganz besonderen Sinne, in welchem Emerson in seinen »Represen-
tative Men« von »Goethe, dem Schriftsteller« spricht: »In der Natur
ist der Beruf des Schriftstellers geradezu vorgesehen. Alle Dinge
sind damit beschäftigt, ihre Geschichte zu schreiben. Der abstür-
zende Fels läßt seine Schrammen am Berg zurück, der Fluß sein
Bett im Boden, das Tier sein Gebein im Erdreich, das Farnkraut
und das Laub seinen bescheidenen Abdruck in der Kohle; der fal-
lende Tropfen ebenso wie jeder Schritt über den Boden hin prägt
in mehr oder minder bleibender Weise eine Spur« (Anfang des
Goethe-Essays).

den Daseins noch vergönnt sein konnte: meine Fundamentalphilosophie, deren Ausarbeitung jedoch mit dem »Abenteuer
des Geistes« noch lange nicht abgeschlossen war. Die Einbeziehung des Geschichtlichen in das konkrete Modell des
sich selbst vergegenständlichenden Bewußtseins war mir noch
nicht gelungen. Die in einer wertphilosophischen Methodologie wurzelnden Lehren von der idiographischen oder indivi-
dualisierend-verstehenden Begriffsbildung *Windelbands, Rik-
kerts* und *Diltheys* gehörten noch zur Reflexionsphilosophie.[27]

In apokalyptischer Zeit von der schwierigen Aufgabe bedrängt, die »Geschichtliche Sphäre« nicht als ein abstraktes
Erkenntnisprodukt, sondern fundamental-vergegenständlichend
aufzubauen, lebte und webte ich nun also ohne Haus und Habe,
ohne Bücher und Schreibtisch in dem winzigen oberhessischen
Dorfe Trohe *zugleich* der Vergegenwärtigung und Vergegenständlichung meiner fernen Kinder-, Knaben- und Jünglings-
zeit.

Nur diese *Situation* sei hier ausgesprochen und sofort hinzugefügt, daß ich — nicht in wenigen Monaten, sondern in sechs
Jahren — weit mehr erreichte als eine Rekapitulation von Ver-
gangenem in Gestalt einer Erzählung. *Ich kam damals erst in
den bewußten Besitz dessen, was ich bisher nur unbewußt,
weil unerinnert, besaß.* Auf diese *Erfahrung* gründete ich
meine *Theorie* nicht nur des historischen Bewußtseins, sondern
des Selbstbewußtseins überhaupt, von dem die conscientia
historica nur eine Möglichkeit unter anderen bezeichnet, die
der Mensch »momentan« zu verwirklichen vermag.

Das Erscheinen des IV. Bandes meiner Gesammelten Schriften bedeutete, daß ich der Geschichtlichen Welt aus der Tiefe
des Historischen Bewußtseins heraus Herr geworden war. Neben der Veröffentlichung meiner Erinnerungsbücher[28] widmete
ich mich jetzt vor allem meinen *Vorlesungen,* die seit 1962
sämtlich auf Tonbändern festgehalten vorliegen: Grundbegriffe

---

[27] Vgl. oben S. 100.
[28] Sie sind ebenso wie die 4 Bände meiner Gesammelten Schriften im Bouvier Verlag, Herbert Grundmann zu Bonn erschienen.

der europäischen Philosophie, Krisen und Wandlungen des
europäischen Bewußtseins, Philosophiegeschichtliche Betrachtungen, Das historische Bewußtsein, Das 19. Jahrhundert, Die
Philosophie meiner Zeit, Geschichtsphilosophie, Ethik, Sozialphilosophie, System der Aisthetik, Ästhetik des Dramas, Religion und Mythos, *Platon, Aristoteles, Aristoteles* und *Kant,
Aristoteles* und *Hegel,* Die Fundamentalphilosophie des *Aristoteles, Spinoza* und *Leibniz, Kants* Vernunftkritik, *Hegel,
Goethe und die Philosophie.*

Den ganzen Inhalt der beiden Bände *Gegenständlichkeit
und Freiheit* so aus dem Selbstbewußtsein heraus zu entwickeln, daß der Absolutheitsanspruch der für den rationalen
Bewußtseinsbegriff der Neukantianer charakteristischen Subjekt-Objekt-Korrelation unter der Kontrolle der persönlichen
Freiheit des philosophierenden Individuums blieb, war seit
langem mein Wunsch. Ich konnte mir keinen besseren Abschluß der Fundamentalphilosophie vorstellen. So entstand
1972 die sehr konzentriert gehaltene Monographie *Das Selbstbewußtsein.*

Ich halte dieses Büchlein für meine gelungenste philosophische Schrift. Als ich es aber Seminarübungen zu Grunde legte,
mußte ich mich überzeugen, daß es für die Mehrzahl der Studierenden — die heute allenfalls im Rahmen ihrer Fachwissen-
schaft denken lernen, über die Verstandeskultur hinaus aber
noch wenig menschliche Erfahrung und noch weniger geisteswissenschaftliche Bildung besitzen — zu schwer ist. Ich entschloß mich also, eine propädeutische *Einführung in das Philosophieren* (1974) vorhergehen zu lassen, die sehr schlicht beginnt, zunächst mit den Grundbegriffen des europäischen Philosophierens bekannt macht, Schritt für Schritt das Problem
und Niveau der Fundamentalphilosophie erreicht, zuletzt jedoch zum Verstehen auch solcher Gedankengänge befähigt,
welche das freie Meditieren eines erfahrenen Lesers voraussetzen, der bereits weiß, daß er über ein einsatzfähiges Selbstbewußtsein verfügt. Hactenus haec. Die Arbeit geht weiter.

Vom Autor getroffene Auswahl seiner Veröffentlichungen

I. Aus der Entwicklungszeit der Fundamentalphilosophie (1920 bis 1940):

1. Die Aesthetische Sphäre. Studien zur systematischen Grundlegung und Ausgestaltung der Philosophischen Aesthetik (= Gesammelte Schriften, III. Band). Bouvier, Bonn 1966.
Das Abenteuer des Geistes. Stuttgart 1938 (3. Aufl. 1947). Vergriffen. Erscheint nicht mehr neu, da der Inhalt vollständig in den 2. Band von Gegenständlichkeit und Freiheit (1966) einging.

2. Beiträge zum Verständnis und zur Kritik Hegels sowie zur Umgestaltung seiner Geisteswelt (=Hegelstudien, hrsg. von Fr. Nicolin und O. Pöggeler, Beiheft 2). Bouvier, Bonn 1965.
Hegel. Erster Band: Die Voraussetzungen der Hegelschen Philosophie.
Zweiter Band: Entwicklung und Schicksal der Hegelschen Philosophie (= Jubiläumsausgabe von Hegels Sämtlichen Werken, Band 21 und 22). Frommann, Stuttgart 1964 und 1968 in endgültiger Fassung.

II. Philosophiegeschichtliches Hauptwerk:
Die europäische Philosophie von den Anfängen bis zur Gegenwart. Reclam, Stuttgart 1958.

III. Fundamentalphilosophische Hauptwerke (seit 1958):
Gegenständlichkeit und Freiheit. 1. Band: Fundamentalphilosophie (= Gesammelte Schriften, I. Band). Bouvier, Bonn 1963.
Gegenständlichkeit und Freiheit. 2. Band: Philosophische Anthropologie (= Gesammelte Schriften, II. Band). Bouvier, Bonn 1966.
Kulturphilosophische Perspektiven. Studien und Charakteristiken aus der Sphäre der Individualität (= Gesammelte Schriften, IV. Band). Bouvier, Bonn 1968.
Das Selbstbewußtsein. Eine Einführung in die Fundamentalphilosophie. Bouvier, Bonn 1972, ²1973.
Einführung in das Philosophieren. Bouvier, Bonn 1974.

IV. Zur Selbstvergegenständlichung:
Bilderbuch meiner Jugend. Zwei Bände. Bouvier, Bonn 1970.
Heidelberger Bilderbuch. Bouvier, Bonn 1969.
Paraphilosophica. Gesammelte Dichtungen. Scherpe, Krefeld 1974.

Hans-Eduard Hengstenberg

* 1904

Struktur und Freiheit

Ansatz einer Selbstdarstellung

Eine Philosophie, die diesen Namen wirklich verdient, läßt sich nicht durch Kurzformeln im Rahmen eines Resümees darstellen. Ich beschränke mich daher darauf, die Hauptfragen, die mich beschäftigt haben, und die Denkformen, in denen ich mich bewegte, unter einem einheitlichen Gesichtspunkt zu erläutern. Diesen Gesichtspunkt soll das als Titel oben vorangestellte Begriffspaar liefern. Jedoch seien einige autobiographische Bemerkungen vorangestellt.

Herkunft und Weg in die Philosophie

Mein Geburtsort ist Homberg-Niederrhein im Kreise Moers. *Eduard Hengstenberg,* mein Vater, war Industriekaufmann und gehörte – im Ausklang der »Gründerzeit« des Industrialismus – zu jenen »letzten Rittern« seiner Branche, die, auf sich allein gestellt, weiträumige Unternehmungen wagten, die heute nur noch von Konzernen getragen werden. Seinem echt rheinischen Temperament gemäß, kam es ihm oft mehr auf die Eleganz einer geschäftlichen Aktion als auf den finanziellen Gewinn an. Meine Mutter, eine ebenso energische wie intelligente Frau aus einer Mühlenbesitzersfamilie, bildete den realistischen Kontrapunkt und trug demgemäß mit einer originellen Note zur Prägung des Familiengeistes bei. Doch sind bei meinem Vater noch einige Züge hervorzuheben. Er war vielseitig gebildet, weltoffen und zugleich ein tiefgläubiger evangelischer Christ, der nichts mehr liebte, als bei Gelegenheit in kleineren oder größeren Gruppen meditative Ansprachen zu halten, die zwanglos weltliches Wissen und theologische Verkündigung verbanden; und zwar in einem Plauderton, der aus natürlicher Rednergabe erwuchs und aus einer persönlichen Wärme kam, die überzeugte ohne zu überreden. Das war für den häuslichen Familienkreis wesentlich.

Den Drang zur Selbständigkeit habe ich von meinem Vater. Als Philosoph bin ich für jeglichen Konformismus ungeeignet; und von einer Richtung oder Welle getragen zu werden, ist mir nie vergönnt gewesen. Vielleicht trug mein Vaterbild auch dazu bei, daß mir die schizoide Trennung von Philosophie und Theologie immer spießig und kleinkariert erschienen ist; jene enge Auffassung, als verbiete die saubere Unterscheidung der Prinzipien und Methoden von Philosophie einerseits und Theologie andererseits, beide Wissenschaften in eine übergreifende Sinnverbindung zu bringen. Meine diesbezügliche Haltung war freilich für das landläufig geltende Selbstverständnis der Philosophie als Wissenschaft schockierend. Im übrigen gehört die Verbindung zwischen Philosophie und Naturwissenschaft ebenfalls zu meinen Grundanliegen.

Aus dem Gedanken, gegebenenfalls die Firma meines Vaters zu übernehmen, machte ich nach Ablegung der Reifeprüfung (1922) zunächst eine kaufmännische Lehre durch. Sommer 1924 ließ ich mich an der Universität Köln in der Wirtschafts- und Sozialwissenschaftlichen Fakultät immatrikulieren, wechselte aber bald zur Philosophischen Fakultät über. Ich widmete mich der Psychologie, die damals in Köln durch *Johannes Lindworsky* vorzüglich vertreten wurde, war aber von Anbeginn mindestens ebensosehr an der Philosophie interessiert. Damals lehrten *Max Scheler, Nicolai Hartmann* und *Helmuth Plessner* zusammen in Köln. Auf die Dauer überwog bei mir die Philosophie. Bei der Promotion nahm ich aber noch Psychologie als erstes und Philosophie als zweites Fach (Geographie war das dritte). Hierfür war mitbestimmend, daß mich nach dem frühen Tod meines Vaters (1923) die Begrenztheit meiner Mittel dazu zwang, mein Studium im Hinblick auf eine baldige praktische berufliche Verwertung zu gestalten. In der Psychologie konnte ich mich auf die Psychotechnik spezialisieren.

Ich dissertierte indessen über ein Thema aus dem Grenzgebiet von Psychologie und Philosophie: »Einige Sätze über den Vorstellungsablauf und seine Agenzien«, teilveröffentlicht unter dem Titel »Erwägungen über den Denkvorgang«.[1] Inhaltlich ging es um den etwas gewagten Versuch, die damalige empirische Denkpsychologie mit der Akt- und Intentionslehre der Phänomenologie zu verbinden. Die neuartige Gedankenkombination erweckte bei *Lindworsky* Interesse, aber auch Bedenken. Durch das Eintreten *Schelers* (Korreferent) wurden diese Schwierigkeiten überwunden.

Meine Promotion erfolgte im Sommer 1928, aber für meinen weiteren Lebenslauf ergaben sich »Aporien«. Der Gedanke, die Psychologie praktisch zu »utilisieren«, erweckte nun in mir eine unüberwindliche Aversion. Für eine Universitätslaufbahn, andererseits, ergaben sich ebenfalls Probleme. *Lindworsky* hatte mir bereits vor meiner Promotion in Anbetracht meines Ansatzes nahegelegt, unter seinem Protektorat die Universitätslaufbahn einzuschlagen. Als er aber im weiteren Verlauf der Arbeit an meiner Dissertation meinen »Eigensinn« bemerkte und sich meine denkpsychologische Kategorie der »Aktualität« (s. u.) nicht in jeder Beziehung mit *Lindworskys* Theorie der »Schemata« vereinbaren ließ, trat eine gewisse Distanzierung in unserem Verhältnis ein. Natürlich lag es nahe, auf eine Habilitation in Philosophie hinzuarbeiten. *Scheler,* der mir ohnehin angeboten hatte, gegebenenfalls mit meiner Arbeit zu ihm zu kommen und sie zu einer Philosophie-Dissertation umzuarbeiten, hätte mich dabei wohl unterstützt, aber er starb bereits im Sommer 1928. Überdies gründete mein Weg in die Philosophie ja nicht auf einem »Entschluß«. Ich gelangte hinein, ohne es »gewollt« zu haben. Diese gleichsam notwendige Entwicklung einerseits und der Gedanke einer Universitätslaufbahn in Philosophie andererseits waren zwei ganz verschiedene Dinge. Außerdem blieb meine finanzielle Ungesichertheit ein hemmender Faktor.

So war ich nach meiner Promotion auf mich allein gestellt. Ich begann, eine Existenz als freier Schriftsteller aufzubauen. Dabei kam mir nach anfänglich harter Zeit ein Umstand zu

---

[1] Arch. f. d. ges. Psychologie, Bd. 67, 1929, Heft 1/2.

Hilfe. *Romano Guardini* und sein Kreis nahmen mich als ständigen Mitarbeiter an den »Schildgenossen« auf, dem Organ dieses Kreises. Damit ergaben sich neue Möglichkeiten, auch für Vorträge. Denn der Kreis um *Guardini* war weit verzweigt, von hohem Anspruch und von unvergleichlicher Universalität in der Thematik.

Auf diese Weise gewann ich eine neue geistige Heimat. In dieser Atmosphäre reifte bei mir ein Entschluß, der schon länger vorbereitet war: im Herbst 1930 ließ ich mich in die Katholische Kirche aufnehmen. Mein Hauptmotiv war, daß ich in der katholischen Kirche eine größere Möglichkeit sah als in der evangelischen, Glauben und Wissen, Theologie und Philosophie so in Verbindung zu bringen, daß jedes dem anderen nicht nur den Eigenraum läßt, sondern auch jedes das andere zur Vollendung ruft. Es war kein Bruch; das Positive meines evangelischen Elternhauses ist für mich immer grundlegend geblieben.

In jene Zeit fällt meine erste Buchveröffentlichung: »Die Macht des Geistigen in seiner Ohnmacht — Gedanken zu einer praktischen Metaphysik und metaphysischen Praxis«, Münster i. W. 1931 (Helios-Verlag, Universitas-Archiv der Universität Münster). Dieses Buch war bereits vor dem Bekanntwerden mit *Guardini* und seinem Kreis abgefaßt und enthält bereits wichtige Grundmotive meiner Philosophie. Erst nach Fertigstellung dieses Werkes wurde ich mit der traditionellen scholastischen Philosophie bekannt. Seitdem vereinigen sich in meinen Arbeiten Motive der scholastischen Ontologie, der Phänomenologie und der Existenzphilosophie. Jedoch handelt es sich um Existenzphilosophie im Sinne *Kierkegaards,* der mich früh beeindruckt hat.

Am meisten verdanke ich in der Philosophie *Max Scheler,* aber auch meine anderen Philosophielehrer waren mir wichtig. Was mich an *Scheler* überzeugte, war nicht nur der sprühende Geist, sondern auch die Güte, die »Absichtslosigkeit«, mit der er seine Reichtümer »ohne Ansehen der Person« verschenkte. *Scheler* war ein Mensch, dem jede zweckhafte Berechnung in seinem Wirken und Leben fremd war; der ideale Repräsentant

dessen, was ich später die »Zweckfreiheit« oder »Zweckentbundenheit« des geistigen Wirkens nannte.

Bei all dem vergesse ich nicht, daß ich von *Johannes Lindworsky* erstmalig in die Strenge wissenschaftlichen Arbeitens
eingeführt worden bin. *Lindworsky,* bedeutender Exponent
der »Würzburger Schule« in der Psychologie, stand gerade an
der Wende von der alten Assoziationspsychologie zu den neueren Formen wie Gestalt-, Ganzheits-, Funktions- und Inten-
tionspsychologie, wobei er besonders in der Willenspsychologie
seine Verdienste hatte. Wenn er in seiner äußerst sauberen
Klassifikation der Erlebnisse das »Neue« suchte, was asso-
ziations- und elementenpsychologisch nicht zu erklären war, und
wenn er dieses Neue als »Einfaches« erwies, dann war es nicht
die Einfachheit des »Elementhaften«, sondern die des phänomenal im Bewußtsein Gegebenen, des nicht weiter in atomisti-
scher Weise auf anderes Rückführbaren.

Noch manch' andere Persönlichkeiten sind mir in meiner
Frühzeit auf dem Lebensweg gleichsam in »Patenfunktion«
wichtig gewesen. Dazu gehören: *Siegfried Behn,* der mein
oben erwähntes Erstlingsbuch herausgab, der Religionsphilo-
soph *Johann Peter Steffes,* der Bonaventuraforscher *Bernhard
Rosenmöller,* der Pionier der ökumenischen Diskussion *Robert
Grosche, Peter Wust;* nicht zu vergessen der als Kunstmäzen
wie als Seelsorger gleich hoch angesehene Pfarrer *Jakob Hein-
richsbauer* in Mülheim-Ruhr.

Im Lauf der dreißiger Jahre ist der Gedanke an eine Universitätslaufbahn bei mir gänzlich verblaßt. Ich war mit meiner
Lebensform als freier Schriftsteller im Grunde ganz zufrieden
und fand darin mein Selbstverständnis und meinen Verant-
wortungsbereich. Einige meiner Veröffentlichungen hatten
damals literarischen Erfolg. Außerdem gründete ich selbständige philosophische Arbeitskreise in verschiedenen Städten. Ich
besaß eine seltene Form der Unabhängigkeit, was sich besonders günstig während der Herrschaft des Nationalsozialismus
auswirkte, da ich nicht durch »Gleichschaltungen« zu erfassen
war.

Um dieser Freiheit willen nahm ich die finanzielle Ungesichertheit in Kauf. Daß meine Frau *Agnes,* geb. *Brust* aus Hamm i. W. es wagte, unter Aufgabe ihrer eigenen Berufstätigkeit die Ehe mit mir einzugehen, als meine äußere Situation noch sehr prekär war, war Ausdruck der gleichen Lebenseinstellung. Wir heirateten 1933, wir haben zwei Söhne und eine Tochter.

Der Dienst bei der Wehrmacht (Mai 1940 bis Kriegsende) unterbrach meine Tätigkeit als freier Schriftsteller; nach Kriegsende nahm ich sie wieder auf. Es gab viel zu tun. Als man mir Herbst 1946 eine Dozentur für Philosophie an der damaligen Pädagogischen Akademie Oberhausen (Rhld.) anbot, war es daher für mich eine Gewissensfrage, ob ich das annehmen dürfe. Manchen Gruppen konnte ich nach Überwechseln in eine beamtete Tätigkeit nicht mehr das sein, was ich bis dahin für sie war. Schließlich entschied ich mich doch zur Annahme. Eins spricht für diese Entscheidung: ich gewann guten Kontakt mit den Studierenden in Oberhausen, ebenso später (1953–1961) an der Pädagogischen Akademie Bonn und schließlich, ab Herbst 1961, an der Pädagogischen Hochschule Würzburg der Universität Würzburg (jetzt Erziehungswissenschaftliche Fakultät der Universität Würzburg), wo ich die ordentliche Professur für Philosophie übernahm. Absolventen haben mir immer wieder bestätigt, wie wesentlich für ihre Berufsausübung die Philosophie gewesen sei. Manche haben auf dieser Basis weiterstudiert und sind Dozenten und Professoren geworden. So möchte ich an dieser Stelle allen meinen früheren Studentinnen und Studenten für ihre Aufgeschlossenheit und Treue danken. In diesem Zusammenhang gedenke ich auch der äußerst fruchtbaren Zusammenarbeit mit jenem Kollegen, der vordem in langen Jahren in Würzburg mein Assistent war, Herrn Universitätsprofessor Dr. *Winfried Weier.*

Zum 1. Oktober 1969 machte ich von der Möglichkeit vorzeitiger Emeritierung (mit 65 Jahren) Gebrauch, übernahm aber noch für das Studienjahr 1969/70 eine Gastprofessur an der Philosophischen Fakultät der Universität Salzburg. An das freundschaftliche Zusammenwirken mit meinem dortigen

Kollegen, Univ.-Prof. Dr. *Balduin Schwarz,* denke ich gern zurück.

Die sichtbare Auswirkung meiner Veröffentlichungen ist bis jetzt verhältnismäßig bescheiden. Einen der Gründe dafür gibt *L.–B. Geiger* O. P. an, wenn er in seinem Vorwort zu meinem Buch »Sein und Ursprünglichkeit« (München 1958, ²1959) über meinen »effort de réflexion personnelle« schreibt: »Si cet effort, et notamment les développements notables qu'il a donnés à la philosophie du *Sinn* pour le renouvellement et le progrès de bien des problèmes, a été moins remarqué qu'il ne le méritait, c'est sans doute parce que la problématique heideggerienne a fixé l'attention à peu près exclusivement sur l'ontologie phénoménologique de préférence à la phénoménologie pure«. Andere Gründe sind aus meiner obigen autobiographischen Notiz ersichtlich oder erratbar.

Bis jetzt sind mir drei Dissertationen bekannt, die über meine Arbeiten gemacht worden sind[2], einige Artikel kommen hinzu[3]. Im allgemeinen ist die Objektivität meinen Arbeiten

---

[2] Die erste war dem Fach nach pädagogisch. Gerhard Bittner: Sachlichkeit und Bildung — kritische Studie zur Fundierung des gegenwärtigen Bildungsdenkens nach einem Begriff bei Hans-Eduard Hengstenberg, München 1965. Die beiden anderen waren philosophisch. Norbert Matros: Beitrag zur Revision des Gewissensbegriffs auf der Grundlage der philosophischen Anthropologie von H.-E. Hengstenberg (aus dem Philosophischen Institut der Theol. Fakultät der Universität Salzburg), teilveröffentlicht unter dem Titel: Das Selbst in seiner Funktion als Gewissen, in: Slzb. Jahrb. f. Philosophie Bd. X/XI (1966/67). — Veit Pamer: Bedeutsamkeit und Sachlichkeit — Darstellung und Konfrontation der ethischen Gedanken Dietrichs v. Hildebrand und Hans-Eduard Hengstenbergs (aus dem Institut f. Philosophie an der Philos. Fakultät der Universität Salzburg), Salzburg 1971.

[3] Einiges sei genannt. Johannes Binkowski: Christl. Philosophie der Existenz; zu Hengstenbergs Philosophia Trinitatis, in: Wissenschaft und Weisheit, Heft 3, 1949; L.-B. Geiger OP: Vorwort zu »Sein und Ursprünglichkeit« 1958 (s. lfd. Text); Winfried Weier: Wege einer metaphysischen Phänomenologie, in: Freiburger Ztschr. f. Philos. u. Theol. Bd. 16 (1969) H. 3; Juan Cruz-Cruz (Universidad de Navarra, Pamplona): De la Antropologia a la Etica — La obra de Hengstenberg, Instituto superior de Filosofia (PP. Dominicos) Valladolid 1971; Ivan Bubalo: etika zauzetosti hansa eduarda hengstenberga, »jukic«, 3, Sarajewo 1973.

H. E. Hengstenberg

gegenüber im internationalen Bereich größer als in der Bundesrepublik.

Bei der folgenden Darstellung werde ich nicht rein historisch nach der Reihenfolge der Werke vorgehen, sondern systematisch in Form einer sinngerechten Gruppierung der Grundgedanken.

I. Leitlinien

a) Die beiden »Brennpunkte« in der Grundkonzeption

Zwei Grundmotive haben mich von je her im Denken bewegt: Struktur und Freiheit. Sie sind wie die beiden Brennpunkte einer Ellipse. Was Struktur ist, braucht jetzt nicht definiert zu werden. Der Strukturgedanke ist seit *Dilthey* und *Spranger* in der Literatur, eine moderne Abwandlung findet sich im Strukturalismus. Der Gestaltbegriff ist dem der Struktur beinahe synonym, es braucht nur an die Gestaltpsychologie erinnert zu werden. Konstitution, schließlich, ist für mich ein Begriff, der das Wesen von Struktur und Gestalt ins Ontologische transponiert. Meine Position kann man vorläufig so umschreiben, daß der transzendentalphilosophische Konstitutionsbegriff von *Kant* bis *Husserl* ins Ontologische gewendet wurde. Konstitution ist nun keine Kategorie mehr, die im Verhältnis zwischen erkenntnistheoretischem Subjekt und (»konstituiertem«) Gegenstand gilt, sondern eine solche, die *innerhalb* eines Seienden oder Ganzen gilt. Ein Seiendes oder Ganzes »besteht« aus Teilen, Elementen, Aufbauprinzipien (ich lasse die Terminologie jetzt absichtlich unbestimmt); aber so, daß die einzelnen Aufbauprinzipien oder -teile »zueinander hinstehen«. Jedes ist, was es ist, nur in aktualer und unbeliebiger seinshafter Relation zu allen anderen. Alle »lassen einander sein«, so drücke ich es gern aus, indem ich einen bekannten Ausdrucks *Heideggers* in abgewandeltem Sinne verwende. Alle werden von einem gemeinsamen Seinsakt gleichsam »durchglüht«; und durch diesen gemeinsamen inneren Seinsakt ist das »Konstitutum« ein eines; das Konstitutum läßt sich nicht teilen. Dieser Konstitutionsgedanke ist der einfache Grundgedanke meiner Ontologie.

Was den Strukturbegriff angeht, so kommt er bereits in zentraler Stellung in meinem ersten Buch »Die Macht des Geistigen in seiner Ohnmacht« (s. o.) vor. Auch in »Tod und Vollendung« (1938) dominiert noch der Strukturbegriff. Erst später gab ich dem Terminus »Konstitution« (ihn von »Komposition« abgrenzend) den Vorzug. In jüngster Zeit habe ich wieder auf den Ausdruck »Struktur« zurückgegriffen und auch dem Gestaltbegriff im Rahmen meiner Konzeption einen neuen Funktions- und Darstellungswert gegeben. Ich entwickelte eine Theorie der »Zeitgestalt« (was bereits in meiner Philosophischen Anthropologie 1957 begonnen hatte), als Sonderform einer Strukturtheorie[4].

Man kann also sagen: was ich mit »ontologischer Konstitution« meine, dem habe ich mich im Laufe der Jahrzehnte in den verschiedenen Werken durch verschiedene Begriffe stufenweise angenähert; so zwar, daß die früheren, quasi-synonymen Begriffsformationen nicht einfach als überflüssig ausgeschieden wurden, sondern daß ihnen in Relation zu »ontologische Konstitution« differenzierte Darstellungsfunktionen zugewiesen wurden. Den Konstitutionsbegriff werde ich im folgenden als Richtpunkt für die Selbstinterpretation meiner Arbeiten verwenden.

Nun zu dem Begriff, der den Kontrapunkt zum Strukturbegriff bildet: Freiheit. Denkt man *nur* Struktur, dann gerät man in einen Fatalismus. In einer Struktur ist jedes Element durch jedes andere determiniert; beziehungsweise sie determinieren sich gegenseitig in einem vorbestimmten und konturierten Rahmen. Die Struktur ist »unerbittlich«. Zwar können und müssen, wenn man die Struktur dynamisch auffaßt, stets neue Elemente in sie hineingenommen werden. Aber sie stehen dann sofort unter dem Gestaltgesetz des Ganzen und können nichts Neues, jedenfalls keine neue Entfaltungs*richtung*, einleiten.

---

4 Ähnliche Anliegen bei Heinrich Rombach, vor allem in seiner bedeutsamen »Strukturontologie«, Freiburg i. Br. 1971.

Vor allem wird das menschliche Ich bei einem Nur-Struktur-
denken erbarmungslos eingewalzt. So ist es ja im französischen
Strukturalismus tatsächlich geschehen. Nach *M. Foucault*[5] ist
der Mensch ein Bündel von unbewußten sprachlichen Determinationen. Der Mensch »fädelt sich auf«, »l'homme va dispa-
raître«.

Es muß also zu Struktur von Anbeginn ein polares Ko-
Prinzip gefunden werden. Das ergibt sich aus folgender Überlegung. Struktur und Strukturierung sind zu unterscheiden.
Zwar ist jede echte Struktur, jedenfalls jede raumzeitlich reale,
zugleich Strukturierung, denn sie nimmt ja stets neue Elemente
auf und integriert sie in sich selbst. Nicht aber gilt die Umkehrung; wenn man nämlich bedenkt, daß jede Strukturierung
leistende Struktur ja selbst einmal entstanden sein muß —
durch Strukturierung. Der Strukturierungsprozeß, kraft dessen
eine Struktur erstmalig zur Existenz gelangt, kann nicht wiederum eine Struktur sein. Vielmehr ist er ein Anfang, besser
ein »Anfangmachen«, das aus keinem Früheren restlos kausal
oder sonstwie abgeleitet werden kann. Das heißt, hier handelt
es sich um Initiation, Kreativität, Freiheit, die ähnlich quasi-
synonyme Begriffe sind wie Gestalt, Struktur und Konstitution.
Deshalb sind Struktur und Freiheit, wenn man sie verein-
fachend als Standardbezeichnungen für die beiden einander
polar entgegengesetzten Begriffsgruppen nimmt, die beiden
Brennpunkte einer Ellipse in meinen Arbeiten.

Bevor ich aber an die Selbstdarstellung unter diesem po-
laren Aspekt gehe, noch einige Bemerkungen zu meiner erkenntnistheoretischen und methodologischen Position. Diese ist
einerseits für das Verständnis meiner Arbeiten unübergehbar,
andererseits würde ihre erschöpfende Darlegung den Rahmen
dieser Selbstdarstellung sprengen. Ich muß mich also auf einige
skizzenhafte Hinweise beschränken.

b) Erkenntnistheoretische und methodologische Hinweise

Wie für alle Phänomenologen war für mich die Relation

---

[5] Vgl. Les mots et les choses, Paris 1966.

zwischen Akt und Intendiertem der Ausgangspunkt für die erkenntnistheoretische Orientierung. Jedoch, diese Relation gewann für mich eine besondere Gestalt. Das läßt sich am besten
von der Seite des Aktes her erläutern, den ich im wesentlichen
in der Schelerschen Konzeption übernahm. Der Akt *Schelers*
ist etwas ganz anderes als die übliche »Intention« der reinen
Phänomenologie oder die Noesis der transzendentalen Phänomenologie, was nie richtig erkannt worden ist. Der Schelersche Akt hat nämlich eine ganz besondere Beziehung zur Zeit.
Scheler unterschied bekanntlich zwischen psychischen Funktionen und geistigen Akten. Während psychische Funktionen
wie Sehen, Hören, Wahrnehmen, Denken, Aufmerken usw.
einen Verlauf in der Zeit haben, trifft das für den geistigen
Akt nicht zu. Er hat zwar, wie *Scheler* formulierte, eine »Stelle
in der Zeit«, aber keine Erstreckung in der Zeit. Er steht
gleichsam »quer« zum zeitlichen Kontinuum der Erlebnisse, die
mir im Bereich meines Ich phänomenal gegenständlich gegeben
sind, indem er gleichsam »von oben« einbricht und nur einen
»Spurpunkt« auf der Zeitlinie der Erlebnisse in Anspruch
nimmt. Er ist dergestalt zwar zeitgebunden, aber nicht zeitlich
erstreckt, sondern hält sich durch im Wechsel der ihn fundie-
renden zeitlichen Erlebnisse, die gleichsam unter ihm vorbei-
ziehen und — dies war freilich keine Formulierung *Schelers*
selbst — ständig Sinnerfüllung durch ihn erlangen.[6]

Von diesem Moment der »Überzeitlichkeit« her baute ich
die ontologischen Merkmale des geistigen Aktes weiter aus. Es
ergaben sich für den geistigen Akt: positive Einfachheit (im
Unterschied zur negativen Einfachheit der Ungegliedertheit)[7],
Überzuständlichkeit, Überzeitlichkeit (im Unterschied zu Zeitlosigkeit), Werdelosigkeit und Urphänomenalität, wobei die
letztere besagt, daß jeder Akt ein neues Anheben aus der Person ist (und damit ist das oben genannte initiatorische Moment
angerissen). Bei dieser Reihe der ontologischen Kennmale des

---

[6] Vgl. Scheler, z. B. Nachlaßband I, Bern 1957 S. 297, sowie die
einschlägigen Stellen in seinem Hauptwerk: Der Formalismus ...

[7] Vgl. über diesen Begriff H. E. Hengstenberg: Philosophische
Anthropologie, Stuttgart 1957 (^{3}1966) S. 183 ff.

geistigen Aktes wird jedes später genannte vom jeweils früheren aus durch Rückschluß gewonnen und interpretiert. »Früher« und »später« sind nur methodologisch zu nehmen; ontisch implizieren diese Merkmale einander. Dieses Rückschlußverfahren kann hier nicht dargelegt werden; es ist in meiner Philosophischen Anthropologie (S. 148—153; 160—165) nachzulesen.

Der Neubestimmung des Aktes entspricht eine Neubestimmung der Wesenheit, auf welche der Akt im Sinne eines bestimmten Schauens gerichtet ist. Methodisch verläuft der Weg so, daß von der Seinsweise der Wesenheit auf die Seinsweise des Aktes geschlossen wird (»Der geistige Akt ist jene geistige Wirklichkeit, die dem Einleuchten einer Wesenheit entspricht«[8]), von der Seinsweise des Aktes schließlich auf die Seinsweise des Geistes (vgl. die Metaphysik des Geistes in meiner Anthropologie).

Was ich unter Wesenheit verstehe, ist zwar mit der essentia der Scholastik verwandt, aber nicht identisch; auch nicht identisch mit dem gegenständlichen Wesen der reinen Phänomenologie, erst recht nicht mit dem Noema der transzendentalen Phänomenologie. Man kann sie am besten bestimmen als das »Gesamtsosein« des konkreten individuellen Seienden; zum Beispiel das Menschliche im Menschen, das alle Seinsstufen innerhalb des Menschen einheitlich durchdringt (s. u. Tl. II, Abschnitt: die ontologische Konstitution). Dergestalt ist die Wesenheit von Haus aus individuiert im konkreten selbständig Seienden (Individuum). Sie ist, was sie ist, nur in dieser Konkretion; und daher auch nur zu schauen in dem, was sie ist, in eben dieser Konkretion. Eine »phänomenologische Reduktion« kommt ihr gegenüber deshalb nicht in Frage. Natürlich macht dieses je schon immer Individuiertsein der Wesenheit die ontologische und erkenntnistheoretische Frage nach dem Allgemeinen dringend. Ich habe sie durch eine Lehre vom idealen Sein (die genera, Begriffe, mathematischen Gebilde usw.) zu beantworten und das Verhältnis beider Bereiche in

---

ihrer wechselseitigen Abhängigkeit zu bestimmen gesucht[9].

Die Wesenheit, so verstanden, ist nicht aus den jeweiligen Merkmalen (man denke an die biologischen Merkmale eines Individuums einer bestimmten Art) zusammengesetzt, sondern *in* den Merkmalen *konstituiert*. Sie wird nicht durch die Merkmale geteilt, ist also im bereits erwähnten Sinne positiv einfach[10]. Und von dieser positiven Einfachheit der Wesenheit wird auf die positive Einfachheit des ihr entsprechenden geistigen intuitiven Aktes geschlossen; von der positiven Einfachheit des Aktes aus erfolgen dann die Rückschlüsse auf die anderen Merkmale des Aktes, die oben erwähnt wurden. Das Konstituiertsein der Wesenheit in den Merkmalen erlaubt bereits die Anwendung des oben skizzierten Konstitutionsbegriffs; und zwar rede ich in diesem Fall von »Soseinskonstitution«.

Im intuitiven geistigen Akt, der zugleich durch ein rezeptives und ein spontanes Moment gekennzeichnet ist, eröffnet sich dem erkennenden Subjekt erstmalig, in der Weise der »Anfänglichkeit« (initiatorisches Moment!), Sein des begegnenden Seienden. Da der geistige Akt, wie soeben angedeutet, zugleich eine ontologische Bestimmtheit besitzt, so stellt er jenen »Punkt« dar, in dem Sein und Erkenntnis noch in gemeinsamer Wurzel vereinigt sind. Das ist jene Grund- und Tiefendimension der Primärerkenntnis, die in der zeitgenössischen Wissenschaftstheorie mit Geschick ausgeklammert wird. Der geistige Akt »extendiert« in die diskursiven Aktualisierungen des Intellekts. Jedoch ist das nicht als eine einfache Folge zu verstehen. Vielmehr ist hier eine neue Form von Initiation nötig, um unter Fundierung auf den Akt zu den diversen rationalen Aktualisierungen des Intellekts zu gelangen (vgl. die Kapitel »Akt und Vermögen«, »Akte und Intentionen« in meiner Anthropologie).

---

[9] Hengstenberg: Philos. Anthropologie S. 150 f; Freiheit und Seinsordnung, Stuttg. 1961, gem. Sachreg.; Thesen zur Seinskonstitution, in: Franzisk. Studien Jg. 49 (1967), H. 1—2, S. 120 ff; Grundlegung der Ethik, Stuttgart 1969 gem. Sachreg.

[10] Vgl. Hengstenberg zur Seinsweise und ontologischen Bestimmung der Wesenheit: Philos. Anthropologie S. 137—143, 165—168; Freiheit und Seinsordnung, Stuttgart 1961 gem. Sachreg.

Von erkenntnistheoretischer Bedeutung ist auch das, was ich die »Vorentscheidung« nenne (s. u. Tl. III). In ihr schließt sich das Subjekt entweder für das begegnende Seiende auf oder gegen es ab. Zwar setzt eine Vorentscheidung zu ihrem Vollzug immer schon Akte voraus und somit einen gewissen Seinskontakt. Aber ob das Subjekt das, was ihm im intuitiven Akt eröffnet ist, in die künftigen Aktualisierungen seines Denkens, Wollens und Fühlens sachgerecht einbringt und darin adaequat wirksam werden läßt, oder es in den anschließenden Vermögensaktualisierungen verzerrt, verdeckt oder verdeutet, das eben unterfällt der Entscheidung im Sinne der (überrationalen) Vorentscheidung. Somit leuchtet ein Zusammenhang zwischen Erkenntnis und Sittlichkeit, zwischen Erkenntnistheorie und Ethik auf, der von mir entwickelt wurde (vor allem in meiner Grundlegung der Ethik 1969).

Schließlich warf die Analyse des geistigen Aktes und der Genese der rationalen Erkenntnisformen auf Basis der Akte etwas ab für die Bestimmung des Verhältnisses von »gegenständlicher« und »ungegenständlicher« Erkenntnis. In der Weise ungegenständlichen Wissens sind uns nicht nur unsere Akte und Vorentscheidungen gegeben (s. u. Tl. III); vielmehr enthält auch unsere Erkenntnisbeziehung zur Welt der Mitseienden ungegenständliche Momente. Der intuitive Akt »faßt« das Seiende noch gar nicht als »Objekt« im Sinne der »Objizierung« N. Hartmanns, sondern er erfährt es schlicht als aufleuchtendes Mitseiendes. Deshalb ist die Subjekt-Objekt-Relation, unter dem Aspekt der gnoseologischen Genese gesehen, etwas relativ Spätes, wenn auch Unentbehrliches, das den Durchlauf von Vorstufen voraussetzt. Über diese Vorstufen der Subjekt-Objekt-Relation finden sich in meiner »Grundlegung der Ethik« detaillierte Ausführungen (S. 34–38). Erst wenn vom Subjekt der status der Objektivität erreicht ist, kann es zu Vorentscheidungen kommen, die aber selbst nicht »objizierbar« sind.

»Springende Punkte« lagen für mich in den Nachweisen, daß es überhaupt so etwas gibt wie intuitiver Akt (mit seinen ontologischen Merkmalen), Vorentscheidung, Wesenheit (mit

Soseinskonstitution) usw. Und da die soeben genannten Größen *vorrational* (nicht irrational!) in dem Sinne sind, daß sie nicht rational objizierend erfaßbar sind beziehungsweise selbst noch keine rationale Erfassung leisten (wiewohl dazu unentbehrlich sind), so handelte es sich mithin darum, *mit rationalen Mitteln die Existenz des Vorrationalen zu erweisen und zu interpretieren.* Von den primären Phänomenanalysen führte mich der Weg nicht zu einer transzendentalen Phänomenologie, sondern zu einer Metaphänomenologie, die den Aufstieg zum Ontologischen eröffnet und sichert.

Noch ein methodologischer Hinweis. Mit dem Akt-Intuitus hängt jener zusammen, wie er aller phänomenologischen Untersuchung auf einem bestimmten Gebiet voranleuchtet. Zum Beispiel, was »sittlich gut« und »sittlich schlecht« sind, das weiß der Mensch immer schon in einem intuitiven, vorwissenschaftlichen Vorverständnis (Thema Hermeneutik!), bevor er sich rational Gedanken über das Kategoriale gemacht hat. Die erkenntnistheoretische Geltung solcher »Ur-intuitionen« habe ich sorgsam abzustecken gesucht und verdeutlicht, wie man in ihrem Licht zum Zusammenhang von Wesensmomenten auf einem bestimmten Phänomengebiet gelangen kann, zum Beispiel zu der Verklammerung von unabdinglichen qualitativen Momenten in jedem sittlich relevanten Verhalten. Das nenne ich »qualitative Struktur«. Ihre Ermittlung verlangt ein deliberiertes Verfahren, bei dem als erkenntniskritische Mittel vor allem Variation der Beispiele und Gedankenexperiment dienen. Das letztere vollzieht sich zum Beispiel unter solchen Fragen: »Welche qualitativen Momente sind es, die man nicht eliminieren kann, ohne daß das Gesamtphänomen (z. B. Qualität des sittlichen Verhaltens) vor unserem Blick zerfällt?« Diese »exemplarisch-reduktive Methode«, wie ich sie nenne, habe ich in den ersten Kapiteln meiner Ethik dargelegt. Zudem ist über die phänomenologische Methode, wie sie sich für mich ergab, ausführlich geschrieben worden[11].

---

[11] Winfried Weier: Wege einer metaphysischen Phänomenologie, in Freib. Ztschr. f. Philos. u. Theol. 1969 H. 3.

Über diese Andeutungen zu Erkenntnistheorie und Methodik möchte ich hier nicht hinausgehen. Es würde nicht der Klarheit dienen, wenn ich die Darlegung dieser diffizilen Dinge in eine Arbeit hineinpressen wollte, die nur dem Überblick über meine Denkentwicklung dienen soll.

Im wesentlichen gilt das auch für das Folgende. Es kann sich nur um Perspektiven handeln. Die Aspekte von Struktur und Freiheit sind wie zwei Scheinwerfer, die aus verschiedenen Richtungen auf dasselbe »Objekt« treffen, aber notwendigerweise vieles im Dunkel lassen müssen. Zunächst wende ich mich dem Bedeutungsfeld von Struktur zu.

II. Gestalt, Struktur, Konstitution

a) Die Aktualität

Die »Aktualität« war der Zentralbegriff in meiner Dissertation. Er bezeichnet ein Erlebnisganzes, das aus anschaulichen und unanschaulichen Teilen konstituiert ist. Die Silbe ». . .tät« bezeichnet hier keine Eigenschaft, sondern einen ganzheitlichen Inbegriff. Ähnlich wie man, wenn man eine Person X als »Kapazität« bezeichnet, nicht eine isolierte Eigenschaft an ihr meint, sondern die Person X selbst, sofern sie unter dem Gesichtspunkt eines besonderen Wissens auf einem bestimmten Gebiet betrachtet wird. So meint »Aktualität« das besagte Erlebnisganze selbst, sofern es unter dem Gesichtspunkt des hier und jetzt Aktuellseins, des Ausfüllens des Bewußtseins im derzeitigen Augenblick betrachtet wird.

Zur »Aktualität« kam ich durch einen wertvollen Gedanken *Lindworskys* betreffend das »reflexe Erleben«. Ob nun ganz in Übereinstimmung mit *Lindworsky* oder nicht, jedenfalls entwickelten sich mir unter seinem Einfluß die Zusammenhänge folgendermaßen. Alle unsere Erlebnisse, seien es Empfindungen, Vorstellungen, Gefühle, Aufmerksamkeitsakte usw., haben einen unausschaltbaren »Ichzug« (*Lindworsky*), das heißt, ich kann sie gar nicht anders als »meine« erleben; der Ichzug durchdringt, ohne eigens bemerkt zu sein, sauerteigartig alle

meine Erlebnisse. Davon zu unterscheiden ist die Selbstreflexion, die in Reinform bei einer Selbstbeobachtung vorliegt. Zwischen beidem, dem puren Ichzug und der Selbstreflexion, gibt es aber, so war meine Auffassung, ein Drittes:
ein »Gerichtetsein« auf das eigene Erleben, ohne daß ich doch
schon auf dieses reflektiere; so liegt es zum Beispiel beim
musikalischen Genuß einer Musikdarbietung.

Ein solches Erlebnis ist ein Mittleres zwischen dem naiven
puren Ichzug und der Selbstreflexion. Ich nannte es im Anschluß an *Lindworsky* »reflexes Erleben« oder Ich-*bezug* (im
Unterschied zum Ich-*zug*). Initiiert aber ist ein solches Erlebnis
durch das genannte »Gerichtetsein« auf den basalen anschaulichen Grund. Modellhaft dargestellt: ein »Strahlenkegel« des
Bewußtseins kommt »von oben« und trifft auf den basalen
anschaulichen Grund der diversen sinnlichen Vorstellungen,
Gefühle usw. Aus beidem, Gerichtetsein und anschaulichem
Grund, entsteht ein Novum: eben das, was ich »Aktualität«
nannte als Ganzheit aus Anschaulichem (Basis) und Unan-
schaulichem (Gerichtetsein bzw. Gerichtetheit). Meine Untersuchungen hatten eine experimentelle Basis mit Versuchsanord-
nung.

Die Gerichtetheit faßte ich in Analogie zu den Intentionen
im Sinne der Phänomenologie, den auschaulichen Grund als
Einheit (Kontiguität!) von sinnenhaften Erlebnissen, die das
Gerichtetsein hervorlocken, gleichsam provozieren, analogisch
gesprochen »induzieren«; ohne aber die Gerichtet*heit* als solche
kausal hervorrufen und deren Qualität determinieren zu
können.

Eine solche Aktualität als Ganzheit füllt jeweils das ganze
Bewußtsein aus, solange nicht eine zweite Aktualität hervor-
gereizt (»induziert«) wird, die die erste ablöst oder mit dieser
kreativ eine neue bildet, die dann ihrerseits das ganze Bewußtsein ausfüllt. Eine Aktualität hat die Tendenz zu perseve-
rieren, andere und neue Vorstellungen oder sonst Anschauliches in sich hereinzuziehen und dies alles auf ihr eigenes Be-
deutungserleben hin »umzustimmen«, ihrem »Sinn« anzuglei-
chen. Denn jede Aktualität ist ab origine das Erleben einer

Bedeutung, gewissermaßen ein Gedankenelement. *Lindworsky* sagte in seinen Vorlesungen sinngemäß, das Innesein des eigenen Erlebens sei gleichsam der »Urgedanke«.

Es gibt nun Gesetze, nach denen einzelne Aktualitäten einander im Bewußtsein zeitlich folgen, und Gesetze, nach denen sich mehrere Aktualitäten miteinander zu einer neuen vereinigen kraft einer ebenfalls neuen Gerichtetheit. Das sind dann Gesetze des Vorstellungsablaufs, die zugleich Gesetze des Denkablaufs sind.

Man sieht unschwer, daß die Aktualität bereits Züge von dem besitzt, was ich später Konstitution beziehungsweise Konstitutum nannte. Anschauliches und Unanschauliches sind, was sie sind, nur in Relation zueinander innerhalb der ganzheitlichen Aktualität. Aber auch das initiatorische und kreative Moment tritt schon in Sicht. Man darf nämlich die Aktualität nicht verwechseln mit einem Vorstellungskomplex oder einer komplexen Vorstellung der späten Assoziationspsychologie, auch nicht mit dem, was man den »psychischen Chemismus« genannt hat: einzelne Vorstellungen ergeben durch ihre assoziative Verschmelzung derivativ eine neue »Komplexqualität«. Solche Auffassungen sind überstiegen, denn die »Gerichtetheit« wirkt »zentrierend« auf den anschaulichen Grund und konturiert diesen auf die bestimmte Bedeutung hin. Die Relation von der Gerichtetheit zur anschaulichen Basis ist nicht identisch mit der Relation in umgekehrter Richtung. Und da die Gerichtetheit aus einer kreativen Spontaneität kommt und ein neues »Anfangen« darstellt, ist sie nicht aus einer bloßen »Komplexergänzung« ableitbar.

Man kann die Aktualität natürlich auch als (Erlebnis-) Gestalt auffassen. Doch dürfte diese Art von Gestalt differieren von jener, die in der damaligen Gestaltpsychologie konzipiert war.

Die Theorie der Aktualität scheint mir der erste Versuch zu sein, die »Intention« der Phänomenologie als konstitutiven Wirkfaktor, also ätiologisch, im psychischen Bereich einzusetzen. Dennoch handelt es sich nicht um einen Psychologismus. Es war mir immer klar, daß die Aktualität als Bedeutungs*erlebnis,* kraft dessen mir etwas als etwas erscheint, niemals die Bedeutung als objektive Gegebenheit »erklären« kann, wie sie einem Gegenstand von ihm selbst her eigen ist. *Wilhelm Salber* hat meiner Dissertation, unter Hinweis auf eine positive Stellungnahme *Lindworskys* zu ihr, eine späte Würdigung erteilt.[12]

b) Das Stellungsgefüge

Mein Buch »Die Macht des Geistigen in seiner Ohnmacht« (s. o.) bietet eine neue Variante des Konstitutionsgedankens. Der diesbezügliche Zentralbegriff ist hier das »Stellungsgefüge«. »Gefüge« weist schon auf den strukturalen Charakter des Gemeinten hin. Um was handelt es sich hier, was wird hier »gefügt«?

Um das zu erläutern, ist darauf hinzuweisen, daß der Begriff der »Stellungnahme« Ende der zwanziger Jahre für mich von großer Bedeutung war. Zum Beispiel, ich treffe auf einen Menschen, der mich beeindruckt, und nehme nun zu seinen Handlungen und implicite zu seinem Persönlichkeitssein Stellung; und umgekehrt, der Andere nimmt zu meinem Verhalten und meinem persönlichen Sein Stellung. Ein solches Stellungnehmen, so meine These, ist aber nicht bloß Resultante einer Erkenntnis über denjenigen oder dasjenige, zu dem ich Stellung nehme, sondern selbst aufschließende Bedingung dieses Erkennens, das ich übrigens vornehmlich in seiner Urform des intuitiven Schauens in Betracht zog (s. o. unter I.). Kurz gesagt: *im* Stellungnehmen wird erkannt. Man sieht, daß hier der Schelersche Gedanke vom »Wertfühlen« hineinspielt; jedoch ist mir eine Isolierung des »Wertes« aus dem gegenständlichen Total immer fremd gewesen. Zugleich enthält eine solche Stellungnahme, die zugleich erkenntnisbedingt und reziprok erkenntnisbedingend ist, volitive und emotionale Momente; schließlich auch ontologische. Denn die »Stellungsakte« waren für mich zugleich aufbauende Konstituentien der Persönlich-

---

[12] Wilhelm Salber: Der psychische Gegenstand, Bonn [3]1968, s. Personreg.

keit. In der Theorie der Stellungnahme waren somit erkenntnistheoretische, ethische und ontologische Momente in wechselseitiger Durchdringung vereint.

Gerade das ontologische Moment der Stellungsakte bildet das Ferment für die konstitutive, auf Konstitution hinführende Auslegung dieser Akte: eine Vielzahl von einander unter- und übergeordneten Stellungakten bildet eine Ganzheit, in der jeder Akt durch jeden anderen seine qualitative und existenzielle Prägung erhält. Das eben ist »Stellungsgefüge« oder »Gesinnungsgefüge« (wegen der Einheit von kognitivem und sittlichem Moment). Die besagte Unter- und Überordnung ist wieder ontologisch bedingt: je höher der intentional bezielte Seinsbereich ist, um so höher ist auch der korrespondierende Stellungsakt und um so höher ist sein Platz innerhalb des Stellungsgefüges der Persönlichkeit. Man sieht, daß hier die Schelersche »Akthierarchie« Pate gestanden hat.

Indessen darf man dieses Stellungs- und Gesinnungsgefüge, für das ich den Terminus Struktur verwendete, nicht als eine spiritualistische Angelegenheit auffassen. Vielmehr war ich der Auffassung, daß in das Stellungsgefüge basal auch die psychophysischen und leiblichen Realitäten hineingehören. Dadurch vermied ich von vornherein den Schelerschen Dualismus zwischen Geist—Person einerseits und Vitalsphäre andererseits. Es gab für mich eine aufsteigende Reihe von »mehr materiellen« zu »mehr spirituellen« Realitäten in der Persönlichkeit. Dabei drücken sich die höheren Stufen in den niederen aus, was wiederum ein Schutz gegen Dualismus war. Damit tritt schon die Kategorie des Ausdrucks hervor, die für mich später von großer Bedeutung wurde.

Der Gedanke des Stellungsgefüges implizierte mit dem ethischen zugleich ein Entscheidungsmoment. Das Stellungsgefüge kann unter einem sittlich positiven oder einem sittlich negativen Vorzeichen stehen. Im positiven Falle haben die einzelnen Stellungsakte dergestalt »aneinander teil«, daß der Mensch zum Einssein mit sich selbst gelangt, ein Begriff, der für mich fürder wichtig blieb — bis zu meiner »Grundlegung der Ethik« (1969). Im negativen Fall stehen die Akte derart zueinander, daß sie einem einheitlichen Sinn widerstreiten, der Mensch gerät in das Uneinssein mit sich selbst. Ob es zu dem einen oder dem anderen kommt, das hängt vom Charakter der »Vorentscheidung« ab, von der bereits die Rede war. Die Lehre von der Vorentscheidung begann bereits in meinem obzitierten Buch und wurde von mir im Lauf der Jahrzehnte immer weiter ausgebaut.

War der konstitutive Gedanke bei der »Aktualität« noch auf den psychologischen Bereich begrenzt, so erweiterte er sich mit dem »Stellungsgefüge« in den ethischen, ontologischen und personalen hinein.

c) Die Zweckstufenordnung

Der ontologische Aspekt der Konstitution vertiefte sich über das »Stellungsgefüge« hinaus im Begriff der »Zweckstufenordnung«.

Um diese verständlich zu machen, muß ich darlegen, daß ich den Zweckbegriff *N. Hartmanns* durch einen anderen ersetzte. Bei *Hartmann* ist die Finalrelation nichts anderes als die Umkehrung der Kausalrelation, beziehungsweise die Kette von final bezogenen Termini nichts anderes als die mental umgekehrte Kausalkette. Besteht die Kausalkette $A \rightarrow B \rightarrow C \rightarrow D$, so weiß ich, daß ich, um D zu realisieren, zuvor C haben muß; C fordert rückläufig B, B schließlich A. Ich gehe also unter dem Finalaspekt die Kausalkette in umgekehrter Richtung durch. Das heißt aber: daß überhaupt D als Zweck erscheint, verdankt sich nur der »Zwecksetzung« des Menschen. Finalität ist eine vom Menschen dem Sein oktroyierte Angelegenheit. Im Sein gibt es nur die Kausalkette. Daraus erklärt sich der antifinale Seinsbegriff beziehungsweise der antiontologische Finalbegriff *Hartmanns*. Sein und Finalität erscheinen auseinandergerissen. Ich bin mir bewußt, daß ich hier *Hartmann* etwas vereinfache.

Dieser Zweckbegriff verführt aber zu einem einseitigen mittel-zweck-rationalen Operationalismus (ein A ist nur insofern wichtig, als sich damit ein B produzieren läßt). Gerade dieser war mir aber, als Lebensform, zutiefst verabscheuenswert. Ich wollte gerade über alle »Verzwecklichung« hinaus; und die Zweckfreiheit oder Zweckentbundenheit als tiefste (wenn auch nicht einzige) Grundhaltung erschien mir immer als das eigentlich Auszeichnende der humanen Lebensform.

Der Zweckbegriff, zu dem ich im Lauf der Zeit im Gegensatz zu *Hartmann* gelangte, läßt sich so definieren: Zweck ist das, um dessentwillen ein anderes da ist oder geschieht; Mittel entsprechend das, was um eines anderen willen da ist oder geschieht. In diesem »Um-willen« liegt jetzt die Finalität.

Diese Art von Finalität ist phänomenal aufweisbar. In diesem Sinne ist zum Beispiel die Zelle um des Organs willen da (und was in der Zelle geschieht, einschließlich der Gen-Information zwischen DNS-Molekülen und Zellplasma, geschieht um des Organs willen); das Organ ist das, um dessentwillen die Zelle (mit allem Geschehen in ihr) da ist, also Zweck, während die Zelle in der Mittelposition steht. Weiterhin ist das Organ seinerseits um des Organismus willen.

Es ist nun in einem Seienden eine Vielheit von Seinsstufen denkbar, von denen einzelne »nach unten hin« Zweck, »nach oben hin« aber ihrerseits Mittel sind — bis zu einer obersten Stufe als letztem Zweck, wobei alle Stufen in ihrer Verwiesenheit aufeinander eine einheitliche Struktur bilden. Eben das ist es, was ich *Zweckstufenordnung* nenne. Sein und Finalität sind jetzt wieder vereinigt, denn die Ordnung der einzelnen Zweckstufen zueinander ist eine ontologische.

Der Gedanke der Zweckstufenordnung bietet keinen Anreiz mehr zu einem einseitigen mittel-zweck-rationalen Operationalismus, denn die jeweils niedere Stufe ist nicht dazu da, die jeweils höhere kausal zu produzieren, was sie ja auch gar nicht kann. Im Gegenteil, es wird jetzt der Raum für Zweckfreiheit und Zweckentbundenheit eröffnet. Denn daß ich eine konkrete Zweckstufenordnung, zum Beispiel im mir begegnenden Mitmenschen, liebend bejahe, gleichsam mit ihr »konspiriere« (s. u. Tl. III), das kann man nicht aus einem gewillkürten subjektiven Zweck erklären. Ein Ja zur Zweckstufenordnung (entsprechendes gilt für ein Nein) ist nicht wiederum aus Zweckstufenordnung, überhaupt nicht aus »Zwecken« ableitbar. Hier kommt vielmehr zweckentbundene Initiation ins Spiel.

Die Zweckstufenordnung hat den besonderen Vorteil, daß sie die einzelnen Seinsstufen im konkreten Seienden nicht voneinander isoliert, sondern vielmehr sinnhaft verbindet. Denn die höheren drücken sich ontologisch in den niederen aus. Die Zweckstufenordnung ist zugleich Ausdrucksstufenordnung. Ihre Theorie kann und darf daher nicht mit den verschiedenen »Schichtentheorien« (*M. Scheler, N. Hartmann, E. Rothacker* u. a.) verwechselt werden.

Beispiel für eine konkrete Zweckstufenordnung ist der Mensch. Beginnen wir bei der Stufe des Molekularen, so »dient« eine Vielzahl von Molekülen in Mittelfunktion in der Zelle als ihrem übergeordneten Zweck. Viele Zellen ihrerseits stehen in Mittelposition zu dem sie umgreifenden Organ. Die Stufung schließt »oben« ab mit dem personalen Geist, der nun aber keine »Schicht« ist, sondern alle Stufen bis zur untersten materiellen Basis — den mikrophysikalischen Bereich eingeschlossen — einheitlich ausdrucksmäßig durchdringt. Später habe ich die Zweckstufenordnung durch die »Aktualisierungsordnung« ergänzt, die den Zeitfaktor ins Spiel bringt. Davon später.

Das »Stellungsgefüge« erscheint nun als Sonderform der Zweckstufenordnung. Diese ist die universalere Kategorie, zumal es Zweckstufenordnungen nicht nur im Menschen gibt, sondern in allen selbständig Seienden.

Die Zweckstufenordnung habe ich erstmalig systematisch entwickelt in meinem Buch »Christliche Askese« (1936, [3]1948), freilich noch ohne die strenge Definition von Zweck, die oben angegeben wurde. Was soll in diesem Zusammenhang die Askese?

Unter Askese verstehe ich, daß auf den unmittelbaren Zugriff auf wertgehaltene Güter verzichtet wird, um dieser Güter selbst willen. Das erklärt sich folgendermaßen. Es besteht die Gefahr, daß wir begegnendes Seiendes nicht mehr in seinem Eigensein achten, sondern ganz auf die Erfüllungsbedürftigkeit unseres ego relativieren, indem es nur noch im Hinblick auf willkürlich von uns gesetzte Zwecke als wertvoll erscheint, was zu Mißbrauch disponiert. Das nannte ich »Zweckversklavung«; sie ist besonders wertwidrig, wenn das Begegnende eine Person ist (hier ist an den Grundsatz *Kants* zu erinnern, daß die Person nie als bloßes Mittel genommen werden darf). Eben dieser Zweckversklavung wehrt die echte Askese. Sie setzt einen Abstand auf Zeit, der mich von dem Gelassenen aber nicht seinsmäßig trennt, sondern umgekehrt die Verbundenheit mit ihm durch Reinigung von Egoismen stärkt, um diese Verbundenheit später wieder — in der der Askese folgenden »Erfüllungsphase« — echt leben und ausdrücken zu können. »Kontakt im Abstand« und durch den Abstand hindurch, dieser Begriff ist für mich wichtig geworden. Damit ergab sich nämlich eine ressentimentsfreie Askese, die das Gelassene nicht abwertet nach dem Prinzip des Fuchses mit den sauren Trauben, sondern aufwertet.

Die Zweckstufenordnung spielt dabei aber eine doppelte Rolle: 1. Die gute Vorentscheidung konnte nun verstanden werden als ein aus der Ganzheit der Person kommendes Ja zur Zweckstufenordnung des Begegnenden, die schlechte als ein Nein zu dieser Zweckstufenordnung, sofern diese im egozentrischen Mißbrauch mental umgestürzt wird. 2. Die Askese steht um so höher, je höher der Seinsbereich des Gelassenen der Ordnung nach ist; und hier nahm die »Askese der Einsamkeit«, die das Du durch zeitweiligen Verzicht auf die Nähe des Umgangs auf sein Eigentlichstes hin freiläßt, eine besondere Hochstellung ein. Meine »Christliche Askese« bildet in wesentlichen Punkten eine Vorstufe zu meiner »Grundlegung der Ethik« 1969.

d) Die metaphysische Existenz

Eine weitere Steigerung des Konstitutionsgedankens auf das Ontologische hin erfolgte mit dem Begriff der »metaphysischen Existenz«. Entsprechend der oben behandelten »Aktualität« besagt Existenz nicht etwas »am« Seienden, sondern die Ganzheit eines Seienden unter dem Gesichtspunkt, daß es ein Existierendes ist, wobei gerade das Präsenzpartizip (existens) aussagekräftig ist. Das Existierende besitzt sein Sein nur im präsentischen Vollzug, eben dies besagt »Existieren«. Ich nannte das existierende Ganze »metaphysische Existenz«, weil es sich um eine ontologische Auslegung des Existierens handelt. Die »Bewegung« des Vollzugs gehört zum Sein des selbständig Seienden selbst, ich prägte den Ausdruck: »ontologisches Geschehen«.

Dieses Geschehen im Seienden als Existierendem beziehungsweise als metaphysischer Existenz spielt sich aber zwischen »Konstituenten« ab, die im besagten Seinsvollzug dauernd aufeinander zugehen. *Indem* sie dies aber tun (am besten durch das französische »en« wiederzugeben: en étant, en existant), werden sie durch einen gemeinsamen Seinsakt durchwaltet. Erst hier setzt die Analogie zu dem scholastischen »actus essendi« ein.

Es kam mir auf das »existenzielle Gleichgewicht« zwischen den Konstituenten an: jedes besagt einen Teilakt, der nicht auf einen anderen desselben Existierenden rückführbar ist. Andererseits kann jedes Konstituens seinen Teilakt nur besitzen in aktualer Relation zu allen anderen. Die Konstituenten besitzen je *in* sich, nicht aber *für* sich (allein) Aktualität. Man erkennt hier den Strukturgedanken wieder.

Ebenso kam es mir auf das Gleichgewicht zwischen Sein und Existieren an. Sein kann nur bestehen und sich vollziehen *in* den Konstituenten, und deshalb nur im Existieren. Umgekehrt können die Konstituenten dynamisch aufeinander zugehen nur *im* Seinsakt, der sie gemeinsam durchwaltet. »Das Seiende bzw. Existierende ist, *indem* es existiert; und es existiert, *indem* es ist.« Das ist die Formel für das Gleichgewicht zwischen Sein und Existenz. Bei dieser inneren Vermitteltheit des Seienden beziehungsweise Existierenden in sich selbst und im Relationsgefüge seiner Konstituenten schwebte mir immer die Kierkegaardsche Definition des Selbst vor: Das Selbst ist ein Verhältnis, das sich zu sich selbst verhält.

Was sind nun die Konstituenten? Ich unterschied zunächst »Wesen« und »Dasein«, die natürlich nicht mit den verbal ähnlichen Termini der Scholastik gleichsinnig sind. Das Verhältnis beider läßt sich vielmehr mit dem revidierten Zweckbegriff treffen: Dasein ist das, was *für* Wesen ist, Dasein ist kategorial immer »Dasein für ...«. Wesen steht demgegenüber in der Zweckfunktion. Am Beispiel des Menschen erläutert: der menschliche Leib steht in der ontologischen Funktion des Daseins, der Geist in der des Wesens.

Es ließ sich aber zeigen, daß Wesen und Dasein (immer im Sinne obiger Terminologie) allein als Konstituentien des existierenden Seienden nicht ausreichen. Denn Dasein und Wesen sind, wiewohl sie den Seinsakt miteinander konstituieren, doch umgekehrt immer schon von diesem Seinsakt abhängig, der sie gemeinsam durchdringt. Wenn aber zwei Größen in bezug auf eine gemeinsame Seinsbestimmung von einander abhängig sind, so lautete eines meiner ontologischen Grundaxiome, dann kann nicht eine dieser Größen diese Seinsbestimmung rein aus sich leisten, sondern beide können sie nur besitzen in einer dritten Größe, die den beiden ersten gleichursprünglich ist. Das heißt, zu Dasein und Wesen muß es, um den gemeinsamen Seinsakt verstehbar zu machen, ein drittes existenzielles Prinzip geben, das mit Dasein und Wesen gleichursprünglich ist; und zwar muß das dritte innerhalb desselben Existierenden liegen, denn sonst wäre die Selbständigkeit des Existierenden aufgehoben. Dieses dritte Prinzip nannte ich das Existenz-Prinzip, im Unterschied zur metaphysischen Existenz als Ganzheit. Die metaphysische Existenz ist also konstituiert in Wesen, Dasein und Existenzprinzip; das Sein aber gegenwärtigt in allen.

Das Existenzprinzip ist das Prinzip, das bewirkt, daß Dasein *für* Wesen sei. Diese konjunktivische Formulierung verweist auf das Dynamische, das immer neue Hereinnehmen von Daseinsmomenten (Beispiel: Stoffwechsel des Organismus), das ständige Hinaufheben von Dasein *für* Wesen. Das Existenzprinzip ist principium unionis zwischen Wesen und Dasein. Jedoch ist das nicht so zu verstehen, als müsse es ontologisch nachträglich Dasein und Wesen einen, sondern das Existenzprinzip ist das, *in* dem Wesen und Dasein ihre Einheit haben. »Einheit *in*« ist eben etwas ganz anderes als »Einheit *durch* (per)«. So geschieht ständig und persistierend der Vollzug der metaphysischen Existenz in den Konstituentien: Wesen, Dasein und Existenzprinzip. Scholastische Ontologie war — umgedacht — mit dem existenzphilosophischen Vollzugsdenken nach dem Vorbild *Kierkegaards* zur Synthese gebracht.

Die »metaphysische Existenz« war eine Weiterführung der »Zweckstufenordnung« in Richtung auf schärfere ontologische Konturierung. Jede metaphysische Existenz ist auch Zweckstufenordnung (Wesen »über« Dasein), nicht aber ist Zweckstufenordnung per se schon metaphysische Existenz. Wie Zweckstufenordnung eine Unter- und Überordnung besagt, so gibt es auch Existenzhierarchien. So ist im Menschen der Leib zwar Dasein, aber als Dasein in sich wiederum durch eine Vielheit von unselbständigen Existenzeinheiten konstituiert.

Die soeben skizzierte Existenzialontologie habe ich erstmalig systematisch durchgearbeitet in meinem Buch »Das Band zwischen Gott und Schöpfung« (1940, ²1948). Was hat die metaphysische Existenz mit Gott und Schöpfung zu tun?

Zweierlei. 1. Wie das Existenzprinzip Band zwischen Wesen und Dasein ist, so läßt sich von einem existenziellen Band zwischen Transzendenz und Innerweltlichem reden, freilich nur analogieweise. 2. Ich entdeckte eine Analogie zwischen dem Verhältnis von Wesen, Dasein und Existenzprinzip in der metaphysischen Existenz einerseits und dem Verhältnis der drei Personen in Gott andererseits. Auch hier wurde die Grenze der Analogie sorgsam abgesteckt. Diese »Analogia trinitatis« hat in Fachkreisen Anstoß und Mißtrauen erregt, als verwischte ich die Grenzen zwischen Philosophie und Theologie. In Wahrheit habe ich immer respektiert und deutlich zum Ausdruck gebracht, daß es sich bei beiden um ganz verschiedene Erkenntnisquellen und -methoden handelt. Niemals habe ich die theologischen Aussagen aus den philosophischen und die philosophischen nie aus den theologischen abgeleitet. Meine Existenzialontologie steht völlig in sich.

Noch etwas ist an dieser Stelle anzumerken. Ich geriet in eine kritische Auseinandersetzung mit der herrschenden Neuscholastik. So sehr ich der traditionellen Ontologie wichtige Anstöße verdanke, so erregten doch gewisse stereotyp festgehaltene Positionen in ihr mein Ärgernis. Man kann es paradigmatisch an dem Problem von Form und Materie klarmachen. Nicht, als wenn ich diese wichtigen ontologischen Kategorien als solche abgelehnt hätte, kann man doch zum Beispiel durchaus das Verhältnis von Wesen und Dasein als ein solches von Form und Materie interpretieren. Irritierend war für mich lediglich die Art und Weise, wie Form und Materie in ihrem Verhältnis zueinander aufgefaßt wurden.

Ich konnte unmöglich akzeptieren, daß die Form ein Prinzip sei, das *nur* Bestimmungen (an die Materie) austeilt und in keiner Weise seinerseits positive Bestimmungen empfängt; daß umgekehrt die Materie ein Prinzip sei, das *nur* Bestimmungen empfängt, aber in keiner Weise seinerseits positive Bestimmungen (an die Form) austeilt (abgesehen von negativen, »einschränkenden« und »singularisierenden« Bestimmungen, die die Thomisten ja durchaus zugaben). Durch solche, phänomenologisch nicht zu rechtfertigende Voreingenommenheiten wurden existenzielles Gleichgewicht und konstitutives Miteinander der beiden Ko-Prinzipien ernstlich gefährdet. Form und Materie stehen so in keiner echten Seinseinheit miteinander, sondern nur in einer »diktatorisch« von der Form aufgezwungenen. Vor allem mußte sich eine ontologische Entwertung der Materie (trotz verbaler gegenteiliger Beteuerung) ergeben. Deshalb wurde die »Rehabilitierung der Materie« eines meiner wichtigsten Anliegen (vgl. »Der Leib und die Letzten Dinge« 1955; »Mensch und Materie« 1965). Ich warf den alten und neuen Scholastikern vor, speziell den Thomisten, daß sie das Verhältnis von Form und Materie nur »kompositorisch« dachten und nicht echt konstitutiv. Unter Komposition verstehe ich eine bloße Zusammen-»setzung«, wobei die Komponenten alle oder zum Teil eine nur passive Rolle haben und das Ganze nur als Derivat der Komponenten erscheint; unter Konstitution dagegen ein con-stituere, ein aktives (sich) Zusammen-»stellen« der Teile mit je eigener (Teil-) Akthaftigkeit innerhalb des gemeinsamen und alle durchgreifenden Seinsaktes, beziehungsweise innerhalb des Ganzen, das somit kein Derivat, sondern ab origine das alle Umgreifende ist. Wenn nun die Materie nach traditioneller Auffassung nur eine passive und darüber hinaus nur »einschränkende« Funktion gegenüber der Form hat, dann steht sie nicht mehr konstitutiv zur Form hin und hat am gemeinsamen Seinsakt nicht mehr positiv mitbestimmend teil. Das heißt, das Verhältnis von Form und Materie sinkt zur bloßen Komposition herab.

Dieses kompositorische Denken über Form und Materie mußte nach meiner Ansicht zu einer Zerstörung der Seinseinheit des Seienden führen, und zwar zu Monismen oder Dualismen. Vor allem taucht eine Form des Monismus als Möglichkeit auf, die man so bestimmen kann: wenn Form und Materie nicht je eigene Teilakthaftigkeit haben, dann auch kein je eigenes (Teil-) Sosein. Sie sind dann schließlich nur noch als Wirklichkeit und Möglichkeit ein und desselben »Was« zu unterscheiden. Dann aber ist die konstitutive Spannung im Einzelseienden völlig plattgewalzt; es verliert sein »Existieren«, seinen Selbstand. Da das dann aber für alle Einzelseienden gilt, so muß alles innerweltlich Seiende schließlich zu einem irrationalen »Seinskollektiv« kosmischen Ausmaßes entarten. Diese Möglichkeit von Monismus ist denn auch prompt bei *Teilhard de Chardin* zur Auswirkung gelangt.

Von seiten der Neuscholastik hat man mir meine Kritik an der aristotelisch-thomistischen Ontologie sehr verübelt. Als dann die Schriften *Teilhards* bekannt wurden und ich mich wegen des Monismus letztgenannter Art gegen sie wenden mußte, da hat man es mir wiederum übelgenommen (viele Thomisten waren »Chardinisten« geworden). Ich war in die Position desjenigen gedrängt, der nunmehr darauf hinzuweisen hatte, daß bei *Aristoteles* und *Thomas* nicht alles vergänglich ist. Nun war ich auf einmal der konservative »Thomist« und als solcher abgestempelt. In Wahrheit habe ich immer meine eigene Position gehabt.

Es ist zu beachten, daß die von mir vertretene »Ko-existenzialität« (wie ich es später nannte) zwischen Form und Materie keineswegs die Rangordnung zwischen beiden aufhebt. Die ontologische Überlegenheit der Form besteht darin, daß sie es ist, die sich in der Materie ontologisch ausdrückt, und nicht umgekehrt. Das betrifft bereits den Ausdruck als Ursprungsrelation sui generis.

Die Terminologie: Wesen, Dasein und Existenzprinzip habe ich grundsätzlich immer beibehalten, mich aber später oft mit der Bezeichnung begnügt: erstes, zweites und drittes Konstituens, wobei das 1. das Sichausdrückende ist (z. B. der Geist im Menschen), das 2. das Ausdrucksmedium (z. B. der Leib des Menschen) und das 3. das Band oder vinculum (z. B. im Menschen das Personalitätsprinzip, von dem noch zu reden ist).

e) Die ontologische Konstitution

Mit der »metaphysischen Existenz« war der Sache nach bereits jene Konstitution gegeben, die ich gleich eingangs als Leitgedanken meiner philosophischen Entwicklung angegeben habe, wenn sich auch der Terminus »Konstitution« bei mir erst allmählich durchsetzte, und zwar zunächst in kleineren, vorbereitenden Schriften[13]. Aber die kategoriale Bestimmung der »metaphysischen Existenz« war noch zu vervollständigen. Diese Vervollständigung geschah in der Hauptsache dadurch, daß die Dimension des Sinnes und der Sinnhaftigkeit thematisch wurde. Das ist leicht zu verstehen, wenn man bedenkt, daß ja das Existieren, das dauernde ineinander Einmünden der Konstituentien im Seinsvollzug, als persistentes Geschehen auszulegen ist. Bei einem Geschehen fragt man nach dem Sinn. Zum »ontologischen Geschehen« mußte also ein »ontologischer Sinn« treten.

Diese Überlegungen wirkten sich in meinem Hauptwerk aus: »Autonomismus und Transzendenzphilosophie« (1950). Von einem ontologischen Sinn zu reden, läßt sich aber nur ganz verantworten, wenn man zuerst phänomenologisch geklärt hat,

---

[13] Vgl. z. B.: Der Mensch auf dem Wege, Münster i. W. 1947 (²1948); Das Band zwischen Geist und Leib in der menschlichen Persönlichkeit (s. Bibliographie); Zur Revision des Seinsbegriffs, in: Philos. Jahrb. 1949, Heft 1.

was Sinn ist, beziehungsweise wie er gegeben ist. Diese
phänomenologische Fundamentierung des Sinnbegriffs war
jedoch in dem soeben genannten Werk relativ knapp gehalten.
Ihre Vervollständigung habe ich gleichsam in späteren Werken
nachgeholt, vor allem in meiner Philosophischen Anthropologie (1957), in »Freiheit und Seinsordnung« (1961) und in
meiner »Grundlegung der Ethik« (1969).

Die phänomenologische Analyse von Sinn — und zwar
handelte es sich um die Analyse des Ereignissinnes im Unterschied zum statischen Sinn der Bedeutungen oder Begriffe[14] —
vollzieht sich vor allem unter folgenden Fragestellungen: Wie
ist realer Sinn gegeben? Unter welchen Bedingungen gelangt
er zur Existenz? Welche Faktoren sind es, die den Sinn tragen
und zwischen denen er sich abspielt? In welcher Weise ist
realer Sinn in den Sinngebilden gegenwärtig? Wie läßt sich
die Objektivität von realem Sinn erweisen (wobei Objektivität
nicht besagt, der Sinn sei Objekt wie ein Ding, sondern nur,
daß er nicht relativ ist auf das erkenntnistheoretische Subjekt)?
Wie wird realer Sinn vom Menschen urgehoben? Wie verhält
sich »Sinnkonstanz« zur Vergänglichkeit eines vom Menschen
urgehobenen Realsinnes? Gerade die letzte Frage führte mich
zu einer Phänomenologie der Geschichtlichkeit[15].

In verschiedenen Arbeiten habe ich auch demonstriert, wie
man vom phänomenologisch erwiesenen Realsinn zum ontologischen Sinn gelangen kann; dies geschah vor allem in »Freiheit und Seinsordnung« (1961) und in kleineren Beiträgen.[16]

Blendet man von diesen späteren Arbeiten auf »Autonomismus und Transzendenzphilosophie« 1950 zurück, so läßt sich
die Einfügung des ontologischen Sinnes in die kategoriale

---

[14] In diesem Punkt deckte ich mich mit Reinhard Lauth: Die
Frage nach dem Sinn des Daseins, München 1953.

[15] Z. B. Moderner Fortschrittsglaube und Geschichtlichkeit (s.
Bibliographie); Grundlegung der Ethik, Schlußkapitel; Freiheit
und Seinsordnung, S. 121 ff.

[16] Z. B. Die Sinnfrage unter phänomenologischem und ontologischem Gesichtspunkt, in: Wahrheit, Wert und Sein (s. Bibliographie).

Struktur der metaphysischen Existenz folgendermaßen darstellen:

Es wurde bereits dargelegt, daß das Sein als actus essendi in
den Prinzipien Wesen, Dasein und Existenzprinzip konstituiert
ist. Ich nannte daher dieses Sein, in Unterscheidung von den
Konstituentien, ein *Konstituiertes;* wobei immer zu beachten
ist, daß die Konstituentien nicht sein können, ohne je immer
schon vom Sein durchflutet zu sein. Diese Reziprozität zwischen Konstituentien und Konstituiertem drückte ich in dem
Axiom aus: »Die Konstituentien sind nicht ohne das von ihnen
Konstituierte«. Nach den Reflexionen über den Sinn zeigte es
sich nun, daß der ontologische Sinn neben dem Sein (actus
essendi) ebenfalls als ein Konstituiertes aufzufassen ist, denn
es handelt sich um das Sinn*geschehen* im Vollzug zwischen
den Konstituentien.

Aber es ist noch ein Aspekt hinzuzunehmen: der was-
heitliche, qualitative. Die Konstituentien sind ab origine nicht
nur von einem gemeinsamen Seinsakt und einem gemeinsamen
ontologischen Sinn durchdrungen, sondern gleichursprünglich
auch von einer gemeinsamen Qualität oder einem Gesamtsosein. Zum Beispiel das spezifisch Menschliche im Menschen.
Es ist ja nicht auf Geist oder Vitalbereich zu lokalisieren, sondern es durchwaltet alle Seinsbestände und Zweckstufen des
konkreten Menschen einheitlich. Dieses »Gemeinsosein« oder
»Soseinstotal« der Konstituentien nannte ich, wie bereits unter
I b erwähnt wurde, die *Wesenheit,* wohl zu unterscheiden vom
Wesen als dem Zweckterminus in der metaphysischen Existenz.
Durch die unlösliche Verbindung dieser Wesenheit mit dem
Seinsakt und dem Realsinn wurde eine »essenzialistische«
Verdeutung der Wesenheit vermieden.

Somit ergab sich im Autonomismusbuch die »vollständige
Ausstattung« der metaphysischen Existenz: drei Konstituentien, nämlich Wesen, Dasein und Existenzprinzip — bzw.
Sichausdrückendes, Ausdrucksmedium und vinculum — und
entsprechend drei Konstituierte, nämlich Wesenheit, Sein und
Sinn; und schließlich das Konstitutum als Ganzes, das konkrete selbständig Seiende, das auf Grund der drei Konstituen-

tien und der drei Konstituierten »subsistiert«. Dabei sind die drei Konstituierten nur »gedanklich cum fundamento in re« voneinander unterschieden, während ich für die drei Konstituentien eine Form der Realdistinktion (natürlich nicht im dinglichen Sinne zu verstehen) in Anspruch nahm.

Diese Konstitution des selbständig Seienden vollzieht sich dynamisch, in einem dauernden, persistierenden und kreisläufigen Vollzug. Sieht man es von der Kategorie des Ausdrucks her, so läßt sich sagen: das selbständig Seiende (konkretes Individuum) geht dauernd in sich selbst (Zueinander der drei Konstituentien) von sich selbst (Ausdruck der ersten Konstituens im zweiten) zu sich selbst (Einheit der beiden ersten Konstituentien im dritten, dem vinculum).

Damit war die ontologische Konstitutionslehre im wesentlichen abgeschlossen. Präzisierungen wurden dann noch in »Freiheit und Seinsordnung«[17] sowie in Einzelartikeln[18] hinzugefügt.

Aber in »Autonomismus . .« ging es nicht nur um diesen Abschluß der Konstitutionslehre, sondern darüber hinaus darum, einen systematischen Überblick über alle ontologischen Kategorien zu gewinnen. Ich teilte sie in drei Bereiche ein:

1. *Die Kategorien des Selbstandes*. Dazu gehört alles, was dazu erforderlich ist, daß — im Sinne ontologischer Begründung — ein selbständig Seiendes ein selbständig Seiendes (Individuum) zu sein vermag. Das ist im wesentlichen in der skizzierten Konstitutionslehre ausgesagt. Aber es mußten auch alle ontologischen Kategorien, die von der Tradition überkommen waren, einer Revision unterzogen werden: so die Begriffe Form und Materie, Möglichkeit und Wirklichkeit, Substanz und Akzidenz, essentia und existentia, Akt und Potenz, der Begriff der Materie noch einmal besonders; vor allem ging es um eine Revision des Seinsbegriffs.[19] Revision

---

[17] Vgl. bes. das Kapitel: Was ist ontologische Konstitution? — ein Beitrag zur Bestimmung der Sinnhaftigkeit des Seienden.

[18] Vgl. besonders: Was ist Existenzialontologie?, in: Ztschr. f. philos. Forschung Bd. 26/1972, H. 2.

[19] Vgl.: Zur Revision des Seinsbegriffs, in Philos. Jb. 1949 H. 1.

all dieser Kategorien besagt nicht, daß an dem scholastischen Traditionsgut nur herumkorrigiert wurde, vielmehr handelte es sich um einen phänomenologischen und ontologischen »Neuaufbau« dieser Kategorien unter dem leitenden Gesichtspunkt der Konstitutionslehre. Natürlich ergab sich auch eine Auseinandersetzung mit der zeitgenössischen Philosophie, sofern hier verwandte Begriffe vorkamen (wie »Dasein« bei *Heidegger* und »Existenz« bei *Jaspers)*, und zwar keineswegs nur im negativen Sinne.

2. *Die Kategorien der Ursprünglichkeit.* Mit der Kausalität (Ursache-Wirkung) ist es nicht getan. Die Begründung, das Verhältnis von Grund und Folge im ontologischen Sinne, ist von der Kausalrelation wesentlich verschieden. Und schließlich ist die Ausdrucksrelation zwischen Sichausdrückendem und Ausdrucksmedium gegenüber den beiden erstgenannten ein vollständiges Novum. Auf die Kategorien der Ursprünglichkeit komme ich im dritten Teil zurück.

3. *Die Kategorien von Raum und Zeit.* Die selbständig Seienden konstituieren in Wechselwirkung und Wechselbezug zueinander Raum und Zeit als »Umgreifende«. Jedoch gilt auch hier wieder das Gesetz, daß die Konstituentien nicht ohne das von ihnen Konstituierte sind. Raum und Zeit sind nicht einfach Epiphänomene der selbständigen Dinge in ihrem Wechselbezug, sondern sie haben in sich eine eigene Ontik (erst recht sind sie keine bloßen Anschauungsformen im Sinne *Kants)*. Raum und Zeit besitzen je wieder ihre eigenen Attribute und Modi. Beim Raum sind dies einerseits das Hier- und Dortsein der Dinge und andererseits die Ausdehnung; bei der Zeit einerseits das Jetzt- und Dannsein der Dinge und andererseits die Dauer. Ich kann hier meine Raum- und Zeitlehre nicht weiter darlegen, sie besitzt für mich aber großes Gewicht.

Diese drei kategorialen Bereiche — Selbstand, Ursprünglichkeit und Raum-Zeit — wirken, wiewohl sie scharf zu unterscheiden sind, realiter in- und miteinander. Zum Beispiel ein selbständig Seiendes wie ein Lebewesen ist in seiner physiologischen Basis kausal determiniert; zwischen seinen Konstituentien herrscht einerseits die ontologische Begründungsrelation (konstitutives Verhältnis, einander »sein lassen«), andererseits die ontologische Ausdrucksrelation (Ausdruck des ersten Konstituens im zweiten). Schließlich ist ein selbständig Seiendes nicht isoliert für sich existenzfähig; es bedarf des Mitseienden (darauf gründen die Kategorien des Mitseins und der Gemeinschaft); und damit ist gegeben, daß es immer mit anderen zusammen in Raum und Zeit und von diesen ontologisch mitbestimmt ist.

Man sieht, daß es mir darauf ankam, mit diesem Kategoriengefüge (kategoriale »Struktur«) die Allheit der Seienden als Welt im ganzen in den Blick und die Aussage zu bringen. In den Blick bringen als Welt! Und zwar sowohl unter dem Gesichtspunkt der Immanenz wie der Transzendenz. Und hier erläutert sich der Titel meines Werkes: »Autonomismus und Transzendenzphilosophie«. Unter Autonomismus verstehe ich den Versuch, die Kategorien so nach Ursache und Wirkung verknüpft zu denken, daß ein Ausblick auf eine Transzendenz als überflüssig erscheint. Ich zeigte nun, daß ein solcher Versuch nur einigermaßen ohne logische Widersprüche durchführbar ist, wenn man an den Kategorien etwas verkürzt, ausläßt oder umdeutet, was ich »Ausflucht« nannte, und wenn man andererseits gleichzeitig etwas willkürlich in sie hineindeutet, was ich als »Unterstellung« bezeichnete. Wenn aber Autonomismus dergestalt »gegen die Phänomene« arbeitet und auf Ausflüchte und Unterstellungen angewiesen ist, dann ist er als unhaltbar erwiesen. Das ist der indirekte Hinweis auf Transzendenz. Der direkte Erweis einer Transzendenz wurde vom ontologischen Sinn aus geführt. Es ließ sich zeigen, daß der ontologische Sinn nicht völlig aus den Prinzipien des selbständig Seienden erklärt werden kann. Die einzelnen Schritte dieses Beweises müssen in dem Buch nachgelesen werden. Der in dieser Gestalt aufgebaute »Gotteserweis aus dem Sinn« ist weder mit dem bekannten teleologischen Gottesbeweis noch mit dem sogenannten »ontologischen Gottesbeweis« *(Anselm)* zu verwechseln.

»Autonomismus und Transzendenzphilosophie« wurde als eine Kampfansage aufgefaßt, und zwar sowohl von seiten der scholastischen Tradition als auch von der anderen Seite, und gleichsam durch ein »beredtes Schweigen« beantwortet, das sich nur hin und wieder artikulierte.[20] Umfänglichere Würdigungen kamen vorwiegend aus dem Ausland.[21]

f) die Zeitgestalt

Ich sagte bereits, daß die quasi-synonymen Begriffe, die mir im Lauf der Jahrzehnte als »Treppenstufen« zur endgültigen Ausformung der Konstitutionslehre dienten, auf diesem Wege nicht ausgelöscht wurden, sondern eine eigene Bedeutungsschwingung beibehielten. Das gilt auch für den Begriff der Gestalt.

Ich entwickelte, etwa ab 1957, eine eigene Theorie der Zeitgestalt. Eine Zeitgestalt liegt überall dort vor, wo in einer Menge von Ereigniselementen jedes Element in Relation zu jedem anderen in seiner Zeitstelle derart bestimmt ist, daß in allen ein gemeinsamer Sinn präsent ist.

Ein Beispiel für Zeitgestalt ist das Sprachwort, wenn wir es im Akt seines Gesprochenwerdens (und nicht in seiner abstrakten Bedeutung als Lexem) nehmen. Jeder Laut muß an einer ganz bestimmten Zeitstelle drankommen, und zwar in unbeliebiger Relation zu allen anderen Lauten desselben Wortes, die entsprechend bestimmt sind. Jedoch handelt es sich nicht nur um Relationen des Nacheinander, der »Diachronie«, sondern auch um solche der »Synchronie«. Das zeigt sich schon daran, daß ich bei jedem Laut eine besondere Mundstellung einnehmen und entsprechende motorische Impulse setzen muß. Jedes Sprechereignis ist also einerseits determiniert durch ein Geflecht von diachronen Relationen zu anderen und in eins damit durch ein Geflecht von synchronen Relationen zu wieder

---

[20] Vgl. z. B. Hist. Wörterbuch der Philosophie (J. Ritter) Bd. I, Basel-Stuttg. 1971 S. 714 f. (im Artikel »Autonomie«), sowie im gleichen Bd. den Artikel »Autonomismus« S. 720 f.

[21] Z. B.: in Studia Philosophica (Verlag f. Recht u. Gesellschaft) Basel Bd. XVI, 1956; L.-B. Geiger O. P. in: Revue des sciences Philosophiques et Théologiques, 38/1954; Walter Del-Negro, Salzburg, in: Philos. Literaturanzeiger IV/5.

anderen; und beide Arten bilden miteinander ein diachron-synchrones Relationsgeflecht von Ereigniselementen, womit die Kennmale von Struktur deutlich werden. Eben dies ist das Wort als Zeitgestalt oder gestaltete Zeit, im Unterschied zur physikalischen Zeit. Nur weil das Wort eine Zeitgestalt ist, kann es zum Ausdrucksmedium für Sinn im Sprechen werden, und umgekehrt: nur im sinngebenden Ausdruck von seiten eines Sprechenden kann Zeitgestalt urgehoben werden.

Zeitgestalten sind im alltäglichen Leben und im Weltgeschehen überhaupt schier allgegenwärtig. Zeitgestalt ist nicht nur das gesprochene Wort, sondern auch der gesprochene Satz, in dem es fungiert. Zeitgestalt ist jede Verhaltensganzheit des Menschen im Verhältnis ihrer Teile zueinander, schließlich der gesamte »Lebensbogen« des Menschen mit seiner sinngesetzlichen Aufeinanderfolge der Lebensstadien.

Von Zeitgestalt wird auch in der Biologie gehandelt[22], und so gewann mein Philosophieren durch die Theorie der Zeitgestalt eine erweiterte Beziehung zur Biologie. Es gibt auch überindividuelle Zeitgestalten; was der Historiker eine »Epoche« nennt, ist eine solche. Die Zeitgestalt wurde mir zu einem wesentlichen Werkzeug zum Ausbau meiner Theorie der Geschichtlichkeit.

Kleinere Zeitgestalten können von größeren um- und übergriffen werden (z. B. das Wort im Satz). Es gibt Zeitgestalt-Hierarchien, hier ist es ähnlich wie bei der Zweckstufenordnung.

Die Theorie der Zeitgestalt gab mir auch die Möglichkeit, die Theorie der Zweckstufenordnung durch ein wesentliches dynamisches Moment zu ergänzen. Greifen wir nämlich bestimmte Stufen der menschlichen Zweckstufenordnung heraus, zum Beispiel »alle biologischen Zellen in ihrer Wechselbeziehung zueinander« oder »alle leiblichen Organe des Menschen in Wechselbeziehung zueinander«, dann gilt nicht nur, daß

---

[22] Z. B.: Adolf Portmann, Biologie und Geist, Zürich 1956; Rainer Schubert-Soldern, Materie und Leben als Raum- und Zeitgestalt, München 1959.

jedes Ereignis innerhalb einer Zweckstufe zu jedem anderen Ereignis der selben Zweckstufe zeitgestaltlich bestimmt ist (Analogie zum Sprichwort!), sondern auch, daß jedes Ereignis einer Zweckstufe in zeitgestaltlicher Relation zu allen Ereignissen *aller* anderen Zweckstufen desselben Menschen steht (jedenfalls idealiter, wenn auch nicht immer de facto). So gesehen, ist der konkrete Mensch eine einzige, hochkomplizierte aber integrale Zeitgestalt, wenn auch nicht nur dies. Diese, den ganzen Menschen in all seinen Seinsbereichen durch- und übergreifende Zeitgestalt nenne ich die *Aktualisierungsordnung* des Menschen, die allerdings Modulationen aus der Freiheit dieses Menschen zuläßt, ja fordert. Die Aktualisierungsordnung als Zeitgestalt umgreift in »existenzieller Gleichberechtigung« physische, vitalpsychische und geistige Elemente. Damit ist von vorn herein jeglicher Dualismus ausgeschlossen, und das ist nicht der geringste Vorteil.

Zweckstufenordnung und Aktualisierungsordnung in ihrer unlöslichen Verflechtung miteinander nenne ich den »Seins- und Sinnentwurf« des konkreten Menschen. Er ist zwar im Menschen — und zwar in je individueller Besonderung — von Anbeginn seiner Existenz in der »Grundmelodie« konstant, aber erst durch persönliche freie Initiationen vollendbar, wobei er zugleich Modulationen aus dieser Freiheit erfährt. Die Theorie der Zeitgestalt ermöglichte mir eine konstruktive Kritik am zeitgenössischen Strukturalismus.[23]

Aktualität, Stellungsgefüge, Zweckstufenordnung, metaphysische Existenz — dies alles waren die wesentlichen Etappen auf dem Weg zur vollen Bestimmung der ontologischen Konstitution; und doch gingen sie in der Etappenfunktion nicht auf, sondern behielten ihren Eigen-Sinn. Alle diese Kategorien (und zusätzlich Zeitgestalt und Aktualisierungsordnung) kann man gemeinhin unter das Bedeutungsfeld von Struktur neh-

---

[23] Vgl. Hengstenberg: Zur Revision des Begriffs der menschlichen Natur, in: Philos. Naturalis, Bd. 14, H. 1, 1973; Zeit und Zeitgestalt unter strukturalem Aspekt — ein Beitrag zur Grundlegung der Sprachtheorie, in: Wissenschaft u. Weltbild, Wien, 1973/4 und 1974/1.

men. Es geht nun darum, den Kontrapunkt zu Struktur zu behandeln, die Freiheit.

III. Initiation, Kreativität, Freiheit

a) Freiheit

Die Entscheidungsfreiheit

Es gibt eine Dimension der Freiheit, die man als die der Entscheidungsfreiheit bezeichnen kann. Beispiel dafür ist die bereits mehrfach erwähnte *Vorentscheidung*. In meiner »Christlichen Askese« (1936) wurde, wie schon erwähnt, die Vorentscheidung im Vergleich zu meinem »Ohnmachtsbuch« (1931) weiter dahin präzisiert, daß die gute Vorentscheidung ein Ja, die schlechte ein Nein zur Zweckstufenordnung des Begegnenden ist. Eine noch weiter gehende Präzisierung des mit Vorentscheidung Gemeinten wurde mir unter Anknüpfung an andere Autoren (s. darüber meine Anthropologie) durch die Einführung der Begriffe »Sachlichkeit« und »Unsachlichkeit« möglich, die ich auf breiter phänomenologischer Grundlage in meiner Philosophischen Anthropologie (1957) in einem spezifischen Sinne entwickelt habe. Über Sachlichkeit, Unsachlichkeit und Vorentscheidung habe ich im Laufe der Jahrzehnte so viel geschrieben, daß ich mich hier auf kurze Andeutungen beschränken kann und muß.

Sachlichkeit bezeichnet jene Grundhaltung, die sich einem Seienden um des Seienden selbst willen zuwendet und mit dessen »Seins- und Sinnentwurf« gleichsam »konspiriert«. Der in diesem Sinne Sachliche wünscht, das Begegnende ganz erfüllt zu sehen in dem, was in ihm gemäß seinem Entwurf angelegt ist, ganz unabhängig davon, ob ein praktischer Beistand möglich und nötig ist oder nicht. Eben dies nenne ich die Haltung des »Konspirierens«. Sachlichkeit ist nicht auf ein Verhältnis zu »Sachen« beschränkt. Sachlichkeit als »Seinlichkeit« vollendet sich im personalen Bezug.

Zur Sachlichkeit konträr ist die Unsachlichkeit. Sie ist eine Verfehlung der Sachlichkeit und entsteht dann, wenn ein

Wesen, das zu Sachlichkeit grundsätzlich fähig ist und sich zu ihr in konkreten Situationen aufgerufen zu fühlen vermag, eben diese Sachlichkeit verweigert. Durch diese Weigerung gerät der Mensch in die Haltung der Unsachlichkeit, die einen »eisernen Vorhang« zum Begegnenden aufrichtet und das Subjekt dazu disponiert, das Begegnende für eigene Zwecke willkürlich zu mißbrauchen; das ist die bereits erwähnte »Zweckversklavung«.

Weil Unsachlichkeit Verfehlung der Sachlichkeit ist, deshalb gibt es keine eigene Entscheidung für Unsachlichkeit. Die originäre und unter erfüllten Bedingungen unausweichliche Grundentscheidung des Menschen ist vielmehr so zu formulieren: entweder für oder gegen Sachlichkeit. Im ersten Fall wird die sachliche Grundhaltung aufgerichtet; im zweiten die unsachliche, jedoch als (ungewollte) *Folge* der Entscheidung gegen Sachlichkeit.

Eben diese originäre Entscheidung ist die Vorentscheidung. Sie heißt so, weil alle sich anschließenden Vermögensaktualisierungen des Menschen nach seiten des Intellekts, des Wollens und des Fühlens (bzw. Wertens) durch die Richtungsqualität der Vorentscheidung entweder im sachlichen oder unsachlichen Sinne bestimmt werden. Die Vorentscheidung ist eine Art von »Selbstdetermination« des Menschen. Sie ist zwar widerrufbar; aber solange eine bestimmte herrscht, kann der Mensch in seinen anschließenden Verhaltensganzheiten nur solche »Früchte« hervorbringen, die der herrschenden Selbstdetermination entsprechen.

Sachlichkeit und Unsachlichkeit gibt es in verschiedensten Bereichen. Schon der Forscher, der sein Objekt so vor sich hinzustellen sucht, daß es sich »auszusprechen« vermag in dem, was es ist oder wirkt, ohne bereits von einer utilitären Verwendung der erwarteten Entdeckungen motiviert zu sein, realisiert eine basale Form von Sachlichkeit. Ein höherer Bereich der Sachlichkeit ist der sittliche. Das Diakriterium gegenüber »vorsittlicher« Sachlichkeit liegt in Güte und Liebe. Hier ist mir der Liebesbegriff *Schelers* zum Vorbild geworden.[24] Gerade in

---

[24] Vgl. Schelers Werk: Wesen und Formen der Sympathie.

diesem Liebesbegriff kommt ein wesentliches Moment der »bewährten« (d. h. durch eine Vorentscheidung hindurch erworbenen) Sachlichkeit zum Ausdruck: die Ausrichtung auf die Zukunft. »Wesentlich für die Überschreitung der (bloßen) Objektivität auf bewährte Sachlichkeit hin sind (also): Übernahme einer Verantwortung, konspiratives Engagement, prospektive und propulsive Erwartungshaltung in bezug auf den Gegenstand bzw. Partner« (um einen »Partner« bzw. ein Ko-Subjekt handelt es sich im sittlichen, um einen »Gegenstand« im vorsittlichen Bereich der Sachlichkeit!).[25] Eben diese *Überschreitung der puren Subjekt-Objekt-Relation* ist kennzeichnend für die Sachlichkeit, wie ich sie verstehe.

Man muß eben beachten, daß Sachlichkeit kein »univoker«, sondern ein »analoger« Begriff ist. Der Sinngehalt des Sachlichkeitsbegriffs wandelt sich analogiter ab, wenn von einem der genannten Bereiche in einen anderen übergewechselt wird. Es bleibt aber, wie das bei analogen Begriffen der Fall ist, ein Gemeinsames im Sinngehalt: Zuwendung zum Seienden um des Seienden willen und Konspiration.

Je nach der Rangstelle im Sein, die das konkrete Seiende einnimmt, dem gegenüber die Vorentscheidung vollzogen wird, hat auch die Vorentscheidung eine abgestufte Bedeutung für die Persönlichkeit dessen, der sie vollzieht.

Sachlichkeit und Unsachlichkeit unterscheiden sich beide von der utilitären Haltung. Diese ist für die Lebensbasis notwendig. Der Mensch kann jedoch auf die Dauer nicht im rein Utilitären verharren. Das utilitäre Verhalten ist von einer bestimmten Entwicklungsstufe des Menschen an notwendig immer entweder von Sachlichkeit oder Unsachlichkeit überdeterminiert und in diesem Sinne »überformt«, wobei die erstgenannte »Überformung« sein *soll,* die zweite *nicht* sein soll. Hier zeigt sich bereits ein Ansatz für eine ethische Auswertung der Kategorien.

Selbstredend ist die Vorentscheidung nicht die einzige Art von Betätigung der Entscheidungsfreiheit. Es gibt auch freie

---

[25] Hengstenberg, Grundlegung der Ethik S. 42.

Entscheidungen, die auf Grund von voraufgehenden Überlegungen rational getroffen und nach außen hin manifest
werden (z. B. ich entscheide mich auf Grund einer Wahl,
dieses Mittel für jenen Zweck einzusetzen). Die Vorentscheidung als inneres Geschehen ist dagegen nicht rational kontrolliert und sie wird nicht unmittelbar nach außen manifest.
Dennoch ist sie nicht unter- oder unbewußt, sondern in einer
besonderen *Weise* bewußt, die ich im Anschluß an *Scheler*[26]
überbewußt nenne. So sind nach *Scheler* bekanntlich die geistigen Akte »nicht gegenstandsfähiges Sein«. Sie sind von
seiten der Person nicht »objizierbar« (im Sinne des Objizie-
rungsbegriffs *N. Hartmanns)*, sondern ihrem Vollzieher nur
überbewußt gegeben; Gegenstand ist nur das, worauf auf
Grund der Akte gezielt wird. Ähnlich ist auch die Vorentscheidung dem Subjekt »ungegenständlich«, in überbewußter
Weise gegeben.

Eine Hinführung zu dem, was ich mit dem Überbewußten
der Vorentscheidung meine, bietet auch die geistvolle These
N. Hartmanns von der »zweiseitigen Irrationalität«.[27] Es gibt
eine »Irrationalität durch Fernstellung« auf der Objektseite
und eine solche durch »Nahstellung« auf der Subjektseite. Das
erkennende Subjekt kann sich nicht selbst zum Objekt machen,
gerade, weil es sich selbst so nahe ist; dennoch weiß es unmittelbar um seine Existenz. Nur handelt es sich bei der Vorentscheidung nicht wie bei *Hartmann* um eine Irrationalität.
Das Überbewußte der Vorentscheidung legt sich vielmehr so
aus, daß sie ein Richtungseinschlagen ist, ein in Bewegung-
setzen meiner Vermögen entweder in Richtung auf Konspiration oder im Gegensinne. Eben dieses Geschehen muß auch
innerhalb meiner Person für meine Person spürbar werden,
denn es verändert entweder im positiven oder negativen Sinne
meine »innere Lage« zum Mitseienden, zu mir selbst und zur

---

[26] Vgl. Scheler: Der Formalismus in der Ethik und die materiale
Wertethik, II. Tl., VI A, 3, b.
[27] Vgl. N. Hartmann: Grundzüge einer Metaphysik der Erkenntnis, dritter Tl., II. Abschn., 26, c.

Transzendenz. Es ist mir unmöglich, von dieser Lageänderung in mir selbst nicht zu wissen. Aber eben, weil mir dieses inner-personale Geschehen so nahe ist, ist es einer rationalen Über-wachung weder fähig noch bedürftig; gerade so besitzt es für mich einen höchsten Grad der Gewißheit, des Inneseins, eben im Modus des Überbewußten. Das »Organ«, kraft dessen mir der Richtungscharakter der Vorentscheidung zur Gegebenheit kommt, ist das Gewissen; und darin gründet auch das Ver-antwortlichkeitsmoment in der Vorentscheidung. Eine aus-führliche Lehre vom Gewissen habe ich in meiner Grund-legung der Ethik (1969) vorgelegt.

Es gibt eben von unserem alltäglichen »Normalbewußtsein« aus eine doppelte Abweichung: eine »nach unten«, zum Unter- und Unbewußten hin, und eine »nach oben«, zum Überbe-wußten hin. Von hier aus ergab sich mir eine Kritik an ge-wissen Positionen des Strukturalismus, die nur vom Unbe-wußten reden (l'inconscient) und das Überbewußte gar nicht kennen.[28]

Mir ist nicht erinnerlich, für die Lehre von der Vorentschei-dung ein Vorbild gehabt zu haben. Es ist jedoch möglich, daß mir *Schelers* Lehre vom »Vorziehen« und »Nachsetzen« der Werte eine indirekte Anregung gegeben hat; und nicht ganz ausgeschlossen, daß *Lindworskys* Doktrin über das Verhältnis von Wille und Motiven nachgewirkt hat, nach welcher nicht eigentlich von Willens-»kraft« zu reden ist, sondern nur von einer Lenkung der Aufmerksamkeit auf die Motive bzw. Vor-stellungen, so daß einmal dieses, einmal jenes Motiv in der Bewußtseinspräsenz akzentuiert und die Willenshandlung dementsprechend determiniert wird; eine Auffassung, der ich freilich später, was die Wesensbestimmung des Willens und des Wollens angeht, widersprochen habe.[29] Immerhin, auch bei

---

[28] Vgl. Hengstenberg: La décision initiale et les structures des activités humaines, in: Revue de Métaphysique et de Morale, 77e année No 3, juillet-sept. 1972.

[29] Hengstenberg: Gibt es qualitative und quantitative Unter-schiede innerhalb des Willens?, in: Pharus (Donauwörth), Jg. 23 (1932), Heft 9 S. 126—143.

Lindworsky handelte es sich um ein gewisses »Richtungsein-schlagen«, und das könnte ein tertium comparationis sein.

Was ich mit dem Phänomen der Sachlichkeit meine, ist wohl nie ernstlich bestritten worden; hier und da wurde es auch positiv aufgeriffen, zumal in der Pädagogik.[30] Bezüglich des *Terminus* »Sachlichkeit« waren jedoch die Meinungen geteilt. Es scheint, als wenn die Kritik am Terminus des öfteren nur ein Vorwand war, um sich einer sachlichen Auseinander-setzung zu entziehen. Die »Vorentscheidung« wurde im Laufe der Jahre gleichsam stillschweigend akzeptiert. Hier und da taucht sie, ziemlich in meinem Sinne, in der Literatur auf, neuerdings auch in systematischen Zusammenhängen.[31]

Daß die Vorentscheidung ein Moment freier Spontaneität enthält, habe ich auf phänomenologischer Basis in meiner Philosophischen Anthropologie nachgewiesen. Später fügten sich mir ontologische Argumente hinzu, davon unten. Natürlich darf man Freiheit der Vorentscheidung nicht mit Unbedingtheit verwechseln. Damit die Entscheidungsfreiheit als Vorentschei-dung ins Spiel kommen kann, müssen gewisse physische, psychische und milieumäßige Vorbedingungen erfüllt sein. Aber conditio ist nicht gleich causa.

Die Seinsfreiheit

Die Vorentscheidung betrifft nur die eine Dimension der Freiheit, nämlich die der Entscheidungsfreiheit. Die andere ist durch das umrissen, was ich die Freiheit des Seins, des Spielraums oder der Souveränität nenne. Von der Vorentschei-dung kann aber diese zweite Dimension in den Blick gebracht werden:

Wenn ich infolge guter Vorentscheidung die sachliche Hal-

---

[30] Vgl. dazu die Angaben in meiner Anthropologie S. 6, Fußn. 6a. — Meine ontologischen Kategorien wurden erstmals in der Pädagogik verifiziert von Georg Schindler: Bildungslehre eines natürlichen Unterrichts, Düsseldorf (Schwann) 1952.

[31] Vgl. besonders Hans Kramer: Die sittliche Vorentscheidung, Würzburg 1970; dort findet sich auch weitere Literatur, in der die Vorentscheidung herangezogen wird.

tung in mir aufgerichtet habe, dann wird diese Haltung zu einem machtvollen Apriori für die Begegnung mit Dingen und vor allem mit Personen und für die Gestaltung dieser Begegnung. Angenommen, ich treffe jetzt auf zwei Menschen, die sich furchtbar streiten. Wenn ich mich für die Streitmaterie zuständig fühle und die Chance sehe, das Vertrauen der Streitenden zu gewinnen, dann entsteht aus meiner sachlichen Grundhaltung heraus das Motiv, Frieden zwischen den beiden zu stiften, und zwar entsteht es mit einer gewissen Notwendigkeit. Man könnte sagen: wenn mit Notwendigkeit, dann ohne Freiheit. Aber das wäre kurzgeschlossen. Wenn sich die Situation nämlich ein wenig ändert und ich erfasse, daß der eine der Streitenden so unversöhnlich und ungerecht (unsachlich) ist, daß der Versuch einer Friedensstiftung zur Farce werden müßte, dann entsteht in mir das entgegengesetzte Motiv: in den Streit einzugreifen und demjenigen beizustehen, der die Ungerechtigkeit erleidet. Ich kann also motivmäßig »umspringen«. Dieses Kampfmotiv entsteht dann in mir aus der gleichen Grundhaltung mit der gleichen Notwendigkeit, nach der das Friedensmotiv ausgezeugt worden wäre. Wieder wird man vielleicht sagen: also im einen wie im anderen Fall restlose Determination durch die Motive, Freiheit gleich Null.

Aber bei diesem Einwand wird der springende Punkt übersehen. Die verschiedenen Motive und ihre Notwendigkeit kommen nämlich nicht »ohne mich« zustande. Die seinsmächtige Grundhaltung ist es, aus der im einen Fall dieses, im anderen Fall jenes Motiv als notwendiges ausgezeugt wird (natürlich kommen auch noch andere Motive als die genannten in Frage).

Man kann sich diesen Zusammenhang klarmachen durch die scharfsinnige Unterscheidung *Nicolai Hartmanns* zwischen »ontologischer Möglichkeit« und »Realmöglichkeit«.[32]

Wenn ein auf einem Abhang liegender Stein allmählich unterwaschen wird, dann kommt einmal der Punkt, wo er realiter abrutscht. Die ontologische Möglichkeit dazu bestand

---

[32] Vgl. Der Megarische und der Aristotelische Möglichkeitsbegriff, ein Beitrag z. Geschichte des ontologischen Modalitätsproblems; Sitzungsber. d. Preuß. Ak. d. Wiss., Berlin 1937.

schon vorher. Aber *real*möglich wird das Abrutschen erst,
wenn es auch realnotwendig wird. Am »kritischen Punkt«
erzwingen die Kausalfaktoren es, vorher war es gerade real-
unmöglich. Es wird realmöglich, indem es realnotwendig wird,
und umgekehrt. Hier bewahrheitet sich die These *Hartmanns*,
daß die Realwirklichkeit die Synthese von Realmöglichkeit
und Realnotwendigkeit ist. *Hartmann* spricht vom »Spaltungsgesetz der Realmöglichkeit«, was besagt, daß im Realverhältnis
die Möglichkeit von A die Möglichkeit von non-A ausschließt
(bzw. die Unmöglichkeit von non-A einschließt); und das heißt,
A tritt notwendig ein.

Der »Härte« dieses Spaltungsgesetzes unterliegen auch die
faktisch in Frage kommenden Motive (obiges Beispiel), sie
kommen ab ovo als notwendige zur Existenz. Ich habe keineswegs zwischen den einzelnen »gewählt«.

Nun aber muß die andere Seite hinzugenommen werden:
die ontologische Möglichkeit, die in meiner sachlichen Grundhaltung steckt. Nur unter ihrer Beteiligung kann das besagte
Spaltungsgesetz auf der Ebene der faktischen Motive ins Spiel
kommen. Das heißt, aus der ontologischen Möglichkeit meiner
Grundhaltung kann *sowohl* das eine *als auch* das andere
Motiv notwendig werden, je nach Anforderung der Sachlichkeit und der Situation. Es handelt sich also um ein Sichgleich-
bleiben der Haltung in einer Vielheit von »möglichen Notwendigkeiten« – aus ontologischer Möglichkeit dieser Haltung.
Vielheit von möglichen Notwendigkeiten besagt, daß es ebenso
gut möglich ist, dieses wie ein anderes Motiv (innerhalb des
einschlägigen Rahmens) zum notwendigen werden zu lassen,
beziehungsweise ab origine als notwendiges zur Existenz zu
bringen. Meine Haltung kann sich in der einen wie in der
anderen Notwendigkeit gleich gut ausdrücken, in jeder kann
sich die Person selbst bejahen. Das eben ist Freiheit des Seins,
der Souveränität, des Spielraums. Ich habe dieses Phänomen
»Notwendigmachen aus Freiheit« oder kurz »Vernotwendigung aus Freiheit« genannt. Die Person selbst ist es, die hier
aus ihrer Seinsmächtigkeit der Haltung notwendig macht
(unter Beteiligung des Überbewußten); freilich auf Basis der

Vorentscheidung und immer nur in Anpassung an die situativen Bedingungen und in dialogischem Kontakt mit Mitseienden, vor allem Personen.

Freiheit und Notwendigkeit sind gar keine einander ausschließenden Größen; und im Bereich der Seinsfreiheit wird der Gegensatz von Indeterminismus und Determinismus sinnlos. Von den obigen Darlegungen her ist eine konstruktive Auseinandersetzung mit dem Marxismus-Leninismus möglich.

Die Vernotwendigung geht aber weiter. Das Verhältnis von Haltung und Motiv setzt sich fort (»extendiert«) in das zwischen dem je vernotwendigten Motiv und den zu fassenden Handlungszielen. Schließlich wird aus dem frei-notwendig gefaßten Ziel ein Kreis von Mitteln, die der Zielrealisierung dienen können, gleichsam vorentworfen; und innerhalb dieses »Wahlkreises« der Mittel wird das endgültige Mittel ausgewählt. Hier erlangt die Notwendigkeit eine besondere Härte. Denn nur *ein* Mittel kann das beste sein, und es wird durch die unerbittliche ratio »ermittelt«. Wahl gibt es nur zwischen Mitteln, nicht zwischen Haltungen, Motiven und Zielen. Freiheit ist eben ganz und gar nicht auf Akte des Wählens beschränkt. Über Seinsfreiheit in Verbindung mit der Vorentscheidung habe ich in meinen Büchern »Philosophische Anthropologie«, »Freiheit und Seinsordnung« und »Grundlegung der Ethik« gehandelt.

Die landläufige Vorrangstellung der Wahlfreiheit gleichsam als Prototyp von Freiheit ist mir immer primitiv, spießig und kleinbürgerlich erschienen. In Wahrheit ist die Wahlfreiheit nicht Ur- sondern Epiphänomen der Freiheit. Gerade wenn der Mensch in den tiefsten Bereichen seines Selbstseins gefordert ist, wählt er nicht. Man »wählt« zum Beispiel für gewöhnlich seinen Ehepartner nicht aus einem Kreis von präsumtiven »Anwärtern«, sondern man findet ihn kraft einer Begegnung, die gleichermaßen durch Freiheit und Notwendigkeit gekennzeichnet ist. Man wählt auch nicht zwischen Religionen.

Zwischen Entscheidungsfreiheit und Seinsfreiheit gibt es etwas letzthin Gemeinsames. Analysiert man tief genug, so gelangt man bei beiden an der Wurzel zu einem schöpferischen In-Beziehungsetzen, das ich »schöpferische Relation« nannte. Das ist im letzten Kapitel meines Buches »Freiheit und Seinsordnung« dargelegt.

b) Die Ursprungsrelationen

Mit dem Problem der Freiheit ist das der Ursprungsrelationen auf das innigste verbunden. Hier fand ich im zeitgenössischen Denken geradezu eine tabula rasa vor. Man hat sich jahrzehntelang über die Gültigkeit des Kausalprinzips gestritten, erst in der Neuscholastik und später im Zusammenhang mit der Heisenbergschen Unschärferelation und ähnlichen Entdeckungen, wo die Elementarteilchen seitens mancher philosophierender Physiker in den Verdacht kamen, »akausal« und mit Entscheidungsfreiheit begabt zu sein. Aber wie kann man über die Gültigkeit des Kausalprinzips etwas ausmachen, wenn man nicht vorher weiß, was Kausalität *ist*?

Selbst bei dieser niedersten Form der Ursprungsrelationen, der Kausalrelation, war für mich vorgängig eine detaillierte phänomenologische Analyse erforderlich.[33] Eine Ursache A wirkt auf ein Seiendes B und bringt dieses von einem Zustand (b_1) in einen anderen (b_2). Die eigentliche Kausalrelation $A \rightarrow B$ ist von der Relation zwischen den Zuständen, die B infolge von A nacheinander durchläuft, streng zu unterscheiden. Denn die Glieder der Zustandsreihe von B $- b_1 \rightarrow b_2 \rightarrow b_3$ usw. − stehen zueinander nicht kausal, sondern nur gesetzmäßig temporal; und diese Zustandsreihe ist nur *Folge* der Kausalrelation $A \rightarrow B$ (bzw. der verschiedenen Einwirkungen, die B nacheinander durch die Ursachen A_1, A_2, A_3 erlitten hat). Schließlich sind die *Bedingungen* für das Zustandekommen der Kausalrelation $A \rightarrow B$ von dieser selbst zu unterscheiden. Also ein Geflecht von Relationen, die alle miteinander in jenes um-

---

[33] Vgl. H. E. Hengstenberg: Die Relation der ontologischen Ursprungsrelationen, in: Philos. Naturalis, 6 Bd. 1961, H. 4; Zur Frage nach dem Ursprung des Kausalbegriffs, in: Ztschr. f. Philos. Fo. Bd. 27, H. 2 (April-Juni) 1973.

fassende Relationsgefüge gehören, das ich den »Kausalzusammenhang« nenne.

Von der Kausalrelation ist wesentlich zu unterscheiden die von (seinsmäßigem) Grund und (seinsmäßiger) Folge. Denn hier handelt es sich nicht, wie bei der Kausalrelation, um ein Entstehen von etwas in der Zeit, sondern um das *Be*-stehen von etwas in sich selbst aus seinshaften Gründen. Mir leuchtete ein, daß Begründung immer reziprok strukturiert ist. Wenn X ontologischer Grund von Y ist, dann umgekehrt Y auch für X. Das heißt, Begründung im ontologischen Sinne gibt es nur in einem übergreifenden »Begründungszusammenhang«. Das gilt zum Beispiel für das ontologische Verhältnis der Konstituentien in der metaphysischen Existenz.

Schließlich die Ausdrucksrelation. Sie ist weder auf die Kausal- noch auf die Begründungsrelation zurückzuführen. Hier ist das Geflecht der implizierten Relationen am vielfältigsten. Ein sich ausdrückender Terminus teilt sich einem untergeordneten, dem Ausdrucksmedium, mit. Zwischen beiden besteht ein Verhältnis der Teilhabe, die ich definierte als »gegenseitige Soseinsaneignung der Partner bei voller Belassung der Soseinsintegrität beider«[34]. Das seinsmäßige Ergebnis dieses Ausdrucksgeschehens ist ein Novum an und im Ausdrucksmedium, dieses Novum wurde von mir »Ausdrucks-sein« genannt. Was vom ersten Terminus an den zweiten mitgeteilt wird, ist Ordnung und Sinn; und eben dadurch kommt das Novum zustande. Die Ausdrucksrelation ist also spezifisch die, in welcher Sinn mitgeteilt oder gar urgehoben wird, in ihren Bahnen spielt sich das Schöpferische ab.

Die Ausdrucksrelation ist weder auf die Kausal- noch auf die Begründungsrelation zurückzuführen, wenngleich sie beide zur Fundierung braucht. Spreche ich zum Beispiel ein Wort aus, so sind zwar Kausalrelationen erforderlich, um die Laute hervorzubringen. Aber mein Geist greift nicht verändernd in diese Kausalrelationen ein. Denn mit den gleichen Kausalrelationen und Energien kann ich die gleichen Laute so

---

[34] H. E. Hengstenberg: Sein und Ursprünglichkeit, München ²1959, S. 69.

zeitlich hervorbringen, daß sinnlose Silben entstehen, und so, daß eine sinnvolle Laut-Zeit-Gestalt entsteht. Mein Geist »kausiert« nicht, sondern er teilt an die Lautmaterien dergestalt Ordnung und damit Sinn mit, daß aus den Lauten der Wortleib als Ausdrucks-sein schöpferisch herausgerufen wird. Auch die Begründungsrelation kommt zwischen Geist und Lautmaterien nicht in Frage, wie leicht nachzuweisen ist.

Die Ausdrucksrelation hat den großen Vorteil, daß sie, da sie »transkausal« wirkt, niemals mit den Kausalanalysen der Naturwissenschaft in Konflikt geraten kann.

Die drei Ursprungsrelationen sind kategorial scharf zu unterscheiden, wirken aber in concreto immer zusammen. Dabei herrscht eine gewisse Teleologie: die jeweils niedere ist um der jeweils höheren willen da bzw. in Auswirkung.

Mit dem Ausdruck hängt die Kategorie der *Überzeitlichkeit* zusammen, die sich bereits bei *Scheler* findet[35] und von der schon unter I b die Rede war. Sie ist von *Zeitlosigkeit* scharf zu unterscheiden. Gehen wir als Beispiel von der Zeitgestalt einer erklingenden Melodie aus, so folgen die einzelnen Töne, beziehungsweise Intervalle, einander zwar zeitlich, aber die Melodie als solche ist nicht als zeitlich zu charakterisieren. Denn sie bleibt im Durchlauf von den vergangenen Tönen über den zeitlich-jetzigen zu den noch künftigen mit sich selbst identisch. Mit jedem neu erklingenden Ton entsteht nicht etwa eine neue Melodie. Nicht einmal läßt sich sagen, daß sich die Melodie mit jedem neuen Ton verändere, denn alle Töne — die bereits erklungenen, der jetzige und die künftigen — sind ja von Anbeginn im »Zeitplan« der Melodie, in ihrer Zeitgestalt, bereits enthalten (die Zeitgestalt ist nicht selbst wieder zeitlich). Man kann sagen: die Melodie persistiert, hält sich durch im zeitlichen Ablauf ihrer Elemente, sie ist in diesen *gegenwärtig*. Diese *Gegenwärtigkeit* der Melodie, Korrelat ihrer Überzeitlichkeit, ist eine ganz andere Kategorie als die rein *zeitliche* Gegenwart, die nur ein dimensionsloser Schnitt zwischen Vergangenheit und Zukunft ist.

---

[35] Z. B. Nachlaßband I, Bern 1957, S. 297.

Im gleichen Sinne muß man dann auch sagen, daß die Relation zwischen dem, der die Melodie singt oder spielt, und den einzelnen zeitlichen Elementen, also die Relation zwischen Sichausdrückendem und Ausdrucksmedium in der Ausdrucksrelation, überzeitlich ist (obwohl die Relation der Elemente untereinander zeitlich ist). Überzeitlichkeit, die natürlich Zeit*gebundenheit* nicht ausschließt (ist doch die Melodie in der zeitlichen Folge ihrer Elemente fundiert), ist das höhere Mittlere zwischen reiner zeitlicher Prozessualität und reiner Zeitlosigkeit (etwa eines mathematischen Gebildes). Das gilt auch ontologisch: überzeitlich ist die Relation zwischen erstem und zweitem Konstituens in der metaphysischen Existenz; ein überzeitliches Geschehen stellt auch der actus essendi dar, der sich zwischen den Konstituentien spannt.

Die Überzeitlichkeit der Ausdrucksrelation ist der Grund dafür, daß in ihr Zeitgestalten schöpferisch urgehoben werden können; denn nur aus Überzeitlichem kann Zeitliches gestaltet werden.

Ausdruck, Überzeitlichkeit[36] und Gegenwärtigkeit gehören zu den Existenzialien, von ihnen ist noch zu sprechen.

Die Ursprungsrelationen habe ich bereits in »Band zwischen Gott und Schöpfung« (1940, ²1948) behandelt, weiter systematisierend in »Autonomismus und Transzendenzphilosophie« (1950), ferner in meiner Philosophischen Anthropologie (1957, ³1966), in »Sein und Ursprünglichkeit« (1958, ²1959), »Freiheit und Seinsordnung« (1961), »Evolution und Schöpfung« (1963) und »Mensch und Materie« (1965); in den meisten dieser Bücher ist auch die Überzeitlichkeit behandelt.

c) Die Überschreitung des Seins

Die transentitativen Kategorien

Die drei Ursprungsrelationen genügen allein nicht, um Initiation (Anfangmachen), Freiheit und Kreativität zu erklären. Das gilt sogar für die Ausdrucksrelation, was schon daran er-

---

[36] Vgl. H. E. Hengstenberg: Überzeitlichkeit und Zeitlosigkeit als ontologische Kategorien, in: ZPhF Bd. 23, H. 4 (1969).

sichtlich ist, daß sie bereits dort herrscht, wo von schöpferischem Hervorbringen und echter Initiation noch gar nicht die Rede sein kann. Richtig ist nur, daß, wenn Schöpferisches geschieht, dies in den Bahnen der Ausdrucksrelation geschieht, wobei die ersten beiden Ursprungsrelationen in konditionierender Funktion stehen. Um zu Initiation, Freiheit und Kreativität zu gelangen, muß mit den genannten Ursprungsrelationen auch die gesamte Ontologie überschritten werden. Das ist mit Seinsüberschreitung gemeint.

Sie läßt sich am besten von der Vorentscheidung her aufweisen. Die Vorentscheidung ist ein Richtungeinschlagen. Wir setzen in ihr unsere Fähigkeiten und Kräfte in bestimmter Richtung in Bewegung, nämlich entweder in Richtung auf Konspiration (Sachlichkeit) oder im Gegensinne. Indem wir dies aber tun, verfügen wir als Person über unsere Seinsbestände: physisches, psychisches, geistiges Sein. Von all solchen Seinsbeständen gilt aber, daß sie, von ihnen selbst her betrachtet, genau so gut in Richtung auf Konspiration wie in entgegengesetzter Richtung in Bewegung gesetzt werden können. An einem Beispiel gezeigt: ein bestimmter Fundus an Affektivität kann, von ihm selbst her gesehen, genau so gut in den Dienst eines gerechten wie eines ungerechten Zornes treten.

Wenn also jeder der Seinsbestände sich genau so gut in die eine Bewegungsrichtung wie die andere bringen läßt, und das heißt, sich genau so gut von einer guten wie einer schlechten Vorentscheidung ergreifen läßt und für beide gleichermaßen offen ist, dann folgt, daß kein Seinsbestand eine Vorentscheidung *ist*; und daraus folgt logisch die Umwendung: *keine Vorentscheidung ist ein Seinsbestand, Sein.* Das wird besonders verständlich, wenn man an den Übergang von einer Vorentscheidung zur entgegengesetzten denkt. Das ist eine Richtungsänderung; wie sollte man die unter »Sein« charakterisieren?

Die Vorentscheidung ist aber nicht nur kein Sein, sondern auch nicht aus Sein zu begründen. Erstens weil, wie soeben gezeigt wurde, jeder Seinsbestand in der Person indifferent dazu ist, ob es zu einer guten oder schlechten Vorentscheidung kommt, zweitens weil man für etwas, das kein Sein ist, schwerlich Seinsgründe finden kann. Beides bildet den *ontologischen Erweis* für die *Freiheit* der Vorentscheidung; hier kann man wirklich von Indeterminiertheit (nicht von Unbedingtheit!) reden.

Alle Ursprungsrelationen versagen hier. Man kann lediglich sagen, daß wir die Vorentscheidung aus der Ganzheit unserer Person *vollziehen*. Aber bei der Person wiederholt sich die gleiche Problematik. Wenn sie so gestellt ist, daß sie Vollzüge wie die Vorentscheidung aus sich heraussetzen kann, die nicht mehr unter »Sein« zu charakterisieren sind, dann muß sie selbst eine Verfaßtheit besitzen, die nicht mehr unter »Sein« allein aussagbar ist; eben das ist mit Überschreitung des Seins gemeint.

Gewiß existiert die menschliche Person nicht ohne Sein, denn sie ist ja eine ontologische Konstitution. Aber wie in der metaphysischen Existenz *im* Existenzprinzip zur Seiendheit die Existenzialität hinzukommt (dazu gehört der oben besprochene kreisläufige Vollzug zwischen den Konstituentien), so kommt in der menschlichen Person *im* Personalitätsprinzip (als drittem Konstituens zu Geist und Vitalbereich) zur Seiendheit die Personalität hinzu. Und diese Personalität gegenwärtigt sich in den spezifischen existenzialen personalen Vollzügen, für die die Vorentscheidung ein Beispiel ist. Das Personalitätsprinzip ist natürlich nicht dasselbe wie die Personalität; diese wird von der Ganzheit der Person ausgesagt (wie die Existenzialität von der Ganzheit der metaphysischen Existenz). Die Personalität ereignet sich *im* Personalitätsprinzip; sie kann als Existenzial der Person aufgefaßt werden. Davon unten.

Vorentscheidung und Personalität sind *transentitative Kategorien*. Dieser Ausdruck soll lediglich besagen, daß wir, wenn wir Vorentscheidung und Personalität meinen, mit unserem Meinen (unserer intentionalen Zielung) das Meinen von Sein und Seiendheit überschreiten, nicht aber, daß Vorentscheidung und Personalität losgelöst von Sein bestehen können. Man kann hier von einem Mehr *zum* Sein reden (nicht aber von etwas, das mehr *als* Sein wäre; dies schlösse eine völlig unberechtigte Wertung ein).

Zu den transentitativen Kategorien gehören nicht nur Vorentscheidung und Personalität (im Unterschied zur Person), sondern auch zum Beispiel Sinnhaftigkeit (realer Sinn bzw. Widersinn) und sittliche Werthaftigkeit (sittlicher Wert oder Unwert). Vor allem sind hier die Existenzialien einzuordnen, von denen noch zu reden ist.

Noch eins ist zu beachten: »transentitativ« ist nicht gleichbedeutend mit »unwirklich«. Die Vorentscheidung, zum Beispiel, ist ein wirkliches Geschehen, denn sie geschieht, kraft Personalität, in einem Hier und Jetzt. Die Bereiche von Sein und Wirklichkeit decken sich eben nicht, sondern überschneiden sich. Es gibt erstens Wirkliches, das zugleich seiend ist (die realen Dinge unserer Welt), zweitens Seiendes, das nicht wirklich ist (das ideale Sein, z. B. mathematische Gebilde), und schließlich drittens Wirkliches, das nicht seiend ist (wie die Vorentscheidung), wenn auch selbstredend auf Sein fundiert.

Wenn nun die Vorentscheidung weder Sein ist noch aus Sein ableitbar, dann hat sie doch desungeachtet die größte Bedeutung für unser menschliches Sein. Denn durch die gute Vorentscheidung gelangen wir zum Einssein mit uns selbst und damit zur Vollendung unseres Seins; durch die schlechte Vorentscheidung geraten wir in das Uneinssein mit uns selbst und damit zu einer Defizienz unseres Seins. Und so ist es bei allen transentitativen Kategorien. Unter ihrer Herrschaft gelangt im Falle sinngemäßen Vollzuges alles Sein zu seiner vollen Ausprägung und Sinnerfüllung; unter ihrem Aspekt tritt das Sein für uns erst in sein volles Licht.

Fritz Heinemann fragt, ob nicht, entgegen der Rede *Heideggers* von der »Seinsvergessenheit«, heute umgekehrt eine »Jahrtausendealte, geradezu maßlose Überschätzung des Seinsbegriffs« vorliege, und er vermutet, *die* Zukunftsfrage der Metaphysik sei, ob sie fähig sein werde, die Enge der traditionellen Seinsfrage zu sprengen.[37] Ich möchte dem, was *Heine-*

---

[37] Fritz Heinemann: Existenzphilosophie, lebendig oder tot? Stuttgart 1954, S. 104, 108.

mann meint, nachdrücklich zustimmen, jedoch nicht von einer Überschätzung des Seinsbegriffs, sondern einer Unterschätzung der transentitativen Kategorien reden. Was *Heinemann* von der »Enge der traditionellen Seinsfrage« sagt, ist völlig richtig.

Freilich hat man bis zu gewissem Grade immer schon in transentitativen Kategorien gedacht. Dahin gehört zum Beispiel der »leere Raum« der frühen Atomisten, das »über-seiende« Eine der Neuplatoniker und der »nichtseiende« Gott (kein Atheismus!) der »negativen Theologie«. Und *Winfried Weier* hat in einer tiefgreifenden Studie[38] nachgewiesen, daß es sich bei *Thomas v. Aquin* mehr um eine Sinn-Teilhabe als um eine Seinsteilhabe handelt; (realer) Sinn ist eine transentitative Kategorie. Aber für die moderne Philosophie ist dieser Kategorienbereich geradezu das entscheidende Signum. Der Existenzialismus hat hier seine Verdienste. Jedoch setzt er sich dadurch ins Unrecht, daß er die Seinsfundamente für das »Mehr zum Sein« verschwinden läßt; das Gleichgewicht von Sein und Existenz ist hier nach der anderen Seite, zu Ungunsten des Seins, gestört.

In der Hingabe, die ich in der Sachlichkeit und ihren analogen Abwandlungen beschrieben habe, kommen die besagten transentitativen Kategorien ins Spiel. Hier gelangen auch die sittlichen Werte — als »Endstand« von Sinnrealisierungen — zur Existenz. Begegnen kann ich nicht dem Sein, sondern nur konkreten Seienden; und die Vorentscheidung ist immer Hier-und-jetzt-Entscheidung im Angesicht des mir begegnenden Seienden. Begegnen spielt sich selbst in den Bahnen der transentitativen Kategorien ab, indem freilich das Sein des Begegnenden erst zum Aufleuchten kommt. Unter diesem Aspekt ist auch die Begegnung mit der Transzendenz zu sehen, die nun ebensowenig mit Seinskategorien allein auszulegen ist wie die endliche Person (von hier aus ist die von mir konzipierte »analogia trinitatis« als Ergänzung zur »analogia entis« zu verstehen). Sein offenbart sich nur in der »konspirierenden«

---

[38] Winfried Weier: Sinn und Teilhabe — das Grundthema der abendländischen Geistesentwicklung, Salzburg-München 1970.

Hingabe an konkretes Seiendes unter Mitwirkung des Transentitativen. Es ist eben unmöglich, wie *Heidegger* es will, »Sein im Durchblick durch die eigentliche Zeit in sein Eigenes zu denken — aus dem Ereignis — ohne Rücksicht auf die Beziehung des Seins zum Seienden«[39]. Jedoch ist nicht zu verkennen, daß *Heidegger* für die Entdeckung der transentitativen Kategorien die größten Verdienste hat.

Eine Reaktion auf den einseitigen »Entialismus« stellt die moderne Wissenschaftstheorie dar mit Logistik, Linguistik, Kybernetik, »kritischer Thorie«, Strukturalismus usw. Ich bin weit davon entfernt, den Wert dieser neu aufgebauten Disziplinen zu verkennen. Nur können sie Philosophie nicht ersetzen.

Erst aus den transentitativen Kategorien läßt sich sachgerecht interpretieren, was Initiativität, menschliche Freiheit und Kreativität, also die spezifisch personalen Existenzialien, sind. Davon ist im Rahmen der Existenzialien überhaupt zu reden.

Die Existenzialien

Alle Existenzialien differenzieren die Art und Weise, wie ein selbständig Seiendes bzw. Existierendes sich zu sich selbst und anderen verhält, und zwar im Rückgriff auf Vergangenes und Vorgriff auf Zukünftiges; sie haben es also alle mit Vergangenheit, Gegenwart und Zukunft, also mit Geschichtlichkeit im weitesten Sinne zu tun. Jedoch beziehen echte Existenzialien Vergangenheit und Zukunft vom gegenwärtigen Standhaben aus: das »Nicht mehr« bleibt im existenzialen »Gegenwarten« gegenwärtig; das »Noch nicht« ist schon als das Woraufhin des Existierens gegenwärtig.[40] Deshalb kann man von der be-

---

[39] M. Heidegger: Zur Sache des Denkens, Tübingen 1969, S. 25.
[40] Vgl. H. E. Hengstenberg: Was ist Existenzialontologie? ZPhF 26/1972 H. 2. — In einleuchtender Weise wird die Kontraktion von Vergangenheit und Zukunft in der Gegenwart im Anschluß an Augustinus von Rudolph Berlinger dargelegt: Augustins Dialogische Metaphysik, Frankf./M. 1962, S. 46 f. — Ein ähnliches Verständnis der Gegenwärtigkeit bei August Brunner: Geschichtlichkeit, Bern 1961.

reits erwähnten *Gegenwärtigkeit* — im Unterschied zur zeitlichen Gegenwart als dimensionslosem Schnitt zwischen früher und später — als Grundexistenzial ausgehen und von ihr her die anderen Existenzialien ableiten.

Gegenwärtigkeit, Ausdruck und Überzeitlichkeit wurden oben bereits in ihrer Verwiesenheit aufeinander als Existenzialien vorgestellt. Weitere Existenzialien sind Teilhabefähigkeit oder Partizipabilität, Sinnhaftigkeit und Seinsfreiheit. Wie die scholastischen Transzendentalien (ens, bonum, verum, unum usw), so bilden auch die Existenzialien einen geschlossenen Kreis, wo jedes einzelne Existenzial mit jedem anderen konvertierbar ist.

Die soeben genannten Existenzialien sind nicht auf den Menschen beschränkt, sondern gelten für alle selbständig Seienden. Es läßt sich zum Beispiel nachweisen, daß es die Seinsfreiheit bis zu einer gewissen Höhenstufe schon bei Tier und Pflanze gibt.[41] Das hängt mit der biologischen Finalität zusammen.[42]

Beim Menschen kommen aber die spezifischen personalen Existenzialien hinzu; basal die *Personalität* überhaupt, die oben bereits als Existenzial gekennzeichnet wurde. Menschliche Person ist als Konstitutum aus Geist, Vitalbereich und Personalitätsprinzip ein Seiendes; die Personalität aber ist das *diesem* Seienden entsprechende Grundexistenzial. Es ist mit weiteren, spezifisch personalen Existenzialien verbunden. Da ist zunächst die *Initiativität,* das Anfangmachen, die »Anfangskraft« *(Guardini).* Was anfängt, kann nicht Wirkung oder Folge von etwas sein, denn dann wäre es kein Anfang. Beispiel ist wieder die Vorentscheidung. Sie ist weder aus Seinsgründen innerhalb, noch aus Seinsgründen außerhalb der Person ableitbar, wenngleich immer seinshaft fundiert. Und was die Person als ontologische Konstitution angeht, so ist sie ebenfalls nicht

---

[41]   Vgl. H. E . Hengstenberg: Freiheit und Seinsordnung, S. 295 f.

[42]   Vgl. dazu R. Schubert-Soldern: Materie und Leben als Raum- und Zeitgestalt, a.a.O.; Joh. Haas: Sein und Leben — Ontologie des organischen Lebens, Karlsruhe 1968.

»Grund« oder »Ursache« der Vorentscheidung, sondern kraft Personalität ihr *Urheber.*

Damit kommen wir zu einem weiteren personalitätsbezogenen Existenzial: *Urheberschaft* oder *Originalität* oder *Kreativität.* Kraft seines existenzialen Ausdrucks und auf den Bahnen der Ausdrucksrelation kann der Mensch etwas machen, was noch nie war, und was nicht lediglich vitaldienlich und auf Vitalsituationen relativ ist, wie das tierische »Erfinden«. Er schafft zwar nicht aus dem Nichts, aber in das Nichts hinein. Der Mensch setzt seine Urhebungen gleichsam in eine Leere, eine Nische. In ein Nichts an Determinationen (man denke an die ontologische Grundlosigkeit der Vorentscheidung!) springt die Person mit ihrer existenzialen Gegenwärtigkeit gleichsam hinein und »gegenwärtigt« in ihrer Vorentscheidung, in der aus dieser errichteten Grundhaltung, in den aus der Grundhaltung ausgezeugten Motiven, den aus diesen gefaßten Zielen, kurz, in allen Stufen der oben beschriebenen »extensio« bis zur konkreten Verhaltensganzheit. Und so ist es bei allem, was der Mensch gestaltend aus sich heraussetzt in der Weise, daß es (wegen des Transentitativen) nicht mehr aus Seinsgründen oder Ursachen »erklärt«, sondern nur noch nachvollziehend *verstanden* werden kann. Paradigmatisch für menschliche Kreativität ist das Schaffen von Raum- und Zeitgestalten: Sprachwort, Kunstwerk, Tanz, Gestik, Schauspielkunst usw.

Schließlich die *Freiheitlichkeit* als Existenzial. Sie ist mit Personalität, Initiavität und Kreativität bereits mitgegeben und mit diesen konvertibel. Der Mensch ist durch die Entscheidungsfreiheit ausgezeichnet. Jedoch ist auch die Seinsfreiheit bei ihm, wegen der Verbindung mit Personalität, Initiativität und Kreativität, gegenüber dem Tier qualitativ wesentlich erhöht.

Aber auch alle anderen Existenzialien, die bereits unterhalb des Menschen antreffbar sind, sind beim Menschen durch einen qualitativen Sprung erhöht. So die menschliche Gegenwärtigkeit. Das zeigt sich zum Beispiel daran, daß der Mensch im Unterschied zum Tier ein eigenes Zeitverständnis hat und die Struktur Vergangenheit-Gegenwart-Zukunft versteht, daß

er Erinnerung und nicht bloß Gedächtnis besitzt und ein Vor-
laufen auf den eigenen Tod empfindet.

Personalität, Initiativität, Kreativität und eine diesen entsprechende Freiheit dürften die wichtigsten spezifisch menschlichen Existenzialien — gleichsam die »Personalien« — sein.
Menschliche Kreativität bedient sich der Ursprungsrelationen
Ausdruck, Begründung und Kausalität, ist aber nicht aus diesen erklärbar und ableitbar. Menschliche Kreativität ist das
schlechthin Unableitbare, das immer wieder neu überraschend
unvorhersehbar »Einfallende«.

IV. Die wichtigsten Sachgebiete

a) Ontologie

In der allgemeinen Ontologie haben meine philosophischen
Arbeiten ihr Zentrum. Von hier aus müssen meine Anthropologie, meine Ethik und vieles andere gesehen und interpretiert
werden. Über mein ontologisches Grundkonzept ist im Voraus-
gehenden immerhin so viel gesagt worden, daß sich weitere
Ausführungen dazu im Rahmen einer Selbstdarstellung er-
übrigen.

b) Philosophische Theologie und Schöpfungsmetaphysik

Von der allgemeinen Ontologie, wie ich sie vertrete, ist ein
organischer Zugang möglich zur philosophischen Theologie,
wie ich sie verstehe, insbesondere zur Schöpfungsmetaphysik.
Ich will mich auf ein paar Hinweise beschränken.

Es kam mir darauf an, das »Band« zwischen Schöpfer und
Schöpfung so zu interpretieren, daß keiner der beiden »Partner« verfremdet und in seiner Eigenständigkeit verkürzt würde.
Der Ausdruck »Band« besagt schon, daß es sich hier um eine
Relation ganz eigener Art handelt, in der beide »Partner« in
einem übergreifenden Sinnzusammenhang vereinigt sind, ohne
daß die Grenzen verwischt werden. Die »Metaphysik der Relationen« hatte sich hier in besonderer Weise zu bewähren. Das
Geschöpf ist nicht kausalistisch ins Sein »gestoßen«, sondern

aus dem Wort ins Sein »gerufen«; das Schaffen ist zugleich ein Ermächtigen des Seienden zu sich selbst. Das Kreative des Wortes nahm eine Zentralstellung ein, wie sich überhaupt große Partien meines Schrifttums als Phänomenologie und Metaphysik des Wortes auslegen lassen. Basis war aber auch hier immer die Phänomenologie des menschlichen Sprachwortes.

Die Lehre von den Ursprungsrelationen gewann auch in diesem Bereich entscheidende Bedeutung. Sowohl die Kausalrelation als auch die Begründungsrelation wurde als untauglich für die Interpretation des Schöpfer-Geschöpf-Verhältnis erwiesen. Hierfür ist einzig die Ausdrucks- und Mitteilungsrelation geeignet. Auch die Kategorie der Überzeitlichkeit wurde besonders wichtig. Denn sie ermöglichte es, das Schöpfungsgeschehen aus jeder zeitlichen Prozessualität herauszuhalten und das schöpferische Wirken der Transzendenz nicht in sich selbst zu verzeitlichen. Die für philosophische Theologie und Schöpfungsmetaphysik einschlägigen Werke sind aus der Bibliographie zu ersehen.

c) Naturphilosophie

Naturphilosophische Themen haben mich sehr früh beschäftigt (vgl. Tod und Vollendung 1938). Mein Bemühen ging dahin, Aussagen der Naturwissenschaft und Aussagen der Ontologie dergestalt in eine übergreifende Sinnverbindung zu bringen, daß die methodologischen Grenzen beider Bereiche nicht verwischt werden. Es war mir immer klar, daß beispielsweise eine physikalische Aussage keine ontologische ist, und daß man aus der physikalischen keine ontologische deduzieren kann. Die Naturwissenschaft kann aber unter Umständen sehr wohl die Falschheit einer ontologischen Theorie beweisen, dann nämlich, wenn sich aus der letzteren Folgerungen ergeben, die den Tatsachen der Naturwissenschaft widersprechen. Die Naturwissenschaft kann also für die Ontologie ein negatives Wahrheitskriterium liefern. Darüber hinaus läßt sich eine sinnhafte Kombination der Aussagen beider herstellen.

Unter diesem Aspekt erarbeitete ich vor allem eine Ontologie der Materie (vgl. »Tod und Vollendung«, »Philosophische Anthropologie«, »Freiheit und Seinsordnung«, »Mensch und Materie«) unter Bezugnahme auf die moderne Mikrophysik. Entsprechend nahm ich die Verbindung mit der modernen Biologie auf[43], wobei mir in jüngster Zeit meine Theorie der Zeitgestalt dienlich war.[44]

Mein stärkstes naturphilosophisches Engagement bewegt sich auf dem Gebiet der Evolutionstheorie (vgl. »Evolution und Schöpfung« 1963; »Mensch und Materie« 1965). Es kam mir darauf an, säuberlich zu scheiden zwischen dem, was die Naturwissenschaft aus ihrer Zuständigkeit für Fakten und Theorie der Evolution beibringen kann, und dem, was sich bezüglich Evolution nur aus der Ontologie entscheiden läßt. Bei diesen Arbeiten kam mir die Unterscheidung der verschiedenen Ursprungsrelationen einerseits und ihre strukturale Bezogenheit aufeinander andererseits sehr zu gute. Das gilt besonders für die Ausdrucksrelation, weil sie ja nicht verändernd in Kausalprozesse eingreift, und weil daher die anhand der ontologischen Ausdrucksrelation gemachten Aussagen nie in Konflikt mit der naturwissenschaftlichen Kausalanalyse geraten können, wenn man sauber arbeitet. Ebenso hilfreich war die Kategorie der Überzeitlichkeit. Denn was mit ihr an Phänomenen gefaßt und als eigenständig erwiesen werden kann, läßt sich nicht in eine zeitliche Prozessualität einwalzen. So konnte das Ontologische an der Evolution herausgehoben und jeder einseitige »Ismus« ausgeschaltet werden.

------

[43]   Z. B.: in meiner Philos. Anthropologie, in den die Evolution betreffenden Werken (s. Bibliogr.), ferner in Einzelartikeln, z. B.: Zur Ontologie des Lebendigen (s. Bibliogr.); Zur Revision des Begriffs der menschlichen Natur, in Philos. Naturalis Bd. 14, 1973 H. 1.

[44]   Z. B.: Zur Revision des Begriffs d. menschl. Natur a.a.O.; Die Bedeutung der Zeitgestalt für die Interpretation biologischer und anthropologischer Phänomene; Vortrag in der Naturwiss. Sektion der Görresgesellschaft am 4. 10. 1973 in Würzburg (erscheint in PhN).

d) Philosophische Anthropologie

Die menschliche Person

Meine »Philosophische Anthropologie« gründet auf den ontologischen Kategorien, die ich in meinem Autonomismusbuch (1950) entwickelt hatte. Es wurde aber eine breit fundierte Phänomenologie des Menschen vorgeschaltet; und daraus wurden auch die besagten ontologischen Kategorien neu fundamentiert und differenziert.

Die phänomenologische Analyse hob mit Sachlichkeit, Unsachlichkeit und Vorentscheidung an (s. o.), führte dann weiter zu einer Phänomenologie des menschlichen Sinnurhebens, der menschlichen Gemeinschaft und vor allem zu einer Phänomenologie der menschlichen Leiblichkeit. Es wurde unter Bezugnahme auf zeitgenössische Autoren nachgewiesen, daß der menschliche Leib etwas ab ovo anderes ist als ein tierischer Organismus. Der menschliche Leib ist von Grund aus »auf Sachlichkeit spezialisiert« und von der Berufung des Menschen zur Sachlichkeit her zu interpretieren.

Auf Basis dieser Phänomenologie des Menschen erhoben sich die metaphysischen Aussagen über den Menschen. Es handelt sich also nicht um eine konstruierende Begriffsmetaphysik, sondern um eine solche, die gleichsam die »Fortsetzung der Phänomenologie mit anderen Mitteln« ist. Ein metaphysisches Prinzip darf nur angenommen werden, wenn es von den Phänomenen selbst gefordert ist.

Von diesem methodologischen Modell her kam ich zuerst zu einer Metaphysik des Geistes. Der menschliche Geist legt sich in seinen geistigen Akten, im Sinne *Schelers* genommen, aus und wird von ihnen her interpretierbar. Wie schon eingangs erwähnt, habe ich die Schelersche Aktlehre ausgebaut.

Es hat mich einige Kämpfe gekostet, mich von der weitgehend von *Scheler* vertretenen Auffassung zu distanzieren, daß der Geist in seinen Akten konstituiert sei. Ich mußte, und zwar während der Abfassung meiner Philosophischen Anthropologie, einsehen, daß der Geist eine eigene Konstitution in sich selbst hat, und fand eine Lösung dafür, die der augustinischen nahesteht. Für die Akte aber fand ich eine neue Einheit, für die sie nun in der Tat konstituierend sind: das Selbst (im Unterschied zum Ich und zur Person). Das Selbst stellt, in seinen Akten konstituiert, eine Reform der Schelerschen »Akthierarchie« dar, das Selbst ist zugleich Akthierarchie. Damit wurden nun jene Größen, die bei *Scheler* quasi identifiziert waren, nämlich Geist, Akthierarchie und Person, voneinander differenziert. Freilich ist das Selbst, die Akthierarchie, nur *im* personalen Geist existenzfähig; aber es stand nun für mich fest, daß der menschliche Geist ontologisch im wesentlichen unabhängig von Akthierarchie und Selbst ist (nicht aber im gleichen Sinne vom Leibe!). Bei dieser Gelegenheit möchte ich dankbar vermerken, daß mir die Kritik von *Robert Spaemann,* der damals als Lektor des Kohlhammer-Verlages mein werdendes Werk betreute und mich auf Schwierigkeiten hinwies, für die endgültige Abklärung dieses Werkes sehr wichtig gewesen ist; und das gilt besonders für den soeben genannten Punkt.

Von der Metaphysik des Geistes ging es zur »Basis«, zur Metaphysik des menschlichen Lebens; das heißt zur Metaphysik des Leibes einerseits, der des Vital-Ich andererseits. Dieses »Logogramm« der menschlichen Gesamtstruktur habe ich im wesentlichen von *Scheler* übernommen: Geist und Vitalbereich stehen zueinander in polarer Spannung; und der Vitalbereich ist seinerseits polar (konstitutiv) gegliedert in Leib als Einheit des Physischen und Vital-Ich als Einheit des Vitalpsychischen (die geistigen Akte gehören nicht in dieses Vital-Ich, sondern in das Selbst!). Jedoch wurde der gewisse Dualismus, der bei *Scheler* zwischen Geist und Vitalbereich waltet, durch das Prinzip des ontologischen Ausdrucks vermieden. Die Ausdrucksrelation vereinigt von vornherein beide Bereiche. Leib und Vital-Ich interpretierte ich als »metaphysische Worte« des Geistes, natürlich mit den gehörigen Vorbehalten und Präzisierungen. Und was die Person des Menschen angeht, so wurde sie für mich das Ganze aus Geist und Vitalbereich.

Damit ergab sich die Konstitution der menschlichen Person aus Geist, Vitalbereich (Leib und Vital-Ich) und Personalitätsprinzip. Über das Personalitätsprinzip sind noch einige Worte zu sagen. Es ist die anthropologische Besonderung dessen, was ich das Existenzprinzip in der metaphysischen Existenz beziehungsweise das dritte Konstituens (vinculum) in der ontologischen Konstitution genannt habe. Das Personalitätsprinzip darf also nicht mit der menschlichen Person als Ganzheit verwechselt werden; es hat die oben besprochene Beziehung zur Personalität, die (im Unterschied zur Person) als Existenzial auszulegen ist. Das Personalitätsprinzip bestimmt die *Weise,* in der — je-individuell — Geist und Vitalbereich im Menschen einander »begegnen«. Anders gesagt: es bestimmt je-individuell die »ontologischen Spielregeln«, nach denen sich *dieser* Geist in *diesem* Leibe ausdrückt, beziehungsweise sich *dieser* Leib für *diesen* Geist ausdruckmäßig, auf Grund eigener Akthaftigkeit, zur Verfügung stellt. Das Personalitätsprinzip hat noch andere ontologische Funktionen. So ist es auch Prinzip der Individualität des Menschen, und es bestimmt die individuelle Art und Weise des »Vorgriffs auf Welt«; nicht zuletzt ist es das, *in* dem Geist und Vitalbereich immer schon geeint, aber zugleich in ständiger Vereinigung (überzeitliches Geschehen!) begriffen sind. Denn nach dem allgemeinen Gesetz der ontologischen Konstitution gilt, daß der Mensch in sich selbst (Einheit der drei Konstituentien) von sich selbst (Ausdruck des Geistes im Vitalen) zu sich selbst geht (Einung von Geist und Vitalbereich im Personalitätsprinzip.)

Den Abschluß des Werkes bilden Existenzialien- und Freiheitslehre. Meine Bücher mit anthropologischer Thematik sind aus der Bibliographie zu ersehen; es sind aber auch Einzelartikel zu erwähnen.[45]

Macht und Ohnmacht des Geistes

Diese Frage hat mich im Anschluß an *Schelers* These von

---

[45] Z. B. The Phenomenology of Meaning as Approach to Metaphysics, in: Internat. Philosophical Quarterly (IPQ), New York — Löwen, 1961 Nr. 1; Phenomenology and Metaphysics of the Human Body, in IPQ Bd. III Nr. 2 (Mai 1963); Ontologie der Person als zentrales Thema der Anthropologie (s. Bibliogr.); Zur Ontologie der Person (s. Bibliogr.); Zur Revision des Begriffs der menschl. Natur a. a. O., und andere.

der »Ohnmacht des Geistes« nachhaltig bewegt, schon in meinem Buch »Die Macht des Geistigen in seiner Ohnmacht« (1931).

In einem Punkt war ich mit *Scheler* völlig einig: der Geist ist relativ machtlos in der Welt, im sozial-soziologischen Betracht. In den Apparat des zweckrationalen Operationalismus läßt sich der Geist, wegen seiner grundsätzlichen »Unberechenbarkeit«, nicht einfangen; und umgekehrt wird er, wenn er seiner Berufung zur letzthinnigen »Zweckentbundenheit« treu bleibt, in diesem Verhaltensbereich den »Könnern« immer von Haus aus unterlegen sein.

Unter einem zweiten Gesichtspunkt war ich mit *Scheler* teilweise einig. Das betrifft das dialogische Verhältnis der Personen zueinander (die Schriften *Bubers* kannte ich damals noch nicht). Entscheidend ist wieder der bereits behandelte Begriff der Stellungnahme (»Stellungsgefüge«). Wenn Person A zu Person B unter einem Gesichtspunkt, der B in zentraler Weise »be-trifft«, Stellung nimmt, dann kann B gar nicht anders, als zu dieser Stellungnahme seinerseits antwortend Stellung zu nehmen, sei es positiv oder negativ; Gleichgültigkeit wäre bereits eine Art von Stellungnahme. Andererseits ist B frei und unberechenbar im Was und Wie seiner antwortenden Stellungnahme, hier ist er im letzten durch keinen Zwang berührbar.

So habe ich über den anderen einerseits eine gewisse Macht (»Stellungsforderung durch Stellungnahme« nannte ich es), andererseits stehe ich ihm gegenüber in einer Ohnmacht. Der springende Punkt ist aber, daß diese Wirkmacht durch die besagte Ohnmacht fundiert ist. Gerade *weil* ich auf Erzwingung des Was und Wie der Antwort beim Anderen verzichte, meine Ohnmacht akzeptiere und bejahe, entsteht — von mir selbst unbezweckt und absichtslos — eine machtvolle Einwirkung auf ihn. Es gibt eine ganz bestimmte Form der geistigen Einwirkung, die nur dadurch zustandekommt, daß der Sprechende oder Handelnde auf jedes Prestige und jede sozial konstellierte Mächtigkeit verzichtet und sich existenziell-lebensmäßig auf die gleiche Stufe dessen begibt, den er anspricht. Was heute die »herrschaftsfreie Diskussion« genannt wird, hat mich damals intensiv beschäftigt. Es handelt sich also um eine Macht *durch* Ohnmacht. Beispiele dafür gibt es in Fülle in der Geschichte des frühen Christentums, *Christus* selbst ist das höchste Beispiel. Die Befreiung Indiens (*Gandhi*) auf dem wirksamen Wege der Gewaltlosigkeit hat mich zu jener Zeit stark beeindruckt. Das Machtkorrelat zur Ohnmacht des Geistes schien mir bei *Scheler* nicht genügend berücksichtigt zu sein.

Das Prinzip von Macht und Ohnmacht in der Dialogik habe ich pädagogisch-literarisch mehrfach verwertet.[46] Hier kündigt sich bereits der Gedanke an, die Kategorie der Konstitution auch im dialogischen Betracht anzuwenden: die beiden Personen, die sich wechselseitig »zur Stellung fordern«, »stehen zueinander hin«; jeder befreit den anderen zu seiner Freiheit.

In einem dritten Punkt kam ich zu einer noch deutlicheren Distanzierung zu *Schelers* Ohnmachtsthese. Es handelt sich um *Schelers* Lehre, daß der Geist, an sich »kraftlos«, die Triebe nur »leiten und lenken« könne. Demgegenüber betonte ich, schon in meinem »Ohnmachtsbuch«, die Mächtigkeit des Ausdrucks. Das »Stellungsgefüge« ist, wie bereits bemerkt wurde, zugleich »Ausdrucksgefüge«. Die »vitalen Dränge« werden ab origine in dieses Ausdrucksgefüge »eingebaut«. Der Geist ist nicht nur »Lenker«, sondern darüber wesentlich hinaus »Füger« (Strukturierung!). Ausdrucksmacht ist echt ontologische Macht. Das wurde dann in meiner Philosophischen Anthropologie (1957) ausgebaut. *Scheler* hatte ein feines Gespür für das Phänomen des Ausdrucks, nur schien er es mir im vorliegengen Betracht nicht genügend ausgewertet zu haben.

Tod und Sterben

Dieses Thema hat mich früh und zentral beschäftigt (s. Bibliographie), es hängt mit dem von Ohnmacht und Macht

---

[46] Z. B.: Vom Wesen geistigen Wirkens, in: Die Schildgenossen, 10. Jahr, 1930 Heft 4; Zur »Theorie des pädagogischen Weges« von Wilhelm Flitner, in: Die Schildgenossen, 10. Jahr, 1930, Heft 6. Zudem diverse Artikel in der pädagogischen Zeitschrift »Pharus« (Donauwörth).

zusammen. Einerseits bricht der Tod irgend einmal als unausweichliche Katastrophe in das Leben ein, andererseits muß der Mensch zu diesem kommenden Ereignis Stellung nehmen, ist aber frei in der Weise, wie er es tut. Er kann sich dagegen auflehnen (oder es im Bewußtsein verdrängen oder es selbstherrlich herbeiführen), aber auch die äußere Notwendigkeit dergestalt in innere Freiheit verwandeln, daß er alles Sein, über das er bislang verfügte, gehorsam (und gerade nicht selbstherrlich) in einem antwortenden Ja in die Hand des Schöpfers zurücklegt und so »das Zeitliche segnet«. Das ist dann Sterben als innerer Vollzug, der alles bislang gelebte Leben zu einer letzten Einheit und Sinngestalt bringt und der bereits mitten im Leben antizipiert werden kann. Eben Tod als Vollendung, und hier schlossen sich für mich eschatologische Gesichtspunkte an.

e) Sozialphilosophie

Das sozial-soziologische Moment, das in meinem »Ohnmachtsbuch« wirksam war, wurde zunächst in kleineren Schriften und dann in meinen »Grundlegungen zu einer Metaphysik der Gesellschaft« (1949) zu einer Sozialphilosophie ausgebaut.

In diesem Buch habe ich die Kategorien der »metaphysischen Existenz« analogieweise auf das Ganze der Gemeinschaft angewendet. Der konstitutive Gedanke wurde in zweifacher Hinsicht tragend: 1., sofern die einzelnen Glieder »zueinander hinstehen« (s. o.), und 2., sofern die Glieder die Gemeinschaft als Ganzes konstituieren. Nun aber nicht so, als wäre die Gemeinschaft ein bloßes Epiphänomen der Glieder, sondern so, daß die Gemeinschaft ein eigenes Sein besitzt; ähnlich wie die Einzeldinge Raum und Zeit als Umgreifende konstituieren, aber andererseits das Ontische von Raum und Zeit reziprok immer schon voraussetzen (die Konstituentien sind nicht ohne die Konstituierten!).

Entscheidend wurde die Kategorie des »Bandes« der Gemeinschaft, das ich in Analogie zum Existenzprinzip der metaphysischen Existenz fungieren ließ. Demgemäß herrscht in der Gemeinschaft die gleiche Dynamik wie in der metaphysischen

Existenz. Das Band ist kein Prinzip, das die Glieder diktatorisch zusammenzwingt, sondern dasjenige, *in* dem die Glieder, aufeinander zugehend, geeint sind und ihren geistigen »Gemeinbesitz« genießen. Es ergab sich das höhere Mittlere zu Individualismus und Kollektivismus.

Die Bindungsform der Gemeinschaft ist aber nicht die einzige, die zwischen einer Vielheit von Menschen möglich ist, es kommen die gesellschaftliche und die der Masse hinzu. Dabei herrscht eine Rangordnung: Gesellschaft ist um der Gemeinschaft willen (hier kommt der revidierte Zweckbegriff wieder zum Tragen). Und was die Masse angeht, so wurde nicht jede ihrer Formen abgelehnt, sondern nur diejenige, die der Ideologisierung und Dämonisierung zugänglich ist, beziehungsweise zu diesen Entartungen verführt.

Da aber nun die meisten Teil-Sozialgebilde eine Mischung aus gemeinschaftlicher und gesellschaftlicher Bindungsform darstellen und da die Rangordnung (nicht gleichzusetzen mit Wertordnung!) »Gemeinschaft über Gesellschaft« gilt, und somit die »mehr gemeinschaftlichen« Gebilde rangmäßig über den »mehr gesellschaftlichen« zu stehen haben, so ergaben sich für den Aufbau der Teil-Sozialgebilde auf einem Staatsterritorium und für ihr Verhältnis zueinander gewisse Sozialprinzipien, die zugleich sozialethischen Charakters sind: Prinzip der Solidarität, Prinzip der Föderation und Prinzip der Subsidiarität.

Schließlich ging es in dem Buch um eine Wesensbestimmung des Staates als solchen. Der Staat ist selbst weder Gemeinschaft noch Gesellschaft; und er hat sich vor einer Grenzverwischung zwischen ihm und den ihm zu Schutz und Betreuung anvertrauten »Gesellungen« zu hüten.

Die oben angedeuteten Gedanken habe ich noch auf speziellere Probleme in kleineren Arbeiten angewandt.[47]

---

[47] Z. B. Philosophische Begründung des Subsidiaritätsprinzips, in: Das Subsidiaritätsprinzip (s. Bibliogr.); Die soziale Autorität, in: Die neue Ordnung, (Walberberg), 6. Jg. 1952, H. 4; Hat die Gemeinschaft ein Sein, das von dem der Glieder verschieden ist? (s. Bibliogr.)

f) Ethik

Meine Grundlegung der Ethik (1969) ruht auf meiner Philosophischen Anthropologie auf. Jedoch wurde der Sinnkategorie eine neue Stellung zugewiesen. Während ich in der Anthropologie den Sinn im Anschluß an die Sachlichkeit erläuterte, wurde er nun zum obersten Gesichtspunkt für die Interpretation des menschlichen In-der-Welt-seins.

Der Mensch steht von Haus aus in einer »Sinnerwartung«; und zwar aus einem intuitiven Vorverständnis für Sinnhaftigkeit. Diese »Ur-intuition von Sinn« wurde auf ihre erkenntnistheoretische Geltung und auf ihre weisende Funktion für das konkrete sittliche Verhalten hin untersucht. Aus Sinnverstehen, Sinnerwartung, Sinnsolidarität (zwischen Mensch und Mensch, Mensch und Kosmos) und Sinn-Sollen wurde ein »universales Sinngebot« abgeleitet, in Relation zu dem alle sittlichen Gebote mit dem universalen Liebesgebot an der Spitze als Besonderungen und Konkretisierungen erscheinen.

Sittliches Verhalten wurde, wie in der Philosophischen Anthropologie, als Besonderung der (bewährten) Sachlichkeit, Sachlichkeit aber nun ihrerseits als Sonderbereich von Sinnrealisierung verstanden, so daß der Sinn zur obersten interpretativen Kategorie menschlichen Verhaltens aufrückte. Realer Sinn existiert in realen Sinngebilden. Die Bedingungen für deren Zustandekommen wurden (wie schon in früheren Werken) analysiert. Die sittliche Realisierung ist Sonderfall von Sinnrealisierung, das Widersittliche ein Sonderfall von Widersinn.

In meiner Ethik ist der Strukturgedanke unter einem neuen Aspekt aktuell geworden. Ich unterscheide — und das liegt der Gliederung des Buches zu Grunde — drei fundamentale Strukturen: 1. Die qualitative Struktur des Sittlichen, 2. die Sollensstruktur und 3. die Realisierungsstruktur.

1. Die qualitative Struktur bezeichnet die Einheit aller Qualitätsmomente, die in jedem sittlichen Verhalten unabdinglich zu einem Gestaltkreis vereinigt sind. Dabei erwies sich das Moment der Güte (als Gesinnung) als »Radikal« dieses Gestaltkreises der Qualitäten.

2. Die Sollensstruktur besteht aus allen Kategorien, die dazu erforderlich sind, daß ein bestimmtes sittliches Engagement hier und jetzt zu einem gesollten wird. Es sind deren fünf: der sittliche Partner (Ko-Subjekt in der sittlich bedeutsamen Situation), das sittliche Subjekt mit seiner Befähigung zu Sachlichkeit und Entscheidung, die konkrete Situation mit ihrem »Kairos«, die sittliche Norm und schließlich das Gewissen.

Die sittliche Norm als Sollenskategorie wird ontologisch interpretiert. Sie besteht in dem bereits erwähnten Seins- und Sinnentwurf des Partners und konstituiert sich somit aus der Einheit von Zweckstufenordnung und Aktualisierungsordnung (s. o. II, f). In meiner Ethik habe ich die Aktualisierungsordnung erstmalig herausgearbeitet und in das ethische Konzept eingefügt. Das geschah im Zusammenhang mit der oben erwähnten Zeitgestalt, denn die Aktualisierungsordnung ist Zeitgestalt. Der Seins- und Sinnentwurf des Partners ist Norm, sofern das sittliche Subjekt in der sittlich bedeutsamen Relation und Situation in Tun und Lassen (gegenüber dem Partner) an ihm Maß zu nehmen hat. Hier ist der Ort für das »Konspirieren«.

Die rational formulierbaren ethischen Grundsätze (Anweisungen für das Handeln) sind der seinshaften sittlichen Norm und dem Gewissen nachgeordnet; sie werden von der seinshaften Norm »abgelesen«.

Der Seins- und Sinnentwurf besteht im einzelnen Menschen von dessen Konzeption an, er wird aber nicht ohne freie Initiationen des Menschen zur Erfüllung gebracht; und freie Initiationen zeichnen auch in den individuellen Seins- und Sinnentwurf »Modulationen« ein. Hier ist ein Punkt, wo sich das Miteinander der beiden »Brennpunkte der Ellipse« besonders deutlich zeigt: ontologische Konstitution, beziehungsweise Seins- und Sinnentwurf einerseits — Freiheit, Initiation und Kreativität andererseits. In diesem Zusammenhang wurden auch die »transentitativen Kategorien« herausgearbeitet.

3. Die Realisierungsstruktur konstituiert sich aus allen Größen, die für die Realisierung einer sittlich bestimmten Verhaltensganzheit unabdinglich sind. Hier setzte ich die mehr-

fach erwähnte Freiheitslehre ein. Es handelt sich um die
»extensio« von Vorentscheidung und Grundhaltung über Mo-
tivauszeugung, Zielfassung und Mittelwahl bis zur konkreten
Verhaltensganzheit, die eine solche des Handelns oder eine
des Nichthandelns, des motivierten Sichzurückhaltens (Bezug
zur Askese!), sein kann. Der Verbindung von Ethik und moderner Technologie wurde ein besonderer Abschnitt gewidmet.

Unter Wendung gegen den »ethischen Autismus« habe ich
den Sozialbezug, als einen in jedem sittlichen Verhalten grund-
ständigen, besonders akzentuiert. Im übrigen brauchte Sozialethik im engeren Sinne nicht mehr behandelt zu werden, da
dies schon in meinen »Grundlegungen zu einer Metaphysik
der Gesellschaft« geschehen ist.

Abschluß: die beiden Brennpunkte

Struktur von der Aktualität über Stellungsgefüge, Zweckstufenordnung und metaphysische Existenz bis zur ontologischen Konstitution — das ist das eine; personale Existenzialien unter dem Standardbegriff der Freiheit, die sich der Ursprungsrelationen bedient, — das ist das andere.

Keine der beiden Seiten ist aus der anderen ableitbar. Kreative Freiheit ist nicht aus der ontologischen Konstitution zu
erklären; ontologische Konstitution des Menschen nicht aus
der Freiheit, denn der Mensch hat seine Konstitution nicht
selbst hervorgebracht, sondern er findet sie bei sich vor.

Keine der beiden Seiten ist aber auch ohne die andere
existenzfähig: menschliche kreative Freiheit ist nicht möglich,
ohne den Boden der ontologischen Konstitution der menschlichen Person. Menschliche personale Konstitution, menschlicher Seins- und Sinnentwurf, ist aber auch nicht vollendbar
ohne die kreative menschliche Freiheit. Diese ist der menschlichen ontologischen Konstitution nicht wie ein höheres Stockwerk »aufgesetzt«, sondern ist ab origine mitbestimmend an
dem, was menschliche Konstitution ist. Menschliche Konstitution ist auf Freiheit hingeschaffen und wäre das, was sie ist,
nicht ohne diese Freiheit, nicht ohne diesen Auftrag zur Selbstvollendung.

Damit sind die beiden »Brennpunkte der Ellipse«, aus denen sich meine philosophischen Arbeiten bewegt haben, näher bestimmt. Es ging mir um Struktur und Freiheit, in ihrer Unterscheidung und in ihrer Verbindung.

Das gilt nicht nur für das menschliche Sein. Vielmehr war ich bemüht, wie die obigen Darlegungen zeigen, Struktur und Freiheit — in je entsprechenden kategorialen Abwandlungen — zur Interpretation der verschiedensten Seinsbereiche und im Rahmen sehr verschiedener Disziplinen zu verwerten.

Vom Autor getroffene Auswahl seiner Veröffentlichungen

Die Macht des Geistigen in seiner Ohnmacht — Gedanken zu einer praktischen Metaphysik und metaphysischen Praxis (102 S.), Universitas-Archiv (Helios-Verlag) Münster i. W. 1931.

Christliche Askese — eine Besinnung auf christliche Existenz im modernen Lebensraum (243 S.), Regensburg (F. Pustet) 1936; 3. erw. Aufl. mit dem neuen Untertitel: von den Ursprüngen der sittlich-religiösen Entfaltung (315 S.), Heidelberg (Kerle) 1948.

Einsamkeit und Tod (159 S.), Regensburg (F. Pustet) 1938, ²1942.

Tod und Vollendung (216 S.), Regensburg (F. Pustet) 1938.

Christliche Grundhaltungen (159 S.), Kevelaer 1938.

Das Band zwischen Gott und Schöpfung, Paderborn (Bonifacius) 1940; 2. Aufl. Regensburg (Habbel) 1948 (202 S.).

Von der göttlichen Vorsehung (216 S.), Münster i. W. o. J. (1940); 3. Aufl. (166 S.) 1947.

Grundlegungen zu einer Metaphysik der Gesellschaft (201 S.), Nürnberg (Glock u. Lutz) 1949.

Autonomismus und Transzendenzphilosophie (476 S.), Heidelberg (Kerle) 1950.

Der Leib und die letzten Dinge (302 S.), Regensburg (F. Pustet) 1955; 2. erw. Aufl. von: Tod u. Vollendung.

Soma y Eschatologia — El cuerpo y los novisimos, span. Übersetzung des vorgen. Werkes, Barcelona 1967.

Philosophische Anthropologie (396 S.), Stuttgart (Kohlhammer) 1957; 2. Aufl. 1960; 3. Aufl. 1966 (XII + 396 S.).

Sein und Ursprünglichkeit — zur philosophischen Grundlegung der

Schöpfungslehre (XXIV + 168 S.) mit einem Vorwort von L.-B.
Geiger O. P.,
München/Salzburg/Köln (A. Pustet) 1958; 2. Aufl. 1959 (204 S.).
Freiheit und Seinsordnung — Gesammelte Aufsätze und Vorträge
zur allgemeinen und speziellen Ontologie (320 S.),
Stuttgart (Kohlhammer) 1961.
Evolution und Schöpfung — eine Antwort auf den Evolutionismus
Teilhard de Chardins (256 S.),
Bd. 3 der Salzburger Studien zur Philosophie, München (Anton
Pustet) 1963.
Mensch und Materie — zur Problematik Teilhard de Chardins
(198 S.), Stuttgart/Berlin/Köln/Mainz (Kohlhammer) 1965.
Grundlegung der Ethik (228 S.),
Stuttgart/Berlin/Köln/Mainz (Kohlhammer) 1969.

Beiträge in Sammelbänden

Das Band zwischen Geist und Leib in der menschlichen Persönlichkeit,
    in: Christliche Philosophie in Deutschland 1920—1945 (H.: Paul
    Wolff), Regensburg (Habbel) 1949.
Hat die Gemeinschaft ein Sein, das von dem der Glieder zu unter-
scheiden ist?
    in: Akten des XI. Internat. Kongr. f. Philosophie, Brüssel, Bd.
    IX, Amsterdam-Louvain 1953.
Philosophische Begründung des Subsidiaritätsprinzips,
    in: Das Subsidiaritätsprinzip (H.: A. F. Utz, unter Mitw. von
    H. E. Hengstenberg, G. Küchenhoff, J. J. Van der Ven), Samm-
    lung Politeia (Univ. Freiburg/Schweiz), Heidelberg (Kerle) 1953.
Zum Streit um die »Christliche Philosophie«,
    in: Christliche Existenz und Erziehung, Ehrengabe für Johann
    Peter Steffes (H.: G. Schreiber u. K. Haase), Münster i. W. o. J.
    (1954).
Was ist Wahrhaftigkeit?
    in: Wahrhaftigkeit, Vorträge der Thomas-Morus-Akademie Bad
    Honnef (H.: Helmut Meisner), Köln, o. J. (1955).
Personalität und Individualität — ihre Schlüsselstellung in der
Anthropologie,
    in: Akten des XII. Internat. Kongr. f. Philosophie, Venedig 1958,
    Bd. 6, Firenze 1961.
Mitarbeit an der Enquête: La Matematizacion de la Ciencia,
    H.: Alejandro Diez Blanco y Pedro Gomez Bosque, Universidad
    de Valladolid, Secretario de Publicationes, Valladolid 1964.
Zur Anthropologie des geistig und körperlich behinderten Kindes
    und Jugendlichen,

in: Hilfe für das behinderte Kind (H.: Bundesausschuß für gesundheitliche Volksbelehrung), Stuttgart 1966 (Tagungsbericht).

Zur Ontologie der Person,
in: Das Personverständnis in der Pädagogik und ihren Nachbarwissenschaften, H.: Josef Speck, i. A. des Deutschen Instituts für wiss. Pädagogik, I. Tl., Münster i. W. 1966.

Ontologie der Person als zentrales Thema der Anthropologie,
in: Handb. f. Neurosenlehre u. Psychotherapie (H.: Frankl, v. Gebsattel, Schultz) Bd. V., Liefg. 23, München/Berlin 1960.

Zur Ontologie des Lebendigen,
in: Das Geheimnis des Lebens, Nr. 13 der Veröff. d. Kath. Akademie Freiburg i. Br., Karlsruhe 1968.

Die erzieherische Situation als personale Situation,
in: Personentfaltung und Erziehung (H.: Institut f. vergleich. Erziehungswiss., Salzburg), Wien 1968 (Österr. Bundesverlag).

Moderner Fortschrittsglaube und Geschichtlichkeit,
in: Menschliche Existenz und moderne Welt, ein internationales Symposion (H.: Richard Schwarz), Tl I, Berlin 1967.

Die Bedeutung des ontologischen Ausdrucks für die Interpretation des menschlichen Seins,
in: Akten des XIV. Intern. Kongr. f. Philosophie Wien 1968, Bd. V, Wien 1970.

Der Dienst am geschädigten Kind in anthropologischer und ethischer Sicht,
in: Die Sonderpädagogik als Forschungsproblem in Deutschland, Darmstadt (Wiss. Buchgesellschaft) 1971.

Die Sinnfrage unter phänomenologischem und ontologischem Gesichtspunkt,
in: Wahrheit, Wert und Sein (H.: Balduin Schwarz), Festgabe für Dietrich v. Hildebrand, Regensburg (Habbel) 1970.

Die Frage nach verbindlichen Aussagen in der gegenwärtigen Philosophischen Anthropologie;

Die gesellschaftliche Verantwortung der Philosophischen Anthropologie,
beide in: Philosophische Anthropologie heute (H.: Roman Roček und Oskar Schatz, ORF), München (Beck, Schwarze Reihe) 1972.

Von den Zeitschriften- und Jahrbuchartikeln sind einige in Fußnoten des lfd. Textes angegeben.

Pascual Jordan   * 1902

Da die Aufgabestellung dieses Berichtes einer autobiographischen etwas nahe kommt, so legt sie mir die Frage nahe, in welcher Weise meine für das Studium der Naturwissenschaften und Mathematik gefaßte Neigung elterlicherseits bedingt gewesen sein mag.

Mein Vater war Maler von Beruf — und er scheute sich noch nicht davor, in seinen Bildern erkennbar werden zu lassen, was sie darstellten. Solches Erkennen ergab sich einmal in auffälliger und drolliger Weise: Als er an einem großen Kreuzigungsbilde malte, hatte er gerade zwei kleine Lachtauben, die tagsüber in seinem Atelier frei umherfliegen durften. Wir erlebten, daß eine von ihnen den Versuch machte, sich auf den Querbalken des gemalten Kreuzes zu setzen.

Er hatte große Neigung zur *Perspektive,* deren Gesetze auch mir schon in der Kindheit bekannt wurden — so war ich gut vorbereitet, sowohl durch seine Anleitung, als auch vermutlich durch ererbte Anlage, im Schulunterricht die *Geometrie* zu verstehen und auch zu lieben. Übrigens gehörte auch die menschliche Anatomie zu den Fächern, die er für seine Berufsarbeit gebrauchte; er las überdies, weil es ihm Freude machte, mancherlei allgemein verständliche naturwissenschaftliche Schriften, wie beispielsweise Kosmos-Bändchen.

Meine Mutter andererseits hatte Freude an Zahlen-Mathematik. Zwar gingen ihre Kenntnisse und Beschäftigungen nicht so weit, wie diejenigen der Mutter des großen Mathematikers *Hilbert,* welche gern große Primzahlen ermittelte. Aber ich erinnere mich lebhaft an einen Nachmittag, an welchem sie mir unter Zerschneidung eines Apfels die Bruch-Rechnung erläuterte.

Sie war auch sonst eine geistig bemerkenswerte Frau; sie pflegte mich bei meinen Schularbeiten anzuleiten; und sie lernte im Alter von mehr als vierzig Jahren noch im Selbststudium Latein, um mir auch darin helfen zu können. Sie hat ferner in mein Kinderherz die Keime christlichen Glaubens eingepflanzt, von dem mein Vater nicht viel wissen wollte, obwohl er in seiner Berufsarbeit auch viele Kirchenbilder gemalt hat.

Ihre eigene Mutter, meine von mir sehr geliebte Großmutter, vermochte aus ihren eigenen Kindheitserinnerungen unerschöpfliche Geschichten zu erzählen. Ich war schon meinem Abitur nahe gekommen, als in ihren Erzählungen hin und wieder — und dann häufiger — doch Wiederholungen vorkamen.

Ich hatte in der Schule die Sekunda erreicht, als ich Gelegenheit fand, bei einem Antiquar das von dem Physiker *Nernst* und dem Mathematiker *Schönflies* verfaßte Buch über die mathematische Behandlung der Naturwissenschaften zu erwerben. Die Anfänge der Differential- und Integral-Rechnung, zusammen mit physikalischen Anwendungen, begeisterten mich, und machten mir die Physik vertrauter, als die vorher von mir bevorzugte Biologie, in der ich Hoffnungen auf die vitalistischen Gedankengänge in ihrer Gegensätzlichkeit zur mechanistischen Biologie gesetzt hatte.

Ebenfalls noch vor Beginn des Studiums bekam ich *Ernst Mach's* berühmtes Werk über die Mechanik in die Hand. Es ist ja bekannt, daß auch *Einstein* von *Mach's* erkenntnistheoretischen Lehren stark beeindruckt worden war — gegen Ende der Schulzeit las ich dann *Moritz Schlick's* sympathisches Buch über die *Einstein*sche Relativitäts-Theorie (»Raum und Zeit in der gegenwärtigen Physik«.). Da *Schlick* sich stark an *Mach's* Gedankengänge anlehnte, so war es wohl natürlich, daß ich zu einem ausgesprochenen Anhänger *Mach's* wurde, auch seine Zweifel an der Existenz von Atomen zeitweilig teilend. Der bedeutende Physiker *Otto Stern* hat mir noch in seinen letzten Lebensjahren einmal erzählt, daß einer seiner Universitätslehrer, den er wiedersah, als Stern bereits durch seine Atomstrahl-Untersuchungen berühmt geworden war, ihm damals sagte — hiermit ein Licht auf die Stärke werfend, mit welcher sich die Bezweiflung der Atome damals so vieler Köpfe bemächtigt hatte: »Wenn ich damals gewußt hätte, daß

Sie an Atome glaubten, so wären Sie bei mir durch das
Examen gefallen«. *Einstein* hatte ja schon 1905 aus der
Brownschen Bewegung den ersten unmittelbaren Beweis für
die »reale Existenz der Atome« entnommen. Ich selber kam
eigentlich erst dann wieder zu der Überzeugung, daß an der
Atomvorstellung doch etwas Richtiges sein müßte, als ich in
Arnold Sommerfelds berühmten Buch »Atombau und Spektral-
linien« las, wie man nach *Bohr* aus Vergleich der He+-
Spektralfrequenzen mit den Wasserstoff-Frequenzen die *Mit-
bewegung des Kerns* erkennen kann: Daß man auf diese Weise
das Massenverhältnis von Proton und Alpha-Teilchen spektro-
skopisch ermitteln konnte, schien mir doch ein so eindrucks-
voller Erfolg der Atomvorstellung zu sein, daß ich geneigt
wurde, nunmehr die Machschen Bedenken gegen die Atomvorstellung ganz über Bord zu werfen.

Natürlich hatte die Machsche Denkweise eine unverkennbare
Rechtfertigung von großer Tragweite dadurch bekommen,
daß *Einstein* schon in der *speziellen* Relativitätstheorie die
Notwendigkeit erkannte, den Begriff der »Gleichzeitigkeit«
zu *definieren,* in solcher Weise, daß eine Vorschrift zustande
kam, wie zwei Ereignisse durch *Messungsakte* als gleichzeitig
oder nicht gleichzeitig zu erweisen seien — wobei im Falle
zweier räumlich getrennter Ereignisse die Gleichzeitigkeit in
einer *vom benutzten Inertialsystem* abhängigen Weise zu bejahen oder zu verneinen war. *Mach's* strenge Forderung, nur
solche Aussagen als »sinnvoll« anzuerkennen, welche sich
unmittelbar als Aussagen über *Meßvorgänge,* also über *Experimente* formulieren lassen, hatte in dieser Einsteinschen Definition der Gleichzeitigkeit einen triumphalen Erfolg erreicht —
und die erstaunlichen Folgerungen der eingetretenen *Relativierung* der Gleichzeitigkeit bewiesen die Tragweite des
mit dieser Definition erfüllten erkenntnistheoretischen Grund-
satzes. Daß dann auch die Ausweitung zur *Allgemeinen,* die
Gravitation mit einschließenden Relativitätstheorie als umfassende vertiefte Bestätigung der von *Mach* befürworteten
erkenntnistheoretischen Auffassungsweise gedeutet werden
durfte, war in der erwähnten Schrift von *Moritz Schlick* über-

zeugend dargetan. Jedoch war, als ich das Studium der Physik (und Mathematik, sowie Zoologie) begonnen hatte, die Relativitätstheorie bereits eine weitgehend fertige, abgeschlossene Erkenntnis. Die Verlockung zu neuen, noch ungelösten Problemen lag damals (ich verließ die Schule 1921) nur in der Quantenphysik mit ihren tiefen Geheimnissen.

Für dieses Gebiet aber vermochte ich zunächst keine Anwendungsmöglichkeit des von *Ernst Mach* Gelernten zu entdecken: Nachdem ich *Machs* Zweifel an der Atomvorstellung etwas gewaltsam beiseite geschoben hatte, begann ich (seit Frühjahr 1922 in Göttingen studierend), meinen Wissensdurst jetzt vorwiegend auf die Quantenphysik richtend, eine zunächst von philosophischen Erwägungen weit getrennte, die Dinge mehr in ihren fachspezialistischen Reizen wertende Kenntnisnahme des damals vorhandenen, in rascher Weiterentwicklung begriffenen Wissens von der Quantengesetzlichkeit.

Übrigens war gleichzeitig auch ein anderer, mehr philosophischer, als fachspezialistischer Anlaß meiner naturwissenschaftlichen Studien vorläufig in den Hintergrund getreten: Wie schon erwähnt, hatten mich noch *vor* meinem Bekanntwerden mit der Physik und ihrer mathematischen Präzisierung (und ihrer erkenntnistheoretischen Problematik) die Auseinandersetzungen zwischen mechanistischer und »vitalistischer« Biologie stark gefesselt — ich neigte, als ich etwa zwölfjährig war, zu einer »fundamentalistischen« Gläubigkeit, bereit, von wörtlicher Wahrheit des biblischen Schöpfungsberichtes überzeugt zu sein. Die Darwinsche Entwicklungslehre und die Lehre von tierischen Vorfahren des Menschen — mir aus Büchern, die mein Vater las, bekannt geworden — erschien mir als ein quälendes Ärgernis. Jedoch bekam ich in der Untertertia einen Religionslehrer, der die Überzeugung vertrat, daß man die Entwicklungstheorie annehmen könnte, ohne daß man deshalb Anhänger einer atheistischen Philosophie werden müßte. Indem ich diesem Weg nachfolgte, wurde mir freilich das Bedürfnis dringlich, eine Abgrenzung gegenüber der eindeutig materialistischen »mechanistischen« Biologie zu finden;

und ich hoffte zeitweise, daß hierzu ein Vitalismus, wie ihn
etwa *Francé, Pauly, Wagner* vertraten, dienen könnte. Jedoch
war ich von diesem vitalistischen Ausweg doch abgekommen,
und außerdem unter dem Einfluß der von dem bedeutenden
F. A. Lange verfaßten »Geschichte des Materialismus« sowieso
einer Radikalisierung meines Denkens verfallen, die auch dem
Extrem des philosophischen Atheismus nicht mehr auswich.
Erst danach begann mir dann die Physik und insbesondere die
Machsche Erkenntnistheorie anziehend zu werden.

Es waren nicht meine eigenen Erkenntnisse, sondern diejenigen anderer Zeitgenossen, die mich später auch und gerade
in der Quantenphysik diejenigen philosophischen Möglichkeiten wieder finden ließen, auf die ich bei Beginn meines Studiums in Göttingen zunächst ganz zu verzichten bereit war.

Betreffs der Machschen Erkenntnistheorie: Ich habe seinerzeit, als ich noch sehr entschiedener Mach-Anhänger war, die
mir als notwendig erschienene erkenntnistheoretische Einstellung gern als »positivistisch« bezeichnet; später habe ich auf
die Benutzung dieses Wortes doch weitgehend verzichtet, da
viele Nichtphysiker sich darunter etwas ganz anderes vorstellen, als die Machschen erkenntnistheoretischen Grundsätze.
Übrigens hat der berühmte Physiker *W. Pauli,* mit dem ich
zu enger Freundschaft kam, mit etwas anderer Begründung
gleichfalls die Verwendung der Parole »Positivismus« als un-
angemessen angesehen. Mein verehrter Lehrer *Born* neigte zu
einer sehr scharfen, mir aber in dieser Zuspitzung nicht gerecht
erschienenen Ablehnung positivistischer Erkenntnistheorie.

Wie *Machs* erkenntnistheoretische Grundsätze innerhalb
der Quantentheorie *richtig* anzuwenden sind, ist von *Heisenberg* klargestellt worden. Sein Entwurf einer exakten Formulierung der »Quantenmechanik« ist von ihm selber bezeichnet
worden als eine *»Formulierung von Beziehungen zwischen
beobachtbaren Größen.«*

Das einfachste solcher Gesetze war ja damals schon längst
geläufig: Nämlich die von *Bohr* immer wieder hervorgehobene
Beziehung, die gewissermaßen das *Urgesetz* aller Quantenphysik ist: Wenn ein Atom unter Absorption oder Emission

P. Jordan

von Licht aus einem Zustand mit dem Energiegehalt W_2 in einen anderen mit dem Energiegehalt W_1 springen kann (wozu ja die Erfüllung der oft zitierten »Auswahlregeln« nötig ist), dann ist die diesbezügliche Frequenz ν gegeben durch

$$h\nu = W_2 - W_1,$$

wenn h das *Plancksche Wirkungsquantum* ist.

Dies ist in der Tat eine Beziehung zwischen meßbaren Eigenschaften der fraglichen Atomart: Die Frequenz ν ist optisch meßbar im *Spektrum* der fraglichen Atomart; und die Energiedifferenz $W_2 - W_1$ des Atoms kann unabhängig davon z. B. durch Elektronenstoß-Experiment (im Sinne von *Franck* und *Hertz*) gemessen werden.

Weitere meßbare Eigenschaften des Atoms sind vor allem die *Übergangswahrscheinlichkeiten* für Quantensprünge der Absorption und Emission; auch diese treten auf in den von *Heisenberg* ins Auge gefaßten »Beziehungen zwischen meßbaren Größen«.

Mach hatte zweifellos einen *unrichtigen* Gedanken vertreten, als er die Existenz von Atomen bezweifelte — sie ist ja seit 1905 in verschiedenen grundlegenden Erkenntnissen zur bewiesenen Gewißheit geworden. Aber jene vorläufige Quantentheorie der Atome, welche aus *Bohrs* genialer vorläufiger Theorie des Wasserstoffatoms hervorgegangen war, rechnete noch mit dem Begriff der inneratomaren Bewegungen der Elektronen — und dieser Begriff wurde von *Heisenberg* völlig gestrichen: Das war die *negative* Seite der von ihm eingeleiteten Aufstellung einer exakten Quantenmechanik als Formulierung von Beziehungen zwischen meßbaren Größen. Diese Ausschließung eines nunmehr als *sinnlos* erkannten Begriffs war tatsächlich ähnlich radikal, wie die von *Mach* selbst versuchte Leugnung der Atome; aber *besser gezielt*. Das Positive und das Negative zusammen ergaben eine wunderbare Erfüllung des Grundgedankens Machscher Erkenntnistheorie.

Schon mindestens ein Jahr vor der Veröffentlichung (1925) der bahnbrechenden Arbeit *Heisenbergs* war mir durch eine Gesprächsbemerkung *Heisenbergs* schlagartig ein Einblick in die von ihm verfolgte Wegrichtung gegeben. Das Gespräch

fand statt zwischen den Verfassern der später gern von uns
als unsere »Dreimännerarbeit« zitierten Abhandlung: *Born,
Heisenberg* und mir. Es bezog sich auf eine damals stark dis-
kutierte Frage: Sind als die kritischen Frequenzen der *Disper-
sion* in einem aus Atomen gewisser Art gebildeten Gase die
Emissions-, sowie Absorptionsfrequenzen der fraglichen Atome
anzusehen, oder vielmehr die in der theoretischen Modell-
berechnung auftretenden »wahren« Frequenzen der inneratomaren Elektronenbewegung? Ich neigte dazu, die letztere
Möglichkeit zu billigen — wie es auch von anderen Verfassern
damals getan wurde. *Heisenberg* widersprach jedoch mit der
Bemerkung: »Aber in der klassischen Theorie war es selbstverständlich, daß die Dispersionsfrequenzen und die Absorptionsfrequenzen *dieselben* waren. Diese *Übereinstimmung*
sollte auch wohl in einer exakten Quantentheorie *erhalten
bleiben.*« Diese überzeugende Antwort zeigte bereits, daß
Heisenberg darauf hinsteuerte, die inneratomaren Bewegungen
völlig zu leugnen.

Die Weiterentwicklung nach *Heisenbergs* Arbeit 1925 verlief
dann so, daß die von ihm so genial skizzierten Gedanken von
zwei Seiten zu einer systematischen Theorie ausgestaltet wurden, nämlich einerseits durch *P. A. M. Dirac,* andererseits von
M. Born und *P. Jordan* zunächst unter Beschränkung auf
Systeme von nur *einem Freiheitsgrad,* und anschließend für
allgemeine Systeme in der schon erwähnten »Dreimännerarbeit«.

Bekanntlich gewann dann *Schrödinger* einen ganz anderen
Zugang zur Quantenmechanik, indem er aus der von *de
Broglie* begründeten Vorstellung von *Materiewellen* seine
»Wellenmechanik« entwickelte. Es gelang ihm, aus dieser
Formulierung eine neue Gestalt für die Theorie des Wasserstoffatoms abzuleiten — daß auch dabei die gleichen Ergebnisse zustande kamen, wie aufgrund der (von *Pauli* durchgeführten) Behandlung des Wasserstoff-Atoms nach den Vorschriften der von *Heisenbergs* Gedanken aus gestalteten Quantenmechanik, erwies sich nach einem von *Pauli* und auch von
Schrödinger aufgestellten Äquivalenz-Satz als spezieller Fall

der allgemeinen Feststellung, daß die Behandlung jedes beliebigen quantenmechanischen Problems zu Endergebnissen führen mußte, die auch von der Schrödingerschen Wellenmechanik aus zu bekommen waren. *Beide* Theorien lieferten die gleichen *Energie-Eigenwerte;* und auch die für die »Übergangswahrscheinlichkeiten« maßgebenden »Matrixelemente« der Quantenmechanik konnten nach einem einfachen Schema abgeleitet werden, sobald die »Eigenfunktionen« des fraglichen Problems aus der »Schrödingerschen *Wellengleichung*« ermittelt waren. *Born,* der dann die Schrödingersche Fassung der Theorie dazu benutzte, auch Vorgänge des Elektronenstoßes zum Gegenstand einer nunmehr zwangsläufig bestimmten mathematischen Behandlung zu machen, begründete von dieser Untersuchung aus auch eine neue, *Schrödingers* Gedankenrichtung freilich völlig verlassende physikalische Deutung des Feldes der Schrödingerschen Wellen: Danach ist das *Absolutquadrat:* $|\varphi(\mathfrak{r})|^2$ der *Schrödingerfunktion* die *Wahrscheinlichkeitsdichte* für das Auftreten des Elektrons am Orte $\mathfrak{r}$.

Die schon erwähnte Abweichung dieser Deutung von *Schrödingers* eigener Vorstellungsweise, die von diesem mit großem Temperament verteidigt, aber von den anderen Quantentheoretikern (einschließlich *Bohr)* als völlig abwegig beurteilt wurde, ergab sich so, daß *Schrödinger* sich in den Gedanken eingelebt hatte, der Ersatz des korpuskularen Elektrons durch sein Wellenfeld würde es möglich machen, nun zu einer Erneuerung rein klassischer Theorie *ohne* den Begriff der *Quantensprünge* zurückzukehren – also gewissermaßen die ganze *Quantenphysik* wieder rückgängig zu machen. Dieser Versuch einer vollständigen grundsätzlichen »Revozierung« der Quantentheorie wurde sehr schnell als Irrtum erkannt – *Schrödinger* selber sah ein, daß sein Wunsch die Größe $[\varphi(\mathfrak{w})]^2$ im Einelektronenproblem als reale *Ladungsdichte* einer kontinuierlich im Raume ausgedehnten (statt korpuskular konzentrierten) Ladung auffassen zu können, schon daran scheiterte, daß eine Theorie des Helium-Atoms, in welchem uns ein Zwei-Elektronen-Problem entgegentritt, auf diese Weise nicht zustandekommen konnte. Und natürlich war es auch sonst nicht möglich, die von *Planck* und *Einstein* geschaffenen Grunderkenntnisse der »Quantenspringerei«, wie *Schrödinger* es unwillig nannte, wieder aufzugeben. (Betreffs des Helium-Atoms gab die erwähnte Äquivalenz die Anweisung, Schrödingerfunktionen in einem sechsdimensionalen Raum zu berechnen.).

Jedoch erwies sich die von *Born* vertretene Deutung der *Schrödingerwellen* als geeigneter Ausgangspunkt einer revolutionären Gedankenentwicklung, welche sich von aller klassischen Physik unterschied, indem sie als *Primärgesetze* der Mikrophysik *statistische statt kausaler* Gesetze formulierte. *Born,* der diesen Gedanken in seiner ganzen Tragweite bejahte, geriet dadurch in lebhafte Auseinandersetzungen mit seinem Lebensfreunde *Einstein,* der trotz seiner sonstigen revolutionären Gedankenkühnheit hinsichtlich des Kausalitätsprinzips keine Nachgiebigkeit zeigen zu dürfen glaubte — er hat über dieses Thema mit *Born* einen denkwürdigen, gelegentlich zu einiger Schärfe gesteigerten Briefwechsel geführt, dessen Zusammenfassung in einem Buche ein geistig und menschlich ergreifendes Dokument der Physikgeschichte unseres Jahrhunderts geworden ist. Später hat er die letzten drei Jahrzehnte seines Lebens einem heroischen Ringen gewidmet, in welchem er — vergeblich — seine Hoffnung verfolgt hat, doch noch eine Theorie schaffen zu können, welche in einem kausaldeterministischen Gesamtrahmen auch die Quantenerscheinungen mit einschließen sollte.

Die positive Weiterverfolgung des Bornschen Gedankens einer nur statistische Gesetze als *primäre* Naturgesetze formulierenden Theorie vollzog sich in mehreren Schritten. Zunächst wurde in zwei unabhängig durchgeführten Untersuchungen von *P. A. M. Dirac* und *P. Jordan* die sogenannte »statistische Transformationstheorie« aufgestellt. Diese verallgemeinert die Fragestellung, welche nach *Born* geeignet ist, den physikalischen Sinn der *Schrödingerfunktionen* zu präzisieren. Etwas ausführlicher, als schon oben geschehen, kann diese Bornsche Deutung folgendermaßen formuliert werden: Wir haben an einem Atom zunächst seinen Energiegehalt gemessen; es hat sich dabei gezeigt, daß sich das Atom in seinem k-ten Anregungszustand befindet, zu welchem Energiewert der W_k mit der Eigenfunktion $\varphi_k(\mathfrak{w})$ gehört. Es sei der Genauigkeit halber ausgesprochen, daß wir voraussetzen wollen, dies sei ein »nicht entarteter« sondern einem *»einfachen«* Eigenwert W_k entsprechender Anregungszustand, so daß hier nicht nur die Energie W_k eine eindeutige Funktion von k ist, sondern auch umgekehrt k eine eindeutige Funktion von W. (Diese Voraussetzung kann nicht entbehrt werden; sie sei deshalb *erwähnt*, obwohl sie in dieser Kürze der Formulierung ein gewisses Maß von Bekanntschaft mit der mathematischen Theorie der Eigenwerte voraussetzt — ausführlichere Erläuterung kann nicht gut in einer für den Nichtspezialisten genießbaren Weise gegeben werden.) Es werde nun ein weiteres Experiment gemacht, bei welchem eine Ortsbestimmung des Elektrons ausgeführt wird. Die Wahrscheinlichkeit, daß hierbei das Elektron in einem Volumdifferential am Orte $\mathfrak{w}$ angetroffen wird, ist gleich der Größe dieses Volumdifferentials mal $[\varphi_k(\mathfrak{w})]^2$.

Die erwähnte »statistische Transformationstheorie« behandelt allgemeiner die Frage: Es sei zunächst eine meßbare Größe a an dem betrachteten mikrophysikalischen Gebilde gemessen, und dabei der (wiederum als *einfach* vorausgesetzte) Eigenwert a′ gefunden. Sodann werde im zweiten Experiment die Größe b gemessen. Wie groß ist die Wahrscheinlichkeit, daß dabei der Eigenwert b′ von b gefunden wird?

Diese Fragestellung und ebenso ihre Beantwortung ist von *Dirac* und *Jordan* in übereinstimmender Weise gegeben worden. Drei andere Verfasser haben dieser Überlegung bedeutungsvolle Vertiefungen gegeben, die wir hier noch kurz besprechen wollen. Es handelt sich um Arbeiten des Mathematikers *J. v. Neumann* und der Physiker *Heisenberg* und *Bohr*.

Die von *J. v. Neumann* vorgelegte Untersuchung ist weniger, als die beiden anderen, geeignet, in einer für Nichtspezialisten verständlichen Weise erläutert zu werden. Sie erstrebte (und erreichte) eine axiomatische Fassung der Theorie, in welcher mit möglichster mathematischer Deutlichkeit ein Minimum

primärer Aussagen gemacht wird. *J. v. Neumann* hat in diesem
Zusammenhang auch die mathematische Theorie des »Hilbert-
raumes« und der »Operatoren« im *Hilbert*raum durch bedeutungsvolle Präzisierungen gefördert. Er konnte im Zuge
dieser tiefdringenden Untersuchungen auch die mathematische
Tatsache feststellen, daß es *unmöglich* ist, die Gesetze der
Quantentheorie — wenn sie in dieser Form als richtig angesehen werden — als Folgerungen einer im Hintergrunde (oder
als Unterlage) gedachten *kausalen* Theorie zu deuten. Hiermit
erledigt sich ein in vielen Diskussionen geäußerter Zweifel
betreffs der *Unvermeidbarkeit* eines Verzichtes auf den alten
Kausalitätsglauben.

  Während die bisher betrachteten Untersuchungen zur grundsätzlichen allgemeinsten Fassung der Quantengesetzlichkeit
einen hochgradig abstrakten Charakter haben, wurde durch
Heisenbergs berühmte Untersuchung die physikalische Seite
der Sache deutlicher herausgearbeitet: Die Durchführung der
Ortsermittlung des Elektrons in z. B. einem Wasserstoffatom
ist — zumindestens als Gedankenexperiment — ausführbar mit
Hilfe eines »Gamma-Strahl-Mikroskops«. Die Theorie optischer
Abbildung und Beobachtung lehrt ja, daß bei Anwendung
monochromatischen Lichtes die benutzte Wellenlänge kleiner
sein muß, als die Abmessungen derjenigen Teilstücke des Objektes, deren Erkennung noch erzielt werden soll. Hochgra-
dige erstrebte Abbildungsschärfe verlangt also sehr kurzwelli-
ges Licht, und bei diesem handelt es sich nach *Einstein* um
sehr energiereiche und impulsreiche Lichtquanten. Es wird
deshalb erkennbar, daß die messende Untersuchung eines
mikrophysikalischen Einzelgebildes einen *verändernden Ein-
griff* in das Objekt bedeutet. Wir haben es hier also mit einer
ganz anderen Beziehung zwischen Objekt und Subjekt zu tun,
als in der klassischen Physik, in welcher die Beobachtungsakte
theoretisch gedacht werden können als bloße *Kenntnisnahme*
eines sowieso vorhandenen Sachverhalts. Es ist dem Astro-
nomen selbstverständlich, daß er z. B. einen die Sonne um-
laufenden Planeten messend beobachten kann, *ohne* im Vollzug dieser Beobachtung und Messung eine verändernde Rück-

wirkung auf das Objekt auszuüben. Wenn wir die hierdurch
gegebene Möglichkeit, uns die Bahnbewegung des Planeten als
einen objektiven Vorgang zu denken, dessen Ablauf *unabhängig* davon ist, ob er beobachtet wird oder nicht, mit dem
passenden Worte »Objektivierung« bezeichnen, so müssen wir
anerkennen, daß wir mit dem Eintreten in den mikrophysikalischen Bereich auch die in aller klassischen Physik als
Selbstverständlichkeit vorausgesetzte *Objektivierbarkeit* der
Vorgänge nicht mehr erwarten dürfen. Die von *Heisenberg*
schon in seiner Arbeit 1925 vollzogene Verzichtleistung gegenüber dem Begriff einer inneratomaren Bewegung der Elektronen erhält damit eine nochmalige Bekräftigung. Auch kann
man sagen, daß der Verzicht auf geschlossene Kausalität nicht
etwa in solcher Form zu vollziehen ist, daß es im Mikrophysikalischen unerlaubt wäre, zu behaupten, daß in einem System
von Massenpunkten mit *bekannten* Werten der in einem Zeitpunkt vorliegenden Ortskoordinaten und Impulse die dadurch
gegebene zeitliche Weiterentwicklung des Systems determiniert
ist; vielmehr handelt es sich darum, daß die *Voraussetzung*
exakt bekannter Koordinaten und Impulse *unerfüllbar* ist —
es gelten hier die berühmt gewordenen Heisenbergschen *Unge-
nauigkeitsbeziehungen*. Eine Messung der Ortskoordinate x
eines Massenpunktes und der ihr parallelen Impulskomponente
p (= Geschwindigkeitskomponente mal Masse) *zugleich* ist
immer nur unter Inkaufnahme endlicher *Ungenauigkeiten*
$\triangle$ x und $\triangle$ p möglich, wobei das *Produkt* von beiden mindestens gleich dem Wirkungsquantum h bleibt. Insbesondere
kann nur dann einer der Faktoren gleich Null werden, wenn
der andere unendlich wird.

Niels Bohr hat diese Heisenbergschen Überlegungen aufgenommen, von einer »Komplementarität« von Ort und Im-
puls sprechend. Er hat die vielseitige und weitreichende An-
wendbarkeit des Komplementärbegriffes erläutert und insbesondere seine hohe Bedeutung für ein naturwissenschaftliches
Verständnis der *Lebens*-Erscheinungen hervorgehoben. *P. Jordan* hat eingehend dargetan, daß der Begriff der Komplementarität innerhalb der Mikrophysik Analoges bedeutet, wie der

Freudsche Begriff der *Verdrängung* innerhalb der Psychologie des Unbewußten.

Es ist wohl nicht verwunderlich, daß die neuartigen Begriffe der indeterministischen oder akausalen Mikrophysik auch Anlaß zu vieler auf Mißverständnissen beruhender Kritik geworden sind. Als Extremfall törichter Kritik war wohl der Einwand zu bezeichnen, die Auffassung der Quantentheorie von der Rückwirkung des Meßinstrumentes auf das mikrophysikalische Objekt sei innerlich widerspruchsvoll, da sie darauf hinziele, Akausalität zu beweisen, aber im Begriff der Rückwirkung Kausalität in Anspruch nehme. Diese Kritik verkannte völlig, daß für den Physiker die Bedeutung von Kausalität etwas viel Schärferes ist, als der tolerantere Begriff einer »Rückwirkung«. Kausalität schließt nämlich volle *Determinierung* ein. — Man könnte wohl mit Recht *diese* Kritik parodieren mit der Behauptung, für die Quantenphysik sei die Kausalität sogar von gesteigerter Bedeutung, da ja das »Wirkungsquantum« ein zentraler Begriff der Quantentheorie ist, »Wirkung« aber dem Begriff der Ursache zugeordnet sei.

In der oben erwähnten »Dreimännerarbeit« war auch eine Betrachtung enthalten, welche über den Kreis der *Quanten-Mechanik* hinaus weisend auf das Problem der Lichtquanten und damit auf das Thema einer Quanten-*Elektrodynamik* zielte. *Einstein* hatte als Begründung und Rechtfertigung für die Aufstellung des Lichtquanten-Begriffs ausgeführt, daß die *Schwankungserscheinungen* in der räumlichen Verteilung Planckscher Strahlungsenergie rein thermo-dynamisch aus dem Planckschen Gesetz berechnet werden können; sie sind danach aber *größer,* als wellentheoretisch aufgrund von Interferenz-Schwebungen zu berechnen wäre.

Es wurden nun in der fraglichen Arbeit gezeigt (und dieser Umstand war mir immer besonders verheißungsvoll erschienen), daß auch die Berechnung der Interferenzschwebungen die *volle* Größe der Schwankungen ergibt, wenn man das schwingende Kontinuum nicht nach der klassischen Mechanik, sondern nach der Quantenmechanik behandelt — die Quantenmechanik lieferte also ganz von selbst, ohne Notwendigkeit

zusätzlicher Hypothesen, auch die Aufklärung des Licht-
quantenrätsels. Jedoch zeigte sich hernach, daß verschiedene
Freunde diesen Punkt der »Dreimännerarbeit« mit Zweifeln
betrachteten, ihn irgendwie (mit Argumenten, die später auf-
gegeben worden sind) als noch nicht überzeugend ansehend.

Zu allgemeiner Anerkennung kam dieser Gedanke erst dann,
als *Dirac* ihn aufgriff, ihm seine wunderbare Kunst eleganter
und suggestiver Zeichenerfindung leihend. (Man denke daran,
daß seinerzeit die Überlegenheit der Leibnizschen Differential-
rechnung gegenüber *Newtons* Fluxionsrechnung weitgehend
auf einer eindrucksstärkeren Bezeichnungsweise beruhte.) Freilich waren noch weitere wichtige Schritte nötig, bevor das
Programm einer die Quantenmechanik folgerichtig fortsetzen-
den Quantenelektrodynamik wirklich angreifbar wurde: *O.
Klein* und ich haben gezeigt, daß in einem »Boseschen« Mehr-
körperproblem auch Wechselwirkungsenergien (etwa Coulomb-
sche) mitberücksichtigt werden konnten. *Pauli* und ich haben
zunächst für den Fall eines ladungsfreien Vakuums die Quan-
telung des *Maxwell*feldes in einer *Lorentz*-invarianten Weise
durchgeführt. *Wigner* und ich haben sodann den Fall von
Fermionen analog zu dem der *Bosonen* ebenfalls im Sinne
einer »Quantentheorie der Wellenfelder« behandelt. In diesem
Stadium übernahmen *Heisenberg* und *Pauli* die Spitzenfüh-
rung dieser Bemühungen um eine folgerichtige Quantenelektrodynamik; unter Anwendung neuer wichtiger Gedanken konnten sie das Programm entscheidend weiter treiben.

Freilich ergaben sich dann noch erschreckende Schwierigkeiten in Gestalt der Entstehung *divergenter Ausdrücke* in
allen ins einzelne gehenden Rechnungen. Doch haben scharfsinnige Verfasser in Beiträgen zum Problem der sog. Renormalisierung (ich erwähne nur den Namen *Schwinger*) diese
Schwierigkeiten weitgehend zu überwinden vermocht. Als
Höhepunkt (wenngleich nicht als *unbezweifelter,* sondern auch
kritisch beurteilter Höhepunkt) hat sich der von *Heisenberg*
unternommene kühne Versuch ergeben, in seiner sog. *Weltformel* eine aus den Gedankengängen der Quantentheorie der
Wellenfelder hervorgegangene Theorie zu formulieren, welche

sich anheischig macht, das Gesamtspektrum der (durch die Hochbeschleuniger empirisch zugänglich gemachten) Elementarteilchen theoretisch zu begründen.

Ich erwähne abschließend auch einen Vortrag, den *Abdus Salam,* betitelt »Progress in renormalisation theory since 1949«, 1972 in Triest gehalten hat, bei dem Symposium zu Ehren des 70. Geburtstages von *P. A. M. Dirac.* Dieser Vortrag, wiedergegeben in dem Buche, in welchem die Vorträge dieser Tagung gesammelt sind (»The Physicists Conception of Nature«, Editor J. Mehra, Dordrecht 1973), zeigt eindrucksvoll, welche bewundernswerte Fortschritte in der Quantentheorie der Felder — und damit in der Elementarteilchentheorie — erreicht worden sind, aufgrund der Überlegungen zum Thema Renormalisierung. Diese Fortschritte gehen sehr weit über das hinaus, was mir vorschwebte bei Ausarbeitung der »Dreimännerarbeit«, in welcher erstmalig der Gedanke vertreten wurde, die Einsteinschen Lichtquanten zu verstehen als ein Ergebnis der Anwendung der Quantenmechanik auf das *Maxwellfeld.*

Im ältesten Entwicklungsabschnitt der Quantentheorie wurden die Quantengesetze, mit deren Formulierung *Planck* begonnen hatte, als Eigenschaften der Atome betrachtet — die damals noch in so geheimnisvoller Ferne liegenden Atome hatten eben diese sonderbare Eigenschaft, in *Sprüngen* zu reagieren. Die Entwicklung der Quantentheorie der Felder hat dieses Verhältnis gewissermaßen *umgekehrt:* Es sind die Quantengesetze, welche den Wellenfeldern das Auftreten von *Korpuskeln* aufzwingen — sowohl von Lichtquanten, als auch Elektronen und sonstigen materiellen Teilchen. So hat sich die Plancksche Entdeckung als Weg zum Verständnis des *Vorhandenseins* von Korpuskeln erwiesen; ein Sachverhalt, den ich mir scherzhaft gern in der *Ungleichung*

$$\textit{Planck} \supset \textit{Demokrit}$$

ausdrücke.

Indem ich endlich kurz auf die *biologische* Bedeutung der Quantenphysik eingehe, fühle ich mich gedrängt, zunächst noch

einmal an die im Obigen enthaltenen autobiographischen Bemerkungen anzuknüpfen. Als ich mein Studium in Göttingen
begann (vorher hatte ich zwei Semester lang die TH meiner
Heimatstadt Hannover besucht), wählte ich zum Hauptfach
Physik die beiden Nebenfächer Mathematik und Zoologie. Die
Zoologie war damals in Göttingen durch den hervorragenden
Alfred Kühn vertreten; eine von ihm gehaltene Vorlesung über
die Vererbungswissenschaft — in welcher er auf die damals
noch recht neuen Errungenschaften der amerikanischen *Mor-
gan-Schule* einging — fand damals viel Aufmerksamkeit nicht
nur bei Studenten; beispielsweise gehörte auch der berühmte
Mathematiker *David Hilbert* zu den Hörern *Kühns* in dieser
Vorlesung. *Kühn* war in Studentenkreisen als Examinator ge-
fürchtet — insbesondere bei Medizinern. Es war mir deshalb
besonders erfreulich, daß ich im Doktorexamen bei ihm mit
»sehr gut« abschnitt.

Bohrs schon erwähnte Anwendung des Gedankens der Komplementarität ging natürlich vor allem auf die Tatsache ein,
daß bei lebenden Organismen — eine zunächst äußerliche,
aber von ihm erstmalig als tief bedeutsam erkannte Ähnlichkeit — der eindringlichen Beobachtung des lebenden Objektes
enge Schranken gezogen sind durch den Umstand, daß bei
Nichtbeachtung dieser Schranken erhebliche *Veränderung* des
Objekts durch den Beobachtungsvorgang unvermeidbar ist. In
gewissem Umfang ist das natürlich eine Trivialität; jede wissenschaftliche, etwa physiologische Beobachtung mußte deshalb
mit besonderer Vorsicht angelegt sein — es war aber *vor* Entdeckung der Komplementarität stets als selbstverständlich angesehen worden, daß dieser Umstand unter idealen Voraussetzungen als *ausschaltbar* angesehen werden durfte — *Bohr*
wies erstmalig auf die Möglichkeit hin, daß hier eine *biologische Komplementarität* von grundsätzlicher Bedeutung vorliegen könnte. Er war überzeugt, daß für die biologischen Erscheinungen Komplementaritätsverhältnisse charakteristisch
seien, die noch *hinaus gingen* über die in *aller* Materie vorhandenen atomphysikalischen Komplementaritäten — er prä-
zisierte mir das einmal (brieflich) mit der Bemerkung, daß man

den Begriff »Leben« nicht im atomphysikalischen Maßstab definieren könnte.

Man wird natürlich außerdem (aber vielleicht ist das Wort »außerdem« hier irreführend — es handelt sich wohl nur um eine Betrachtung derselben Sache von einer anderen Seite) bei der quantenmechanischen Außerkraftsetzung des Kausalitätsprinzips an das durch die Jahrhunderte so viel erörterte Problem der *Willensfreiheit* denken. Zwar kann man sicher sein, mit dieser Erwähnung auch mancherlei Kritik auf den Plan zu rufen: Allzu viel Diskussion und Streitgespräche, die diesem Thema gewidmet worden sind, haben ein gewisses Maß von »Überdruß« ergeben, so daß seine bloße Erwähnung als »anstößig« oder als Ausdruck einer etwas unseriösen Sensationshascherei betrachtet werden könnte. Zudem gibt es eine philosophische Position, welche behauptet, daß gegenüber diesem spezifisch philosophischen Problem (oder Begriff) alles Naturwissenschaftliche »irrelevant«, also bedeutungslos sei. Ein mir befreundeter älterer Fachkollege kam zu dem Urteil, daß die Frage der Willensfreiheit vielleicht erkenntnistheoretisch als ein bloßes *Scheinproblem* zu bewerten sei — aber auch das halte ich nicht für die richtige Antwort. Zu bezweifeln, daß die Vorstellung eines lückenlos determinierten Naturgeschehens die Frage der Willensfreiheit wirklich berührt, und zwar im klaren negativen Sinne, würde eine Hinwegsetzung über die Realitäten der geistesgeschichtlichen Entwicklung bedeuten: Die philosophische Verneinung der Willensfreiheit aus rationalen Gründen ist gerade aus der Vorstellung lückenloser Kausalität hervorgegangen; diese geistesgeschichtliche Entwicklung kommt z. B. darin zum Ausdruck, daß es im Brockhaus-Lexikon unter dem Stichwort »Willensfreiheit« heißt: »Der Determinismus leugnet sie, da er alles Geschehen als restlos kausal bestimmt ansieht«. Natürlich meint die von *Luther* aus theologischen Gründen ausgesprochene Verneinung menschlicher Freiheit (aus Rücksicht auf Gottes Allmacht) etwas ganz anderes, als die Verneinung durch die mechanistische Naturphilosophie; ich halte sie aber, offen gesagt, nicht für den *besten* Gedanken *Luthers*. — *Planck* hat sich einmal dahin gehend geäußert, daß *künftige* menschliche Handlungen als nicht vorhersehbar gelten, aber trotzdem *erfolgte* nachträglich als kausal bedingt gewesen erkannt werden könnten. Jedoch halte ich es für bedenklich, den Begriff der Kausalität *trennen* zu wollen vom Begriff der *Prognostizierbarkeit.*

Es bleibt also die Frage bestimmt *relevant,* ob die in der Mikrophysik angetroffene Indeterminiertheit eine Auswirkung auf biologische Individuen hat — was natürlich verneint werden müßte, wenn man die Organismen als *makrophysikalische* Gebilde ansprechen könnte.

Ich habe vor Jahrzehnten — damals zunächst hypothetisch — eine Bejahung dieser Frage vertreten, und meine Bejahung insbesondere zu der Aussage konkretisiert, daß jedes einzelne *Gen* in der Erbmasse einer Keimzelle ein *einzelnes Molekül,* also in klarer Weise ein mikrophysikalisches Einzelgebilde sei. Die Richtigkeit dieser damals auf sehr lebhaften kritischen Widerspruch gestoßene These ist inzwischen glänzend bewiesen worden, indem *Crick* und *Watson* sogar die ausführliche Strukturaufklärung dieser Moleküle geben konnten (wobei allerdings gewisse *andere* von mir zeitweise verfolgte Spekulationen widerlegt worden sind).

Daß die quantenphysikalische Indeterminiertheit in breitester Weise hineinwirkt in das biologische Geschehen, ist übrigens neuerdings auch von *Jaques Monod* betont worden in seinem viel erörterten Buch »Zufall und Notwendigkeit«.* Dabei hat *Monod* seiner eindrucksvollen Analyse des mikrophysikalischen Zufalls-Geschehens in seiner biologischen, insbesondere auch das Evolutionsgeschehen beherrschenden Bedeutung allerdings eine besondere Note gegeben, indem er ausdrücklich (und nachdrücklich) von *sinnlosem (»blindem«)* Zufall spricht. Dies ist natürlich eine willkürliche, rein subjektive Deutung — die nicht von der Physik her untermauert werden kann; allerdings kann die Physik als solche auch *keinen Gegenbeweis* zu dieser nihilistischen Auslegung des Zufalls liefern.

---

* Deutsche Ausgabe, München 1971.

Unmittelbare naturwissenschaftliche Beweisführung für die mikrophysikalische Beeinflußbarkeit von Organismen hat sich ergeben durch die Fülle der durch biophysikalische Experimente erwiesenen *»Eintreffer-Reaktionen«,* die in einem typischen Fall so aussehen: Coli-Bakterien werden ultravioletter Strahlung ausgesetzt. Hinterher schreiten sie teilweise unverändert zur Teilung, und zum Auswachsen jedes Bakteriums zu einer kleinen Kolonie. Diejenigen, die es *nicht* tun, nennen wir »getötet« – obwohl es unter Umständen gelingen kann, sie durch chemisches Auswaschen doch noch zur Teilungsfähigkeit zurückzubringen. Die Anzahl der nicht getöteten sinkt exponentiell mit der *Dosis* angewandter Strahlung – wie die Anzahl unzerfallener Atome eines Radiumpräparates mit der *Zeit* exponentiell abfällt. Das bedeutet, daß jede »Tötung« herbeigeführt wurde durch Absorption *eines einzigen UV-Lichtquants.* (Was keineswegs der anderen Tatsache widerspricht, daß Millionen von Lichtquanten in jedem Bakterium absorbiert werden können, *ohne* daß das Bakterium merklich geschädigt wird.)

Im erwähnten Buche *Monods* ist auch eine Vermutung ausgesprochen, von der ich glaube, schon vor langer Zeit ihre Richtigkeit bewiesen zu haben, und zwar durch Hinweis auf die *Nichtrazemie* der chemischen Substanzen in lebenden Organismen: »Das Leben ist auf der Erde erschienen; wie groß war *vor dem Ereignis* die Wahrscheinlichkeit dafür, daß es eintreffen würde? Aufgrund der gegenwärtigen Struktur der belebten Natur ist die Hypothese nicht ausgeschlossen, – es ist im Gegenteil wahrscheinlich, daß das entscheidende Ereignis sich nur ein einziges Mal abgespielt hat. Das würde bedeuten, daß die *a priori*-Wahrscheinlichkeit dieses Ereignisses fast null war«. (Zitat nach *Monod* S. 178.)

Dirac, der diese Frage in einem Vortrag in *Lindau* berührt hat, zeigte sich dabei geneigt, ihr eine ganz besondere Wichtigkeit zuzuschreiben. Ich bin auf seine Erwägungen eingegangen im Vorwort meines Buches: »Erkenntnis und Besinnung«. (Oldenburg 1972.) Abweichend vom Nihilismus *Monods* hat *Dirac* den Gedanken ausgesprochen, daß ein

Beweis für eine extreme Kleinheit der bezeichneten Wahrscheinlichkeit geradezu als ein moderner naturwissenschaftlicher Gottesbeweis gelten könnte.

Nochmals auf das Autobiographische zurückkommend, möchte ich erwähnen, daß ich in der Zeit *nach* meiner »fundamentalistischen« Gläubigkeit und nach meiner »Bekehrung« zur Darwinschen Entwicklungslehre die Frage einer *»Urzeugung«* als entscheidende Frage zwischen atheistischem Materialismus und einer nichtfundamentalistischen Anerkennung naturwissenschaftlicher Erkenntnis angesehen hatte. Auch in dieser bedeutungsvollen Frage haben sich meine Gedanken schließlich abgerundet und mit Gedanken meiner Jugendzeit verbunden.

Freud hat seinerzeit das Problem der Willensfreiheit zum Gegenstand einer Durchdenkung unter den Gesichtspunkten seiner Psychoanalyse gemacht. Diese Betrachtung muß meine positive Aufmerksamkeit finden insofern auch sie die Ergebnisse empirischer Forschungen als durchaus *»relevant«* für die Klärung des Problems betrachtet. Jedoch ist der Schluß, zu welchem *Freud* gekommen ist, dem oben erläuterten entgegengesetzt. *Freud* sagt etwa: Die Willensentscheidungen sind motiviert (= kausal bedingt) durch Erwägungen nicht nur bewußter, sondern auch unbewußter Art. Da das Mitwirken des Unbewußten dem Bewußtsein nicht merkbar oder erkennbar ist, so entsteht für das Bewußtsein der täuschende *Eindruck* eines nicht voll motivierten (oder determinierten) Willens.

Hierzu ergibt sich eine veränderte Folgerung, wenn wir auch in diesem Fall klarer nicht nach Kausalität, sondern nach *Prognostizierbarkeit* fragen. Mitwirkung des Unbewußten im Vorgang der Willensbildung bedeutet bestimmt Begrenzung der Prognostizierbarkeit. Denn zwecks Prognose müßten die mitwirkenden unbewußten Motive jedenfalls bewußt gemacht werden. Es ist ja aber der Hauptpunkt der Freudschen Psychologie, daß *Bewußtmachung* z. B. von *Komplexen* zur Veränderung (oft sogar Auflösung) der Komplexe führt. Also auch hier ist die Beobachtung der Ausgangssituation (als *Voraussetzung* einer Prognose) gerade *nicht möglich*.

(Dieser *verändernde Einfluß* von Beobachtung = Bewußtmachung auf Inhalte des Unbewußten begründet die sachliche
Ähnlichkeit von Verdrängung und Komplementarität.)

Meine Versuche, in der Entwicklung der Quantentheorie
mitzuwirken, hatten ihren Abschluß erreicht in den gemeinsamen Arbeiten mit *O. Klein, W. Pauli* und *E. Wigner,* welche
darauf abzielten, den schon in der »Dreimännerarbeit« (1926)
begonnenen Weg von der Quantenmechanik zu einer »Quantenelektrodynamik« als weiter verfolgbar zu erweisen. Ich
habe später noch erheblichen Zeit- und Arbeitsaufwand hin-
eingesteckt in eine Bemühung, von der ich heute noch nicht
weiß, ob sie einer bloßen Illusion nachgestrebt hat, oder ob
die Frage, die mir vorschwebte, berechtigt war, ohne daß es
mir gelungen ist, ihre Antwort zu finden. Es schien mir, daß
der *mathematische Formalismus,* mit welchem die Quantenmechanik arbeitet, zu eng, zu speziell sei, um alles das leisten
zu können, was vor allem in der später nachgefolgten Quantenelektrodynamik von ihm verlangt wurde — man hat ja in
Gestalt der Renormalisierungstheorie tatsächlich eine nachträgliche *Veränderung* der Theorie durchgeführt; und *vielleicht* könnte es eine Möglichkeit geben, diese nachträgliche
Änderung und Komplizierung dadurch entbehrlich zu machen,
daß man von Anfang an die axiomatischen Grundlagen der
Theorie etwas toleranter faßt. Man kann ja sagen, daß der
Übergang von der klassischen, die Quantenerscheinungen
noch nicht berücksichtigenden Theorie zur Quantentheorie
dadurch geschah, daß man die »Algebra« der *meßbaren Größen* als eine *nicht mehr kommutative* Algebra voraussetzte —
Dirac hat mit besonderem Erfolg gezeigt, daß man allein
hieraus — ohne ausdrückliche Heranziehung der Matrizen oder
Operatoren — viele wichtige Ergebnisse der exakten Quantentheorie ableiten kann. Mein Lieblingsgedanke war es lange
Zeit, in dieser Algebra nun auch noch das *assoziative* Gesetz
mehr oder weniger fallen zu lassen. Eine spezielle Variante
dieses Gedankens habe ich zusammen mit meinen Freunden
J. v. Neumann und *E. Wigner* verfolgt — jedoch hatten wir
nicht das Glück, neue Möglichkeiten für eine physikalische

Theorie zu entdecken. Es kam immerhin zu Ergebnissen, die als rein *mathematische* einige Anregungen geben konnten — amerikanische Mathematiker haben später die Bezeichnung *»Jordan-Algebren«* üblich gemacht, und es sind mehr als 1000 Abhandlungen sowie mehrere Bücher diesem Thema gewidmet worden.

Andererseits hatten *Neumann* und der amerikanische Mathematiker *Birkhoff* einmal gezeigt, daß man den Übergang von der »klassischen« zur Quantentheorie auch ganz anders formulieren kann, nämlich als Übergang von der »gewöhnlichen« *Logik,* von der die Mathematiker seit langem wissen, daß sie der Mathematik sogenannter »distributiver« *Verbände* entspricht, zu einer allgemeineren nur noch »modularen« Logik. Ich habe dann versucht, die mathematischen Möglichkeiten eines Übergangs von »kommutativen« zu *nicht kommutativen* Verbänden zu klären — ein mathematisches Problem, welches gleichzeitig auch von dem japanischen Mathematiker *Matsushita* in Angriff genommen wurde. Aber auch dies führte nicht zu einem für die Physik verwendbaren Ergebnis.

Ein ganz anderes Thema physikalischen Nachdenkens stellte sich mir, als *Dirac* 1937 eine Motivierung gab für die neue Hypothese, die sogenannte »Gravitationskonstante« könnte in Wahrheit eine *variable* Größe sein, die insbesondere im Laufe der Entwicklung des Kosmos eine fortschreitende Veränderung erleide. Ich habe es unternommen, zu klären, in welcher Weise man die Einsteinsche Allgemeine Relativitätstheorie *abändern* muß, wenn man diesen von *Einstein* selber nicht in Betracht gezogenen Gedanken mitberücksichtigen will. Ich fand (gleichzeitig mit dem Franzosen *Thiry,* und parallel mit einer erst nachträglich veröffentlichten Untersuchung von *Einstein* und *Bergmann),* daß hierfür Möglichkeiten geboten werden durch die von *O. Klein* und auch dem Mathematiker *Kaluza* aufgestellte sogenannte fünfdimensionale Fassung der Relativitätstheorie. (Ihre genauere Untersuchung war inzwischen auch von meinem genialen Freunde *W. Pauli* durchgeführt worden, in Arbeiten, die für meine Bemühung sehr hilfreich waren. *Pauli* gehörte neben *Einstein* zu den ganz wenigen Physikern

unseres Jahrhunderts, die *sowohl* in der Quantentheorie, als
auch in der Relativitätstheorie Bahnbrechendes geleistet haben.
Die veränderte Form der Allgemeinen Relativitätstheorie, zu
der ich kam, wurde von einem anderen Gesichtspunkt aus auch
von den Amerikanern *Brans* und *Dicke* aufgestellt.)

Es ergab sich für mich aber auch der Anreiz, zu prüfen,
ob *Diracs* Hypothese einer im Laufe der kosmologischen Entwicklung allmählich abnehmenden Größe der Gravitations-
»Konstante« mit den empirischen Tatsachen im Einklang sei
oder nicht. Der Wunsch, hierüber genaueres zu erfahren, hat
mich für mehrere Jahre in ein ganz anderes Arbeitsfeld und
in Kontakt mit ganz anderen Menschen, als zuvor, geführt.

Obwohl dieses neue Thema kaum Beziehungen zu *philosophischer* Problematik besitzt, scheint es mir doch angemessen,
seiner Erwähnung hier am Schluß eines Berichtes über meine
wissenschaftlichen Arbeiten wenigstens in aller Kürze Raum
zu geben.

Im Kreise der Physiker, mit denen ich vorher so lange
zusammengearbeitet hatte, herrschte eine dem wissenschaftlichen Fortschritt offene und günstige Stimmung — und diese
Einstellung wurde von allen Beteiligten als eine Selbstverständlichkeit empfunden. Seit der Entstehung von Relativitätstheorie und Quantentheorie war man gewöhnt, daß neue Erkenntnisse geeignet seien, erhebliche Veränderungen der vorher für sehr fest begründet gehaltenen Urteile und Vorstellungen zu ergeben. Beim näheren Bekanntwerden mit der Literatur der Geowissenschaften war ich überrascht, zu sehen, daß
dort die Aufnahme neuer Gedanken sehr viel weniger freudig
erfolgt.

So hatte beispielsweise *Wegener* mit seinem Gedanken der
Kontinental-Verschiebungen eine geradezu heftige, emotional
entrüstete Kritik hinzunehmen, welche auch auf diejenigen
Verfasser abschreckend wirkte, welche zunächst seinem Gedan-
ken einer nachträglichen Entstehung des Atlantik durch
Trennung von Afrika und Südamerika nicht ablehnend gegen-
überstanden. Es dauerte dann etwa vierzig Jahre, bis sich der
Gedanke *Wegeners* nach fast allseitiger Ablehnung zu weit

verbreiteter, fast ausnahmsloser Anerkennung durchsetzte. In der Selenographie — also einem den Geowissenschaften nah verbundenen Forschungszweige — wurde gegen Ende des vorigen Jahrhunderts von *Gilbert* die Überzeugung ausgesprochen und begründet, daß die sogenannten Mondkrater überwiegend *nicht* als etwas den terrestischen *Vulkanen* Ähnliches zu deuten seien. Die Frage ist danach oft und heftig diskutiert worden; aber obwohl die prominentesten Mondforscher sich heute offenbar weitgehend einig sind in der Anerkennung der Gedanken *Gilberts,* gibt es doch heute noch — nach fast einem Jahrhundert — manche Stimmen, die *Gilberts* »neuen« Gedanken völlig unerwähnt lassen oder ausdrücklich ablehnen. Ebenso verwunderlich scheint dem diese Diskussion beobachtenden Physiker eine gewisse Abneigung, klare Widerlegungen beliebter Ideen zu würdigen. Beispielsweise hat *Heezen* einmal darauf hingewiesen, daß die sehr beliebte Theorie der Polwanderungen — dem Physiker schon dadurch verdächtig, daß sie entsprechende Verlagerungen des Äquator-Wulstes der Erde erfordern würde — zu völlig widersprechenden Ergebnissen führt, wenn man die Rekonstruktion des Weges der Polwanderung auf die paläomagnetischen Daten der *verschiedenen Erdteile* gründet. Ich konnte aber nicht beobachten, daß dieser Hinweis *Heezens* der Beliebtheit der Polwanderungs-Theorie merklich Abbruch getan hätte.

Der Eindruck, den ich im Studium zahlreicher Spezialarbeiten gewonnen habe, geht dahin, daß die von der Diracschen Hypothese geforderten Wirkungen tatsächlich vorhanden sind — mit Einschluß einer langsam erfolgenden *Expansion des Erdkörpers,* der eine (verständlicherweise) sehr viel schwächere Expansion unseres Mondes parallel geht. Einzelheiten dieses Themas sollen hier nicht erneut erörtert werden. 1972 wurde aus Anlaß des 70. Geburtstages *Diracs* in Triest ein Symposium durchgeführt, bei welchem ich eine kurze Zusammenfassung meiner Theorie der Erdexpansion vorgetragen habe. Bei dieser Gelegenheit hat *Dirac* mit den Worten »You support me« ein freundliches Interesse an meiner diesbezüglichen Untersuchung ausgedrückt. Trotzdem rechne ich nicht mit baldiger breiterer Anerkennung dieser Überlegungen. Das mag ähnlich lange dauern, wie im Falle *Wegener* oder im Falle *Gilbert*. Jedoch mag die Fortsetzung der bewunderungswürdigen Messungen von *Radio-Echos* der Planeten durch *Schapiro* jedenfalls für Physiker eine klare Entscheidung betreffs der Diracschen Hypothese ergeben.

Vom Autor getroffene Auswahl seiner Veröffentlichungen

Folgende meiner Bücher betrachten die moderne Naturwissenschaft im Zusammenhang mit philosophischen und weltanschaulichen Fragen:

1) Der Naturwissenschaftler vor der religiösen Frage.
   Stalling, Oldenburg [6]1972 (übersetzt ins Spanische).
2) Schöpfung und Geheimnis. Stalling, Oldenburg 1970.
3) Erkenntnis und Besinnung. Stalling, Oldenburg 1972.
4) Begegnungen. Stalling, Oldenburg 1971.
5) Wie frei sind wir? Fromm, Osnabrück 1971

Zum Thema Erdexpansion:

6) The Expanding Earth. (Übersetzer: A. Beer). Oxford 1971.

Ferner mein Beitrag in:

The Physicists Conception of Nature; Editor J. Mehra. Reidel, Dordrecht (Holland) 1973 und Boston.

Werner Marx * 1910

I

Vor die Aufgabe einer »Selbstdarstellung« gestellt, erkenne ich mit Bestürzung, daß mir die Regeln der Hermeneutik wenig nützen. Denn sie gelten doch vornehmlich für den Fall, daß sich der Interpret entweder einem auf Quellen zurückführbaren Text gegenüber befindet oder einem durch Zeugnisse belegten Lebenslauf eines anderen. Ich soll mich aber auf mich selbst zurückbeugen, an mich selber Fragen richten, die meinen Lebens- und Bildungsweg, insbesondere die Entwicklung meines philosophischen Denkens betreffen. Gilt schon für den Gegenstand der eigentlichen Hermeneutik, daß er nicht schlechthin »an sich seiend« ist, sondern in einem bestimmten Sinne abhängig von dem Selbstverständnis des fragenden und antwortenden Interpreten, so ist dies erst recht der Fall, wenn dieser keinen anderen »Gesprächspartner« für sein Fragen und Antworten hat als das eigene Selbst. Welche Regeln bestimmen seine Selbstbesinnung, wenn er von der Warte seines heutigen Selbstverständnisses bestimmte Stufen seines Entwicklungsganges auswählt, sie auslegt und sie zu einem Sinnzusammenhang so zusammenfügt, daß der Anfang der Entwicklung ihr Ende erklärt? Was bindet seine Willkür dort, wo es keine Verifikationsmöglichkeit und insbesondere keine Wahrheitsfindung durch allgemeinen Konsensus gibt?

II

Warum gehen eigentlich die frühen Denkversuche eines Kindes in diese und nicht in jene Richtung? Schon sehr früh — so berichteten Eltern und Lehrer — sei mir manches »seltsam« erschienen, was den Spiel- und Klassenkameraden als selbstverständlich galt, und ich sei mit Fragen dieser Art zu ihnen gekommen: Wieso gibt es mich — wieso Euch — wieso die Dinge — wieso die Welt — was bedeutet Euer Reden von Gott,

zu dem ich beten soll? Mir wird weiter nachgesagt, ich hätte
mit Fragen solcher Art keine Ruhe gegeben, bis man sie mir
wohlbegründet beantwortet habe. Dieses Verlangen nach »Begründung« sei bald als meine »juristische Begabung« beurteilt
worden und mein Fragen als eine »philosophische«.

Sicher haben viele Kinder ganz ähnliche »Anlagen«. Ich vermag sie auch nicht zu erklären, wohl aber meine ich zu wissen,
warum sie sich bei mir in einer ganz bestimmten Weise aus-
bildeten. Ein außergewöhnlicher Lehrer hat mich auf meinem
Schulgang von der Sexta bis zur Oberprima begleitet, ein in
sich ruhender Westfale, der dichtete und malte, *Platon-* und
zugleich *Goethe*-Verehrer war. Er hat die Idee des »Wahren,
Schönen und Guten« sowie den Gedanken der Polarität allen
Seins den Schülern anschaulich vermittelt. Das war deshalb
eine große Leistung, weil es in einer »Wirklichkeit« geschah,
die alles andere als wahr, schön und gut war. Ich bin im Jahre
1910 in Mülheim a. d. Ruhr zur Welt gekommen, somit in
jenem Gebiet, in dem sich nach dem Weltkrieg die Nöte der
Zeit bis zum äußersten zuspitzen sollten. Da mich meine Eltern
— klug und realistisch gesinnt — von diesen Nöten nicht ab-
schirmten, so erwuchs in mir sehr bald eine Spannung zwischen dem, was uns dieser Lehrer in der Schule als die zu er-
strebende schöne Welt zeigte, und jener Wirklichkeit. Ich
glaube, daß diese Spannung meinen frühen Fragen ihre besondere Dringlichkeit gab, und daß sie mich davor bewahrt
hat, in ein leeres Spintisieren zu verfallen. Meine frühe Neigung zu »philosophieren« wurde jedoch durch einen anderen
zeitbedingten Umstand gehemmt, der es notwendig machte,
jene andere frühe Neigung, das Verlangen nach einsehbarer
Begründung, zu einer Waffe auszubilden. Vermutlich ist der
Bericht über das Schicksal eines Kindes deutsch-jüdischer Herkunft in einem Lande ohne jüdische Bevölkerung nur noch von
geringem Interesse. Ich kann aber eine Selbstdarstellung meines Lebens- und Bildungsweges nicht geben, ohne auf die Bedeutung einzugehen, die für mich die Tatsache hat, daß ich
jener Symbiose von Deutschtum und Judentum entstamme, die
— wie ich immer weiter mit Stolz und Trauer erkläre — Grö-

ßeres an Leistungen, an hervorragenden Menschen, an Gelehrten wie einfachen sittlichen Persönlichkeiten hervorgebracht hat als eine andere mir bekannte vergleichbare Synthese.

Mein Vater war in Trier geboren, wo sich Juden schon zur Zeit der Römer angesiedelt hatten. Mit dem Bewußtsein, ebenso selbstverständlich zu Deutschland zu gehören wie zum Judentum, bin ich aufgewachsen. Daß ich diese doppelte Zugehörigkeit bereits in meinen frühen Schuljahren tagtäglich verteidigen mußte, hat mich in jeder Beziehung geprägt. Mit der Ausnahme jenes Lehrers waren alle anderen Feinde der Weimarer Republik, und das bedeutete mit Selbstverständlichkeit, daß sie Antisemiten waren und den Haß im Klassenzimmer schürten. Daß ich jeder verleumderischen Behauptung mit der Forderung nach ausweisbarer Begründung begegnete, hatte zur Folge, daß ich »logisch« zu denken lernte und von meinen Argumenten so Gebrauch zu machen, daß Lehrer und Mitschüler bald zögerten, mit mir den Kampf aufzunehmen.

Dies war aber auch die Zeit, in der die wirtschaftliche und menschliche Verelendung der arbeitenden Massen im Ruhrgebiet ständig wuchs. Das mußte für einen jungen Menschen, dessen Eltern noch in relativ gesicherten Verhältnissen lebten, zum moralischen Problem werden. Angesichts der furchtbaren Ungerechtigkeit der damaligen Verhältnisse wurden mir die überlieferten religiösen Lehren immer fraglicher, weil sie offensichtlich an der Not der Zeit nichts zu ändern vermochten. Nur noch das messianische Erbe des Judentums erschien mir bedeutungsvoll, weil es das Versprechen einer sittlicher werdenden Menschheit hier auf Erden enthielt. Zu jener Zeit begann ich *Karl Marx* zu lesen. Seine Gedanken über Emanzipation mußten dem Angehörigen einer Gruppe, die selber unter Diskriminierung litt, als das eigene Anliegen gelten. Wenn ich heute Studenten, die das Elend wirklicher Proletariermassen nie miterlebt haben, über Emanzipation von Herrschaft und die Notwendigkeit von Gewalt reden höre, so berührt mich das oft als unglaubwürdiges »Klischee«.

In meinen letzten Schuljahren hatte ich mich jedenfalls, angesichts der Leiden, die ich miterlebte, fest entschlossen, an der

Heraufkunft einer gerechteren Welt mitzuarbeiten, die eine
Wiederholung solcher Nöte verhindern würde. Außer *Marx* las
ich *Lasalle,* aber auch *Rousseau* und *Hobbes.* Eine aktive politische Tätigkeit hätte mir allerdings nicht entsprochen. Angesichts der Anfeindungen mied ich jede Gemeinschaft und disku-
tierte nur im Kreise meiner engsten Freunde.

III

  Daß ich mich trotz meiner Neigung für philosophische Fragen für das Studium der Jurisprudenz entschloß, erklärt sich
aus jener »Kompetenz« des Argumentierens, die ich in der
Schulzeit ausgebildet hatte. In den romantischen Träumen jener Zeit sah ich mich als Verteidiger der unschuldig Verfolgten.
Wohl aber beabsichtigte ich, Philosophie als Nebenfach zu
studieren, weswegen ich Freiburg als meinen ersten Studienort
wählte. *Martin Heidegger* war von Marburg dorthin zurückgekehrt. Ihm ging der Ruf voraus, der bedeutendste Philosoph
Deutschlands zu sein. Ich hörte seine Antrittsvorlesung und besuchte eine seiner Vorlesungen. Bald aber fesselte mich die
Jurisprudenz, vor allem das Staatsrecht, in dem ich einen
Gegenstand erkannte, der sowohl meinen philosophischen wie
juristischen Neigungen entsprach. Darum ging ich im folgenden Semester nach Berlin, um *Smend, Heller* und vor allem
Carl Schmidt zu hören. Wie konnte ich ahnen, daß dieser —
nur wenige Jahre später — seine so überzeugend vorgetragenen
Ideen eines demokratischen Liberalismus verraten würde.

  Innerhalb der Problematik des Staatsrechts habe ich bald die
»Grundrechte« zum zentralen Thema meiner Studien gemacht,
denn die Strukturen dieser Freiheitssphären des Bürgers von
der Staatsgewalt betrafen gerade in ihrer juristischen Bedeutung das philosophische Gebiet der »praktischen Vernunft«.
Mit dieser klaren Vorstellung suchte ich mir Bonn als letzten
Studienort aus, weil dort *Thoma,* der Verfasser des berühmten
Artikels über die Grundrechte im »Handwörterbuch der Staats-
wissenschaften« lehrte. Seine Persönlichkeit, ohne autokrati-
sche Allüren, hat befreiend auf mich gewirkt. Gerade weil ich

Werner Marx.

meine Lehrer an der Schule in ihrer provinziellen Borniertheit
verachtet hatte, war es ein großes Erlebnis, einem Gelehrten zu
begegnen, der seinen Idealen entsprechend zu leben schien.
Gut, daß ich erst viel später hörte, daß auch *Thoma* sich den
Nationalsozialisten gebeugt hat. Ich schreibe es vor allem seiner Wirkung zu, daß ich mich eindeutig zu einer verfassungs-
mäßig erreichbaren Evolution bekannte. Überhaupt gewann
das Ideal der »Rechtsstaatlichkeit« immer größeren Einfluß auf
mich. Hierzu hatten mich auch meine intensiven Studien der
Rechtslehre von *Kelsen* erzogen sowie die Vorlesungen des
Strafrechtlers *Grünhut* in Bonn. In ihnen bekam ich zum ersten
Mal etwas von der Faktizität der Verhältnisse vor den Blick,
die die menschliche Freiheit bedrohen; ich bekam Einsicht in
die Widersprüche, in die sich der Mensch verwickeln kann und
die ihn zur Rechtsverletzung bringen. Große Seelenkämpfe
habe ich durchgemacht, bevor ich einsehen lernte, daß oft ohne
Rücksicht hierauf das Gesetz herrschen muß. Denn wenn ich
von der religiösen Tradition und von Hause her zu einem vielleicht überschwänglichen Gefühl neigte, dann war es das Mit-
leid. Rechtsstaatliches Denken habe ich in meiner Bonner
Studienzeit auch beim Studium des Bürgerlichen Rechts gelernt.
Angesichts seiner nüchternen Bestimmungen wurde mir klar,
daß es streng zu unterscheiden gilt zwischen Erwägungen de
lege ferenda und den Fragen de lege lata. Ich habe die Disziplin des Positiven zu respektieren gelernt; deshalb kann ich
auch heute nicht denen zustimmen, die den »Positivismus«
schlechterdings verwerfen. Sicher kenne ich die Gefahr eines
sich auf das nun einmal Gesetzte allein versteifenden Denkens
und Handelns, das keinen Spielraum für veränderte Umstände
gewährt. Aber wieviel größer erscheint mir auch heute noch
die Gefahr von Thesen, die, von einem träumerischen Utopis-
mus bestimmt, die Auflösung des Positiven verlangen, besonders dann, wenn sie die Jugend — wie etwa heute in Deutschland — dazu verleiten, mit Gewalt als einem Mittel zu spielen,
das durch ein zukünftig zu erreichendes Ziel gerechtfertigt sei.
Wenn mich heute »Progressive« verwundert fragen, wieso
denn ich — anders als so mancher aus der Emigration zurück-

gekehrte Hochschullehrer — nicht an der »Emanzipation mit-
arbeite«, so versuche ich einiges von dem zu erklären, was ich
als Rechtsstudent in meinen Bonner Jahren eingesehen hatte
und das mir gerade deswegen zu einer sich durchhaltenden
Überzeugung erwuchs, weil ja die Schrecken des Zusammen-
bruchs des rechtsstaatlichen Prinzips bald aufs deutlichste Gestalt gewinnen sollten.

Wann immer ich in Bonn bin, gehe ich in den Universitäts-
park, wo noch die herrlichen Kastanienbäume stehen, und setze
mich auf eine bestimmte Bank. Hier saß ich im Frühjahr 1932,
als ich von einer »Ahnung« heimgesucht wurde. Ich hatte das
deutliche Gefühl, daß sich bald Furchtbares in Deutschland er-
eignen würde und daß ich dort niemals den juristischen Beruf
ausüben könnte. Ich habe im Jahre 1932 noch das Referendar-
examen bestanden und wurde zum Referendar ernannt. Ich
habe auch noch beim Amtsgericht in Wesel die erste Station
begonnen. Der Amtsrichter war ein gütiger Mensch, der sich
schämte, als er mich aus »rassischen« Gründen entlassen mußte.
Einige Monate später — die Nationalsozialisten waren bereits
an der Macht und ich auf der Suche nach einer neuen Existenz-
möglichkeit in Holland, Frankreich und England — bin ich
noch einmal nach Bonn zurückgekehrt, um das Rigorosum für
den juristischen Doktor abzulegen. Ich habe auch noch das
Diplom erhalten, das mir in meiner späteren Laufbahn nur
insofern von Wichtigkeit war, als es mir die Zulassung an der
amerikanischen Universität für weitere Studien, von denen ich
berichten werde, erleichtert hat.

IV

Ich halte inne und frage mich, ob derartige persönliche Erinnerungen überhaupt zu dem Thema einer »Selbstdarstellung
der Philosophie« gehören können. Sicher nicht, wenn es sich
um die zufälligen Erlebnisse eines Einzelnen handeln würde,
oder wenn die Erfahrungen, die ich zu Beginn der Nazizeit
und danach machte, ohne eine entscheidende Wirkung auf
meinen Lebens- und Bildungsweg und insbesondere auf die

Entwicklung meines Denkens geblieben wären. Beides aber scheint mir nicht der Fall zu sein. Was ich erlebte, gehört zur »Zeitgeschichte« und hat insofern eine exemplarische Bedeutung. Und wie könnten solche Erlebnisse nicht ohne Wirkung auf meine Entwicklung geblieben sein? Ich verdeutliche diese Wirkung noch mit einigen Worten. Ich hatte erwähnt, daß ich mich — vor allem unter dem Einfluß des Studiums des Staatsrechts — gründlich mit Fragen der »praktischen Vernunft« beschäftigt hatte. Damals war ich davon überzeugt, daß dem europäischen Menschentum die Aufgabe vorbehalten ist, Vernunft nicht nur in den Wissenschaften, sondern auch durch eine immer rationalere Gestaltung seiner Institutionen zur Geltung zu bringen. Ich meinte, dies könne auf dem Wege einer Evolution bei strenger Wahrung unabdingbarer Freiheitssphären — eben der Grundrechte — möglich sein. Was konnte der Einbruch von Gewalt und legalisierter Rechtlosigkeit da anderes zur Folge haben als den kompletten Zusammenbruch all meiner bisherigen Überzeugungen? Die Heraufkunft äußerster Barbarei unmittelbar in meinem Lande, bei meinen ehemaligen Freunden, Studienkameraden und Nachbarn, widerlegte doch aufs deutlichste alle Theorien einer vernünftigen Evolution. Ich finde es auch heute noch völlig konsequent, daß ich damals in meinem geistigen Elend beschloß, allem akademisch-Gedanklichen für immer abzusagen, und daß ich all meine Bücher und sonstige bürgerliche Habe verkaufte und eine Ausbildung als Bauarbeiter in England durchmachte und im Herbst 1934, nur mit einer »Arbeiterkiste« ausgerüstet, nach dem damaligen Palästina auswanderte. Damals glaubte ich, daß sich in den Arbeiterkolonien eine Renaissance des prophetischen Judentums realisiert habe; darum hoffte ich, dort eine neue Heimat zu finden. Daß dies eine romantische Idee war, daß der Alltag eines im Aufbau begriffenen Landes nur wenig mit solchen Sehnsuchtsträumen zu tun hatte, habe ich dann bald zu meiner großen Enttäuschung erfahren. Ich studierte englisches und türkisches Recht und verschaffte mir genug Einblick in die dortigen Wirtschaftsverhältnisse, um mich als Rechts- und Wirtschaftsberater niederzulassen; trotz guter

Erfolge konnte mich eine solche Existenz nicht auf Dauer be-
friedigen. Die »Geistfeindlichkeit«, zu der ich mich selber verurteilt hatte, wurde mir unerträglich. Ich entschloß mich, in
ein Land weiterzuwandern, in dem ich wieder Anschluß an
akademisches Leben finden könnte. Das einzige Land, in dem
mir das — angesichts der sich immer mehr zuspitzenden Welt-
lage — noch möglich erschien, waren die USA. Unmittelbar
nach meiner Ankunft dort im Jahre 1938 erreichten mich aber
die Nachrichten von gewaltsamen Verfolgungen. Wie konnte
ich in einer Zeit ruhig studieren, wo es darum ging, die in
Deutschland verbliebenen Nächsten und die Mitglieder meiner
großen Familie zu retten, die sich alle in höchster Lebensgefahr
befanden? Ich brauchte hierzu Geld, und das bedeutete die
sofortige Aufnahme einer wirtschaftlichen Tätigkeit. Einen
Ausweg aus meinem Dilemma bot mir aber die wenige Jahre
vor meiner Ankunft gegründete »University in Exile« in New
York (später Graduate Faculty of the New School for Social
Research genannt). Es ist jetzt weitgehend bekannt, wie sich
dort aus den führenden Geisteswissenschaftlern deutscher Herkunft eine kleine Fakultät gebildet hatte, die wohl zu den vor-
züglichsten gehörte, die es im akademischen Leben der neueren
Zeit gegeben hat. Da die Veranstaltungen abends stattfanden,
konnte ich dort nach langer Unterbrechung zum Akademischen
zurückkehren, wenn auch nur auf einer »part time basis«.
Tagsüber mußte ich — und dies blieb meine Lebensweise für
lange Jahre — verdienen, um nicht nur meinen engeren Familienkreis zu ernähren, sondern um den vielen anderen Angehörigen, die sich gerettet hatten, helfen zu können. Auf diese
Seite meiner Existenz ist hier nicht näher einzugehen.

V

Es hätte, was meine Rückkehr zum Akademischen angeht,
nahegelegen, daß ich entweder an meine Kenntnisse in der
Jurisprudenz angeknüpft und mich zum Anwalt in Amerika
ausgebildet hätte, oder jetzt endlich zur Philosophie zurückgekehrt wäre. Aber diesen Weg glaubte ich damals nicht gehen

zu dürfen. Ich sah keinen Sinn darin, ein amerikanischer Jurist zu werden, der — mit einem deutschen nicht vergleichbar — vielfach kaufmännische Ziele verfolgt. Was die Philosophie angeht, so erlaubte mir mein Gewissen nicht die Beschäftigung mit einem Gebiet, das mir nicht die Möglichkeit gab, in einer unmittelbaren Weise an einer Verbesserung der Verhältnisse mitzuhelfen. Wenn ich eines aus der Entstehungsgeschichte des Nationalsozialismus gelernt hatte, dann war es eben dies, daß in unserer Zeit die überkommenen sittlichen Maßstäbe keinen Halt mehr bieten und schwere wirtschaftliche Krisen unmittelbar politische Unruhen auslösen. Darum — so schien es mir — kam alles darauf an, dabei mitzuhelfen, Wege zu suchen, die wirtschaftliche Krisen verhindern. An der »University in Exile« lehrten die bekannten Nationalökonomen *Lederer, Heimann, Lowe, Neißer* und *Hahn*. Ihr Gebiet war die Lehre der Krisenbekämpfung, die damals durch *Albert Hahn* und *Maynard Keynes* entscheidende Einsichten gewonnen hatte. Wenn ich auch den Revolutionstheorien von *Marx* — aufgrund meiner schon geschilderten Entwicklung — gründlich abgesagt hatte, so war mir doch klar geworden, daß *Marx* mit der Auffassung durchaus recht hatte, daß ein Philosophieren über Probleme der »praktischen Vernunft« bodenlos ist ohne Einsicht in die Nationalökonomie und — wie man heute hinzufügen kann — die Soziologie und Politologie. Ich meinte damals jedenfalls, ich dürfe zur Philosophie nicht zurück, ohne solche Einsichten gewonnen zu haben. Darum hielt ich es für richtig, zunächst Nationalökonomie zu studieren. Jahrelang vertiefte ich mich in die Krisentheorien und auch in die Entwürfe eines Wohlfahrtsstaates, die nicht nur in allgemeinen Worten eine »Emanzipation« versprachen, sondern zu ermitteln versuchten, wie dies ökonomisch und institutionell möglich ist. Ich beschloß diese Studien zunächst mit dem »Master of Social Science« und studierte dann weiter Soziologie und Psychologie. Zugleich begann ich mich kritisch mit den Ergebnissen meines Studiums auseinanderzusetzen. Dabei wurde mir immer klarer, daß viele sozialwissenschaftliche Theorien, insbesondere die nationalökonomischen, die inzwischen immer mathematischer geworden waren, von ungeklärten Auffassungen über das »Wesen des Menschen« und das »Wesen der Realität« ausgingen. Ich begann wieder die Frühschriften von *Marx* zu lesen. Dabei erkannte ich die Notwendigkeit, zu *Hegel* zurückzukehren. Ich kam aber mit dem *Hegel*-Studium nicht recht weiter. Ich konnte insbesondere nicht einsehen, daß das Wesen des Menschen mit der allgemeinen Bestimmung »endlicher Geist« befriedigend erfaßt sei. Sie schien mir viele Seiten außer Acht zu lassen, die die konkreten Verhaltensweisen des Menschen ausmachen. Wo war — so fragte ich mich auf dem Stand meiner damaligen *Hegel*-Kenntnisse — von dem Verhältnis des Menschen zu seinem Körper die Rede, zur Krankheit, zum Schmerz, zum Tod? Wo von der Herrschaft des Bösen, wo vom Versagen und Verweigern? Eines gefiel mir allerdings sehr an *Hegel:* sein Versuch einer philosophischen Begründung der Freiheit. Denn sie erschien mir nach wie vor als die wichtigste Dimension menschlichen Seins, und daß gerade sie durch eine philosophische Begründung als eine für alle Menschen ausweisbare und einsehbare Sphäre hervortrat, das erschien mir gerade im Lichte meiner früheren Überzeugungen und in den Jahren kurz nach dem Sieg über den Totalitarismus der wichtigste Beitrag *Hegels* zu sein.

In dieser unbefriedigenden Lage meiner Philosophiestudien, die zu einer neuen geistigen Krise zu werden drohte, kam mir ein Zufall zu Hilfe. Ich habe ihn in dem folgenden Brief geschildert, den ich *Martin Heidegger* zum 80. Geburtstag schrieb, aus dem ich das Folgende zitiere: »Mitte der vierziger Jahre sah ich zufällig in der Bibliothek einer uns befreundeten Familie ein Exemplar von »Sein und Zeit«; auf dem Blatt vor der Titelseite las ich diese Widmung:

Habent sua fata ....

4. Dez. 1934   Am 20. Okt. 40 an Hans von Giesl!
von Hans   Camp de St. Cyprien.

Liesl, so erfuhr ich, war die Schwester von *Hans Stern,* der —

zusammen mit seinem Freund *Egon Vietta* — in den Jahren 1929—1931 bei Ihnen studierte. Liesl hatte im Winter 1934 in Bonn mit dem Studium der Philosophie begonnen. Dazu hatte ihr Hans »Sein und Zeit« geschickt.

Liesl und ihr Mann sowie Hans mit Frau und Kindern wanderten 1938 nach Holland aus. 1940 floh Hans allein nach Frankreich. Er wurde in St. Cyprien interniert. Liesl konnte sich nur noch eine Zeitlang mit ihrem Mann in Holland verstecken. Als letztes Lebenszeichen sandte sie Hans — über die Schweiz — das Exemplar von »Sein und Zeit« mit dieser Widmung.

Anfang 1941 entkam Hans aus dem Lager; nachts und zu Fuß gelangte er über die Pyrenäen nach Spanien. »Sein und Zeit« nahm er auf diesen Weg mit. Über Cuba erreichte er nach langen Irrwegen die USA; dorthin hatten sich Frau und Kinder gerettet, die er lange tot geglaubt hatte. Zu seiner dürftigen Habe gehörte immer noch dieses Exemplar von »Sein und Zeit«. . . .

Ich weiß nicht mehr, war es die wiedererwachte Liebe zur Philosophie oder die Geschichte, die aus jener Widmung sprach, jedenfalls nahm ich diesen Band mit nach Hause. Genau erinnere ich mich daran, wie mich seine Gedanken sofort gefangennahmen und mich tagelang bewegten. In der Erregung dieser Tage beschloß ich, das Studium der Sozialwissenschaften zu beenden und nun endlich gründlich mit der Philosophie anzufangen. Damit brachte mich Ihr Buch — habent sua fata — auf einen Weg, der mich schließlich nach Freiburg auf den mit Ihrem Namen verbundenen Lehrstuhl führte.«

Wenn ich mich heute frage, warum mich eigentlich »Sein und Zeit« so sehr bewegte, dann kann es nicht an der »Faszination« liegen, die *Heidegger* auf seine Schüler ausgeübt hat. Mit der Ausnahme der einen erwähnten Vorlesung hatte ich nicht bei ihm studiert, seine Person galt mir außerdem aus dem Ressentiment, das ich mit meinen Schicksalgenossen teilte, keineswegs als beispielgebend. Es muß wohl so gewesen sein, daß zum einen mein Ungenügen an *Hegel* und zum anderen die Geschichte meiner eigenen Erfahrungen ein Bedürfnis für eben diese »Methode« des Philosophierens und für das »Konkrete« seiner Bestimmungen begründet hatte. Was die »Methode« anging, erkannte ich eine mir damals willkommene Ablehnung der Dialektik und den Versuch, Ursprüngliches durch eine »Beschreibung« zu erfassen, von der man sich einreden konnte, daß man sie eines Tages selber würde leisten können. Die Bestimmung des »Wesens« des Menschen und die von Welt und Ding erschien mir ungleich »wahrer« zu sein als die *Hegels*. Ich konnte sie an meinen Erfahrungen verifizieren. Das Wesen des Menschen wurde nicht allgemein als »Geist« bestimmt, sondern als der Einzige in seiner »Jemeinigkeit« und seiner »Faktizität«. Es wurde nicht aus den höchsten Vollzugsformen menschlichen Seins, der Religion, der Kunst, der Philosophie, gewonnen, sondern aus seinen alltäglichen Verhaltensweisen, und es war die »Sorge«, die die menschlichen Seinsweisen in ihrer »Ganzheit« auf den Begriff bringt. Ich empfand es geradezu als die Erfüllung meines Anliegens, daß hier der Versuch gemacht wurde, die »Endlichkeit« des Menschen (von der Zeitlichkeit, Geschichtlichkeit her) zu begründen, und daß der Mensch nicht durch den Begriff einer guten Unendlichkeit »idealisiert« wurde, sondern daß die Weisen seines Verfallenseins die gleiche Bedeutung erhielten wie die seines Eigentlichseins. Ebenso überzeugten mich *Heideggers* Bemühungen, phänomenologisch zu bestimmen, wie der Mensch in seiner Alltagswelt wohnt und mit seinen Dingen umgeht. Wieviel näher lag es mir, die Welt als einen Zusammenhang von Bedeutungen zu verstehen und den Zugang zu den Dingen aus diesem Bedeutungszusammenhang zu begreifen, als nachzuvollziehen, daß sich die Welt und die Dinge aus dem »göttlichen« Begriff bestimmen.

Ich begann zu begreifen, daß die Heideggerschen Bestimmungen letztlich auf einem anderen Verständnis vom »Wesen der Wahrheit« beruhen. Aber gerade bei meinen Versuchen, das Grundlegende bei *Heidegger* zu erfassen, begannen sich kritische Fragen zu melden. Warum war denn eigentlich hier nicht von der »Freiheit« des Menschen die Rede, die für mich weiter im Mittelpunkt des Philosophierens stand? Warum nicht

von der »Natur«, und war bei der Bestimmung von »Eigent-
lichkeit« nicht manches überzeichnet? Erinnerungen tauchten
auf an »eigentliche und todesbereite« Menschen, die in dem
Lande, in dem dieses Buch geschrieben wurde, in ihrer »Ent-
schlossenheit« Furchtbares angerichtet hatten. Sicher sah ich
ein, daß es bei jener methodischen »Destruktion« im Sinne
eines Abbaus traditioneller Auffassungen als der Methode von
»Sein und Zeit« nicht um »Gewalt« im üblichen Sinne ging,
aber die Erfahrungen, die ich mit der Anwendung von Gewalt
irgendwelcher Art in meinem Leben gemacht hatte, verursach-
ten doch ein Unbehagen.

Diese kritischen Bedenken veranlaßten mich, das Studium
der Philosophie gründlicher aufzunehmen.

VI

Ich hatte zunächst dieses Studium allein betrieben. Es traf
sich aber, daß *Karl Löwith* in diesen Jahren an die »University
in Exile« berufen wurde und eine Vorlesung über *Heidegger*
hielt. Meine Auffassungen über *Heidegger* stimmten nicht mit
seinen überein. Als ich ihn eines Tages dazu befragte, ant-
wortete er, in der ihm eigenen großzügigen Art, mit diesen
Worten: »Das sind interessante Auslegungen. Warum tragen
Sie sie nicht in einem Tutorium meinen Studenten vor?« Ich
akzeptierte sein Angebot, und damit begann meine akademische Karriere, die nach einigen Jahren zum Lektor führte, dann
zum Assistant Professor, zum Associate Professor und schließlich zum Full Professor — »on a part time basis«. In den ersten
Jahren meiner Lehrtätigkeit studierte ich weiter. Ich hörte
neben *Löwith* noch *Kurt Riezler,* der durch seine ontologische
Ausrichtung und große Kenntnis der griechischen Philosophie,
vor allem aber dadurch einen großen Einfluß auf mich ausübte, daß er nicht nur ein »philosophizing scholar« war, sondern alles, was ihm begegnete, selbständig philosophierend
aufzufassen vermochte. Ich habe das philosophische Studium
mit dem Ph. D. zum Abschluß gebracht.

Durch die von *Riezler* angeregte Beschäftigung mit ontolo-

gischen Fragen hatte ich erkannt, daß ich nur dann wirklich
begreifen würde, was *Heidegger* in »Sein und Zeit« zu de-
struieren versuchte, wenn ich die »ontologischen« Grundlegungen in unserer Denkgeschichte verstand. Vor allem mußte
ich die für die Tradition entscheidende Grundlegung des *Aristoteles* begreifen. Das Ergebnis meiner Bemühungen war mein
erstes Buch: »The Meaning of Aristotle's Ontology« (Den Haag,
1953). Es wurde als der erste Versuch einer andersartigen
Aristoteles-Hermeneutik beurteilt.

Während dieses Studiums fragte ich mich immer wieder, ob
und inwieweit die aristotelische Kategorie der Substanz für die
Bestimmung dessen, was heute ist, sachgemäß ist. Dieselbe
Frage stellte sich mir auch hinsichtlich anderer traditioneller
Kategorien, als ich mich mit weiteren Grundlegungen, insbesondere die der Neueren Philosophie, auseinanderzusetzen begann. Ich kam mehr und mehr zu der Überzeugung, daß angesichts des vielen Neuen, das unserer Generation begegnet,
eine andere Grundlegung mit anderen Kategorien an der Zeit
wäre. Der einzige mir bekannte Entwurf, der eine neue Grundlegung wagte, war derjenige *Heideggers*. Deswegen beschloß
ich, meine eigenen Fragen an ihn heranzutragen. Dabei wurde
mir zunehmend deutlicher, in welchem Sinne seine Bemühungen beabsichtigten, ein anderes Wesen des Wesens und andere
Kategorien zu denken, mit deren Hilfe er dann auch das »Wesen« des Menschen in seinem Bezug zu einem anders zu denkenden »Wesen« von Welt und Dingen zu entwickeln versuchte. Aus dieser Einsicht erklärte ich mir seine Anstrengun-
gen in »Sein und Zeit« als den Versuch einer Überwindung
der tradionellen Bestimmungen von Substanz und Subjekt bzw.
Subjektivität. Da sich mir die aristotelische Bestimmung von
Substanz und die hegelsche Bestimmung von Subjekt bzw.
Subjektivität als der Anfang und das Ende einer zusammen-
hängenden Tradition darstellten, so konnte ich das gesamte
Denken *Heideggers* mit der Frage nach seinem Verhältnis zur
Tradition angehen. Ich habe diese Untersuchungen einige
Jahre lang durchgeführt und sie dann in dem Buch »Heidegger
und die Tradition« veröffentlicht.

In der Einleitung zu diesem Buch habe ich klargemacht, daß für mich die Bewertung des Heideggerschen Entwurfs davon abhängt, ob er einen Beitrag zu dem heutigen »Bedürfnis der Philosophie« darstellt, das für mich damals wie noch jetzt in einer Neubestimmung des Wesens des Wesens und solcher Grundbestimmungen liegt, die das, was heute ist, sachgerecht erfassen können.

»Wir sind davon überzeugt« — schrieb ich — »daß es das heutige ›Bedürfnis der Philosophie‹ ist, die *Frage* nach dem *Wesen des Wesens in Bewegung* zu halten. Zwar hat das philosophische Bewußtsein unserer Zeit bereits weitgehend von den historistischen, relativistischen und positivistischen Tendenzen der jüngsten Vergangenheit zu der Einsicht zurückgefunden, daß es »das Wesen« und womöglich eine »Wesensordnung« geben muß. Aber es ist doch durch die Nachwirkung des »geschichtlichen« oder »epochalen« Denkens seit *Hegels* Tod, vornehmlich durch die Einwirkungen von *Kierkegaard, Marx* und *Nietzsche,* durch die Einsichten der Naturwissenschaften und die erschütternden Erlebnisse des letzten Jahrhunderts so grundlegend beeinflußt, daß es nicht einfach zu den traditionellen Wesenslehren, der aristotelischen *ousia,* oder den auf ihr gründenden Substantialitätsauffassungen zurückgehen kann. Die Philosophie hat sich fernerhin — erweckt durch die transzendentale Wende, insbesondere aber durch *Hegels* Einsichten in der *Phänomenologie des Geistes* — immer stärker dazu genötigt gesehen, das Wesen des Menschen als eines *Täters,* wenn nicht gar als eines *Schöpfers* oder *Mitschöpfers* zu denken, der nicht nur seine Welt verändern, sondern sogar *Neues schaffen* kann. Will die Philosophie heute zu einer »Wesenslehre« zurück, so muß sie versuchen, ein »anderes« Wesen zu denken, also nicht ein Wesen, das etwa wie die aristotelische Ousia »ewig« ist und »selbig« jedem Wechsel, allem Entstehen und Vergehen zugrunde liegt. Die ungeheuer schwierige Aufgabe liegt vielmehr darin, das Wesen des Wesens so zu fassen, daß *Neues* ankommen kann und daß das Wesen des Menschen bei einem solchen Wandel eine Rolle spielt, ohne daß durch solche Ankunft des Neuen und durch

solches Mitspiel des Menschen das Wesen wieder »historisiert«
und »vermenschlicht« würde. Das zu denkende Wesen müßte
auch das Wesen unserer »Dinge« so aufzeigen, daß sie nicht in
völlige Wesenlosigkeit versinken. Eine Antwort auf diese Frage,
worin denn eigentlich der andere Sinn von Sein und Wesen
bei *Heidegger* liegt, wird vielleicht zu einem Urteil darüber
führen, ob *Heideggers* Beitrag diesem ›Bedürfnis der Philosophie‹ gerecht wird.«

Ich kann nicht abschätzen, ob mein Buch die Wirkung hatte,
die ich von ihm erhoffte. Denn bald nach seinem Erscheinen
machte sich in Deutschland der »Nachholbedarf« auf den Gebieten der Wissenschaftslehre, nach Sprachanalyse und Linguistik bemerkbar, Fachgebiete, die sich in den angelsächsischen
Ländern maßgebend entfaltet hatten. Heute hat sicher die
Übersetzung meines Buches in Amerika einen guten Widerhall
gefunden, da dort das Interesse an *Heidegger* groß ist.

Die unmittelbare Wirkung meines Buches aber war der Ruf
auf den »Husserl-Heidegger-Lehrstuhl« in Freiburg. Auf Einladung der Philosophischen Fakultät lehrte ich zum zweiten
Mal — diesmal als Fulbright-Professor — an der Universität
Heidelberg, als mich der Ruf völlig unerwartet erreichte, der
meine Frau und mich natürlich in ein großes Dilemma brachte.
An eine Rückkehr nach Deutschland hatten wir nicht gedacht;
aber dies war ein »schicksalhaftes« Angebot. So entschlossen
wir uns schließlich zu dem Kompromiß, den Ruf an die Universität anzunehmen, aber ohne die Verbindung, insbesondere
die Loyalität zu dem Lande aufzugeben, das uns gerettet hatte.

Ich habe das Amt in Deutschland nicht mit Ressentiments
angetreten. Obwohl ich die längste Zeit meines Lebens im
Ausland gelebt habe und glaube, manches von dem amerikanischen »way of life« angenommen zu haben, obwohl ich mich
gerade wegen der damaligen Verfolgungen meiner jüdischen
Herkunft zugehörig bekenne, so ist mir völlig bewußt geblieben, wie sehr ich nach Sprache und Bildung der deutschen
Tradition verhaftet bin. Ich glaubte, es sei nicht falsch, dieses
Schicksal auszutragen, weil ich dazu berufen wurde, an wichtiger Stelle bei der Erziehung der Jugend mitzuwirken. Ich

habe zu Beginn meiner Antrittsvorlesung, die ich absichtlich sofort bei Amtsantritt hielt, meine Einstellung so zum Ausdruck gebracht:

»Ich möchte wenigstens mit einem Wort erklären, warum ich den Deutschen Idealismus zum Thema meiner ersten Vorlesung in Deutschland gewählt habe. Der Deutsche Idealismus hat nicht nur die äußersten Möglichkeiten menschlichen Wissens, sondern vor allem die äußersten Möglichkeiten menschlicher Sittlichkeit auf Prinzipien und so zur Darstellung gebracht, daß sie für die ganze Menschheit lehrbar und erlernbar wurden. *Fichte* sah bereits in seiner ersten Vorlesung im Jahre 1794 die Bestimmung des Gelehrten darin, der Erzieher der Menschheit zu sein und ihre ›sittliche Veredelung‹ herbeizuführen; denn der Mensch sei da, um sittlich besser zu werden. Mit *Kant* erklärte er: ›Der Mensch darf vernunftlose Dinge als Mittel für seine Zwecke gebrauchen, nicht aber vernünftige Wesen.‹ Diese hohe Auffassung von Wesen und der Bestimmung des Menschen hat *Fichte* nicht etwa bloß behauptet. Er hat sie im gleichen Jahr durch seine Wissenschaftslehre in einer mühevollen Begriffsarbeit zu begründen versucht. — Meine Damen und Herren, daß solche Worte einstmals in Deutschland ausgesprochen wurden, und daß aus tiefster moralicher Überzeugung die Sittlichkeit — als Ziel der ganzen Menschheit — zum Inhalt gründlichster Systeme gemacht wurde, diese Tatsache allein war für manche meiner Generation von allergrößter Bedeutung. Als in Deutschland, vor noch gar nicht langer Zeit, die Barbarei herrschte und viele Deutschgebürtige in der Emigration und hier an ihrer Herkunft verzweifelten — da war es ein Trost und Grund für Stärke und Hoffnung, daß es jene Werke gab, in denen Deutsche für alle Menschen die höchste Sittlichkeit erstrebten. Ich bin davon überzeugt, daß Sie, die nur eine Generation von jenen Geschehnissen trennt, freudig bereit sind, zusammen mit mir Dank und Schuld an diese Werke dadurch abzutragen, daß wir sie ernst nehmen, daß wir nicht nur ideengeschichtlich über sie reflektieren, sondern die Gedanken selbst von ihren Anfängen her aufnehmen.«

Ich weiß nicht recht, ob der Neubeginn in meinem 54. Lebensjahr meiner philosophischen Entwicklung förderlich gewesen ist. Ich mußte viel Zeit auf die Vorbereitung meiner Vorlesungen und Seminare verwenden, da ich ja nicht über das »Repertoire« eines meinem Alter vergleichbaren Ordinarius verfügte. Hinzukam, daß ich es für meine Pflicht ansah, die Tradition des Lehrstuhls zu pflegen. Deswegen habe ich in den ersten Jahren regelmäßig Vorlesungen über *Husserl* und *Heidegger* gehalten, und ich habe dem Philosophischen Seminar I — mit Mitteln der Deutschen Forschungsgemeinschaft — das »Husserl-Archiv« angeschlossen, das zusammen mit den *Husserl*-Archiven in Löwen und Köln die Edition des Husserlschen Nachlasses zur Aufgabe hat. Diese weitere Beschäftigung mit *Heidegger* und die mit *Husserl* diente meinen eigenen ontologischen Fragen, die sich zu denjenigen nach dem Wesen der Sprache und der Geschichte erweiterten und die sich immer deutlicher in der Richtung der mir wichtigsten Fragen nach dem Schicksal des heutigen Menschen entfalteten.

In dieser Weise habe ich mich der Aufgabe gewidmet, die ich — im Gegensatz zu der jetzt herrschenden Meinung — für die Hauptaufgabe der Philosophie halte: sachgerechte Grundbestimmungen für das zu denken, was heute »ist«. In einem eigentlichen Sinne vermögen ihr freilich nur die seltenen produktiven Philosophen zu entsprechen. Die anderen, die »Mitphilosophierenden« — zu denen ich mich zähle — haben, so meine ich, diese Funktion: Sie müssen die traditionellen Grundlegungen, die einstmals Epoche machten, vor den Blick halten, damit in einer Rückbesinnung auf sie Fragen erwachsen, die zu einer neuen philosophischen Grundlegung führen könnten. Zu diesem Zweck müssen sie die bisher aufgetretenen Methoden des Philosophierens und die von ihnen vorgelegten Grundbestimmungen daraufhin prüfen, ob und wie sie für die Erfassung dessen, was heute ist, geeignet sind, und ob sie sich verwandeln lassen. Sie müssen dort, wo in zeitgenössischen Entwürfen neue Kategorien operativ verwandt werden, diese als solche freilegen und zur Diskussion stellen.

Ich habe in meinen Vorlesungen, Seminaren und vor allem

in meinen Veröffentlichungen diesen drei Hinsichten der Aufgabe der Philosophie zu entsprechen versucht. Ich habe das aporetische Philosophieren des *Aristoteles* geprüft, ebenso die Methoden der »Reflexion« der neueren Philosophie von der cartesischen Reflexion bis zu der »absoluten« *Hegels,* ich habe die Methoden der Lebensphilosophie *Diltheys,* die der Phänomenologie *Husserls,* die Denkweise des frühen und späten *Heideggers* und die der gegenwärtigen Hermeneutik untersucht. Ich habe die Methode der analytischen Sprachphilosophie geprüft, die des Pragmatismus und der Systemtheorie, und in der letzten Zeit vor allem die Methoden, in denen *Habermas* die Probleme der »praktischen« Vernunft angeht, eben weil diese mich seit meiner Jugend beschäftigt haben. Dies geschah – das sei nochmals betont – nicht aus einem »historischen« Interesse.

In der Absicht, der Aufgabe der Philosophie zu entsprechen, wie ich sie verstehe, habe ich mich des weiteren mit den Bestimmungen befaßt, in denen die Tradition das »Wesen« des Menschen dachte. Dabei hat mich vor allem die Philosophie der »Subjektivität« beschäftigt, weil sie den Begriff der Freiheit gedacht hat, der – dies erklärt sich leicht aus meinen Lebenserfahrungen – von zentraler Bedeutung für mich bleibt. Die Gegenwartsphilosophie hat mich freilich davon überzeugt, daß bei der Wesensbestimmung des Menschen auch berücksichtigt werden muß, »was mit uns geschieht« und was die Freiheit verendlicht. So hat mich bei den Versuchen einer Auseinandersetzung mit der Lebensphilosophie, der Anthropologie, der Phänomenologie, den Daseinsanalysen und manchen anderen Versuchen der Wesensbestimmung des Menschen immer nur interessiert, ob und wieweit sie die der teleo-logischen Subjektivität entstammenden Bestimmungen durch neue Kategorien ersetzt und ob diese die verendlichte Freiheit des Menschen zu respektieren vermögen. Diese Frage habe ich in letzter Zeit besonders an die Versuche gerichtet, die das Wesen des Menschen aus seiner Vergesellschaftung begreifen wollen. Aus der gleichen Absicht habe ich mich mit den unterschiedlichen Bestimmungen der »nichtmenschlichen« Realität befaßt,

wie sie die Tradition und die zeitgenössische Philosophie gedacht haben. Es sei noch erwähnt, daß mich vor allem die
»Lebenswelt« bei dem frühen *Heidegger* und dem späten
Husserl wie bei seinen Schülern beschäftigt hat, weil dieser
»vorlogische« Bereich viele von der Tradition vernachlässigte
»Aspekte« der Realität aufzeigt, die mir sachgemäß zu sein
scheinen. Ich habe auch den vom späten *Heidegger* zur Sprache
gebrachten Grundbestimmungen der »Welt« und ihrer »Dinge«
einen Sinn abgewonnen, der freilich nicht in unserer Zeit Geltung hat. Eine Zeitlang glaubte ich — angeregt durch die Gedanken *Eugen Finks* — daß das heute zu denkende Prinzip die
»Welt« sei, und daß es alle von der Substanz her gedachten
Kategorien überwinden müßte. Ich habe mich aber davon
überzeugt, daß die Kategorie der Substanz gewisse Aspekte
der Realität — besonders die Eigenständigkeit der Dinge in
der Welt — zutreffend bestimmt. Dies ist nur ein Beispiel dafür, daß die Realität unterschiedliche »Aspekte« zeigt, die in
Kategorien gedacht werden müssen, die ihnen entsprechen. Ich
habe mich davon überzeugt, daß der »Reichtum« dessen, was
ist, eine Denkweise verlangt, die selbst widersprüchliche Bestimmungen aus der Sicht eines »sowohl als auch« für sachgemäß hält.

Man mag eine solche Einstellung leicht als die eines relati-
vierenden Pluralismus kennzeichnen. Von ihm weiß ich mich
fern. Allerdings bin ich der Auffassung, daß wir noch wenig
über das Gesetz wissen, das der Geschichte der Gedanken zugrunde liegt. Es könnte sein, daß — ganz anders als in der
pragmatischen Geschichte der Geschehnisse — Grundgedanken
einander nicht ablösen, daß mit dem Heraufkommen des einen
der andere nicht abtreten muß. Vielleicht dient ein neuer Gedanke eher dazu, den Sachbereich eines älteren genauer ein-
zuräumen, und ihn dadurch in seinem Herrschaftsbereich zu
befestigen. So mögen teleo-logische Grundbestimmungen durchaus noch für eine bestimmte »Region« gelten, man denke an
die praktischen und sittlichen Handlungen des Menschen, während sie für andere nicht mehr gelten. So mag es auch Bestimmungen der Realität geben, die, obwohl einander wider-

sprechend, ihre unterschiedlichen »Aspekte« sachgemäß an-
zeigen.

Eine Deutung meiner Denkweise als »pluralistisch« würde
jedenfalls meiner Grundauffassung widersprechen, wonach all
diese »Regionen« meiner »Aspekte« in einer »Einheit« ver-
sammelt sind. Diese Einheit liegt für mich in dem einen »Ge-
samtverhältnis«, das die Sprache bildet. Ich hatte diese These
in meiner Antrittsvorlesung angedeutet; sie näher auszuweisen
ist der Gegenstand meiner derzeitigen und zukünftigen Arbeiten. Jetzt von ihr nur soviel: Sprache, als ein solches Gesamt-
verhältnis gedacht, ist für mich nicht nur das Element des eini-
genden, des gründend-begründenden und begreifenden Logos,
sondern gerade auch dasjenige des Vorlogischen sowie des
Dichterischen. In dem so gedachten Element der Sprache ist
vieles von dem aufgehoben, was in der Vergangenheit für das
menschliche Handeln, Denken und Dichten Gestalt gewonnen
hat, wie es auch das Gegenwärtige bewahrt und alles Zu-
künftige empfangen muß. Das produktive Denken, für das
Sprache das Medium, jedoch keineswegs, wie oft behauptet,
der Ursprung seiner Macht ist, kann die in ihr sedimentierten
Sinngehalte in andere sinnhafte verwandeln, es vermag vielleicht eines Tages neue Maßstäbe menschlichen Handelns und
Dichtens zu entwerfen. Demgegenüber scheint mir die geistige
Situation unserer Zeit dadurch gekennzeichnet zu sein, daß die
alten Maßstäbe ihre Wirkungskraft verloren haben und andere
noch nicht gestiftet sind, daß sie sich somit »zwischen Tradition und anderem Anfang« befindet. Unsere Generation muß
das Schicksal illusionslos auf sich nehmen, in diesem »Zwischen« leben zu müssen, ohne Vertrauen auf den Schutz, den
die alten Ordnungen gewährten, und ohne Zuversicht darauf,
daß sich in unseren Tagen solch ein »anderer Anfang« er-
eignen wird.

Vom Autor getroffene Auswahl seiner Veröffentlichungen

The Meaning of Aristotele's »Ontologie«. Den Haag 1951.
Heidegger und die Tradition. Stuttgart 1961.
Die Bestimmung der Philosophie im Deutschen Idealismus. Stuttgart 1965.
Absolute Reflexion und Sprache. Frankfurt 1967.
Vernunft und Welt. Den Haag 1970.
Heidegger and the Tradition. Evanston 1971.
Reason and World. Den Haag 1971.
Hegels Phänomenologie des Geistes. Die Bestimmung ihrer Idee in »Vorrede« und »Einleitung«. Frankfurt 1971.
Aristoteles' Theorie vom Seienden. Freiburg 1972.
Das Problem der Sonderwelten bei Husserl. 1969.
Poetic Dwelling and the Role of the Poet. 1969.
Vernunft und Lebenswelt. 1970.
The Life-World and Gurwitsch's »Orders of Existence«. 1972.
Grundbegriffe der Geschichtsauffassung bei Schelling und Habermas. 1974.

Josef Pieper * 1904

I

An amerikanischen Universitäten, wo man mich unbesehen als »Thomisten« betrachtete, haben meine Kollegen mich manches Mal gefragt, aus welcher »Schule« ich komme. Man dachte dabei etwa an das schweizerische Fribourg oder an Löwen oder auch an die Laval-Universität in Quebec, allesamt besondere »Richtungen« innerhalb der »Neuscholastik« repräsentierend. Immer mußte ich den Frager ein wenig enttäuschen, dieweil ich nicht nur keine dieser mehr oder weniger berühmten Universitäten nennen konnte, sondern mich überhaupt nicht einfach unter die Rubrik »Thomismus« oder »Neuscholastik« einordnen lassen mochte. Als man mich dann allerdings, bei einer Gastvorlesung in Chicago, als »christlichen Existentialisten« vorstellte, fühlte ich mich erst recht falsch charakterisiert.

Es ist sicher nicht notwendig ein Nachteil, durch keine eigentliche »Schule« gegangen zu sein; doch habe ich es, während der Studentenzeit, oft bedauert, keinen Lehrer gefunden zu haben, an dessen Philosophie ich mich hätte anschließen können. Zwar bin ich als Lernender gar nicht so selten bedeutenden Persönlichkeiten begegnet, denen ich Entscheidendes verdanke; aber diese Begegnungen fanden sämtlich jenseits des normalen Studienganges statt und außerhalb der Universität; davon wird noch zu berichten sein.

Wenn ich mich also einerseits mit einigem Recht als Autodidakten in der Philosophie bezeichnen kann, so muß dem doch andererseits sogleich eine gewisse Korrektur hinzugefügt werden. Durch *Theodor Haecker,* der uns Siebzehnjährigen vor allem als Polemiker imponierte, war ich an einzelne Schriften *Kierkegaards* geraten; natürlich drang ich nicht zu den Grundgedanken dieses Autors vor; was mich wiederum vor allem faszinierte, war zunächst die ironisch aggressive Redeweise (»Da unsere Zeit, wie der Friseur sagt, eine bewegte Zeit sein soll . . .«). Eines Tages las ich, als Unterprimaner des Gymnasium Paulinum in Münster, einem besonders verehrten Lehrer eine Passage aus *Kierkegaards* »Buch über Adler« vor. Mein Zuhörer bedeutete mir daraufhin, seinen Vollbart streichend, mit unvermutetem Ernst: was ich brauche, sei nicht solcherart Geistreichelei, nicht »Konditorgebäck«, sondern Brot. Und er gab mir den Rat, zum Beispiel einmal den Kommentar zu lesen, den *Thomas von Aquin* zum Prolog des Johannes-Evangeliums geschrieben habe. Etwas zögernd und skeptisch bin ich tatsächlich, zusammen mit einem Freunde, an diese einigermaßen anspruchsvolle Aufgabe gegangen; das Latein machte uns kaum Schwierigkeit; aber wir haben dennoch nicht allzu viel begriffen. Immerhin hat die gedankliche wie sprachliche Luzidität dieses großartigen Autors, an dem *Gilson* rühmt, kein Schriftsteller habe jemals mit weniger Worten mehr gesagt, mich nicht wieder losgelassen. Mit einer Energie, die mich im nachhinein immer wieder einmal verwundert, und auch mit stetig sich steigernder Begeisterung bin ich in das strenge Gefüge dieser Quästionen eingedrungen. Die 1922 in Turin bei *Marietti* auf schlechtem Papier gedruckte, dafür auch einigermaßen billig zu habende Ausgabe der *Summa Theologica* steht noch heute auf meinem Bücherbord. Schon als Student habe ich, lange vor der »Deutschen *Thomas*-Ausgabe«, zusammen mit einem Privatdozenten der Theologie (*Peter Tischleder*) die Übersetzung eines Traktats aus diesem gewaltigen *opus* in Angriff genommen und eine deutsche Gesamtausgabe angeregt. Der sehr aktive und auch sonst mit manchem ehrgeizigen Plan umgehende Geschäftsführer des jungen »Deutschen Instituts für wissenschaftliche Pädagogik« in Münster interessierte sich für das Vorhaben; und einzelne Experten des Dominikanerordens erklärten sich zur Mitarbeit bereit. Aber das Ganze war viel zu wenig durchdacht und kam folglich über das Stadium vagen Planens nicht hinaus. Mir selbst erschien außerdem bald das bloße Übersetzen mehr und mehr fragwürdig; und ich habe mich auch später nicht dazu entschließen können, an der umfangreichen, noch heute (1974), mehr als vierzig Jahre nach Erscheinen des ersten Bandes, nicht abgeschlossenen lateinischdeutschen Ausgabe der *Summa Theologica* mitzuarbeiten.

Immerhin hatte ich einen großen Lehrer gefunden; und ich war auch, in jenen ersten Studienjahren ziemlich unabgelenkten Lernens, bereits einem Gedanken auf die Spur gekommen, den ich auch als eines der nicht ausdrücklich formulierten, weil für ihn selbstverständlichen Fundamente der Weltansicht des *Thomas von Aquin* zu erkennen glaubte, ohne jedoch das Geahnte schon präzis zur Sprache bringen zu können. Hierzu wurde ich dann, in einem einzigen, mir völlig unvergeßlichen Augenblick, in den Stand gesetzt. Ein paar Sätze aus dem Munde eines seit Jahren schon bewunderten Mannes brachten es zuwege, daß das in der Mutterlauge noch undeutlicher Gedanken sich vorbereitende Kristall im Nu zu klarer Gestalt zusammenschoß. *Romano Guardini* war zwar Professor an der Universität Berlin (genauer gesagt: an der Universität Breslau, jedoch in der merkwürdigen Position eines »ständigen Gastes« in Berlin lehrend); aber ich hatte ihn noch niemals in einem Universitäts-Auditorium gehört. Sechzehn Jahre alt, war ich ihm 1920 zum ersten Mal auf der fränkischen Jugendburg Rothenfels begegnet; sein völlig unprofessoraler Stil, der uns zum aufnahmewilligsten Zuhörer und zugleich zu respektvoller Distanz zu nötigen verstand, hatte mich sogleich zu seinem Schüler gemacht. Zu *Goethes* 175. Geburtstag also, am 28. August 1924, hielt *Guardini* im Rothenfelser Rittersaal eine Rede über den klassischen Geist; aber sie handelte nicht nur von *Goethe,* sondern auch von *Thomas von Aquin;* beiden sei es gemeinsam, die objektive Wirklichkeit von Mensch und Welt das Richtmaß von Denken und Tun sein zu lassen. Dies hörend und bedenkend, vermochte ich unversehens den ins Wort drängenden Grundgedanken zu formulieren, der kurz darauf das Thema meiner philosophischen Doktordissertation (»Die ontische Grundlage des Sittlichen nach Thomas von Aquin«; in neuer Fassung später unter dem Titel »Die Wirklichkeit und das Gute« erschienen) geworden ist: Alles Sollen gründet im Sein; wer das Gute wissen und tun will, der muß seinen Blick nicht auf die eigene »Gesinnung« richten, nicht auf das »Gewissen«, nicht auf »die Werte«, nicht auf eigenmächtig gesetzte »Ideale« und »Vorbilder«; er muß absehen von seinem eigenen Akt und hinblicken auf die Wirklichkeit. Der einzige Professor allerdings, der an der Universität Münster als Betreuer meiner Promotion in Betracht kam, *Max Ettlinger,* gab mir ungeniert zu verstehen, daß er sich für mein Thema nicht kompetent fühle; dennoch nahm er mich als Doktoranden an, empfahl mir freilich zugleich, mir gelegentlich bei dem Moraltheologen *Joseph Mausbach* Rat zu holen, was ich nicht allzu häufig getan habe.

Inzwischen hatte sich mein Interesse klar dem zugewendet, was ich »praktische Philosophie« nannte, womit so etwas wie eine Verknüpfung von Ethik, Gesellschaftslehre und Rechtsphilosophie gemeint war. Tatsächlich ließ ich mich, auf Grund einer Sondergenehmigung des Senats, auch in der Rechts- und Staatswissenschaftlichen Fakultät einschreiben und nannte mich fortan nicht ohne Stolz *stud. phil. et jur.* In Berlin, wohin ich 1926/27 zog, wurde solche Doppelzugehörigkeit nicht gestattet; so war ich eine Zeitlang nur *stud. jur.* Die Vorlesungen der Juristen ließen mir ohnehin nur wenig Zeit für die Philosophie, deren Berliner Repräsentanten mich übrigens tief enttäuschten. Eine großartige Sache hingegen war das Zivilrechts-Kolleg von *Martin Wolff,* der die trockenste Materie, etwa das Erbrecht, in ein geistiges Abenteuer zu verwandeln verstand. Vor allem freilich interessierte mich die allgemeine Theorie des Strafrechts, die der positivistische Pragmatiker *Eduard Kohlrausch* vortrug (»Verbrechen ist das, was bestraft wird«). Übrigens war Strafrecht eines meiner Examensfächer bei der Promotion zum *Dr. phil.,* im Frühjahr 1928.

Vor diesem Termin war ich wiederum einem Philosophen und Theologen begegnet, den ich wirklich einen meiner, die Weltansicht von Grund auf prägenden Lehrer nennen kann, obwohl er, vielleicht allzu sehr besorgt, keinen »Jüngerkreis« um die eigene Person entstehen zu lassen, die spätere Verbindung mit Bedacht auf Distanz gehalten hat. Auch diese Begegnung fand außerhalb der Universität statt, in drei je fünfwöchigen Ferienkursen einer Gemeinschaft von gut einem Dutzend Studenten aus allen Fakultäten (außer der Theologischen). Der Name »Ferienkurs« läßt allerdings kaum etwas ahnen von der, gemessen am normalen Semesterbetrieb an der Universität, durchaus ungewöhnlichen Arbeitsintensität, die den Teilnehmern mit der größten Selbstverständlichkeit zugemutet wurde: allmorgendlich zwei Stunden Vorlesung; jeden Nachmittag Seminar; jeden Abend Kolloquium. Ungewöhnlich aber war vor allem der Lehrmeister selbst und der innere Stil seines Denkens und Lehrens. Sein Name, *Erich Przywara,* ist heute nur noch wenigen bekannt. Damals jedoch, in den zwanziger Jahren, dürfte es in Deutschland kaum jemanden gegeben haben, der so gründlich wie dieser Jesuit in der traditionalen wie modernen Philosophie und Theologie zu Hause war, zugleich aber so leidenschaftlich engagiert in den aktuellsten Kontroversen (Phänomenologie, dialektische Theologie, *Sigmund Freud*). Das öffentliche Streitgespräch zwischen ihm und *Karl Barth* an der münsterischen Universität hat, mehr als ein Jahrzehnt vor dem Zweiten Weltkrieg, den nachmals so vielberedeten »Dialog« zwischen den christlichen Konfessionen eröffnet. Trotz der fast pedantisch ausgearbeiteten Dispositionen, die jeden Morgen hektographiert auf unserem Tische lagen, waren *Przywaras* Vorlesungen ziemlich genau das Gegenteil von »Schul-Philosophie«. Mir ist durch jene gründliche Unterweisung, die das Historische und das Systematische genial zu einer universalen Gesamtschau zu verknüpfen verstand, zum ersten Mal und endgültig aufgegangen, daß jeder auf ein geschlossenes System der Wahrheit zielende Anspruch der wirklichen Existenzsituation des endlichen Geistes, seiner Kreatürlichkeit, widerspricht, und daß gerade das Werk der Großen, vor allem das des *Thomas von Aquin,* trotz seiner tiefen gedanklichen Geordnetheit sich gegen alle Übersetzung in ein Schulsystem lehrbarer Sätze sperrt. *Przywara* hat sich leider nicht dazu verstehen können, die weitgespannte, in der ersten Formulierung vielleicht auch allzu »ungeschützte« Konzeption dieser philosophisch-theologischen Vorlesungen zu veröffentlichen; das unvollendet gebliebene Werk »Analogia Entis« jedenfalls, dessen erster Band 1932 erschien, und das er selbst als ihre Quintessenz deklariert, gibt — in seiner kaum entzifferbaren Abstraktheit — überhaupt kein Bild von der Fülle des Konkreten, die damals vor uns ausgebreitet worden ist.

Mein Plan war, nach der philosophischen Doktorprüfung auch in meiner zweiten Fakultät mit einer rechtsphilosophischen Dissertation, möglichst in Berlin, zu promovieren. Doch machte mir durch diese Rechnung der Kontakt mit der Soziologie einen Strich. Das durchaus philosophisch klingende Thema »Der Mensch im Kosmos« hatte mich, im Sommer 1926, in die Vorlesung des Soziologen *Johann Plenge* gelockt, der mir bis dahin, obwohl münsterischer Professor, völlig unbekannt geblieben war. Nach heftigen Querelen innerhalb der Rechts- und Staatswissenschaftlichen Fakultät war er, wie ich dann erfuhr, für mehrere Semester, hart an der Amtsenthebung vorbei, zwangsweise beurlaubt gewesen. Der Preußische Kultusminister *C. H. Becker* hatte ihm inzwischen immerhin ein großzügig ausgestattetes, nunmehr der Philosophischen Fakultät zugeordnetes »Forschungsinstitut für Organisationslehre und Soziologie« eingerichtet. Im Anschluß an jene Vorlesung ergab sich eine persönliche, auch durch die Berliner Studienzeit brieflich aufrechterhaltene Beziehung. So erkundigte ich mich, nach der Promotion, ohne allzu viel Hoffnung auf eine positive Antwort, ob ich für die planmäßig vorgesehene Stelle eines Instituts-Assistenten in Betracht komme. Nach einem sachlich begründeten, keineswegs unfreundlichen Nein, zu dem mich einige meiner Bekannten bereits beglückwünschten, kam unerwartet eine mir etwas rätselhafte und nicht ganz geheure Zusage. Und es begannen für mich vier einigermaßen abenteuerliche Assistentenjahre — reich an neuen Einsichten in eine bis dahin kaum bekannte Dimension der Realität, zugleich allerdings auch schwierig und zuletzt unerträglich auf Grund der persönlichen Eigenart meines Chefs. *Plenge,* bereits 1911 durch ein brillant geschriebenes Buch über »Marx und Hegel« hervorgetreten, war ein in mancherlei Spezialdisziplinen genialisch bewanderter Mann, ein geistvoller Formulierer, mit einer Schwäche freilich für die scharf polemische Pointe und also schon deswegen nicht dazu bestimmt, viele Freunde zu haben. Er galt als Sozialist; tatsächlich stammt das damals umgehende

Schlagwort »organisatorischer Sozialismus« von ihm; und übrigens hat der spätere Führer der deutschen Sozialdemokratie, *Kurt Schumacher,* bei ihm promoviert. Seine eigene politische Weltanschauung war durchaus konservativ; jedenfalls hat er mir einmal bekannt, er sei beileibe *kein* Sozialist, wofern man darunter jemanden verstehe, der die offenkundig unaufhaltsame Entwicklung der Menschheit in Richtung auf eine Weltarbeitsarmee für eine *wünschenswerte* Sache halte. Solche Perspektiven waren mir völlig ungewohnt. Tatsächlich dürfte es im Jahre 1928 nur wenige Geister gegeben haben, die etwa den Gedanken gedacht und ausgesprochen hätten, es stehe eine Epoche bevor, in welcher die Propaganda eine der wichtigsten Funktionen innerhalb der kommenden, im russischen Bolschewismus wie im italienischen Faschismus sich gleichermaßen ankündigenden Gesellschaft sein werde. Gerade bei dem Aufbau der mit erstaunlich reich fließenden Mitteln bedachten Institutsbibliothek zeigte es sich besonders drastisch, wie wenig es *Plenge* um bloße Buchgelehrsamkeit zu tun war; und da ich ausdrücklich aufgefordert wurde, durch eigene Vorschläge dabei mitzuwirken, erschlossen sich mir stets neue Aspekte der Welt — indem ich schon die bloßen Buchtitel zusammenzudenken genötigt wurde, etwa unter dem Stichwort »Sprache« eine Schrift über Sprache und Kultur in England, eine andere über die Schwierigkeiten der Bibelübersetzung für die Eskimos und eine dritte über die Fachsprache des Boxsports.

Wenn ich meine Assistentenzeit »schwierig« nannte, so trifft das für die ersten beiden Jahre nicht zu; sie waren vielmehr der reine Honigmond. *Plenge* stürzte sich, nach der ihm aufgenötigten jahrelangen Enthaltung von jeder lehrenden Mitteilung, mit wahrer Vehemenz auf diesen wißbegierigen jungen Mann, der ihm seinerseits voller Neugier zuhörte; fast jeden Morgen bekam ich, mit ständig wechselnder Thematik, ganz für mich allein, ein mehrstündiges Privatkolleg gehalten — über die Theorie der Gesellschaftsstufen; über chinesische Kunst; über das Amerika vor dem ersten Weltkrieg, das er gut kannte; über die Pariser Bankiers, in deren Häusern er seine Habilitationsschrift über den *Crédit Mobilier* geschrieben hatte — und so fort. Vor allem wurde mir, dem knapp Fünfundzwanzigjährigen, die selbständige Leitung des Proseminars übertragen, und ich erfuhr, was es heißt, lehrend selber zu lernen. Die Kühnheit, eine Seminar-Übung »Zur Soziologie der primitiven Gesellschaft« anzukündigen, hätte ich zehn Jahre später wohl nicht mehr aufgebracht, freilich auch nicht den Mut, mir ein so ungeheures Arbeitspensum aufzuladen. Immerhin fehlte nicht viel daran, daß der Ethnologe *Richard Thurnwald* mich auf eine Afrika-Expedition mitgenommen hätte. *Thurnwald* war neben *Leopold von Wiese* und *Ferdinand Tönnies* einer der prominenten Institutsgäste, die allesamt aus einer für mich bis dahin unbekannten Welt kamen, zu der ich nun plötzlich gehörte und die ich als ungeheure Bereicherung empfand.

Und dann, nicht ganz aus heiterem Himmel, aber doch ziemlich abrupt, löste sich die persönliche Beziehung zu *Plenge* in nichts auf — aus Anlaß eines Zerwürfnisses, das mir nicht wenige Leute schon viel früher prophezeit hatten. Zwar blieb ich trotzdem noch fast zwei Jahre Assistent am Institut; aber mit der Leitung des Seminars und erst recht mit den morgendlichen Privatkollegs war es plötzlich vorbei. Ich wollte so schnell die Zelte nicht abbrechen; schließlich hatte ich auf die mir von *Plenge* eröffneten Aussichten hin mein juristisches Studium abgebrochen; und es gefiel mir durchaus in der neu erschlossenen geistigen Welt. Obwohl eine recht schlimme Zeit für mich begann, sie hätte mich fast physisch krank gemacht, muß ich im Rückblick sagen, daß damals meine schriftstellerische Laufbahn, ein wenig mich selber überraschend, ihren Anfang genommen hat. Dem Chef war nichts mehr recht zu machen; glücklicherweise ließ er mich grollend tun, was mir beliebte. Wir bekamen einander monatelang überhaupt nicht zu Gesicht; ab und zu trug das Instituts-Faktotum über den langen Flur, an dessen entgegengesetzten Enden unsere Zimmer lagen, einen Brief hin und her. Der letzte enthielt dann meinen Entschluß zur Kündigung des Dienstverhältnisses. Sie war aus mehreren Gründen an der Zeit. Nur wenig später war zum Beispiel in der Zeitung zu lesen, daß *Plenge* seinen »organisatorischen Sozialismus« nunmehr als seit je »*nationalen*

Sozialismus« verstanden wissen wollte. Das Jahr 1933 kündigte sich an.

Doch konnte ich mich, wie gesagt, in den letzten bitteren Jahren meines Assistentendaseins nahezu unbehelligt mit eigenen Plänen befassen; und als ich endgültig das Institut verließ, waren zwei Buch-Manuskripte so gut wie druckfertig geworden. Die »Grundformen sozialer Spielregeln«, die Frucht meiner Proseminare, erschienen noch gerade eben vor der Machtergreifung durch die Nationalsozialisten. Freilich wurde dem Verlag alsbald mitgeteilt, eine Neuauflage komme nicht in Betracht; offenbar hatte man die antitotalitäre Intention des Buches erkannt. Noch ein wenig früher konnte ich eine »systematische Einführung« in das 1931 erschienene Rundschreiben Pius XI.' *Quadragesimo Anno* veröffentlichen. Dem Thema »Gesellschaftspolitik« hatte ich mich schon früher zugewendet. Bereits als Student hatte ich zum Beispiel die Arbeiter-Enzyklika *Leos XIII. Rerum Novarum* neu übersetzt und kommentiert; die Drucklegung war auch schon bis zur Umbruchkorrektur gediehen; doch dann geriet der Verlag in finanzielle Schwierigkeiten und setzte die Schrift vom Verlagsprogramm ab; einen Vertrag hatten wir noch nicht geschlossen, und es gab keinen Pfennig Honorar. Dagegen brachte es das kleine Buch über *Quadragesimo Anno* innerhalb weniger Monate auf drei Auflagen. Als nunmehr stellungsloser Intellektueller konnte ich mit dem mir so unerwartet zugeflossenen Honorar eine lange Italienreise unternehmen. Als ich zurückkehrte, hatte sich freilich inzwischen das NS-Regime etabliert; und nicht nur war die Schrift selber aus dem Buchhandel verschwunden, sogar der Verlag existierte nicht mehr. Nachdem dann kurz darauf auch noch eine in einem anderen Verlag erschienene knappe Zusammenfassung zum gleichen Thema (»Thesen zur Gesellschaftspolitik«) verboten und polizeilich beschlagnahmt wurde, konnte ich mich nicht länger darüber täuschen, daß es für mich auf absehbare Zeit keine Möglichkeit geben werde, mich auf dem Felde der Gesellschaftslehre, die ich inzwischen als mein »Fach« betrachtete, überhaupt noch zu äußern. Notgedrungen, aber (wie ich heute sage) glücklicherweise wandte mein Inter-

esse sich wieder meiner ursprünglichen Thematik zu: einer aus
den Elementen der großen europäischen Denktradition neu zu
formulierenden Lehre vom Sein und Sollen des Menschen.
Das Werk des *Thomas von Aquin,* obwohl nie völlig aus dem
Blickfeld geraten, bekam von Frischem eine nun von ganz
neuen Aspekten her bekräftigte Bedeutung.

Genau genommen, war es eine Art Zorn und Empörung, die
mich zu dem Versuch bewegte, das großräumige, auf Bejahung
gegründete Menschenbild des zwar als *Doctor Universalis* pro-
klamierten, aber kaum noch wirklich gekannten und in der
gängigen »christlichen« Moralverkündigung schmählich miß-
deuteten und für eine kasuistisch eingeengte »Sittlichkeit« in
Anspruch genommenen letzten großen Magisters der noch un-
geteilten abendländischen Christenheit einem modernen Verständnis wieder zugänglich zu machen. Zu dem aus allen Laut-
sprechern dröhnenden Richtbild des »heroischen Einsatzes«
zum Beispiel gab es kein einigermaßen klar formuliertes Ge-
genbild dessen, was in der großen Tradition einmal mit der
Kardinaltugend der Tapferkeit gemeint gewesen war. Als ich
dann dies, unter dem Vorspruch »Das Lob der Tapferkeit
hängt von der Gerechtigkeit ab«, in einem kleinen Buch zur
Sprache zu bringen versuchte, ahnte ich noch nicht, auf welchen Weg mich dies mit einiger Leidenschaft betriebene Unternehmen führen sollte. Nach einem halben Dutzend verlegeri-
scher Absagen wagte ich, das Manuskript an *Jakob Hegner* zu
schicken, damals gleichermaßen berühmt durch seine untadeli-
gen Drucke wie durch die von ihm unter die Leute gebrachten
Autoren (*Guardini, Claudel, Bernanos, Haecker*). *Hegner* ant-
wortete postwendend, er werde die Schrift veröffentlichen;
aber es sei ihm weniger um ein Buch zu tun als um einen
Autor, und ob ich nicht für ihn ähnliche Darstellungen *aller*
sieben Grundtugenden schreiben wolle — ein Vorschlag, der
mir natürlich sogleich aufs äußerste gefiel und einleuchtete und
mich dann mehr als ein Menschenalter in Atem gehalten hat:
der letzte Traktat dieser Reihe (»Über die Liebe«) ist 1972
erschienen.

In den ersten Jahren des NS-Regimes aber hatte ich mir als

»freier Schriftsteller« zunächst einmal schlecht und recht den Lebensunterhalt zu verdienen — mit mehr oder weniger zufälligen journalistischen Arbeiten, darunter allwöchentlichen Filmkritiken, deren ich einige Hundert geschrieben habe. Zudem emigrierte der »Nicht-Arier« *Jakob Hegner* 1936 nach Wien. Die offizielle Papierzuteilung für Bücher von der Art meiner Produktion wurde nicht gerade großzügig gehandhabt. So konnte ich von Glück sagen, über die Jahre bis zum Beginn des Zweiten Weltkrieges für die führende Mitarbeit in einem kirchlich finanzierten Herausgeberkreis ein zwar minimales, aber doch einigermaßen gesichertes Entgelt zu bekommen, das mich sogar zu der ökonomisch kaum verantwortbaren Gründung einer Familie ermutigte. Wiederum bekam ich es mit einer bisher kaum gekannten Thematik (von der Interpretation des Neuen Testamentes bis zur Geschichte der Christianisierung der Germanen) zu tun, vor allem aber mit dem schwierigen Problem der »Erwachsenenbildung«, das heißt, mit der notwendigen Umprägung des wissenschaftlichen Fach-Idioms in die Denk- und Redeweise des schlichten, jedenfalls spezialistisch nicht vorgebildeten Menschen. Damals ist mir endgültig der Unterschied zwischen artifizieller »Terminologie« und geschichtlich gewachsener »Sprache« klar geworden und auch, warum die für mich seit je paradigmatischen Denker von *Platon* und *Aristoteles* über *Thomas von Aquin* bis zu *Kierkegaard* und *J. H. Newman* unbeirrt vom durchschnittlichen Sprachgebrauch ausgegangen sind, und zwar nicht primär aus didaktisch-pädagogischen Gründen, sondern einfach deswegen, weil es für die tieferdringende Erörterung eines philosophischen, also jedermann angehenden Themas offenbar einen anderen verbindlichen Ausgangspunkt gar nicht gibt. Und ich selbst habe von da an versucht, dieser Einsicht treu zu bleiben, sowohl in meinen späteren Schriften wie auch in der akademischen Lehrtätigkeit.

Bis zur Habilitation an der Universität allerdings sollte noch fast ein Jahrzehnt vergehen; und die zweite Hälfte dieses Jahrzehnts stand unter dem Zeichen des Zweiten Weltkriegs, der ja für jedermann Erfahrungen besonderer Art bereit hielt. Auf

Grund einer seltsamen Verkettung von Umständen, die zurück-
reichte bis in das Doktoranden-Seminar von *Max Ettlinger*
(über »Experimentelle Willenspsychologie«), wurde ich als
Eignungsgutachter zur »Wehrmachtpsychologie« einberufen.
Wieder eine mir bis dahin nicht nur unbekannte, sondern frem-
de und schwer zugängliche Welt, in welcher (wie mir dann
bald begreiflich wurde: zu Recht) durchaus andere menschliche
Qualitäten gefordert waren als Wissen, Bildung und Intelligenz. Das von mir geforderte radikale und heilsame Umdenken
hatte sich diesmal ziemlich unvermittelt umzusetzen in »Gut-
achten« — für die Betroffenen mehr oder weniger lebenswichtig
und also dem Verfasser eine sonst dem Intellektuellen kaum
einmal zugemutete Verantwortlichkeit abverlangend. Allerdings hatte die Wehrmachtpsychologie, aus der schließlich so
bedeutende Hochschullehrer wie *Philipp Lersch* hervorgegangen sind, ein äußerst differenziertes und, was es in der rein
akademischen Psychologie kaum geben konnte, durch jahre-
lange Bewährungskontrollen legitimiertes Instrumentarium der
Menschenbeurteilung erarbeitet, das wahrscheinlich später, wie
zu befürchten steht, nicht gründlich genug genutzt und fort-
entwickelt worden ist. — Übrigens erwies in meinem Falle das
problematische Wort von der Wehrmacht als einer Freistatt
der »inneren Emigration« sogleich seine Realität; schon am
ersten Tage gab mir der wissenschaftliche Leiter der Dienststelle unverblümt zu verstehen, bestimmte »deutsche Sorgen«
gebe es hier nicht. Natürlich lebte man nicht in einer gegen
das Politische abtrennbaren Reservation; so wurde es der ganzen Institution eines Tages zum Verhängnis, daß wir uns zum
Beispiel in der Beurteilung »charakterlicher Zuverlässigkeit«
keinen Pfifferling um die etwaigen Meriten in der Partei-Arbeit
kümmerten, auf welche dieser ominöse Begriff damals fast ausschließlich gemünzt war: mitten im Kriege, Frühsommer 1942,
wurde die gesamte Wehrmachtpsychologie mit einem Feder-
strich aufgelöst. So konnte auch meine ohnehin drohende Ent-
lassung aus dieser Funktion und die »Abstellung zur Truppe«
nicht mehr zum Zuge kommen, wie die NSDAP sie schon seit
längerem gefordert hatte — was aber vom Kommandeur unse-

rer Dienststelle zunächst schlichtweg ignoriert wurde. Offenbar hatte diese meine, damit notorisch gewordene politische Mißliebigkeit seine Sympathie für mich noch erheblich gestärkt; jedenfalls wurde ich von ihm bei der Disponierung über das Personal statt »zur Truppe« unglaublicherweise für ganze sechs Monate in eine veritable Sinekure entlassen mit dem Auftrag, in meiner eigenen Wohnung eine Geschichte unserer Dienststelle zu verfassen, eine sich dann überraschenderweise als sehr interessant erweisende Geschichte, dieweil gegen Ende des Ersten Weltkrieges ausgerechnet an der münsterischen Universität der damalige Privatdozent *Richard Hellmuth Goldschmidt* die gesamte spätere Wehrmachtpsychologie inauguriert hat. Natürlich war die Aufarbeitung des mageren Materials in knapp zwei Wochen geleistet. Ich packte also alles zusammen in den Luftschutzkeller, um die mir so unvermutet geschenkte Zeit für etwas ganz anderes zu nutzen, nämlich für die Niederschrift einer Untersuchung zum Begriff »Wahrheit der Dinge«, die einmal als meine Habilitationsschrift figurieren sollte. All die Jahre war ich immer nahe an meiner eigentlichen Thematik geblieben. Auf den zahlreichen Dienstreisen war stets ein Band *Thomas von Aquin* im Gepäck; und in manchem garnisonstädtischen Hotel oder Kasino habe ich mich früh abends von den kartenspielenden Kameraden verabschiedet und, im Bett liegend, die Texte für das spätere »Thomas-Brevier« exzerpiert und übersetzt. Der Habilitationsversuch allerdings, den ich während dieser fast unwirklich windstillen Monate unternahm, schlug, wie auch nicht anders zu erwarten, schon im allerersten Anlauf fehl. *Gerhard Krüger,* Nachfolger von *Peter Wust,* der seinerseits auf *Max Ettlinger* gefolgt war, besprach auf meine Bitte den Plan mit einigen mir wohlgesinnten Fakultätskollegen; und es war niemand darunter, der das Vorhaben nicht als schlechterdings aussichtslos bezeichnet hätte. Erst zwei Jahre später, nach nochmaliger Einberufung, diesmal wirklich »zur Truppe«, und einer nicht allzu langen Kriegsgefangenschaft konnte ich mein *opus* wiederum zu *Gerhard Krüger* tragen; und der wegen der komplizierten Vorschriften des Besatzungsregimes recht langwierige Habilitationsprozeß, an der fast

völlig zerstörten Universität Münster der erste nach dem
Kriege, nahm seinen Anfang. Inzwischen wurde ich, zu Anfang Februar 1946, als Philosophie-Dozent an die neugegrün-
dete Pädagogische Akademie Essen berufen. Insgeheim hatte
ich gehofft, an der Universität würde man mir, auf Grund der
immerhin bereits publizierten sieben—acht Schriften, einzelne
der sonst üblichen Hürden ersparen; doch habe ich sie sämtlich
nehmen müssen, einschließlich der euphemistisch als »Kolloquium« bezeichneten Befragung durch die Professoren der
Fakultät — wobei der Logistiker *Heinrich Scholz* es sich nicht
hat versagen können, mir die Examensfrage zu stellen, wann
der Satz »Es gibt Marsmenschen« wahr sei. Als mir dann, im
Juli 1946, nach der öffentlichen Antrittsvorlesung endlich die
venia legendi erteilt wurde, war ich zweiundvierzig Jahre alt;
und ich fragte mich, ob ich wohl ein—zwei Jahre später noch
bereit gewesen wäre, solcherart Strapazen auf mich zu nehmen.

II

Von der mich nun erwartenden Bürde einer philosophischen
Lehrtätigkeit hatte ich mir allerdings gleichfalls keine rechte
Vorstellung gemacht. *Gerhard Krüger* hatte mich freilich schon
früh gewarnt: nichts sei mühevoller als die Vorbereitung einer
philosophischen Vorlesung, die ja nicht, wie das dem Juristen
oder Physiker möglich sei, auf ein vorgegebenes Material oder
Demonstrationsobjekt zurückgreifen könne; da gebe es für den
Philosophiedozenten nur einen Ausweg, nämlich die rein historische Darstellung dessen, was andere gedacht haben. Diesen
Ausweg nun wollte ich auf keinen Fall wählen. Aber meine
eigene anfängliche Vorstellung vom wahrscheinlichen Inhalt
meiner Lehrtätigkeit erwies sich ebenfalls ziemlich rasch als
ein Irrtum. Ich hatte gedacht, es werde wohl auf so etwas wie
eine modern aufgelockerte »Neuscholastik« hinauslaufen. Aber
der tägliche Anblick unserer zerstörten Stadt und der Gedanke
an die großenteils aus dem Wehrdienst zurückkehrenden Studenten, die in ihren unansehnlichen, auf Befehl der Besatzungs-
macht gefärbten Uniformen schon in meiner Antrittsvorlesung

gesessen hatten, machte es mir einfach unmöglich, eine systematische Vorlesung etwa über Erkenntnislehre oder Ontologie
anzukündigen. Es schien mir weit wichtiger und schlechterdings notwendig, zunächst einmal deutlich zu machen, was für
einen Sinn es inmitten dieser Trümmerwelt haben könne,
überhaupt Philosophie zu treiben. »Was heißt Philosophieren?« — das sollte der Titel meiner ersten Universitätsvor-
lesung sein. Doch fand *Gerhard Krüger,* die Formulierung ver-
stoße ein wenig gegen die gebotene akademische Diskretion,
und ich solle getrost sagen: »Einführung in die Philosophie«.
Das Interesse der geistig ausgehungerten Studenten war dennoch unerwartet vehement; im Großen Hörsaal der Medizi-
nischen Klinik, dem einzigen unzerstört gebliebenen, mußte ich
die Vorlesung, trotz des Samstagvormittags, in zwei aufeinander folgenden Stunden wiederholen. Überhaupt fanden philosophische, aber auch theologische Themen bei den Hörern,
weit über die Fachgrenzen hinaus, ein schlechthin ungewöhn-
liches Echo. Eine Zählung ergab zum Beispiel, daß sich in den
zur gleichen Zeit stattfindenden, je drei Wochenstunden bean-
spruchenden Vorlesungen des Philosophen *Joachim Ritter* und
meines Freundes, des damaligen Professors für Dogmatik (und
jetzigen Mainzer Kardinals) *Hermann Volk* über ein Viertel
der gesamten münsterischen Studentenschaft zusammenfand.

Ich selbst habe es nie zu einem mehrstündigen Kolleg gebracht, auch in den späteren Jahren nicht. Ich brauchte einfach
zu viel Zeit dazu, die Vorlesung, die ich, übrigens bis über die
Emeritierung hinaus, Wort für Wort niederzuschreiben pflege,
vorzubereiten. Ein Seminar habe ich an der Universität erst
sieben Jahre nach der Antrittsvorlesung anzukündigen gewagt.
Schließlich war ich mehr als ein Jahrzehnt des gelehrten Hand-
werks entwöhnt. Gerade weil es mir so wichtig war, im Raum
der Universität mein Wort sagen zu können, wollte ich mich
zunächst einmal in diese seit so langem angestrebte, aber nun
plötzlich fast über meine Kraft gehende Aufgabe unabgelenkt
einarbeiten. Darin habe ich mich auch nicht beirren lassen
durch eine Reihe von überraschend früh an mich gelangenden
Berufungsangeboten; vielmehr habe ich sie allesamt, schon im

Stadium der ersten Anfrage, abgelehnt — was diesem sonder-
baren Privatdozenten begreiflicherweise manch verwundertes
Kopfschütteln eintragen mußte.

In der Thematik meiner Lehrtätigkeit habe ich mich zwar
auch später niemals zur systematischen Darstellung einer besonderen philosophischen Disziplin verstehen können; aber es
wurden doch, von mir selbst nicht eigentlich im vorhinein ge-
plant, einzelne Schwerpunkte deutlich, deren Verbindung untereinander so etwas wie ein Grundmuster ergeben haben mag,
angesiedelt im Grenzbereich von »Weistum, Dichtung, Sakra-
ment« (wie es der Titel einer Aufsatzsammlung von 1954 zum
Ausdruck bringt). Als eine Art Klammer konnte die Vorstellung von dem inmitten der stets totaler werdenden Arbeitswelt
notwendigen »freien Raum« gelten, in welchem Muße, Kon-
templation, Fest, Dichtung und auch die philosophische *theoria*
allein realisierbar sind. Die Einbeziehung des Musischen ist
mir immer als besonders notwendig erschienen, natürlich nicht
um irgendwelcher »Komplettierung« des Bildungswissens willen, sondern weil die philosophierende Frage nach »Gott und
der Welt« in der sinnlichen Erfahrung etwa einer bedeutenden
Dichtung sich dem unbefangen Aufnehmenden wie von selber
stellt. Das durch mehrere Jahre an der Pädagogischen Hochschule Essen allwöchentlich sehr unfachlich und unter spon-
taner Beteiligung zahlreicher Studenten geführte Abendge-
spräch über mehr oder weniger zufällig gegriffene Werke meist
moderner Dichtung hat, wie ich manchmal vermute, vielleicht
mehr philosophische Gesinnung und Einsicht geweckt als Vorlesung und Seminar.

Wenn ich übrigens sagte, meine Lehrveranstaltungen hätten
niemals den Gegenstandsbereich einer philosophischen Disziplin wie Erkenntnislehre, Ontologie, Anthropologie systematisch abzuschreiten versucht, so muß ich dem hinzufügen, daß
es mir dennoch immer darum zu tun gewesen ist, von dem jeweils zur Rede stehenden Thema aus — sei dies nun Tod und
Unsterblichkeit oder Hoffnung und Geschichte oder das Phänomen Liebe oder eine Theorie des Festes — das Ganze von
Welt und Existenz in den Blick zu nehmen. Sonst hätte es sich

ja auch gar nicht um eine philosophische Betrachtung gehandelt, zu deren Natur es gehört, einen Sachverhalt unter jedem
denkbaren Aspekt zu erörtern — wobei sogar noch offen bleiben kann, was ein denkbarer Aspekt ist.

In dieser Überzeugung war ich noch dadurch bestärkt worden, daß *Gerhard Krüger,* der zur Zeit unserer ersten Bekanntschaft seine großartige Interpretation des platonischen »Symposion« (»Einsicht und Leidenschaft«) veröffentlichte, mich einem
neuen, mir bis dahin weniger bekannten Lehrmeister zugeführt
hatte, eben *Platon.* Es leuchtete mir sogleich ein, was der platonische *Sokrates* in der *Politeia* vom Philosophierenden sagt,
daß nämlich »seine Seele immer auf dem Sprunge sei, auszu-
langen nach dem Ganzen und dem Allgesamt, dem göttlichen
wie dem menschlichen«. Außerdem empfand ich es als eine
wirkliche Wohltat, die abstrakte Begrifflichkeit des *Thomas von
Aquin* ausgeglichen und ergänzt zu sehen durch die farbige,
ereignishaft-persönliche Konkretheit, die das Werk *Platons* so
lebendig macht. Später habe ich in Seminar und Vorlesung
tatsächlich nicht wenige platonische Dialoge interpretiert, wobei es mir natürlich nicht so sehr um das Historische (etwa in
seiner Auseinandersetzung mit den Sophisten) zu tun war als
vielmehr um das Immergültige und also auch heute Aktuelle
seiner Position. In den sechziger Jahren habe ich mich sogar
auf das von manchem Fachgenossen gewiß als unseriös betrachtete Abenteuer eingelassen, einige der großen Dialoge
(Gorgias, Symposion, Phaidon) in Gestalt von Fernsehspielen
einem größeren Kreis von Menschen zugänglich zu machen.
Das Echo war durchaus ermutigend.

Thomas von Aquin und *Platon* — diese beiden Lehrmeister
sind einander nicht so fremd, wie es auf den ersten Blick
scheinen mag. Wofern man sich zum Beispiel nicht darauf ver-
steift, *Thomas* als Repräsentanten einer geschlossenen Schul-
systematik zu verstehen, macht man die auch für mich zunächst
überraschende Erfahrung, daß seine Quästionen, die ja wirklich noch echte »Fragen« sind und durchweg nicht mit einer
endgültigen Antwort, sondern mit einer Öffnung des Erkennt-
nisweges ins Unabsehbare zu Ende gehen, durch die im Grunde

gleiche dialogische Struktur bestimmt sind, die auch das Werk *Platons* kennzeichnet. Vor allem stimmen beide Denker in der Überzeugung überein, daß der wahrhaft Philosophierende die gewußte und die geglaubte Wahrheit voneinander zwar klar unterscheiden muß, sie aber nicht gegeneinander getrennt halten kann, wofern nicht beide gleichermaßen steril werden sollen.

III

Aufs Äußerlich-Faktische angesehen, hat sich meine Lehrtätigkeit seit ihrem Beginn (1946) bis heute (1974), also noch bis über die Emeritierung (1972) hinaus, von der ich sozusagen keinen Gebrauch mache, auf nur zwei Institutionen beschränkt: die Pädagogische Hochschule Essen und die Universität Münster. Mein Wohnort ist Münster, seit 1912 meine Heimatstadt. — Die Verknüpfung der Arbeit in der Lehrerbildung mit der des Universitätslehrers ist mir stets besonders wichtig gewesen. Vor allem im ersten Nachkriegsjahrzehnt machte mir die Tätigkeit in Essen, die ich sozusagen als »Front«-Arbeit betrachtete, fast mehr Freude als die an der Universität.

Dafür gab es mehrere Gründe. Zunächst einmal war an der Pädagogischen Hochschule die Zahl der Studenten überschaubar; man kannte fast jedes Gesicht. Der Andrang anderseits war so groß, daß wir uns von zehn Bewerbern die drei besten aussuchen konnten; für die Abgewiesenen eine schlimme Sache; für die Hochschule aber ein unschätzbarer Gewinn, zumal die Auswahl weniger nach einem abstrakt-neutralen Testverfahren geschah als auf Grund einer persönlichen Aussprache mit jedem einzelnen Bewerber. In Nordrhein-Westfalen war ferner die »konfessionelle Lehrerbildung« durch Landesgesetz zur Norm gemacht worden. Die auf solche Weise einigermaßen verbürgte Homogenität im Lehrkollegium wie unter den Studenten — vergleichbar mit der pädagogischen Situation etwa der Freien Waldorf-Schulen — ist mir nie als Einschränkung der Freiheit oder der »geistigen Weite« erschienen, sondern eher als eine besondere Chance der Realisierung wirklicher

Menschenbildung. Diese Chance allerdings zu nutzen und sie nicht zu vertun, ist beileibe nicht selbstverständlich. In Essen jedenfalls ist sie aufs Schönste wahrgenommen worden, nicht zuletzt kraft der persönlichen Ausstrahlung der geistig aus dem Kreise um *Romano Guardini* stammenden ersten Direktorin *Helene Helming.* Die Studenten, beschwingt durch eine vom Musischen her bestimmte Atmosphäre, strömten mit einem geradezu vitalen Interesse in die philosophischen Vorlesungen. Tatsächlich kann ja der künftige Volksschullehrer, der es mit der Erziehung von Kindern zu tun haben wird, sich nicht leicht darüber täuschen, wie sehr gerade er eine theologisch-philosophische, aufs Ganze gehende Grundlegung der Weltansicht braucht, während dies dem Universitätsstudenten weit eher verborgen bleiben kann. Die spätere Verwissenschaftlichung der Lehrerbildung scheint mir eine höchst problematische Sache zu sein, die, wie zu befürchten steht, unseren Kindern nicht gut bekommen wird — zumal an die Stelle der deklarierten weltanschaulichen Fundierung eine weniger zutageliegende Anfälligkeit für Ideologien jeglicher Art getreten ist.

Manche Berufung auf einen Universitätsstuhl habe ich deswegen ausgeschlagen, weil dadurch die gleichzeitige Tätigkeit in der Lehrerbildung unmöglich wurde. Als mir dann allerdings, zu Anfang des Jahres 1959, mit der Berufung an die Universität München ausdrücklich die Chance eröffnet wurde, zugleich in der Lehrerbildung (an der Pädagogischen Hochschule München-Pasing) zu wirken, habe ich es dennoch vorgezogen, in meiner Heimatstadt zu bleiben. Das Argument, daß man mit fünfundfünfzig Jahren sich nicht leicht von einem Garten trennt, in dem man selber die Bäume gepflanzt hat, konnte ich natürlich in der Verhandlung mit dem Bayerischen Kultusministerium nicht gut vorbringen; für mich selbst aber besaß es erhebliches Gewicht. Überdies bot man mir an der Universität Münster nunmehr ein eigens für mich eingerichtetes Ordinariat an, das mit dem erst allmählich sich erweisenden, buchstäblich einzigartigen Vorteil ausgestattet war, ein *non-departmental chair* zu sein, angesiedelt zwischen der Katholisch-Theologischen und der Philosophischen Fakultät.

Die Festigkeit der Einwurzelung im heimatlich münsterländischen Boden hat allerdings meine Reiselust offenbar eher begünstigt als gehemmt. Jedenfalls habe ich die Einladung zu einer ausländischen Gastprofessur nur selten abgelehnt, freilich immer dann, wenn sie sich über mehr als ein Semester erstreckte. Die erste Aufforderung dieser Art, im Frühjahr 1949, führte mich jedoch nicht schon ins Ausland, sondern nach Berlin, an die Freie Universität, die eben ihr zweites Semester begann. Es war, vor allem auf Seiten der Studentenschaft, ein enthusiastischer Neubeginn, befeuert durch die Erfahrung des plötzlichen Freiseins von dem an der alten »Linden«-Universität immer unerträglicher gewordenen politisch-ideologischen Druck.

Als ich mich auf die Reise nach Berlin begab, hatte ich bereits der amerikanischen Universität Notre Dame (Indiana) die Zusage gegeben, dort im folgenden Winter, vom 1. Februar 1950 an, für vier Monate Vorlesungen zu halten. Es war ein nicht ganz einfacher Anfang in der Neuen Welt. Meine Fachkollegen fanden meinen »Thomismus« mit Recht ziemlich unorthodox; und mein Insistieren auf dem nach meiner Überzeugung für *Thomas von Aquin* entscheidenden Prinzip der *philosophia negativa* (»Die Wesenheiten der Dinge sind uns unbekannt«) gab Anlaß zu manchem streitbaren Disput. Dennoch erreichte mich schon bald nach meiner Heimkehr aus diesem ersten amerikanischen Semester eine formelle Berufung als *full professor*. Ich erhielt sie zu der Zeit, da eben der Korea-Krieg begonnen hatte; man sprach allenthalben von der Möglichkeit eines neuen Weltkrieges; und ich hatte noch die Mahnung eines in Notre Dame lehrenden russischen Emigranten im Ohr: Europa ist ohnehin verloren; kommen Sie hierher, wenn nicht Ihretwegen, dann um Ihrer Kinder willen! Zum ersten Mal kam mir im Ernst der Gedanke, Deutschland vielleicht verlassen zu sollen. Zunächst versuchte ich, die Entscheidung noch hinauszuzögern, fragte nach den konkreten Bedingungen — und so fort. Aber dann, während einer mit meinem ältesten Sohn unternommenen Radwanderung den Rhein hinab, und auch durchaus unter dem Eindruck dieses herr-

lichen Flußtales, faßte ich endgültig den sogleich auch schrift-
lich fixierten und auf die Post gegebenen Entschluß, den Ruf
nicht anzunehmen. Mehrere Male habe ich, auf meinen bis
heute acht Amerika-Reisen, die Universität Notre Dame wieder besucht; und als ich, fast zwanzig Jahre nach jenem ersten
Gastsemester, dort noch einmal eine Vorlesungsreihe zu absol-
vieren hatte, sprach man mich schon als einen der *Founding
Fathers* an. — Die nächste amerikanische Einladung zu einem
Gastsemester kam 1956, von Stanford, jener bedeutenden kali-
fornischen Universität, die sich, wie ich dann erfuhr, in ständiger Rivalität zu Berkeley befand, wobei als Kriterium immerhin die wechselnde Anzahl der Nobelpreisträger im Lehrkörper
galt. An der Stanford Universität sollte ich vor allem an einem
über zwei Jahre gehenden Kursus mitwirken, dessen Thema
lautete: *The Western Tradition;* und zwar hatte man mir die
Interpretation mittelalterlicher Autoren zugedacht. Es war für
mich erstaunlich, mit welch unbefangenem Ernst die Studenten
dieser ansonsten völlig säkularistischen Universität sich in die
großenteils mystisch-religiösen Texte, etwa eines *Richard von
St. Viktor,* vertieften. Übrigens waren zu diesem Kursus, und
auch das war für mich etwas Überraschendes (weil an einer
deutschen Universität völlig undenkbar), ausschließlich *honor
students* zugelassen, das heißt, Studenten, deren Leistungs-
niveau nach unseren Bewertungsnoten zwischen »gut« und
»sehr gut« lag. — Sechs Jahre später, im Frühjahr 1962, habe
ich noch einmal bei einer Wiederholung dieses Kursus mit-
gearbeitet.

Im Jahre 1967 beging Canada die Hundertjahrfeier seines
Dominion-Status; die Universitäten des Landes luden zu diesem Anlaß aus aller Welt Gastprofessoren ein; bei einem bereits völlig institutionalisierten, nur mit einer ziemlich teuren
Eintrittskarte zugänglichen Internationalen *Teach-in* kamen
etwa der frühere Präsident von Rhodesien und der spätere
Nachfolger von *Martin Luther King, Abernathy,* zu Wort. Und
so wurde auch mir die Ehre zuteil, für ein paar Wochen ein
Centennial Professor der Universität Toronto zu sein. Schon
1952 war ich für kurze Zeit in Canada gewesen; und der in

diesen fünfzehn Jahren geschehene Wandel erschien mir recht
bemerkenswert — erstens die erhebliche Verschärfung des
Gegensatzes zwischen dem Französischen und dem Englisch
sprechenden Canada; zweitens das, was die Canadier selbst
ihre »Identitätskrise« nannten, nämlich die im Vergleich zu
1952 immer mehr schwindende Möglichkeit, sich von den USA
zu unterscheiden.

Etwas von all diesen Ausflügen in die westliche Welt völlig
Verschiedenes und mit ihnen schlechthin Unvergleichbares
waren zwei mehrmonatige Asienreisen, mit denen der von mir
schon lange gehegte Wunsch in Erfüllung ging, nicht-abend-
ländische Hochkulturen einmal aus der Nähe kennenzulernen.
— Die Indienfahrt, im Spätherbst 1962, war einesteils eine vom
Auswärtigen Amt in Verbindung mit den deutschen Kultur-
Instituten sowie einigen indischen Universitäten organisierte
Vortragsreise, deren Radius immerhin vom Himalaya bis nach
Ceylon reichte. Zugleich aber war es eine, von der »Deutschen
Forschungsgemeinschaft« mitfinanzierte Studienreise, die mich
mit der indischen Fest-Kultur bekanntmachen sollte. So habe
ich, völlig fasziniert und von ausgezeichneten Kennern des
Hinduismus begleitet und über das Einzelne unterrichtet, etwa
das in Calcutta wochenlang gefeierte Durga-Fest und in Madras
das Diwali-Fest miterlebt. Viele Menschen habe ich während
dieser Zeit nach dem Grund ihrer Festesfreude gefragt; ein
orthodoxer Hindu gab mir zur Antwort: »Es ist die Freude,
ein Geschöpf zu sein, das Gott aus Freude geschaffen hat.« —
Die zweite Reise, ein Jahr darauf, galt zwar vornehmlich einigen japanischen Universitäten, vor allem in Kyoto und Nagoya;
aber sie hat mich auch nach Hongkong, Südkorea, Taiwan, auf
die Philippinen, nach Vietnam und Thailand geführt. In Saigon
traf ich am gleichen Tage ein, an dem der bisherige Machthaber *Diem* ermordet wurde; ich mußte an *Shakespeare's* Tra-
gödien denken, als ich hinter der Kathedrale die noch nicht
weggeräumte Tribüne sah, auf der dieser Mann, zum achten
Jahrestag seiner Herrschaft, den Vorbeimarsch der gleichen
Offiziere abgenommen hatte, die seine Mörder oder deren Hel-
fer werden sollten. Meine Vorlesungen wurden abgesagt; nach

sieben Uhr abends durfte niemand mehr die Straße betreten. So habe ich mich daran gemacht, so viele Informationen wie nur möglich über das Problem »Vietnam« zu bekommen: von eben aus dem Gefängnis entlassenen buddhistischen Mönchen, von der amerikanischen Caritas-Hilfe, vom Militär-Attaché in der deutschen Botschaft und sogar von dem bereits totgesagten Freunde und Beichtvater des Ermordeten. Das auf solche Weise gewonnene Bild war, schon damals, so unentwirrbar vielgesichtig, daß ich mich immer nur habe wundern können über Leute, die genau zu wissen behaupteten, was in Vietnam zu geschehen habe, damit alles wieder in Ordnung komme.

*

Es muß an diesem Punkt wohl auch ein Wort gesagt werden über meine Schriftstellerei, nicht über ihre Inhalte, sondern über die sozusagen handwerkliche Seite. — So oft ich behaupte, ich sei, gerade im Schreiben, ein sehr langsamer Arbeiter, pflegen meine Freunde mir ins Gesicht zu lachen. Dennoch ist es die reine Wahrheit. Ich sagte schon, daß ich mich von Anfang an daran gewöhnt habe, meine Universitäts-Vorlesungen wortwörtlich niederzuschreiben; und ich brauche für jeden einzelnen 45-Minuten-Text mindestens einen ganzen Tag. Aber es gibt nur wenige unter meinen dreißig—vierzig Büchern, die den unveränderten Wortlaut der gesprochenen Rede wiedergeben. Und gerade die Umformung eines Vorlesungstextes in die Gestalt des geschriebenen Wortes ist, beim Schreiben eines Buches, das weitaus Anstrengendste und auch Zeitraubendste. Dabei schreibe ich auch das Buchmanuskript von Anfang bis Ende mit der Hand; ich könnte es einfach nicht diktieren, ganz abgesehen davon, daß ich niemals eine Sekretärin gehabt habe. Bei der Niederschrift richte ich mich seit meiner Studentenzeit nach der alten Stilregel »Schreibe laut«; natürlich spreche ich, während ich schreibe, kein etwa vernehmliches Wort; doch ist offenbar, ohne daß ich es weiß, die Sprechmotorik ständig im Gang; ich merke es erst nachher, daran nämlich, daß mich das Schreiben heiser gemacht hat. — Auch das fertig niedergeschriebene Buchmanuskript wird übrigens durchweg noch nicht zum

Druck gegeben; von einzelnen Büchern gibt es, durch vielleicht zehn Jahre hin, drei oder vier vollständig handgeschriebene Manuskripte, die der endgültigen Veröffentlichung vorausgegangen sind. — Zur Veröffentlichung eines Buches aber bedarf es bekanntlich nicht nur des Autors, sondern auch, vielleicht sogar vor allem, des Verlegers. In dieser Hinsicht habe ich unerwartet viel Glück gehabt, nicht nur in Deutschland, sondern auch, für die Übersetzungen, vor allem in England und USA; in London ist *T. S. Eliot*, Direktor bei *Faber and Faber*, mein Verleger geworden, während in New York kein Geringerer als *Kurt Wolff* sich meiner Produktion angenommen hat. Doch das ist eine neue Geschichte, die nicht in eine »Selbstdarstellung« gehört.

IV

Wenn ich, was hin und wieder geschieht, nach »meiner« Philosophie gefragt werde, bringt man mich ein wenig in Verlegenheit. Ein wenig freilich nur; denn im Grunde geniert es mich nicht im mindesten, unumwunden zu erklären, daß ich den Philosophierenden gerade *nicht* für jemanden halte, der sich mit Erfolg eine wohlgerundete Weltansicht erarbeitet hat, sondern für jemanden, der damit beschäftigt ist, eine bestimmte Frage wachzuhalten, die Frage nämlich nach der letztgründigen Bedeutung des Wirklichkeitsganzen — eine Frage, auf welche er sicherlich eine Reihe von provisorischen Antworten finden mag, niemals aber »die« Antwort. Seine Bemühung, *the complete fact* (*A. N. Whitehead*) zu fassen, bleibt notwendig ein unbeendbares Unternehmen. Was geschieht, wenn ein Mensch stirbt, nicht bloß physiologisch oder biographisch betrachtet, sondern aufs Ganze gesehen; was eigentlich trägt sich zu in einem Akt des Erkennens; was ist das: etwas Wirkliches? — niemand wird jemals imstande sein, eine einzige dieser Fragen adäquat und erschöpfend zu beantworten. Genau dies aber ist die Aufgabe der Philosophie: die Aufmerksamkeit offen zu halten für das unbegreifliche »komplette Faktum« und also Mißtrauen zu wecken gegenüber jedem Anspruch, die Weltformel gefunden zu haben.

Hier liegt einer der fundamentalen Unterschiede zwischen Wissenschaft und Philosophie sowie der Grund dafür, daß es eine »wissenschaftliche Philosophie« nicht geben kann. Natürlich ist gegen die Sprach-Analyse genau so wenig einzuwenden wie gegen die »gesellschaftskritische Wissenschaftstheorie«; es ist sogar dem Philosophierenden nicht erlaubt, die etwaigen Resultate solcher wie aller wissenschaftlichen Bemühungen sonst formell aus seiner Betrachtung auszuschließen; aber keine dieser Disziplinen ist selber schon Philosophie im strikten Sinn. Dieser Name ist jenem Unternehmen vorbehalten, das darin besteht, das Ganze von Welt und Dasein zu bedenken. Und wer sich auf dieses Unternehmen einläßt, der setzt damit seinen Fuß auf einen Weg, den er, im Hiesigen, niemals zu Ende gehen wird; wohingegen die Wissenschaft Fragen, deren Nicht-Beantwortbarkeit klar ist, gar nicht erst stellt bzw. sogleich fallen läßt; keine Wissenschaft fragt nach dem Gesamtzusammenhang der Welt, und das ist in der besten Ordnung. Wenn allerdings die *scientific philosophy* diese Frage für sinnlos erklärt, dann gibt der Philosophierende demgegenüber zu bedenken, ob nicht ein lebendig vollzogenes Fragen, womit ja nicht irgendein chaotisches Problematisieren gemeint ist, die möglicherweise einzig verbleibende Weise sein könnte, sich dem unendlichen Gegenstand menschlicher Erkenntnis offen zu halten, ihm sozusagen auf den Fersen zu bleiben. Freilich wäre dem noch hinzuzufügen, daß schließlich die Existenz des Menschen gleichfalls ein immerwährendes Unterwegssein besagt und durch dieselbe Hoffnungsstruktur bestimmt ist wie das Philosophieren auch. Anderseits ist wahrscheinlich eben diese Überzeugung von der innergeschichtlichen Unvollendbarkeit des Menschen wie der Gesellschaft eine der existentiellen Voraussetzungen dafür, einen Philosophiebegriff zu akzeptieren, der die Unmöglichkeit einer endgültigen Beantwortung der philosophischen Fragen miteinschließt.

An diesem Punkt bringt sich, wie man sieht, unvermeidlich das Problem »Philosophie und Theologie« zur Sprache, die Frage (heißt das), ob der Philosophierende, in der Ausübung seines eigensten Geschäftes, befugt sei oder vielleicht gar gehalten, Auskünfte über Welt und Dasein mitzubedenken, die ihren Ursprung nicht in der unmittelbaren Empirie haben, sondern in einer Region, die etwa durch die Namen »heilige Überlieferung«, »Glaube«, »Offenbarung« zu bezeichnen wäre. Ich rede hier, wohl zu bedenken, nicht von »der« Philosophie und auch nicht von der abstrakten Möglichkeit oder Unmöglichkeit einer »christlichen Philosophie«; es handelt sich nicht darum, ob in einer systematischen Darlegung der inhaltlichen Probleme der Philosophie etwa auch theologische Aspekte zur Sprache kommen sollen oder nicht. Vielmehr ist die Rede vom philosophischen Akt und von der philosophierenden Person. Und die Frage lautet, genauer formuliert, folgendermaßen: Hört nicht der Philosophierende, wofern er, natürlich nicht ins Blaue hinein, bestimmte überrationale Auskünfte über das Wirklichkeitsganze tatsächlich für Auskünfte hält, wofern er, anders gesagt, keinen Zweifel hegt an ihrer Wahrheit — hört er dann nicht in dem gleichen Augenblick auf, seinen Gegenstand unter jedem für ihn denkbaren Aspekt ins Auge zu fassen und also zu philosophieren, in welchem er jene Auskünfte, als gäbe es sie gar nicht, außer Betracht läßt? Auf diese Frage anworte ich mit einem völlig dezidierten Ja; er hört dann in der Tat auf zu philosophieren — es sei denn, man verstünde unter Philosophieren willkürlich etwas ganz anderes als das, was nicht nur *Platon,* sondern auch *J. P. Sartre* darunter versteht. Die existentielle Relevanz auch des Sartreschen Philosophierens gründet eben darin, daß er seine letzte, von ihm selbst durch kein Vernunftargument erwiesene, vielmehr einfachhin geglaubte Überzeugung (von der Nicht-Existenz Gottes) ausdrücklich ins Spiel bringt — wozu freilich zu bemerken bleibt, daß auch der Glaube, wie schon gesagt, nicht ins Blaue hinein geleistet werden darf, daß er sich vielmehr durch rationale Argumentation als etwas mindestens Verantwortbares sehr wohl muß legitimieren können.

T. S. Eliot sieht die Wurzel des, wie er sagt, schon lange bestehenden Siechtums der Philosophie in ihrer Trennung von der Theologie; *Eliot* gebraucht hier das Wort *divorce,* Scheidung. Wenn diese Diagnose recht hat — und ich bin davon überzeugt, daß sie weithin zutreffend ist — dann hängt also die Zukunft der Philosophie davon ab, ob diese Scheidung überwunden und eine neue »Ehe« mit der Theologie gestiftet werden kann. Das aber darf mit Fug bezweifelt werden. Natürlich weiß niemand etwas Exaktes darüber, wie es mit der Philosophie weitergehen wird. Möglich, daß der philosophische Akt sich aus noch unbekannten Kraftquellen wieder herstellt; er ist schließlich seiner Natur nach etwas Nicht-Öffentliches, nicht ein Reservat für Spezialisten und also möglicherweise etwas, das in der Fachliteratur gar nicht registriert wird. Wahrscheinlicher allerdings dünkt mich etwas anderes zu sein: daß nämlich die wahre Philosophie sich zurückbegeben könnte in die uranfängliche Einheit mit der Theologie und folglich als eine unterscheidbar selbständige Größe einfach verschwände. Zu Anfang, sowohl der Menschheitsgeschichte wie auch der individuellen Biographie, sind ja in der Tat Philosophie und Theologie ungeschieden und eins; jeder, der nach der Bedeutung von Welt und Dasein fragt, beginnt als Glaubender. Und es könnte, scheint mir, durchaus so kommen, daß dieses ursprüngliche Einssein der philosophischen und der theologischen Wirklichkeitsdeutung sich eines Augenblicks, »am Ende«, aufs neue wieder verwirklicht, sicherlich nicht mehr naiv, sondern eher im Bewußtsein einer schmerzlich reflektierten Notwendigkeit. Es könnte, anders ausgedrückt, sehr wohl so ausgehen, daß die Wurzel aller Dinge und die äußerste Bedeutung der Existenz — und das heißt doch: der spezifische Gegenstand des Philosophierens — nur noch von denen in den Blick genommen und bedacht wird, welche *glauben.*

Vom Autor getroffene Auswahl seiner Veröffentlichungen

Die Wirklichkeit und das Gute. Kösel. München [7]1963.

Grundformen sozialer Spielregeln. Knecht. Frankfurt/Main [5]1966.

Wahrheit der Dinge. Kösel. München [4]1966.

Vom Sinn der Tapferkeit. Kösel. München [8]1963.

Muße und Kult. Kösel. München [7]1965.

Was heißt Philosophieren? Kösel. München [6]1967.

Hinführung zu Thomas von Aquin. Kösel. München [2]1963.

Scholastik. Kösel. München 1960.

Kümmert euch nicht um Sokrates. Drei Fernsehspiele. Kösel. München 1966.

Überlieferung. Begriff und Anspruch. Kösel. München 1970.

Über die Liebe. Kösel. München [3]1972.

Über die Schwierigkeit, heute zu glauben. Kösel. München 1974.

Paul Breitholz (Hrsg.), Josef Pieper Schriftenverzeichnis. Kösel. München 1974.

Helmuth Plessner   * 1892

Wiesbadener Kinderszenen

1892 in Wiesbaden als Sohn eines Arztes und Leiters eines Privatsanatorium für Innere und Nervenkrankheiten, wie es damals optimistisch hieß, geboren, habe ich meine Kinder- und Schuljahre in einer aufblühenden Kurstadt verbracht, die durch ihre Bäder und ihre zauberhafte Umgebung für ein Capua der Geister wie geschaffen schien. Wiesbaden war eine reiche Stadt, damals noch weit unter hunderttausend Einwohnern, die in Preußen an Steueraufkommen nur von Charlottenburg übertroffen wurde.

Im Unterschied zu Frankfurt, wo sich das alte reichsstädtische Bewußtsein länger gegen das »Mußpreußentum« gehalten hatte, waren die Wiesbadener leichter für den wilhelminischen Glanz gewonnen worden, zumal der Kaiser ihnen deutlich seine Sympathie zu erkennen gab. Alljährlich im Mai besuchte er die Stadt, schon um seinem Onkel Eduard auszuweichen, der Bad Homburg bevorzugte. Nach dem durch *Bülow* und *Lamsdorf* gleichermaßen desavouierten Plan eines antibritischen Schutzbündnisses zwischen Rußland, Deutschland und Frankreich empfing er den Zaren in Wiesbaden mit militärischem Gepränge, das auf einen dreizehnjährigen Buben mächtigen Eindruck machte. Der hatte noch kein Verständnis für die Lächerlichkeit des als Ohrfeige für England gedachten Telegramms an den Zaren nach Björkö: Der Admiral des Atlantik an den Admiral des Pazifik.

Die Atmosphäre eines Privatsanatoriums ist heute schwer vorstellbar. Jedenfalls saß ich schon als kleiner Kerl mit am Tisch, dem mein Vater präsidierte. Kein Wunder, daß ich, bei Freunden eingeladen, fragte: »Wo sind denn Eure Patienten?« Politik im Kreise einander fremder Kurgäste verbat sich von selbst als Gesprächsthema. Auch hatte das überwiegend großbürgerlichen Kreisen entstammende Publikum kaum daran Interesse. Mit einer Ausnahme: Der Fall *Dreyfus,* der Empörung erregte. Also ging ich — ich muß wohl sechs Jahre alt gewesen sein — an der Hand des Kindermädchens zu meinem Freunde, dem Schutzmann *Bock,* der durch seine Pickelhaube die Staatsautorität in Person für mich war, und bat ihn, sich für den armen *Dreyfus* einzusetzen.

Einem Keuchhusten verdanke ich, daß ich nach wenigen Wochen aus der Volksschule genommen wurde und Privatunterricht bekam. Das ersparte mir ein Jahr Volksschule, so daß ich mit siebzehneinhalb zum Abitur kam. Das Zeugnis vermerkt außer Betragen und Singen »gut« als einzigen Lichtpunkt die »hervorragende Vortragsweise von Gedichten«. Nach heutigen Maßstäben wäre ich allenfalls an einer pädagogischen Hochschule zugelassen worden. Das Zeugnis vermerkt weiter, ich wolle Medizin studieren, wovor mich mein Vater, der meine theoretischen Neigungen kannte, nachdrücklich warnte. Aber ich hatte nach der Lektüre des Kosmosbändchens von *Bölsche* »Die Abstammung des Menschen« (mit vierzehn) und später der allgemeinen Physiologie von *Verworn* für die Biologie Feuer gefangen. Ich wollte zuerst nach Bonn zu meinem Ideal *Verworn,* entschloß mich dann aber für Freiburg, wo mein Freund *Waetzold* schon im dritten Semester Medizin studierte.

In die Freiburger Zeit fällt meine Freundschaft mit dem Botaniker *Albrecht Reuber,* der das Verständnis für Philosophie erschloß. Seine Experimente mit Pappelstecklingen hinderten ihn nicht an der Lektüre von *Leonard Nelsons* Schrift über das sogenannte Erkenntnisproblem, *Husserls* logischen Untersuchungen und *Meinongs* Gegenstandtheorie. Unter seiner Leitung ging mir ein Licht auf, was für eine Art Forschung sich hinter dem Wort Philosophie verbirgt. Denn Forschung mit einem spezifischen Substrat mußte sie ja sein. Was mir bei *Rickerts* Einführung in den transzendentalen Idealismus unbegreiflich geblieben war, kam mir unter dem Leitgedanken des Substrats quasi formal positivistisch leicht verfügbar vor. Diese Haltung, die der des Beobachters entspricht, hat lange bei mir nachgewirkt.

Heidelberg

Wer 1910 in der glücklichen Lage war, sich sein Studium und seine Universität wählen zu können, versteht den Ausspruch, daß die Zukunft heute nicht mehr das ist, was sie einmal war. Damals gab es keinen numerus clausus, keine Massenfächer, keinen ideologischen Fanatismus. Der Student akzeptierte die Universität wie sie war. Sie gewährte einem jungen Mann, der die Schule gerade hinter sich hatte, ein ungekanntes Maß an Freiheit. Man wurde nicht als Jugendlicher, sondern als Herr behandelt. Pädagogik war kein Gesichtspunkt, geschweige denn ein Fach.

Nach zwei Semestern in Freiburg, wo mir der Physiologe *von Kries,* ein Schüler von *Helmholtz,* den größten Eindruck machte, entschloß ich mich, auf das Physikum zu verzichten, und in Heidelberg Zoologie zu studieren, eine brotlose Kunst, wie mein Vater sagte. Aber er hatte es ja kommen sehen. Hier waren meine Lehrer *Bütschli,* Vater einer heute aufgegebenen Schaumwabentheorie des Protoplasmas, der damals an einer vergleichenden Anatomie arbeitete, weiter *Kurt Herbst* und *von Buddenbrock,* beide Vorkämpfer einer experimentellen Zoologie, und *Driesch,* dessen Experimente an Seeigeleiern ihn zum Begründer des Neovitalismus gemacht hatten. Berühmt durch seine Gifford lectures über die Philosophie des Organischen, vertrat er eine dem *Aristoteles* verwandte Lehre von der Entelechie als Naturfaktor, die ihm die Abwehr der strengen Kausalisten eintrug. Seine Kombination von Biologie und Philosophie faszinierte mich, auch wenn mich sein Vitalismus nicht überzeugte.

Es spricht für die große Liberalität von *Windelband,* daß er *Driesch,* der im Winter an der zoologischen Station in Neapel arbeitete und nur den Sommer über in Heidelberg lehrte, für die Universität gewann — zum unverhüllten Mißfallen der dort maßgeblichen Neukantianer, die sich unter Naturphilosophie eine Art Wiederbelebung romantischer Kurpfuscherei vorstellten. Zu den Intransigenten gehörte *Max Weber,* der aber schon seit Jahren nicht las und an seinen großen religionssoziologischen Untersuchungen arbeitete. Obwohl ich Zoologe und sogar Schüler des ominösen *Driesch* war, öffnete mir dessen Empfehlung den Zugang zu dem sonntäglichen jour fixe im Weberschen Haus mit dem einzigartig schönen Blick auf das Schloß. Hier konnte man *Troeltsch* treffen, der ein Stockwerk über den Webers wohnte, oder *Georg Lukacs,* damals noch »von«, und *Ernst Bloch,* die sich in gnostischen Spekulationen ergingen. *Marx* schien noch ferne zu sein. Damals kam das Wort von den vier Evangelisten auf: Matthäus, Markus, *Lukács* und *Bloch.* Marianne waltete umsichtig ihres Amtes als Hausfrau, so wenn sie dem impetuös zugreifenden *Troeltsch* ganz langsam den Kuchenteller aus dem Griffbereich entzog.

Zu *Windelband,* dem Schulhaupt der Neukantianer südwestdeutscher Prägung, hatte der junge Student, auch wenn er am Seminar teilnahm, zunächst keine persönliche Beziehung. Als Schüler *Lotzes* hatte er den Wertbegriff für die Erkenntnistheorie der Geisteswissenschaften in seiner Straßburger Rektoratsrede fruchtbar gemacht. Sein Vortrag war elegant, doch kann ich nicht sagen, daß ich von seiner Vorlesung über Religionsphilosophie, zu der ich aus *Fürbringers* Anatomie hastete, sonderlich viel gehabt hätte. Auch im Seminar hielt er sich an Referate (*Leibniz,* Nouveaux Essais und nachfolgende Manöverkritik historischer Quellen). Auf die *Sache* hatte man sich seinen Vers selber zu machen. Interpretiert wurde nicht, eine bei dem Problemhistoriker, der mit großen Übersichten fertig geworden war, damals zwar nicht allgemein übliche, aber verständliche Haltung gegenüber klassischen Texten.

1913 hatte *Driesch* eine kleine Schrift »Die Logik als Aufgabe« veröffentlicht, eine Ergänzung zu seiner ein Jahr zuvor erschienenen großen Ordnungslehre. In dieser Schrift machte er den Versuch, Logik mit Denkpsychologie zu verbinden, ohne in Psychologismus zu verfallen. Die Schrift brachte mich auf den Gedanken meiner ersten Publikation, die denn auch *Driesch* gewidmet ist: »Die wissenschaftliche Idee. Ein Entwurf über ihre Form«, die ebenfalls 1913 von der Universitätbuchhandlung Winter herausgebracht wurde. Man stelle sich meine Situation vor. Tagsüber saß ich an einer zoologischen

Dissertation, die eine Nachprüfung der bekannten Regenerationsexperimente meines Doktorvaters *Kurt Herbst* an dem kleinen Krebs Palämon und neue Versuche bringen sollte. An Hand auch des alten Materials von *Herbst* und seiner mikroskopischen Analyse war ein Plattenmodell herzustellen, das den Verlauf der Nervenfasern im Regenerat nach Phasen sichtbar machen sollte. Diese pingelige Arbeit nahm mich am Tag gefangen. Nachts schrieb ich am philosophischen Buch, nachdem ich im Café Heberlein, wo *Stefan George* gelegentlich zu sehen war, neue Kraft geschöpft hatte. An Ehrgeiz und Ausdauer fehlte es mir nicht. Ich war einundzwanzig Jahre alt. Die neuen Versuche an Palämen zur Kontrolle der alten verlangten mehrere Wochen Aufenthalt in der zoologischen Station Helgoland. Auf Rat von *Buddenbrocks* füllte ich die Zeit mit Experimenten über den Lichtsinn der Seesterne — nicht über ihren Leichtsinn, wie ein noch rechtzeitig entdeckter Druckfehler klar ergab. Mangold hatte behauptet, die Ozellen der Seesterne müßten einem unbekannten Sinn dienen. Mir gelang der Nachweis eines doppelten Lichtsinns: Haut- und Richtungslichtsinn. Der letztere hat Sehpurpur.

Als ich *Windelband* meinen philosophischen Erstling brachte, schlug er mir vor, die Arbeit um ein Vorwort zu ergänzen und sie als Dissertation einzureichen. Das großzügige Angebot machte mir schweres Kopfzerbrechen, weil ich meine zoologische Arbeit nicht im Stich lassen wollte und von Geschichte der Philosophie, vor allem der alten, nichts wußte. Ich bat um Bedenkzeit, rückte dann aber mit dem Vorschlag heraus, der für mein Vertrauen in *Windelbands* Güte sprach, noch zu *Husserl* nach Göttingen zu gehen, da meine Arbeit sich wesentlich auf ihn stützte. Tableau: »Wenn Sie meinen, daß Sie bei diesem Phänomenalisten etwas lernen können.« Mein Vater hielt mir meine Taktlosigkeit gründlich vor Augen. Doch hat der Alte sie mir nicht übel genommen, wie ich später von seinem Sohn im Berliner Ministerium erfuhr.

Kein Wunder, daß ich heute klarer sehe als damals mit meinen einundzwanzig Jahren. Mich hatte ein Problem gepackt, das man heute mit den Mitteln der Soziologie glaubt anpacken zu können: Die Tatsache der wissenschaftlichen Entwicklung als sozialer Prozeß, der sich aus den verschiedensten Ansätzen und Irrtümern über die Köpfe hinweg realisiert. Dabei lag der Nachdruck nicht auf dem, was *Max Weber* in seiner Rede »Wissenschaft als Beruf« im Auge hatte, als vielmehr auf dem anonymen Prozeß steigender Logifizierung der Welt, der durch seine Idee — Idee im platonisch-aristotelischen Sinn, das heißt, als Zugkraft verstanden — in Gang gehalten wird. Der Untertitel: ein Entwurf über ihre Form, sollte die Distanz zu der Seltsamkeit des Phänomens stetigen Fortschreitens wie durch seine Entfremdung hervorheben. So wurde ich auf eine im Grunde theologische Frage gebracht, eine Theologie des wissenschaftlichen Fortschritts, nicht im Sinne *Hegels* als Selbstentfaltung Gottes im Medium des Logos, sondern im Sinne moderner Forschung als offener Prozeß rastlosen Strebens, das kein Ende findet: Hos Eromenon.

Drieschs Gedanke der Logik als Aufgabe, die mich zu der Radikalisierung in Richtung Wissenschaft als Aufgabe (Idee) inspiriert hatte, trägt aber nur formal. Denn die denkpsychologischen Faktoren der determinierenden Tendenz und der latenten Einstellung treten, was *Driesch* selbst betont, für jede Aufgabe ins Spiel. Ihnen kann schon gar nicht ein so massives, in sich differenziertes Kulturprodukt wie »die Wissenschaft« anvertraut werden. Mag das *Movens* steigender Allgemeinheit den Fortschritt motivieren, so gewiß nicht der Husserlsche Begriff der Ideation wachsenden Allgemeinheitsgrades.

Göttingen I

Ich nahm Abschied von Heidelberg, um zu *Husserl* zu gehen. Mir schien die Phänomenologie *Husserls* der einzige Weg zu einer Philosophie, die im modernen Sinne als Wissenschaft genommen werden konnte. Juli 1914 machte ich von *Gebhards* Hotel in Göttingen aus im Zylinder Besuch bei *Husserl* am Hohen Weg. Gerade waren seine »Ideen« von 1913 erschienen, die mich zu dem Vorschlag eines Vergleiches ihres Ichbegriffs mit dem *Fichtes* ermutigten. *Husserl* war einverstanden.

Mit *Fichte* war ich in Heidelberg durch ein Seminar über die Wissenschaftslehre von 1804 in Kontakt gekommen, das *Ehrenberg*, der Autor einer Schrift »Die Parteiung in der Philosophie« gehalten hatte. Gleichwohl machte mir die Wissenschaftslehre von 1794, die ich mir zunächst vorgenommen hatte, große Mühe.

Der ursprüngliche Plan eines Vergleichs des Husserlschen Ichbegriffs in den »Ideen« mit dem *Fichtes* trat mehr und mehr in den Hintergrund. Mir wurde klar: ich wußte zu wenig von *Kant*. Da wäre man in Marburg bei *Cohen* und *Natorp* an der Quelle gewesen. Sollte ich vielleicht bei *Husserl Kant* studieren? Die Wendung, die *Husserl* in den »Ideen« dem transzendentalen Idealismus näher gebracht hatte, als seinen alten Anhängern, den Phänomenologen der ersten Stunde: *Pfänder, Geiger, Scheler, Conrad-Martius, Edith Stein* lieb war, verlangte eine gründliche Abgrenzung der Absichten *Kants* von denen *Husserls*. So hatte sich das anfängliche Projekt auf *Kant* verlagert.

Von *Husserl* konnte man als Lehrer im Kolleg und Seminar nur wenig haben. Von einer Vorlesung »Natur und Geist« ist mir nichts geblieben. Im Seminar wählte er nur einfache Texte, die zum Anlaß wurden, sich in phänomenologische Details zu verspinnen, die mit der Intention des Textes nichts zu tun hatten. Er war eben kein Historiker. Groß war er nur als Denker und Schriftsteller. Wenn ich einmal in der Woche zu ihm kam und von meinen Fortschritten berichten durfte, fiel er mir sehr bald wie bei einem Stichwort in die Rede und las aus seinen Manuskripten vor, um mich dann nach längerem Lesen mit der tröstlichen Empfehlung zu verabschieden: »Machen Sie nur so weiter.« Er konnte nicht zuhören, bei aller Güte. Er hörte, wie wohl viele produktive Menschen, nur sich selbst. Das schloß Verständnis für andere Richtungen nicht aus. Als ich ihn einmal auf gewisse Ähnlichkeiten der Bestrebungen der Friesschen Schule, die in Göttingen durch *Leonard Nelson* vertreten war, mit der Phänomenologie ansprach, stimmte er zu. Dagegen brachte ihn der Hinweis auf die ihr viel näher stehen-

de Gegenstandstheorie *Meinongs,* auch eines *Brentano* Schü-
lers, in Zorn.

Ich möchte nicht wiederholen, was ich in meiner Rede zur
Wiederkehr von *Husserls* hundertstem Geburtstag 1959 »Husserl in Göttingen«[1] gesagt habe. Aber die meine Generation
faszinierende Wirkung der Phänomenologie beruhte auf der
Rehabilitierung der natürlichen Weltansicht durch eine Methode offener Forschung, welche das Vertrauen zum ursprünglichen Erleben in allen Bereichen sich zum Ziel gesetzt hatte.
Husserl wollte dieses im Grunde gegen die unvermeidliche Entfremdung gerichtete Unternehmen, welche der Preis ist, den
wir für die Verwissenschaftlichung auf allen Gebieten zu zah-
len haben, selber als strenge Wissenschaft verstehen und betrieben wissen. Dabei leitete ihn das Bild der modernen Forschung stetigen Fortschritts, der sich in Resultaten und ihrer
Korrektur niederschlägt. Diesem Bild entsprach die Weise, wie
Phänomenologie faktisch betrieben wurde, und man muß sich
fragen, ob überhaupt der Gedanke der Sicherung von Resultaten dem Geist phänomenologischer Praxis entspricht.

Husserl jedenfalls hielt daran fest und suchte in den »Ideen«
von 1913 die Wissenschaftslehre der Phänomenologie als selber
phänomenologisch zu erweisen.[2] Aber die unübersehbare An-
näherung an *Kants* Lehre vom Ichdenken, das alle meine Vorstellungen begleiten können muß[3], die durchgehende Charakterisierung der Wesenswissenschaft als einer transzendentalen
Disziplin verstärkte die sich anbahnende Distanzierung des
alten Münchener Kreises von dem an Idealismus erinnernden,
aber durch *Husserl* konsequent vertretenen Vorrang des reinen
Bewußtseins in methodischer Hinsicht.[4]

Wer den Einfluß, den damals ein Ordinarius auf seine Nachfolge hatte, richtig einschätzte, konnte nicht überrascht sein,
daß *Rickert,* der *Windelband* ersetzen sollte, *Husserl* für Freiburg durchsetzte.

---

[1] »Diesseits der Utopie«. Diedrichs, Düsseldorf 1966.
[2] loc. cit. S. 124.
[3] loc. cit. S. 109.
[4] loc. cit. S. 123.

Erlangen

1916 verließ *Husserl* Göttingen. Ich wollte ihm nicht nach Freiburg folgen, weil mich mein Kantstudium sowohl von der Phänomenologie als auch von *Fichte* entfernt hatte. Zudem kam der Krieg auch dem Nicht-Wehrfähigen in Gestalt des zivilen Hilfsdienstes immer näher, und ich wollte mein Studium vorher abschließen. Ich suchte nach einem Promotor, der dem Kantianismus nahestand. Rückkehr nach Heidelberg? Aber *Windelband* war 1915 gestorben. Ich wußte, daß *Paul Hensel* in Erlangen ein Schüler *Windelbands* war. Er hatte wohl nie einen Ruf bekommen und sprach von sich als dem ruhenden Paul in der Erscheinungen Flucht. Abkömmling der Familie *Mendelssohn,* verkörperte er den Adel und Witz der Berliner jüdischen Aristokratie. Ihm schrieb ich unter Darlegung meiner Lage und fragte ihn, ob er mein Promoter sein wolle, obwohl ich nicht in Erlangen studiert hatte. Er sagte gleich zu, und ich schickte ihm eine Kurzfassung der Dissertation zu, die 1918 in erweiterter Form als »Krisis der transzendentalen Wahrheit im Anfang« wieder bei meinem ersten Verleger in Heidelberg herauskam.

Auch mit dieser Arbeit hatte ich mir etwas vorgenommen, für das ich zu jung war, ein ehrgeiziges Projekt, das die ganze kritische Transzendentalphilosophie — nicht die spekulative der auf *Kant* folgenden Epoche — als ein Ganzes in den Blick bringen sollte. »Wohl aber vermag derjenige, welcher dem Prinzip des Systems, das heißt, der Autonomie gegenüber seine Freiheit bewahrt hat, das kritische Bildungssysaem der Transzendentalidee ausfindig zu machen . . .« Und einige Zeilen weiter heißt es: »Bei dieser Einstellung entsteht der Begriff des *Anfangs,* ein abgekürzter Ausdruck für die unweigerliche und absolute Gebundenheit jeder Argumentation, auch der dogmatisch metaphysischen, an ein System . . .«[5]

Für einen Kenner der zweiten Auflage erübrigt sich der Hinweis auf die Bedeutung des Experimentalgedankens für das

---

[5] Krisis der transzendentalen Wahrheit im Anfang. Winter, Heidelberg, 1918, S. 134.

Gesamtkonzept der »Kritik der reinen Vernunft«. Ich erinnere an die Anmerkung, die mit den Worten beginnt: ». . . diese dem Naturforscher nachgeahmte Methode besteht darin, die Elemente der reinen Vernunft in dem zu suchen, was sich durch ein Experiment bestätigen oder widerlegen läßt.« (S. 21 der Ausgabe bei Felix Meiner 1926, Philosophische Bibliothek Bd. 37 a). Mir scheint *Franz Kröner* in seinem viel zu wenig beachteten Buch »Die Anarchie der philosophischen Systeme« (Felix Meiner 1929) Recht zu haben, wenn er die Kantische Philosophie einem Typus zurechnet, der zunächst frei konstruktiv einsetzt, ein System von synthetischen Grundsätzen entwirft, um an der »Erfahrung« oder an der Wirklichkeit erprobt zu werden, »daß sie sich also durch ihre Leistung rechtfertigen. In diesem Sinne ist von *H. Plessner* die Transzendentalphilosophie *Kants* aufgefaßt worden, und man kann sagen, daß hier vielleicht die umsichtigste Interpretation der Transzendentalphilosophie vorliegt«.[6] Ich zitiere dieses Lob um so lieber, als es die einzige Reaktion bis heute geblieben ist, welche diese »Krisis« gefunden hat. Bei aller Verständlichkeit ist sie mit viel zu geringem Abstand geschrieben. Ich hatte mich eben noch nicht frei geschwommen, und *Husserl* hatte Recht, wenn er mir schrieb: »Sie haben auf das Publikum vergessen.«

Daß mit der von mir gebrauchten Formel einer »Freiheit zur reinen Vernunft« das getroffen war, was in der »Kritik der Urteilskraft« mit Heautonomie bezeichnet wird, sollte mir erst später bekannt werden. Das Kantische System der drei Kritiken bildet ein sich selbst tragendes Ganzes, das vom System *Hegels* auch bei voller Berücksichtigung von dessen Totalreflektiertheit nicht eingeholt oder überholt worden ist.

Von *Fichte* stammt der Ausspruch, welche Philosophie man wähle, hänge davon ab, was für ein Mensch man sei. Dieser Satz will Philosophie nicht der Psychologie ausliefern, was gewiß nicht im Sinne *Fichtes* lag. Eine Freiheit zur Vernunft unterstreicht nur das, worin *Fichte* mit *Kant* übereinstimmt: den Primat der praktischen Vernunft im Verhältnis zur theoreti-

---

[6] loc. cit. S. 251—252.

schen. Der Mensch ist deshalb in *Fichtes* Sinne als das morali-
sche Subjekt verstanden, das wählen kann: eine Philosophie
nach dem Prinzip der Autonomie oder der Heteronomie. Aber
in solchem Verstande ist der Mensch nicht mehr eine Angelegenheit des Systems, sondern das System eine Angelegenheit
des Menschen geworden.

Ende 1916 promovierte ich und wurde 1917 im Rahmen des
zivilen Hilfsdienstes Volontärassistent am Germanischen Museum in Nürnberg. Ich verkehrte in der Familie des Erlanger
Oberbürgermeisters *Klippel,* der zum Kuratorium des Museums
gehörte und den Direktor *von Bezold* kannte. Statt in der Erlanger Milchversorgung fand ich im Museum Unterschlupf und
wurde gleich mit einer Neuordnung der Sammlung von Renais-
sance-Münzen beauftragt. *Bezold* drückte mir ein kleines Buch
des Ägyptologen *Erman* in die Hand, der sich zu seinem Ver-
gnügen mit diesen Münzen befaßt hatte und vom Fach her eine
große Sensibilität fürs Relief mitbrachte. Dann kam zum Re-
formationsjubiläum eine Ausstellung, auf der ich führen mußte.
Aber den Höhepunkt bildete die alljährliche Konferenz der
deutschen Museumsdirektoren, die traditionell in Nürnberg
stattfand. Nie fehlte Excellenz *Bode* aus Berlin, ein Mann von
großer Figur und edlem Kopf, mit einem phänomenalen Gedächtnis. *Bezold* fürchtete ihn und gab Weisung, ihn nicht ins
Depot zu lassen. Kaum war der Empfang zu Ende, nahm mich
Bode zur Seite: »Ich kenne Sie ja gar nicht. Sind Sie Kunst-
historiker?« »Nein, Excellenz.« »Ach, das trifft sich gut. Ich
bin auch nur Jurist.« Er nahm mich in die »Kirche« vor den
»Freiburger Meister«. »Sehn Sie mal, das ist schon ganz ba-
rock.« Er markierte während der ganzen Zeit einen Schlepp-
fuß, um vor den Kollegen eine Entschuldigung zu haben. »Jetzt
gehen wir mal ins Depot.« Ich flüchtete zu *Bezold,* der sich ins
Unvermeidliche fügte und den Oberaufseher schickte. Später
erzählte mir *Bezold* von einem Plan *Bodes,* im Berliner Zeug-
haus ein Museum des Weltkrieges einzurichten. Ob ich Lust
hätte? Dann wolle er mich *Bode* vorschlagen. Ich hatte aber
keine Lust.

In die Nürnberger Zeit fällt meine Freundschaft mit *Walter*

Stengel, dem späteren Direktor des Märkischen Museums, und Dr. *Hans Deinhardt,* damals Landrat in Lauff an der Pegnitz, ein Freund *Regers,* der damals an einer großen Dante-Übersetzung arbeitete. In dieselbe Zeit fällt auch mein Beitrag für die Festschrift *Bezold* »Zur Geschichtsphilosophie der bildenden Kunst seit Renaissance und Reformation« (in Mitteilungen aus dem Germanischen Nationalmuseum, Jahrgang 1918).

Inzwischen war der Universitätsbund Erlangen gegründet worden, dessen Sekretär ich wurde — nicht für lange. Der Krieg war zu Ende. Ich versuchte, neben dem Arbeiter- und Soldatenrat dem studentischen Element Gehör zu verschaffen, was mich in Konflikt mit dem Rektor brachte. An ein Verbleiben in meiner Stellung war nicht zu denken. Ich mußte mich nach etwas anderem umsehen und nahm das Angebot einer Stelle im »Reichsbund geistiger Arbeiter« an, der in München unter Leitung des Nationalökonomen *Moriz Julius Bonn* und des Architekten *Thiersch* stand. Auf einem Ausflug von München nach Seeshaupt lernte ich *Scheler* kennen, der Professor an der wiedererstandenen Universität Köln geworden war und mir erzählte, mein Lehrer *Driesch* habe einen Ruf nach Köln angenommen. Ich schrieb an *Driesch* und bewarb mich um eine Habilitation. »Kommen Sie nach Köln«, sagte *Scheler,* »das neue Alexandrien«.

Inzwischen hatte sich die politische Szene in Bayern nach dem Tode *Eisners* verschärft. Eine Regierung *Lipp* war ans Ruder gekommen, in der mein Freund *Felix Nöggerath* aus Erlanger Tagen — er hatte am selben Tag wie ich bei *Hensel* promoviert —, eine unbedeutende Funktion hatte. Danach kam *Toller.* Felix hielt es für ratsam, einige Zeit unterzutauchen. Bald aber trafen wir uns schon wieder auf der Ludwigsstraße. Er sagte: »Kommen Sie mit zu *Kurt Martens*«. Es handelte sich um die Gründung einer Deutschen Akademie nach französischem Vorbild unter der Schirmherrschaft des Kronprinzen *Rupprecht,* also wohl zur Zeit der Regierung *Epp.* Möglich ist aber auch, daß die Geschichte noch in die letzte Kriegszeit fällt, wofür die Bereitschaft des Kronprinzen *Rupprecht* sprechen dürfte. *Thomas Mann* war für den Plan gewonnen worden.

Stefan George hatte schon abgelehnt. Jetzt ging es um *Rilke,* der bei *Martens* erwartet wurde. Ein schüchtern wirkender Mann mit melancholischem Schnurrbart, wie man ihn von Bildern her kennt, betrat das Zimmer. *Martens* schilderte den Plan. *Rilke* zögerte. Mich stach der Hafer, und ich entwickelte zum sichtlichen Ärger von *Martens* den Gedanken, daß eine Akademie nach französischem Vorbild mit sprachkontrollierender Funktion nur in einer Sprache möglich sei, die Rückhalt am Lateinischen habe, daß aber unsere Sprachproduktivität dieses normierenden Rückhalts entbehre. Große Zustimmung *Rilkes:* »Was Herr Doktor – wie war doch der Name? – gesagt hat, trifft den Kern.« Er verabschiedete sich mit großem Charme. *Nöggerath* ermunterte mich, doch einmal in die Vorlesung des Mexikanisten *Lehmann* zu kommen, die *Rilke* besuchte. Aber ich habe ihn nicht wiedergesehen.

Im Jahre 1917 passierte eine andere Geschichte, die mit der altberühmten Universität Dorpat zusammenhängt. Sie sollte nach dem Frieden von Brest-Litowsk als preußische Universität wieder erstehen. Das schien mir zu eng gedacht. Warum nicht gesamtdeutsch und offen für Letten, Esten und Kurländer? Ich schrieb einen Artikel im Roten Tag, einer Berliner Zeitung, und signierte ihn mit der Ortsangabe Nürnberg. Ich hatte, um dem Gedanken baltisch-gesamtdeutscher Kooperation Nachdruck zu verleihen, auf das Vorbild des Freiherrn *von Aufsess,* des Gründers des Germanischen Museums, hingewiesen, der in allen deutschen Landen lokale Pflegschaften errichtet hatte, um seiner Gründung weite Resonanz zu geben. Zu meinem Erstaunen bekam ich von dem Banquier *von der Heydt* eine Einladung, dem Kuratorium zur Vorbereitung der Universität Dorpat beizutreten und an der Gründungsversammlung im Palais *von der Heydt* in der gleichnamigen Straße teilzunehmen. Der Brief war an Professor P. adressiert. Was blieb mir übrig, als hinzugehen? Würdige Herren im Generalsrang stiegen die von gallonierten Lakaien flankierten Treppenstufen zum Sitzungssaal empor. Zu meiner Erleichterung entdeckte ich nach Begrüßung durch den Hausherrn einen jungen Mann mit kohlrabenschwarzem Haar, der sich als Dr. *Smend* vom Kultus-

ministerium vorstellte: *Rudolf Smend,* heute neunzigjähriger
Emeritus in Göttingen, mit dem mich noch immer Freundschaft
verbindet. Plötzlich kam auch *Jakob von Uexküll,* der sich
meiner noch aus Heidelberg erinnerte, auf mich zu und sagte:
»*Plessner,* was tun Sie denn hier? Sie haben doch gar keine
Ahnung.« Aber zum Erklären blieb keine Zeit. Die Sitzung
wurde eröffnet. Ich fühlte mich zwischen einem Prinzen *Biron
von Kurland* und *Jakob von Uexküll* völlig deplaciert und
konnte mir auf die Aufmerksamkeit, die man mir erwies, keinen Vers machen, bis mir *Harnack* auf dem Heimweg die Erklärung gab. Man hatte in meinem Artikel einen Versuch
Bayerns vermutet, einer rein preußischen Lösung der Dorpat-
frage Schwierigkeiten zu machen. Außer den überdimensiona-
len Bleistiften gab es noch eine Sensation: *Stresemann,* Arm in
Arm mit *Damaschke,* kam etwas später und beruhigte den
Kreis in einer brillianten Rede über das Schicksal der Bibliothek Dorpat: »Wir liefern den Russen Kohle und können damit Druck auf sie ausüben.«

Köln

1920 habilitierte ich mich in Köln mit einer nicht im Druck
erschienenen Arbeit »Untersuchungen zu einer Kritik der philosophischen Urteilskraft« und mit einem ohne Manuskript
gehaltenen Vortrag über *Herders* Auffassung vom Ursprung
der Sprache. Von der Habilitationsarbeit ist nur der letzte Teil
erschienen, den ich unklugerweise meinem Buch von 1923:
»Die Einheit der Sinne« unter dem Titel »Kants System unter
dem Gesichtspunkt einer Erkenntnistheorie der Philosophie«
als Anhang beigab. Die Arbeit bildet den Versuch einer Darstellung der Architektur des Kantischen Bauplans der drei Kritiken und der Schlüsselfunktion der Kritik der ästhetischen
und teleologischen Urteilskraft, die mir durch die im Auftrage
Kants verfaßte, verkürzte Einleitung zur Urteilskraft von *Jakob
Sigismund Beck* aufgegangen war. Diese Abbreviatur trägt den
vielversprechenden Titel: »Über Philosophie überhaupt« und
kulminiert im Begriff der Heautonomie.

Das Verständnis für den Gesamtentwurf des Kantischen Systems erlaubte mir jedoch keine gänzliche Ablösung von allen ihren Konzepten. Das zeigt sich deutlich an der Rolle, welche der Gedanke des Schematismus der Einbildungskraft in der »Einheit der Sinne« spielt, die sich im Untertitel eine »Ästhesiologie des Geistes« nennt. Ästhesiologie heißt Lehre von der Aisthesis, das heißt, der Sinnlichkeit und will nicht mit der Ästhetik verwechselt werden, die einen Bezug zur künstlerischen Sphäre, ihrer Gestaltung und ihrem Genuß, besitzt. Die Sinne fundieren ästhetische Phänomene, reichen aber darüber hinaus, weil in den vom Erkenntnisinteresse überbetonten Bereich sinnlicher Wahrnehmung. Durch diese traditionelle Fixierung an das Problem der Tragweite des sinnlichen Elements für Fragen der Erkenntnis ist der Blick von der ästhesiologischen Fragestellung, milde gesagt, abgelenkt worden. Das hat historische Gründe in der Entwicklung der Physiologie und Psychologie, die nach dem Vorbild der Physik an Verlaufsgesetzen, nicht an den ihnen zugrunde liegenden Strukturgesetzen interessiert waren. Auf solche Strukturgesetze stößt man nicht, solange man sich von der Frage der Zuordnung von Reiz und Empfindung leiten läßt. »*Hering* und *Stumpf* verdanken wir denn auch die ersten mit Bewußtsein formulierten Wesens- oder Strukturgesetze von Empfindungen, *Stumpf* zumal die Einsicht in die Erfahrungsfreiheit derartiger materialapriorischer Sachverhalte und den ersten Versuch ihrer Einreihung ins System der Wissenschaften« (Vorrede zur »Einheit der Sinne«). Nun führt der Begriff eines materialen apriori in die Richtung der Phänomenologie. Ein Portrait *Stumpfs* hing denn auch im Arbeitszimmer *Husserls*. *Kant* kennt den Begriff nicht. Ein sinnliches Element gehört zur Impression und damit zur Erfahrung. *Kant* hätte nicht geleugnet, daß jede Farbe unabhängig von ihrer empirisch wechselnden Erscheinungsweise im Sinne *Herings* ein ebenes Quale ist, daß zu jeder Farbmaterie Ausbreitung gehört. Aber er hätte die Erfahrungsfreiheit solcher Einsichten bestritten. Ließ sich gleichwohl eine Synthese der Gegensätze denken? Sie mußte den Formalismus des apriori Kantischer Prägung aufgeben, nicht aber die transzendentale Methode, wie *Husserls* Vorgehen in den »Ideen« zeigt.

So konnte eine Kritik der Sinne, die schon *Goethe* und *Herder* gefordert hatten, möglich werden. Aber eine solche Kritik darf sich nicht ausschließlich an der sinnlichen Wahrnehmung und ihrer Art von Erkenntnis orientieren. Sie muß die verschiedenen Typen menschlicher *Leistung* für eine Kritik fruchtbar machen. Diese Aufgabe erfordert eine Lehre von der menschlichen Person. Der Gedanke einer Kritik der Sinne mündet also in philosophische Anthropologie. Mir ist zwar die These, daß die Welt des täglichen Lebens nach ihren sinnlichen Evidenztypen ein Organismus ist und in strenger Entsprechung zu dem Wesenstypus Mensch steht, inzwischen problematisch geworden. Aber daß eine philosophische Anthropologie im Kontakt mit den Wissenschaften stehen muß, daran halte ich fest. Diese handelt nicht nur vom Menschen als einer Leib-Seele-Einheit, einer Einheit, die mit dem von *Scheler* geprägten Ausdruck der psychophysischen Indifferenz nur für den Bereich des mimischen Ausdrucks zutrifft, nicht also für Lachen und Weinen. Daß man damit keine Anthropologie im philosophischen Sinne machen kann, weil die für den Menschen wesentlichen Dimensionen des Körpers als eine Dinges und des Geistes als in Leistung verkörperter Arbeit dabei unter den Tisch fallen, hat mich der Versuch einer Kritik der Sinne als einer Ästhesiologie des Geistes gelehrt.

Mit diesem Buch hatte ich, wenn ich meine späteren Arbeiten heranziehe, zwar keine Basis gefunden, auf der ich stetig fortschreiten durfte, aber doch eine Art Durchbruch zu einer Konzeption erreicht, die mir erlaubte, Phänomenologie und Kantische Philosophie miteinander zu verbinden, das heißt, mit meiner bisherigen Entwicklung einigermaßen ins Reine zu kommen. Immerhin sollte sich ein haltbarer Kern herausschälen: die Anthropologie der Sinne von 1970[7] löst die meines Erachtens haltbaren Einsichten aus der konstruktiven Einkleidung von damals. Der Titel des Buches von 1923, Die Ein-

---

[7] S. Fischer, Frankfurt 1970.

heit der Sinne, war bei aller Zugkraft zweideutig. So hat man ihn denn auch als ein Plädoyer für die sogenannten Synästhesien zwischen den modis von Farbe, Klang und Geruch aufgefaßt, die verbreiteter sind als man gewöhnlich annimmt. Um diese intermodale Verwandtschaft handelt es sich nicht. Sie bezeichnet nur eine *negative* Einheit der Sinne, eine Verschmelzungsfähigkeit, die über die modi hinausgreift. Davon wird die Einheit der Sinne in ihrer Mannigfaltigkeit nicht berührt. Und um sie handelt es sich. Entgegen der von *Kant* vertretenen Auffassung, das sinnliche Element nur als Stütze und Gegenspieler der spontanen Erkenntnisfunktionen zu behandeln und damit seine Eigenarten zu übersehen, legt die Ästhesiologie auf sie Gewicht.

Gibt es einen Sinn in der Mannigfaltigkeit der modi von Sehen und Hören, Tasten und Riechen, der über die Orientierung in einer Welt hinausgeht, die solche Orientierung von einem Lebewesen fordert? Aber Orientierung ist nur ein grober Maßstab. Andere Lebewesen orientieren sich anders, reagieren auf Ultraschall wie die Fledermäuse oder haben Kontaktmöglichkeiten unter Wasser, die der Mensch nicht hat. Biologisch gibt es dem Menschen unzugängliche modi, auf deren Hintergrund die menschlichen sich wie ein mehr oder weniger zufälliger Ausschnitt ansehen. Um nur eines zu nennen: wie klein ist die Bandbreite sichtbaren Lichts gemessen, an der der elektrischen Schwingungen. So muß, wenn eine Anthropologie der Sinne Sinn haben soll, sie über ihren biologischen Informationswert hinausgehen und fragen, welche spezifischen Möglichkeiten der Mensch als Person gewinnt, die geistiger Art, das heißt, leistungsgebunden sind. Eine spezifisch menschliche Einheit der Sinne findet sich nicht, es sei denn, sie wird gestiftet. Die sinnlichen modi selber sind stumm. Erst was der Mensch aus ihnen macht, bringt sie zum Reden.

Eine Anthropologie der Sinne hat es heute leichter als mein Buch von 1923, das bald sein fünfzigstes Jubiläum feiert, nie eine ernsthafte Besprechung bekam und auch *Erwin Straus* unbekannt war, als er 1935 sein Buch »Vom Sinn der Sinne« herausgab. Die Probleme der Leiblichkeit sind seit den

»Ideen 2« *Husserls* hoffähig geworden, was gleichwohl nicht daran hindert, daß die Floskel »philosophische Anthropologie« schon bald zerredet sein wird.

Das liegt an der heute populären Unterbewertung menschlicher Verhaltensweisen im Sinne der biologischen Verhaltensforschung. Bei den Ethologen kommt man leicht in Verdacht der Hinterweltlerei, wenn man die Wirksamkeit der Instinkte für menschliches Benehmen auch nur einschränkt. Der bewährte Behaviorismus im Bereich der Verhaltensforschung wird in der Übertragung auf den in seiner Instinktausrüstung offensichtlich beschränkten Menschen zu einer Gefahr. Übertrage ich das Reiz-Reaktionsmodell ohne weiteres auf die menschliche Sensorik, dann fällt das spezifisch Menschliche durch die Maschen.

Das heißt natürlich nicht, die grundlegende Rolle der physiologischen Prozesse auch nur einen Moment aus dem Auge zu lassen. Nur erschöpft sich die Leistungskomponente des Menschen nicht darin, sondern baut sich darauf auf. Das läßt sich beispielsweise an der Entwicklung des aufrechten Ganges beim Menschen zeigen, in der instinktiven »Eingeborenheit« einer Anlage zukünftiger Leistung, die gelernt sein und variiert werden will: Schreiten, Laufen, Klettern, Hüpfen, Tanzen . . . Die Freilegung des Auge-Handfeldes ermöglicht wiederum die Ästhesiologie des Gesichtssinnes als einer Modalität sui generis, die der phänomenologischen Analyse bedarf. Der aufrechte Gang macht zugleich die Hand frei, die damit zu taktischen Leistungen im modus des Tastens entlastet ist. Und für ihn gilt das Gleiche wie für die Phänomenologie des Sehens. Der je spezifische modus gibt seine unvertretbare Eigenart nur an dem zu erkennen, wozu man ihn bringen kann. Der Toncharakter enthüllt sich nur in der Musik, die bei aller ihr möglichen Konstruktivität an das akustische Element gebunden bleibt. Insofern handelt es sich bei der Anthropologie der Sinne um ihre Hermeneutik, wie ich in der ersten Fassung von 1923 bereits hervorgehoben habe.

An wesentlichen Veränderungen ihr gegenüber fallen, abgesehen vom konstruktiven Aufbau des Ganzen, der an *Kants*

Schematismusgedanken orientiert war, vor allem die unter dem Eindruck der modernen Malerei und Musik erzwungene Revision der Ästhesiologie des Sehens und Hörens ins Gewicht. Ferner habe ich mich bemüht, die »Einheit« der Sinne neu zu fassen, das heißt, nicht mehr nur wie 1923 metaphysisch zu deuten, was zu realisieren dem Schauspieler zufällt. Es ist kein Zufall, daß wir mit Verkörperung einer Rolle die Arbeit des Schauspielers bezeichnen und darüber hinaus damit an das Doppelverhältnis des Menschen zu seinem Körper erinnern: Ein Leib zu sein und einen Körper zu haben, in einem Körperleib zu stecken, den man beherrschen muß. In diesem Doppelverhältnis gründet der Willkür- und Anfänglichkeitscharakter, der uns zwingt zu handeln, das heißt, zu leisten. Er prägt das spezifisch menschliche Verhalten und ist die Voraussetzung für die Zugänglichkeit der sinnlichen modi einer Sensomotorik, die menschlich ist. Nur in der *Arbeit* bringen wir die Sinne zum Reden.

Im Vorwort zu den »Grenzen der Gemeinschaft« von 1924 heißt es: »Wir hoffen, in Jahresfrist den zweiten Band unserer Erkenntnistheorie herausbringen zu können, deren erster die Ästhesiologie des Geistes, die Theorie der Empfindungen, behandelte. Unter dem Titel: »Pflanze, Tier, Mensch — eine Kosmologie der lebendigen Form« soll dann die Theorie der Wahrnehmung entwickelt werden, in deren Zusammenhang die Darstellung der Prinzipien der Anthropologie gehört«. Aber es sollte noch vier Jahre dauern, bis »Die Stufen des Organischen und der Mensch« erschien. Allerdings nicht als eine sich von der Theorie der Empfindungen absetzende Wahrnehmungslehre. Der Bindung an *Kant,* welche die Ästhesiologie 1923 noch hatte, war ich inzwischen Herr geworden. Doch verdankt gerade ihr »Die Einheit der Sinne« den geschlossenen Aufbau. Ohne die Erweiterung des Schematismus (als eines die Naturwissenschaft ermöglichenden Verfahrens) um den Syntagmatismus der Sprache und den Thematismus der Kunst war der Anspruch der Geisteswissenschaften auf Gleichberechtigung mit den Naturwissenschaften unverständlich. Für meine Entwicklung bedeutet »Die Einheit der Sinne« den Durchbruch zur

philosophischen Anthropologie auf einem ganz eigenen Wege,
der von *Dilthey* und nicht von *Uexküll* ausging.

Auch wenn das Buch ohne jede Resonanz blieb — begreiflich, wenn man die Umständlichkeit und Konstruktion bedenkt
— und auch weiter ohne Resonanz geblieben ist: Ich hatte mich
frei geschrieben und schickte dem schwerfälligen Opus 1924
ein für weitere Kreise bestimmtes Opusculum nach: »Die Grenzen der Gemeinschaft, eine Kritik des sozialen Radikalismus«.
Zu meinem 80. Geburtstag überraschte mich der Verlag Bouvier mit einem Neudruck der alten Auflage. Sie war lange Zeit
vergriffen, wird aber immer wieder verlangt. Offensichtlich ist
das Büchlein immer noch oder gerade wieder aktuell. Zum
ersten Mal waren mir sozialethische Fragen in Sichtweite gekommen, die als die Aporie von Privatmoral und Staatsmoral
von jeher ein ebenso unerschöpfliches wie hoffnungsvolles
Thema bilden. Die Standardlösung: Dem Kaiser was des Kai-
sers ist und Gott was Gottes ist, setzt eine wenigstens prinzipielle Trennbarkeit der beiden Sphären voraus, die im Liberalismus des 19. Jahrhunderts als Trennungslinie von Öffentlichkeit und Privatheit einigermaßen gesichert erschien. Dort konnte man noch mit *Tönnies* von Gemeinschaft und Gesellschaft
als Gegensätzen, und zwar als Wertgegensätzen mit deutlicher
Bevorzugung der Gemeinschaft, sprechen. Sie war als eine Erweiterung und Vertiefung der Privatsphäre gedacht, der Ver-
trautheit und Geborgenheit, in der es Schutz vor dem rauhen
Wind der Öffentlichkeit gab. Diese Verklärung der Gemeinschaft stellte die deutsche Jugendbewegung im ersten Jahrzehnt
des zwanzigsten Jahrhunderts der nachdrücklichen Industriali-
sierung im neuen Reich entgegen. Die Niederlage von 1918
brachte die Politisierung des Gemeinschaftsgedankens, aus der
sich die völkische Bewegung und das Nazitum entwickeln
sollten.

»Die Grenzen der Gemeinschaft« sind nicht gegen den Ge-
meinschaftsgedanken gerichtet, sondern gegen seine Politisierung. Denn er lebt, genauer gesagt: er gibt vor zu leben von
dem Glauben an die Möglichkeit unvermittelter Beziehungen
von Mensch zu Mensch. Auf diese Weise hat er die Fähigkeit,

viele Illusionen anzuheizen: vom Rückzug aus der Gesellschaft im Sinne der Hippies — bis zum langen Marsch durch die Institutionen, um Beispiele aus unseren Tagen zu bringen. Der leitende Gedanke auf allen Fronten war und ist die Befreiung des Menschen aus seiner Entfremdung, an welcher je nach Bedarf und Lage der Kapitalismus, bald der Kommunismus schuld sind.

Aber es ging und geht nicht um Wirtschaftsordnungen, sondern um den unvermeidbaren Zwang der Öffentlichkeit, dem jede soziale Ordnung unterliegt, einerlei wie groß der Freiraum ist, den sie gewährt. Über die öffentliche Distanz aber kann der Mensch nur politisch beeinflußt werden, weil in der extremen Verkürzung, in welcher die hinter ihren Masken zu Personen gewordenen Individuen erscheinen, nur Mittel der Diplomatie noch verfangen, zugleich aber diese so geschaffene Gesellschaftssphäre mit der Gemeinschaftssphäre ausgeglichen werden soll und muß.

Hier zeigt es sich, wie falsch es ist, das Streben nach Macht der tierischen Komponente der menschlichen Natur allein anzulasten. Es gibt eine Pflicht zur Macht, die keine bloße Sublimierung eines Triebes ist, sondern ihren Ursprung in der gesellschaftlichen Vermitteltheit des menschlichen Daseins besitzt. Ethologisch kann man das Böse nicht mildern — Vermittlung durch Distanz kennt nur der Mensch.[8]

1924 hatte ich »Die Stufen des Organischen« angekündigt. In das Jahr 1924 fällt auch der Beginn meiner Freundschaft mit *Buytendijk,* den ich im Hause *Scheler* kennengelernt hatte. Er lud mich ein, an seinem Amsterdamer physiologischen Laboratorium zu arbeiten. Ich sollte also Amsterdam wiedersehen, wo mir ein Hilfsfond 1923 einen Monat Erholung verschafft hatte. Der neue Aufenthalt aber hatte einen Haken: für einen Gast war kein Geld da. Man half sich mit dem Betrag zur Beschaffung eines Schimpansen. Daß unsere Arbeit über die Deutung des mimischen Ausdrucks, die dann in meinem »Philoso-

---

[8] Macht und menschliche Natur, 1931; jetzt in: Zwischen Philosophie und Gesellschaft. Francke, Bern 1953.

phischen Anzeiger für die Zusammenarbeit von Philosophie und
Einzelwissenschaft« erschien, diese Umfunktionierung aufge-
wogen hat, scheint außer Frage zu stehen. Sie bestand sogar
vor den Augen von *Merleau Ponty*.

Mich haben die Fragen des mimischen Ausdrucks immer
wieder beschäftigt: In der »Anthropologie des Schauspielers«
(1948) in »Der imitatorische Akt« (1961), nicht zuletzt aber in
der scharfen Unterscheidung der Grenz- und Katastrophen-
erscheinungen des Lachens und Weinens, deren vieldeutigere
Form das Lächeln ist, bei dem Deutung immer sicher geht,
auch wenn man nie sicher sein kann, was oder was nicht dahinter steht.

1928 erschien »Die Stufen des Organischen und der Mensch«.[9]
Einem Mißverständnis ließ sich verhältnismäßig leicht bei-
kommen: Es handelt sich bei dem Stufenmodell nicht um ein
Ja oder Nein zu Thesen der Abstammungslehre. Es geht nicht
um Fragen der Evolution des Lebens auf der Erde. Ob sich
tierische Formen aus pflanzlichen oder menschliche aus tierischen entwickelt haben, muß der Phylogenetiker entscheiden,
nicht der Philosoph. Aber was ein solcher Stufengang — suk-
zessiv oder nicht — logisch besagt, ist eine philosophische Frage.

Ein anderes Mißverständnis wiegt schon schwerer: Die Stufen seien ein Plädoyer für den Hylozoismus, der seit den frühen griechischen Naturphilosophen vertretenen Lehre, die als
Substanz der Welt einen belebten Urstoff annimmt, das heißt,
die Grenzen der Welt anorganischer und organischer Stoffe
verwischt. Nun steckt in der Lehre, die heute durch die Fortschritte der Biochemie in greifbare Nähe gerückte Möglichkeit
der Synthese belebter Materie aus unbelebter. Auch sie ist
Sache des Naturwissenschaftlers und nicht des Philosophen. Er
hat ja zu allererst zu erklären, was unter belebt zu verstehen
ist, um den Unterschied zum Unbelebten und die Möglichkeit
seiner Relativierung zu fassen. Das versuchen die »Stufen«
und keine Verteidigung des Hylozoismus.

Das Mißverständnis dieser Charakterisierung kam aus dem

---

[9]   de Gruyter, Berlin ²1965.

Munde meines ehemaligen Lehrers *Driesch,* der sich in seinem Vitalismus durch meinen Begriff der Positionalität angegriffen sah. Sein Begriff der Entelechie ist als ein »von außen« in das physische Geschehen wirkender Faktor gedacht, als Naturfaktor anderen wie Schwere und Trägheit zu vergleichen. Der Faktor Entelechie dient zur Erklärung vor allem der Embrionalgenese und der Regeneration, das heißt zielgerichteten Vorgängen. Ich stieß mich von Anfang an an dieser innerlich widerspruchsvollen Konzeption eines in die Natur hineinwirkenden Naturfaktors. Um dieser Unhaltbarkeit zu entgehen, bedurfte es eines ganz neuen Ansatzes, den ich im Verhältnis eines physischen Körpers zu seiner Begrenzung fand. Hier gibt es zwei Möglichkeiten: dem Körper ist seine Begrenzung äußerlich. Er hört da auf, wo das umrundende Medium beginnt. Solche Körper nennen wir anorganisch. Oder aber die Begrenzung gehört zum Körper, z. B. durch eine Membran in sich. Solche Körper heißen organisch. Sie sind in sich, auch wenn sie äußerlich begrenzt sein mögen. Sie haben Positionalität.

Das ist zunächst eine These, die aber den Vorteil bietet, sich in verschiedenen modis von Positionalität abwandeln zu lassen. Dazu bietet der Begriff Entelechie keine Handhabe. Offene Form der pflanzlichen Positionalität steht der geschlossenen der tierischen gegenüber. Und diese zentrisch der exzentrischen des Menschen. Am Leitfaden des Positionalitätsbegriffes lassen sich also die Bruchstellen vermeiden, welche der durchgehenden Dualität des Aspekts nach außen und innen metaphysisch gefährlich werden, das heißt, zu einem Dualismus in Cartesianischer Manier führen, wenn man der Tradition folgt, einer neuzeitlichen Tradition, die unter dem Druck und Zug der fortschreitenden Naturwissenschaft nur das Meßbare gelten läßt und das Nichtmeßbare, um ihm sein Recht zu lassen, davon trennt. Die ontologische Verhärtung dieses Aspekts führt jedoch, wie bei *Descartes,* zu einem Dualismus, der den Menschen als res cogitans von der res extensa absolut trennt und damit aus dem erfahrbaren Doppelaspekt von außen und innen ein rätselhaftes Conjunctum macht.

Man kennt die Versuche, die beiden Substanzen, die in der

Einheit der Person offensichtlich zusammenwirken, gleich-
zuschalten. Aber die Modellmöglichkeiten, an denen man sich
bis heute abmüht — unter Führung von Neurologen — sind
wenig befriedigend. Sie alle setzen zu »hoch« an, sie alle
quälen sich mit dem Cartesionismus noch ab. Dem will mein
Begriff der Positionalität abhelfen. Er birgt die Möglichkeit,
den Menschen als Lebewesen letzter Stufe zu sehen, was für
Descartes ausgeschlossen war. Für ihn sind Tiere Maschinen,
und eine Art des Sehens, die Tier und Mensch in die gleiche
Perspektive bringt, ist ihm undenkbar — von Subsumierung
noch gar nicht zu reden.

Es liegt natürlich nahe, den Stufengedanken evolutionistisch
zu verstehen, als hätten die zuerst auf der Erde erschienenen
Lebensformen dem pflanzlichen Typus am nächsten gestanden,
die späteren Formen dem tierischen Typ, und daraus wäre
durch Zerebralisierung schließlich der Durchbruch zum Menschen geglückt. In großen Linien mag das stimmen, wobei zu
sagen ist, daß die Gleichsetzung der Frühformen mit dem
pflanzlichen Typ rein spekulativ ist. Nichts gegen die aufregen-
den Experimente mit einem künstlichen Urmeer, aber von
einer Urzeugung sind wir noch so weit entfernt wie von *Kants*
Vision eines »Newton des Grashalms«, trotz D.N.S.

Die »Stufen des Organischen« wollen also nicht im Sinne
einer Abbreviatur der Evolutionstheorie verstanden sein, sondern als eine Logik der lebendigen Form. Im Fortgang von der
offenen Form des Typus pflanzlicher Organisation führt eine
Steigerung zur geschlossenen Form eines durch Reiz und Reaktion vermittelten Lebens, das sich in eine Umwelt versetzt
sieht, zu der es sich in Suche und Anpassung beweglich verhält. Ein Tier hat von einer Mitte aus und zu einer Mitte hin
führende reizleitende Organe und gehört damit zum geschlossenen, dem zentrischen Lebenstyp. Und eine abermalige Steigerung des gleichen Prinzips führt zum Durchbruch in die
Exzentrizität, die sich auf der zentrischen Form aufbaut und
darum Weltoffenheit nur bedingt erreicht. Das ist die Situation
des homo sapiens, dessen Zugehörigkeit zur Klasse der Primaten seit *Linné* feststeht. Ein solches Zwischenwesen, halb Tier,

halb Gott, macht eine theoretische Behandlung nach Cartesiani-
schem Modell unbefriedigend, wenn nicht unmöglich, weil der
Antagonismus zwischen extensio und cogitatio zu weitmaschig
ist, um der offensichtlichen Verflechtung tierischer Anlagen
und menschlicher Möglichkeiten gerecht zu werden. Das kann
man nur, wenn man den Menschen als Lebewesen begreift, das
gegenüber seinem tierischen Verhaltensmuster eine spezifische
Selbständigkeit beweist.

Solange man aber die Erklärung menschlichen Verhaltens
nur mit dem Instrumentarium der Verhaltensforschung, einer
biologischen Disziplin, betreibt, darf man sich nicht wundern,
daß in den entscheidenden Punkten nur Analogien heraus-
kommen, die der Exzentrizität menschlicher Position nicht
Rechnung tragen. Sie in ihren Konsequenzen für das menschliche Dasein herauszuarbeiten, ist die Aufgabe der philosophischen Anthropologie, die sich ihrer Macht, aber auch ihrer
Grenzen bewußt ist. Ihrer Macht: denn sie nimmt die physische Existenz für die Frage nach dem Wesen des Menschen
ernst, ohne naturalistischer Kurzschlüsse sich schuldig zu
machen. Und ihrer Grenzen: Denn auf die Fragen, welchen
der Mensch begegnet, muß sie die Antworten philosophischen
Disziplinen oder dem Glauben überlassen. So kommen wir
auch philosophisch nur weiter, wenn wir die anthropologische
Reflexion als Korrektur einsetzen. Wem das zu wenig ist, und
wer von der Anthropologie Anweisungen zum seligen, oder
auch nur Direktiven für das täglich allzu tägliche Leben erwartet, hat sich in der Adresse geirrt. Wenn *Kant* in der Einleitung zur »Logik« die Menschheitsfragen: Was kann ich wissen? Was soll ich tun? Was darf ich hoffen? zusammenfaßt in
die Frage: Was ist der Mensch?, dann weiß er die Antwort.
Der Anthropologe weiß sie nicht. Nicht nur der vergleichende
Kulturanthropologe weiß sie nicht, dem eine Fülle möglicher
Antworten in den Darbietungen menschlichen Seins bekannt
ist. Auch der philosophische Anthropologe weiß sie nicht, es
sei denn, er hegt ein bestimmtes Verständnis von Können,
Sollen und Dürfen zugleich, wie man das bei Schülern *Schelers*
sehen kann.

Gewiß ist *Scheler* in seinem bekannten Vortrag »Die Stellung des Menschen im Kosmos« Recht zu geben: Der Durchbruch zu einer philosophischen Anthropologie ist, wissenssoziologisch gesehen, kein Zufall und eine Antwort auf zu viel Wissen und radikalen Normverfall. Diese Zeit erlaubt, ja, fordert einen Rückgang zur freigelegten Wurzel des Menschen in der Fülle seiner Möglichkeiten. Die wissenssoziologischen, moralischen und religiösen Auslöser einer philosophischen Anthropologie dürfen aber nicht ihre Fragestellung einschränken. *Scheler* hält sich bei aller Trieb- und Geistesmetaphysik davon frei. Nicht so die Existenzontologie *Heideggers,* die zwar ausdrücklich keine philosophische Anthropologie sein will, sondern eine Fundamentalontologie, durch die Art aber, wie sie dieses Ziel verfolgt, nämlich durch Analyse des »Daseins« (Mensch) Anthropologie blockiert *und* verengt betreibt.

Es ist für die Resonanz, welche die »Stufen« hatten, entscheidend gewesen, daß ihr Erscheinungsjahr, 1928, mit *Schelers* inzwischen zu einer Broschüre gediehenen Vortrag und *Heideggers* »Sein und Zeit« zusammenfiel. *Heideggers* Wirkung überstrahlte alles. Das lag, wie schon gesagt, an ihrer Interpretation des menschlichen Seins, welche die Naturseite bis auf das Sterben ausklammert und damit die Wucht der Perspektive in die Endlichkeit gewinnt. Damit weiß sich der Christ an die Existenzproblematik *Kierkegaards* erinnert, und der Philosoph an die Seinsvergessenheit der ganzen philosophischen Tradition bis zu *Husserl.*

Sollte sich das Unternehmen einer philosophischen Anthropologie, kaum daß es erschienen war, damit bereits als überholt bekennen? Der Erfolg *Schelers* sprach dagegen. Und um so empfindlicher reagierte er auf gleichgesinnte Unternehmen, die ihm die Priorität streitig machen konnten. Also wandte sich sein ganzes Mißtrauen und sein ganzer Zorn gegen mich, ohne zu bedenken, daß ich vier Jahre früher im Vorwort zu den »Grenzen der Gemeinschaft« die Arbeit über »Pflanze, Tier, Mensch« angekündigt hatte. Nun hatte *Scheler* von meinen Arbeiten nie die mindeste Notiz genommen, was zwar, bei allem persönlichen Wohlwollen, seitens des Ordinarius im gleichen Fach mindestens inkorrekt war, aber seine Aufregung über den wie aus der Versenkung aufgetauchten Konkurrenten erklärt. Das Verdienst, *Scheler* von der Unsinnigkeit des Plagiatvorwurfes an Hand des Manuskriptes zu überzeugen, gebührt *Nikolai Hartmann*. Ihm hatte ich das ganze Manuskript vorlesen können. Er kannte es Wort für Wort. *Scheler* nahm sich die Mühe nicht, freute sich über die Divergenz, bat mich aber, den anspruchslosen Titel »Einleitung in die philosophische Anthropologie« zu wählen und auf »Grundlegung« zu verzichten. Auf die Dauer hat das der Wirkung des Buches nichts geschadet. Zunächst jedoch sah es anders aus. Das Plagiat ist der Fama liebstes Kind. Und kommt man nicht gleich mit so grobem Geschütz, so bietet sich, zumal für das Verhältnis eines berühmten älteren Autors zu einem homo novus das sanftere Verhältnis des Jüngers zum Meister an. Damit tut man nicht weh und erspart sich die Lektüre eines spröden Textes.

Ich glaube nicht, daß die Verleihung des Avenariuspreises durch die sächsische Akademie der Wissenschaften, 1931, an diesem Bilde etwas geändert hat. Für philosophische Anthropologie war *Scheler* zuständig. Die fünf Jahre, in denen mein Buch noch greifbar war, veränderten daran nichts. Das sieht man an *Gehlens* Buch »Der Mensch«, das 1940, zwölf Jahre nach den »Stufen« erschien und sie, nach einer Polemik gegen *Scheler,* mit keinem Wort erwähnt. Er wußte warum. Bis Kriegsende war das Buch nicht im Handel. Und es sollte noch bis Mitte der sechziger Jahre dauern, bis eine zweite Auflage erschien. Habent sua fata libelli.

Eine Biologie des Menschen ist ein doppelsinniges Unternehmen. Es muß sehr bald die Zone der Instinktreaktionen hinter sich lassen und sich hüten, aus ihrem Vorrat die Erklärung menschlichen Verhaltens zu bestreiten. Das Konzept des homo sapiens als eines in den Tierrahmen passenden *und* ihn sprengenden Organismus kann gerade bei voller Beachtung der Tatsache, daß es sich um ein Lebewesen handelt, nur dialektisch begriffen werden mit Hilfe der die tierische Natur bewahrend-durchbrechenden exzentrischen Position.

Wie manifestiert sich diese Positionsform und woran? An der dem Tier versagten Fähigkeit der *Objektivierung*, welche die zu ihr gegensinnige Subjektivierung mit einschließt. Beide Richtungen sind wechselseitig ineinander verschränkt. Das läßt sich am Subjektpol des Ich, der nur am anderen gewonnen wird, zeigen. Für die Entwicklung des Individuums ist das entscheidend. Denn nur kraft der Verschränkung lassen sich Sphären von Mein und Dein, die gesellschaftlich relevant sind, unterscheiden. Dieses offenbar dem Menschen spezifische Unterscheidungsvermögen einer wechselseitigen Verschränkung von Subjekt und Objekt wird auch nicht durch neuere Versuche über Sprachverständnis der Schimpansen und ihre Fähigkeit, ihr Bild im Spiegel zu erkennen, tangiert. Ihr Verständnis für Wörter wie Ich, Mich, Du, bleibt an die experimentelle Situation gebunden und hat keinen Rückhalt an der Subjekt-Objekt-Sphäre. Die im Experiment zutage tretenden latenten Fähigkeiten beeinflussen das normale Verhalten der Tiere auf freier Wildbahn nicht. Die Grenze zum Menschen verfeinert sich. Warum hatte sie sich nicht längst im Laufe der Stammesgeschichte verwischt?

Sicher ist nur eins: Der Gewinn, der dem Menschen mit der Subjekt-Objekt-Spaltung erwächst, wird mit dem Verlust der Instinktsicherung und ihrer Schutzhülle bezahlt. Daß mit diesem Verlust ein von keiner Tierart einzuholendes Mehr an Macht der species Mensch gewonnen wird, steht außer Zweifel. Ist sie darum aber auch die »Krone der Schöpfung«? Begründet das prae der Vernunft eine Spitzenstellung im Reich des Organischen? Die Evolutionstheorie Darvin-Häckelscher Prägung stimmt hier mit der Bibel überein, wie das Beispiel *Teilhard de Chardins* beweist. Trotzdem sollte sich die Anthropologie vor einer Metaphysizierung des homo sapiens hüten. Wir wissen nichts über die Zielkräfte der Evolution, nichts darüber, ob es so etwas wie Zielkräfte überhaupt gibt, die in der Gattung Mensch an ihr Ende gekommen sind und sich in ihr erschöpft haben.

»Die Stufen des Organischen« schließen mit der Benennung von drei anthropologischen Grundgesetzen, deren erstes, das der »vermittelten Unmittelbarkeit«, für den ganzen Bereich der exzentrischen Position gilt, wie die beiden anderen der »natürlichen Künstlichkeit« und des »utopischen Standortes«. Nur tritt die natürliche Künstlichkeit an dem Zwang zutage, daß der Mensch ein Leben führen und sich zu etwas machen muß, was einem Lebewesen ohne die verhängnisvolle Gabe der Objektivierung erspart bleibt. Nestbau und ähnliches geschehen instinktiv. Die Artefakte eines Menschen gerinnen gegebenenfalls zu Institutionen, mit denen er sich als instinktiv unterbelichtetes Wesen schützt, aber nicht auf Dauer. Denn das Artefakt kann in die Lage kommen, ihm im Wege zu sein und Innovationen zu erzwingen.

Nach dem Gesetz des utopischen Standorts ist der Mensch der Frage nach dem Sein ausgeliefert, das heißt, warum etwas ist und nicht lieber nichts. Diese Bodenlosigkeit, die schlechthin alles transzendiert, kann nur religiös beantwortet werden, weshalb keine Form von Menschsein ohne religiöses Verhalten zu finden ist. Die Frage nach dem Sinn von allem kann auf eine Verheißung anderen Lebens nach dem Tode zielen, auf einen Heilsbringer, der in säkularisierter Form der seiner selbst nicht mehr entfremdete Mensch sein wird. In dieser Eschatologie nach dem Modell des Marxismus-Leninismus oder *Maos* haben sich heute die religiösen Energien konzentriert und bestimmen bis auf weiteres das Bild des Menschen, ob das der Anthropologie ohne eine sinnhafte Direktion paßt oder nicht.

Groningen

Mit dem Ausgang des Wintersemesters 1932 endete meine Kölner Lehrtätigkeit. Das Hitlerregime hatte den Professoren, die von den Bestimmungen für die sogenannten Nichtarier betroffen waren, liebenswürdigerweise empfohlen, für das Sommersemester nicht anzukündigen. Die Türkei war sogleich bereit, einen größeren Kreis von Professoren aufzunehmen. Auf Rat des Beraters der türkischen Regierung, eines Professors *Malche* in Genf, hatte ich mich entschlossen, mein Glück in Istanbul zu versuchen. Aber daraus wurde nichts. Zwar waren zwei Professuren für Philosophie vorgesehen, deren eine mit *Reichenbach* besetzt war. Aber zu allem Überfluß war die Regierung in Ankara zurückgetreten. Ich blieb bis Dezember auf Spaziergänge angewiesen, ein Glück in dieser unvergleichlichen Stadt. Hier erreichte mich die Einladung meines Freundes *Buytendijk,* der inzwischen Direktor des physiologischen Instituts in Groningen geworden war. Ein Hilfsfonds hatte für ein Existenzminimum Geld zusammengebracht, das für zwei Jahre reichte. Am 8. Januar 1934 fuhr ich nach Holland. In diese Zeit muß der Abschluß meines Buches »Lachen und Weinen« fallen, das freilich erst 1940 in einem holländischen Verlag erscheinen sollte, dann 1951 in der Bibliothek Dalp des Francke Verlages in Bern dem deutschen Leserkreis zugänglich wurde und heute in der Reihe Conditio Humana des S. Fischer Verlages figuriert. Es war mein erster literarischer Erfolg und ist holländisch, spanisch und englisch erschienen. Lachen und Weinen sind Antworten körperlicher Art auf geistige Herausforderungen, welche an Grenzen der Selbstbeherrschung stoßen. Sie dokumentieren die existenzielle Rolle des Körpers für das menschliche Dasein.

1935 erschien mein Buch »Das Schicksal deutschen Geistes im Ausgang seiner bürgerlichen Epoche«, das aus Vorträgen an der Universität Groningen für Hörer aller Fakultäten entstanden ist. Es sollte die ideologischen Hintergründe der politischen Vorgänge in Deutschland seit 1933 verständlich machen. Vor einem aufgewühlten und zerstrittenen Publikum in Deutschland wäre mir das, abgesehen vom Redeverbot, nicht möglich gewesen. Ein holländisches Publikum fühlte sich bei aller Nähe zu deutschen Dingen aufgrund seines im 17. Jahrhundert wurzelnden Geschichts- und Nationalbewußtseins von ihnen bedroht, um nicht zu sagen, abgestoßen und war also distanziert genug, um eine gute Hörerschaft zu bilden.

Das Buch konnte zunächst noch in Deutschland verkauft werden, bis ein Artikel in der »Germania«, dem Sprachrohr des Vizekanzlers von Papen, zu viel Aufmerksamkeit darauf lenkte. Der zur Hauptsache katholische Leserkreis wurde in dem Artikel auf die von der neuen Regierung drohenden Ge-

fahren aufmerksam gemacht — natürlich in der verdeckten
Form einer negativen Kritik. Prompt traf beim Verleger *Niehans* in Zürich die Frage nach meiner Zugehörigkeit zur
Reichsschrifttumskammer ein, woraufhin *Niehans* alle vorhandenen Exemplare zurück in die Schweiz beorderte, damit aber
zugleich einem interessierten Käuferkreis entzog. Das konnte
selbst eine Rezension aus der Feder von *Hans Barth* in der
Neuen Zürcher Zeitung nicht ausgleichen, so sehr sie mich
bestätigte. Sie hat eine Freundschaft begründet, die bis zum
allzu frühen Tod von *Hans Barth* ungetrübt bestanden hat.

Das Buch geriet bald in Vergessenheit. Auch *Rauschning*,
dessen »Revolution des Nihilismus« 1938 in Zürich erschien,
wußte beispielsweise nichts von seiner Existenz, obwohl es
seine Grundgedanken vorwegnimmt. Es dauerte 25 Jahre, bis
es aufgrund der Initiative des damaligen Lektors des Kohlhammer Verlages, *Zilius,* der es einst als Student vor dem
Kriege in Deutschland gelesen hatte, unter einem neuen Titel
»Die verspätete Nation. Über die politische Verführbarkeit des
bürgerlichen Geistes« 1959 erschien. 1946 hätte es eine unmittelbare Wirkung gehabt. Dreizehn Jahre später hatte das Wirt-
schaftswunder die Bereitschaft zum Nachdenken entscheidend
geschwächt. Immerhin konnte der neue Verlag, Kohlhammer,
bis heute die fünfte Auflage verkaufen, obwohl sich das historische Interesse von geistesgeschichtlichen Analysen abgewandt
hat. Im Vordergrund stehen jetzt Biographien Hitlers und seiner Handlanger, die Vorgeschichte des Krieges, die Ausrottung
der Juden, der Widerstand innerhalb und außerhalb Deutschlands, mit einem Wort: konkrete historische Begebenheiten und
Personen im dritten Reich und seiner unmittelbaren Vorgeschichte in der Weimarer Republik.

Das Interesse an der Ideologie des Dritten Reiches verblaßte
also vor der Wucht der Tatsachen einer Niederlage ohneglei-
chen. Die Frage nach dem »Was war?« verdrängte die nach
dem »Warum?« Zeitgeschichte hat es mit Fakten zu tun und
stellt nur notgedrungen die Vormacht der persönlichen Initiative im Gewebe der Ereignisse in Frage. Männer machen Geschichte. Daß auch das Umgekehrte gilt, läßt man allenfalls für

ihre Biographie gelten, nicht so sehr dagegen für die Dimensionen gesellschaftlicher Ordnung, deren geistige Prägung keineswegs eindeutig ist. Aus kleinbürgerlicher Herkunft und psychopatischer Anlage läßt sich die Monströsität der Hitlerfigur nicht allein erklären, höchstens der ihr eingeborene Krebsschaden des Antisemitismus.

Im Vergleich zu den früh schon ihrer Nationalität bewußten und zur Nationalstaatlichkeit gelangten Völkern des alten Westens kam die Gründung des Bismarckstaates spät, eine Großmacht preußischer Prägung im kleindeutschen Rahmen ohne Österreich. Dieses Staatsgebilde sah sich auf die Rolle des Gegenspielers zum politischen Aufklärungshumanismus des alten Westens: Frankreich, Holland, England verwiesen, ein Punkt von hoher Virulenz, wenn man die religiösen Komponenten mit in Betracht zieht, die eine Radikalisierung bis zum totalen Nihilismus unter den Impulsen der Philosophie begünstigten. *Heine* hat dieses selbstzerstörerische Potential von *Kant* bis zu *Hegel, Marx, Kierkegaard* und *Nietzsche* früh erkannt und die Franzosen davor als einer politischen Gefahr gewarnt. *Mußte* es zu Hitler und totaler Entmenschlichung kommen? Gewiß nicht. Es gab andere Möglichkeiten zur Zeit der Weimarer Republik. Aber die aufklärerischen Kräfte des verspäteten Nationalstaates, der in eine abgestandene Reichsideologie zurückfiel, waren zu schwach, die Weichen anders zu stellen. So vollzog sich als Schicksal, was nicht hätte kommen müssen.

Nach Ablauf meiner ersten beiden Jahre in Groningen wandte man sich an die Rockefeller Foundation und erwirkte Unterstützung, die unter der Bedingung zugesagt wurde, daß die Universität weiterhin für mich sorgte. Daraufhin wurde aus Mitteln einer Stiftung ein sozialwissenschaftliches Institut gegründet, an dem ich unter Beibehaltung des Existenzminimums Professor wurde. Nach dem Einmarsch der deutschen Truppen traf mich wieder ein Vorlesungsverbot. Ich mußte Groningen verlassen und in Utrecht untertauchen. Die Universität Groningen zahlte mir generöser Weise weiter das Existenzminimum, und die holländische Widerstandsbewegung, zu der auch viele meiner Groninger Studenten gehörten, meine Schüler und Freunde, *Jan Glastra van Loon* und *Dan Krans,* um nur zwei Namen von vielen zu nennen, halfen wo und wie sie konnten. Als auch der Boden in Utrecht zu heiß wurde, verschaffte mir die Widerstandsorganisation einen Unterschlupf in Amsterdam, wo ich das Kriegsende erlebte. Nach der Befreiung 1946 erhielt ich als Nachfolger von *Leo Polak,* der in Sachsenhausen umgebracht worden war, das Ordinariat für Philosophie in Groningen — und zwar gegen anfänglichen Widerstand innerhalb der Fakultät, wo so mancher keinen Deutschen haben wollte. Als Neuerung führte ich in Philosophie den Seminarunterricht ein, der an deutschen Universitäten selbstverständlich ist. Bis 1951 blieb ich in Groningen, das heißt, ich habe siebzehn Jahre in Holland verbracht. Aus dieser langen Zeit sind mir bis heute viele Kontakte geblieben. Noch als Emeritus habe ich Lehraufträge nach Holland angenommen, so zweimal an der jüngsten Technischen Hochschule des Landes in Enschede. Die königliche Akademie der Wissenschaften machte mich zu ihrem Mitglied, und die Universität Groningen hat mir die Würde eines Ehrendoktors der Sozialwissenschaften verliehen. Bevor ich jedoch Holland in dieser Erzählung verlasse, muß ich noch von einem Zwischenfall berichten, der mir verhängnisvoll hätte werden können. In meiner Amsterdamer Abgeschiedenheit bat mich ein Student, der mir wie so vielen Untergetauchten Lebensmittelkarten beschafft hatte, in vertrautem Kreise über die Ideologie des Dritten Reiches zu sprechen. Ich sagte zu und erklomm zur verabredeten Stunde seine Wohnung. Totenstille. Nur drei Männer, die nicht nach Studenten aussahen. Ich schöpfte noch keinen Verdacht: »Wo ist Herr *van Dyl.* Ich bin mit ihm um drei Uhr verabredet.« Immer noch kein Verdacht. Da drangen die Männer auf mich ein, drückten mich auf einen Stuhl und fesselten mich an die Lehne mit einer Handschelle. Erster Eindruck: Welch blitzendes Material! Ich war in eine Gestapofalle geraten. Erster Gedanke: Eine Ausrede für meinen Besuch. Ich habe Herrn *van Dyl* ein Buch geliehen. Inzwischen waren zwei der Männer verschwunden. Ihr Leiter fragte nach meinem Paß, in dem zum Glück kein J stand. Kurzes Blättern: »Verzeihen Sie den Irrtum, Herr Professor. — Haben Sie vielleicht ein Taschenmesser?« Ich hatte eines. Klick — und war frei. Hackenknallen: »Verzeihen Sie, Heil Hitler«. Hätte er inzwischen in Groningen angerufen, ich wäre verloren gewesen: »Seien Sie vorsichtig. Wir leben in schweren Zeiten.« Ich war entlassen. Es gab eben auch in der Gestapo heimliche Oppositionelle.

Göttingen II

1952 nahm ich einen Ruf auf den neugegründeten Lehrstuhl für Soziologie in Göttingen an, da das Ordinariat für Philosophie mit meinem Jugendfreund, *Joseph König,* besetzt war. Seine Anwesenheit in Göttingen, im Verein mit vielen Jugenderinnerungen, übte große Anziehung auf mich aus. Nur machte ich zur Bedingung, auch Philosophie in Vorlesungen, Übungen und Examina vertreten zu können. Der Schwerpunkt lag jedoch auf der Soziologie. Das Fach und die unorthodoxe Einstellung, die ich zu ihm hatte, führten mir einen Kreis von Studenten zu, die als Kriegsteilnehmer der letzten Stunde, als mittellose Flüchtlinge und Vertriebene einen Ernst und eine menschliche Reife mitbrachten, wie ich sie vorher nur bei den jungen Widerstandskämpfern in Holland erlebt hatte. Die lange Abgeschlossenheit der deutschen akademischen Jugend von allem, was inzwischen in der Welt auf soziologischem und sozialphilosophischem Gebiet sich ereignet hatte, ließ sie keine Mühe scheuen, sich auf ganze neue Gebiete und Methoden einzustellen. So nahm ich denn bald einen alten Plan aus Kölner Zeiten wieder auf, die Lage der deutschen Hochschullehrer mit empirischen Methoden untersuchen zu lassen, wofür die Deutsche Forschungsgemeinschaft die Mittel bereitstellte. Das Unternehmen, bei dem mir mein damaliger Assistent, *Dietrich Goldschmidt,* wertvolle Hilfe vor allem auf technischem und organisatorischem Gebiet leistete, fand seinen Niederschlag in drei Bänden.[10] Der gedankliche Ausgangspunkt war eine Wieder-

---

[10] Vandenhoeck & Ruprecht, Göttingen 1956.

anknüpfung an meinen Aufsatz aus den zwanziger Jahren
»Zur Soziologie der modernen Forschung und ihrer Organisation in der deutschen Universität«[11], in dem ich den Kontrast
der Wirklichkeit zur Humboldtschen Universitätskonzeption
sichtbar zu machen versucht hatte. Die Situation von heute
kündigte sich damals schon an und wurde in den sechziger
Jahren vollends unerträglich durch den Andrang zum Studium
vor allem in den Massenfächern, so daß sich die Forderung
nach Einheit von Forschung und Lehre als unhaltbar erwies.
Was in wilhelminischer Glanzzeit mit der Gründung von For-
schungsinstituten seinen Anfang nahm, setzen jetzt die Max-
Planck-Institute unter dem Druck der akademischen Vermas-
sung fort und werden zu Fluchtburgen reiner Forschung. Die
Trennung der Studenten in zwei Kategorien, undergraduates
und graduates, bietet sich an. Und was seinerzeit nur als Ent-
lastung der Dozenten und Ordinarien gedacht war, der sogenannte Mittelbau, ist inzwischen zur festen Institution geworden.

Zur selben Zeit, in der *Dietrich Goldschmidt, Christian von
Ferber, Christian Graf von Krockow, Alexander Busch* und
andere bei mir an der Hochschulstudie arbeiteten, entstand in
meinem Institut auch die erste empirische Studie über Erwachsenenbildung, die sogenannte »Hildesheimstudie« von *Wolfgang Schulenberg,* in der bildungssoziologische, gemeindesozio-
logische und bildungspolitische Fragestellungen auf damals
noch neuartige Weise kombiniert sind. Überhaupt habe ich
mich der während der Nazizeit sträflich vernachlässigten Erwachsenenbildung in meinen Göttinger Jahren besonders angenommen. In meinem Rektorat 1960/61 gelang es mir, einem
von mir veranlaßten und seit Jahren erfolgreich durchgeführten Experiment, an dem sich nicht nur meine Assistenten, sondern auch Mitarbeiter aus anderen Fachbereichen beteiligten,
den sogenannten Seminarkursen für Erwachsenenbildung, zur
Institutionalisierung zu verhelfen. Nach dem Vorbild der eng-

---

[11] »Diesseits der Utopie«, loc. cit.

lischen university extension bzw. extra mural courses unter-
richteten die jungen Universitätskräfte im weiteren Umkreis
von Göttingen in ein- und zweijährigen Kursen, vermittelten
Nichtakademikern und Akademikern in der Provinz begehrte
Kontakte zu wissenschaftlichen Forschungsergebnissen und
machten dabei selbst Lehrerfahrungen, die ihnen für die eigenen Lehraufgaben im Rahmen der Universität nur zum Segen
gereichen konnten. Die Seminarkurse bewähren sich heute
noch und haben Nachfolge an anderen Universitäten gefunden.

Ebenfalls im Rektoratsjahr gelang es mir, eine dauerhafte
Verbindung der Universitäten Groningen und Göttingen herzustellen, die inzwischen auch zur festen Institution geworden
ist. Ein Vorschlag, den ich damals aufgrund meiner eigenen
Erfahrung als Rektor machte, das Amt eines Rektors designa-
tus wie das des Prorektors zur Institution zu machen, stieß
noch nicht auf allzu viel Gegenliebe. Schweizer und holländische Universitäten kennen das Amt eines Schriftführers oder
Aktuars, der dann dem Rektor im Amt folgt, seit langem. Der
Vorteil für die Kontinuität der Geschäftsführung liegt auf der
Hand. Heute ist auch das in Deutschland mehr oder weniger
selbstverständlich geworden.

Die Konfrontation mit den Nachkriegsproblemen in Deutschland brachte es mit sich, daß ich mich auch in meinen eigenen
Arbeiten besonders mit kultursoziologischen und sozialphiloso-
phischen Problemen beschäftigte. So entstand eine Reihe größerer Aufsätze, von denen ich nur einige nenne: »Das Problem
der Öffentlichkeit und die Idee der Entfremdung« — »Soziale
Rolle und menschliche Natur« — »Die Legende von den zwanziger Jahren« — »Über die gesellschaftlichen Bedingungen der
modernen Malerei« — »Die Emanzipation der Macht«.[12] Auch
das Phänomen des modernen Sports schien mir soziologischer
Durchleuchtung dringend bedürftig. Meine Anregungen in dieser Hinsicht scheinen auf fruchtbaren Boden gefallen zu sein.

---

[12]　in »Diesseits der Utopie«, loc. cit.

New York und Zürich

1962 endete die Göttinger Zeit, und ich nahm für ein Jahr ein Angebot der Bundesregierung an, als erster *Theodor Heuss*-Professor an die New School for Social Research nach New York zu gehen. Es handelte sich um eine Stiftungsprofessur der Bundesregierung zum Dank für die Hilfe und Unterstützung gerade dieser Universität für die deutschen Emigranten der Hitlerzeit, zu denen u. a. der Frankfurter Psychologe *Max Wertheimer, Emil Lederer,* der Berliner, vorher Heidelberger Nationalökonom, *Erich von Hornbostel,* der Musikpsychologe und Ethnologe, *Arnold Brecht,* Staatssekretär in der Regierung Severing, *Hans Simons,* Direktor der Deutschen Hochschule für Politik in Berlin, *Kurt Riezler,* Kulturphilosoph und ehemaliger Kurator von Frankfurt, die Husserlfreunde *Alfred Schütz* und *Aaron Gurwitsch,* sowie viele Mitglieder des Kieler Instituts für Weltwirtschaft gehört hatten. Mit ihrer Hilfe machte *Alvin Johnson,* Gründer und Präsident der New School, mit dem ich als fast Neunzigjährigem während des New Yorker Jahres noch intensive Gespräche führte, aus der bisherigen Volkshochschule besonderen Stils die sogenannte »University in Exile«, ein Name, der später fallen gelassen wurde. Die Institution gedeiht weiter, nun längst unter den Händen der Schüler ihrer Begründer, und auch die *Theodor Heuss*-Professur mit jährlich wechselnden Professoren aus der Bundesrepublik gehört zu ihrem festen Bestand. Die »New School for Social Research« war seit Anbeginn eine Vermittlerin zwischen amerikanischer und deutscher Wissenschaft — *Alvin Johnson* hatte noch bei *Max Weber* in Heidelberg studiert — und hat vor allem der Wirkung der Phänomenologie auf die amerikanischen Sozialwissenschaften unschätzbare Dienste geleistet. Mir selbst hat das New Yorker Jahr oft bedrückende Eindrücke vom Schicksal deutscher Emigranten vermittelt, unter denen die Professoren der New School natürlich die bevorzugten waren. Auch aus dieser Zeit sind mir wissenschaftliche und persönliche Freundschaften geblieben: so die mit dem kürzlich verstorbenen Philosophen *Aaron Gurwitsch,* mit *Werner Marx,* dem Nachfolger *Heideggers* in Freiburg, und mit *Thomas Luck-mann,* der heute Gesellschaftswissenschaften in Konstanz lehrt. Später bin ich noch wiederholt in Amerika gewesen, und die philosophische Anthropologie hat in Professor *Marjorie Grene* (University of California, Davis) eine Verfechterin gefunden.

Ende 1963 habe ich mich in Erlenbach bei Zürich niedergelassen. In die ersten Schweizer Jahre fällt meine Mitwirkung bei der Gründung der *Werner Reimers* Stiftung in Bad Homburg, dessen wissenschaftlichem Beirat ich bis vor wenigen Jahren angehört habe.

Nach dem plötzlichen Tod meines Freundes *Hans Barth* zog mich die Universität Zürich auf Initiative von *Wilhelm Keller* für eine Reihe von Semestern zu Vorlesungen und Seminaren heran. Auch hier traf ich wieder auf einen aufgeschlossenen Hörerkreis. Studenten und Kollegen kamen mir auf das Freundlichste entgegen, und die Kontakte dauern an bis auf den heutigen Tag. Zu meinem achtzigsten Geburtstag hat mich die Universität Zürich zum Ehrendoktor der Philosophie gemacht, und der Kanton hat mir aus gleichem Anlaß einen Literaturpreis verliehen. In der heiteren Landschaft am Zürichsee hoffe ich, eine endgültige Bleibe gefunden zu haben, in der mir Freunde aus allen Stationen meines Weges willkommene Gäste sind. Im Rückblick auf meine Arbeit wird der Leser mir beipflichten, daß ich nur langsam meinen Weg gefunden habe und in wiederholten Ansätzen immer bereit war, meine Ansichten zu revidieren. Diese Offenheit hat meine Schüler ermutigt, aber verhindert, daß sich eine Schule bildete, deren Wert für die Ausbildung ich übrigens keineswegs bestreite. Nur verführen Schulen zur Fixierung auf Lehrmeinungen und Ideologien, um nicht zu sagen: Heilslehren. Und davon hatten wir schon genug.

Vom Autor getroffene Auswahl seiner Veröffentlichungen

1. Die wissenschaftliche Idee. Heidelberg 1913.
2. Die Krisis der transzendentalen Wahrheit im Anfang.
   Heidelberg 1918.
3. Die Einheit der Sinne. Grundlinien einer Aesthesiologie des
   Geistes. Bouvier, Bonn 1923, 2. Aufl. 1965.
4. Grenzen der Gemeinschaft. Bonn 1924. Bouvier 2. Aufl. 1972.
5. Die Stufen des Organischen und der Mensch. de Gruyter, Berlin 1928, 2. Aufl. 1963.
6. Macht und menschliche Natur. 1931. Aufgenommen in: 8. Bern
   1953.
7. Lachen und Weinen. Bern 1941. Aufgenommen in: 10. S. Fischer,
   Frankfurt 1970. Übersetzungen spanisch, holländisch, englisch.
8. Zwischen Philosophie und Gesellschaft. Ausgewählte Abhandlungen. Bern 1953.
9. Die verspätete Nation. Zürich 1935. Kohlhammer, Stuttgart
   5. Aufl. 1969. Suhrkamp Taschenbücher Wissenschaft 66. 1974.
10. Philosophische Anthropologie. S. Fischer, Fankfurt, Reihe Con-
    ditio Humana 1970.
11. Diesseits der Utopie. Ausgewählte Beiträge zur Kultursoziologie.
    Diederichs, Düsseldorf 1966. Suhrkamp Taschenbücher 148. 1974.

NAMENREGISTER

SCHLAGWORTVERZEICHNIS

Das nachstehende Register wird ausdrücklich nicht in der Absicht eines umfassenden Sachverzeichnisses geboten. Verzeichnet sind vielmehr ohne Anspruch auf Vollständigkeit lediglich Hauptthemen und -begriffe, denen eine ausführliche Behandlung bzw. Definition zuteil wird. Auf diese Weise möchte der Verlag die Verwendungsmöglichkeiten dieser Selbstdarstellungen besonders für Studienzwecke verbessern und auch einige Querverbindungen zwischen einzelnen Beiträgen sichtbar machen.

DIE PHILOSOPHISCHE BIBLIOTHEK

seit Generationen für eine intensive Beschäftigung mit philosophischen Klassikern unentbehrlich, zeichnet sich seit jeher aus durch

> sorgfältigste textkritische Fundierung
> zuverlässige Übersetzung
> sachliche Einführung in die Probleme des Werkes
> Sach- und Namenregister

bietet also

> vorbildliche Studienausgaben.

In den letzten Jahren wurde ihr Bestand um weitere wichtige Werke bereichert. Neuerdings bemüht sich der Verlag besonders um die Schaffung

> zweisprachiger Parallelausgaben,

die den heutigen Anforderungen von Forschung und Lehre am besten entsprechen.

Bisher liegen Werke vor von:

d'Alembert (zweispr.) — Aristoteles — Berkeley — Bolzano — Brentano — Cicero (zweispr.) — Comte (zweispr.) — Descartes (auch zweispr.) — Diogenes Laertius (auch zweispr.) — Du Bois-Reymond — Fichte— Frege — Hegel — Herder — Hobbes — Hume — Husserl — Kant (Dissertation zweispr.) — Leibniz (auch zweispr.) — Locke (auch zweispr.) — Maimon — Malebranche — Nelson — Nikolaus von Kues (auch zweispr.) — Peirce (zweispr.) — Platon (auch zweispr.) — Plotin (zweispr.) — Rousseau (zweispr.) — Schelling — Schleiermacher — Schopenhauer — Spinoza — Tetens.

»Die Zeiten ändern sich, und auch die Philosophie hat ihren zeitlichen Ablauf, aber die ›Philosophische Bibliothek‹ des Felix Meiner Verlages in Hamburg bleibt sich so treu, wie die Philosophie sich selber treu bleibt, allen zeitlichen Änderungen zum Trotz. Nüchtern und sachlich dem Dienst an der Genauigkeit geweiht, meistert diese Bibliothek aber auch immer wieder die jeweils äußerste Höhe kritischer Wissenschaft«

> Hermann Levin Goldschmidt
> in »Allgemeine jüdische Wochenzeitung«

FELIX MEINER VERLAG · HAMBURG

PHILOSOPHISCHE BIBLIOTHEK

Neuerscheinungen — Neuauflagen 1975

BERNARD BOLZANO

99 *Paradoxien des Unendlichen.* Text von Fr. Přihonski (1851).
2. Auflage mit Einleitung, Anmerkungen, Register und Bibliographie von Bob van Rootselaar.
1975. XXVI*, XI, 152 Seiten.   Kart. [3-7873-0319-7] 24,—

JOHANN GOTTLIEB FICHTE

224 *Grundriß des Eigentümlichen der Wissenschaftslehre* in Rücksicht auf das theoretische Vermögen als Handschrift für seine Zuhörer [1795]. Text Fritz Medicus. Neuaufl. mit Einleitung, Reg. u. Bibliographie hrsg. v. Wilh. G. Jacobs.
1975. XVIII, 86 Seiten.   Kart. [3-7873-0339-1] 16,—

239 *Versuch einer neuen Darstellung der Wissenschaftslehre.* Vorerinnerung, Erste und Zweite Einleitung, Erstes Kapitel (1797/98). Auf der Grundlage der Ausgabe von Fritz Medicus neu herausgegeben und eingeleitet von Peter Baumanns.
XXVIII, 128 Seiten   Kart. [3-7873-0346-4] ca. 18,—

284 *Die Wissenschaftslehre.* Vorgetragen im Jahre 1804. Herausgegeben von Reinhard Lauth und Joachim Widmann.
1975. XXX, 313 Seiten.   Kart. [3-7873-0337-5] 64,—

IMMANUEL KANT

286 *Träume eines Geistersehers, erläutert durch Träume der Metaphysik. — Von dem ersten Grunde des Unterschiedes der Gegenden im Raume.* Mit einer Einleitung von Klaus Reich. Text Karl Vorländer.
XX, 98 S.   Kart. [3-7873-0311-1] ca. 16,—

LEONARD NELSON

288 *Vom Selbstvertrauen der Vernunft.* Schriften zur kritischen Philosophie und ihrer Ethik. Herausgegeben von Grete Henry-Hermann.
1975. XIII, 260 Seiten.   Kart. [3-7873-0330-8] 20,—
Inhalt: Was ist liberal? — Die philosophischen Grundlagen des Liberalismus — Die Unmöglichkeit der Erkenntnistheorie — Die Theorie des wahren Interesses und ihre rechtliche und politische Bedeutung — Vom Staatenbund — Über die Unhaltbarkeit des wissenschaftlichen Positivismus — Vom Beruf der Philosophie für die Erneuerung des öffentlichen Lebens — Von der Kunst, zu philosophieren — Sittliche und religiöse Weltansicht — Die sokratische Methode — Zeittafel — Literatur-, Namen-, Sachverzeichnis

FELIX MEINER VERLAG · HAMBURG